中华传世藏书

【图文珍藏版】

孔子家语

通 解

[春秋]孔子⊙原著　马博⊙主编

线装书局

【原文】

"不畏强御,不侮矜寡①,其言循性,其都②以富,材任治戎,是仲由之行也。孔子和之以文,说之以诗曰:'受小拱大拱,而为下国骏庞,荷天子之龙,不戁不悚,敷奏其勇。'强乎武哉,文不胜其质。

【注释】

①矜寡:即鳏寡,老年丧妻或丧夫的人。

②都:美。

【释义】

"不畏惧强暴的人,不欺负无依无靠的人,说话发自本性,容貌堂堂,才能足以治理一个国家的军队,这是子路的品行。孔子用文辞赞美他,用《诗经》中的话评论他说:'接受小拱大拱的朝拜,是国家的俊才,带领天子的军队,不畏惧惊吓,施展他的勇猛。'武力强盛,文采掩盖不住他的质朴。

【原文】

"恭老恤幼,不忘宾旅,好学博艺①,省物而勤也,是冉求之行也。孔子因而语之曰:'好学则智,恤孤则惠,恭则近礼,勤则有继,尧舜笃恭以王天下。'其称之也,曰:'宜为国老。'

【注释】

①博艺:多才多艺。

【释义】

"尊敬长辈同情幼小,心里惦记在旅途之中的人。热爱学习,多才多艺,刻苦体察万物,这是冉求的德行。孔子告诉他说:'爱好学习就会有智慧,体恤孤寡的人就是仁爱,恭敬别人就接近礼仪的要求,勤奋刻苦就会不断有收获。尧、舜因为忠诚、恭敬而称王天下。'老师称赞冉求说,他可以成为国家的大夫。

【原文】

"齐庄而能肃,志通而好礼,傧相①两君之事,笃雅有节,是公西赤之行也。子曰:'礼经三百,可勉能也,威仪三千,则难也。'公西赤问曰:'何谓也?'子曰:'貌以傧礼,礼以傧辞,是谓难焉。'众人闻之,以为成也。孔子语人曰:'当宾客之事,则达矣。'谓门人曰:'二三子之欲学宾客之礼者,其于赤也。'

【注释】

①傧相:古代替主人接待宾客、主持赞礼的人,这里用作动词。

【释义】

"整齐庄重而肃穆,志向通达而且喜好礼仪,担当两个国君之间傧相的事情,忠诚典雅并且有所节制,这是公西赤的德行。孔子说:'三百篇礼经可以通过努力学会,但是众多威严的仪式要想学会就很困难了。'公西赤问道:'这是为什么呢?'孔子说:'作傧相要根据不同人的外表来行礼,根据不同的礼节来说话,因此做到是很困难的,'众人听到傧相的致辞,认为仪式就完成了。孔子告诉别人说:'对于当傧相来说,公西赤是可以做到了。'孔子对弟子说:'你们想要学习做傧相的礼仪吗,那就向公西赤学习吧。'

【原文】

"满而不盈,实而如虚,过之如不及,先王难之①。博无不学,其貌恭,其德敦;其言于人也,无所不信;其骄大人也,常以浩浩②,是以眉寿③。是曾参之行也④。孔子曰:'孝,德之始也;悌,德之序也⑤;信,德之厚也;忠,德之正也。参中夫四德者也。'以此称之。

【注释】

①"满而不盈"四句:王注:"盈而如虚,过而不及,是先王之所难,而参体其行。"

②其骄大人也,常以浩浩:王注:"浩然志大。骄,大貌也。大人,富贵者也。"

③是以眉寿:王注:"不慕富贵,安静虚无所以为之富贵。"眉寿,长寿。因人老会长出长眉毛,故称眉寿。

④曾参:即曾点.孔子弟子。

⑤德之序也:王注:"悌以敬长,是德之次序也。

【释义】

"完满却不自我满足,渊博却如同虚空,超过却如同赶不上,古代的君王也难以做到。知识广博无所不学,他的外表恭敬,德行敦厚;他对任何人说话,没有不真实的;他的志向高尚远大,他的胸襟开阔坦荡,因此他长寿。这是曾参的品行。孔子说:'孝是道德的起始,悌是道德的前进,信是道德的加深,忠是道德的准则。曾参集中了这四种品德。'孔子就以此来称赞他。

【原文】

"美功不伐,贵位不善,不侮不佚①,不傲无告②,是颛孙师之行也③。孔子言之曰:

'其不伐,则犹可能也;其不弊百姓,则仁也④。'《诗》云⑤:'恺悌君子,民之父母⑥。'夫子以其仁为大学之深⑦。

【注释】

①不侮不佚:侮,轻慢。佚,放荡。王注:"侮、佚,贪功慕势之貌。"

②不傲无告:无告,无依无靠之人。王注:"鳏寡孤独,此四者,天民之穷而无告者也。子张之行,不傲此四者。"

③颛孙师:字子张,孔子弟子。

④不弊百姓,则仁也:王注:"不弊愚百姓,即所谓不傲之也。"

⑤诗:指《诗经·大雅·洞酌》。

⑥恺悌君子,民之父母:恺悌,和乐简易。王注:"恺,乐也。悌,易也。乐以强教之,易以悦安之,民皆有父之尊、母之亲也。"

⑦为大学之深:王注:"学而能入其深义也。"

【释义】

"有大功不夸耀,处高位不欣喜,不贪功不慕势,不在贫苦无告者面前炫耀,这是颛孙师的品行。孔子这样评价他:'他的不夸耀,别人还可能做到;他在贫苦无告者面前不炫耀,则是仁德的表现。'《诗经》说:'平易近人的君子,是百姓的父母。'先生认为他的仁德是很深的。

【原文】

"送迎必敬①,上交下接若截焉②,是卜商之行也③。孔子说之以《诗》曰④:'式夷式已,无小人殆⑤。'若商也,其可谓不险矣⑥。

【注释】

①送迎必敬：王注："送迎宾客，常能敬也。"

②截：界限分明。

③卜商：即子夏，孔子弟子。

④诗：指《诗经·小雅·节南山》篇。

⑤式夷式已，无小人殆：王注："式，用。夷，平也。言用平则已也。殆，危者。无以小人至于危也。"意为用平和、公平的态度处人处事，不要因为小人使自己处于危险的境地。

⑥若商也，其可谓不险矣：王注："险，危也。言子夏常厉以断之，近小人斯不危。"

【释义】

"送迎宾客必定恭敬，和上下级交往界限分明，是卜商的品行。孔子用《诗经》的话评价他说：'能够用平和公正的态度处人处事，就不会受到小人的危害。'像卜商这样，可以说不至于有危险了。

【原文】

"贵之不喜，贱之不怒；苟利于民矣，廉于行己；其事上也，以佑其下①，是澹台灭明之行也②。孔子曰：'独贵独富，君子耻之，夫也中之矣③。'

【注释】

①其事上也，以佑其下：王注："言所以事上，乃欲佑助其下也。"佑，保护，护佑。

②澹台灭明：字子羽，孔子弟子。

③夫也中之矣：王注："夫谓灭明，中犹当也。"

【释义】

"富贵了他也不欣喜,贫贱了他也不恼怒;假如对民众有利,他宁愿行为俭约;他侍奉君王,是为了帮助下面的百姓,这是澹台灭明的品行。孔子说:'独自一个人富贵,君子认为是可耻的,澹台灭明就是这样的人。'

【原文】

"先成其虑,及事而用之,故动则不妄,是言偃之行也①。孔子曰:'欲能则学,欲知则问,欲善则详②,欲给则豫③。当是而行,偃也得之矣。'

【注释】

①言偃:字子游,孔子弟子。

②欲善则详:王注:"欲善其事,当详慎也。"详,审慎,详审。

③欲给则豫:王注:"事欲给而不碍,则莫若于豫。"给,丰足,充裕。豫,事先准备。

【释义】

"先考虑好,事情来临就按计划而行,这样行动就不会有错,这是言偃的品行。孔子说:'想要有才能就要学习,想要知道就要问别人,想要把事情做好就要仔细审慎,想要富足就要先有储备。按照这个原则行事,言偃是做到了。'

【原文】

"独居思仁,公言言义,其于《诗》也①,则一日三覆'白圭之玷'②,是宫绍之行也③。孔子信其能仁,以为异士④。

【注释】

①诗:指《诗经·大雅·抑》。

②三覆白圭之玷:三次去掉白玉上的斑点。覆,回,返。此有擦拭,磨去之意。白圭,白玉。玷,玉上的斑点。王注:"玷,缺也。《诗》曰:'白圭之玷,尚可磨也。斯言之玷,不可为也。'一日三覆之,慎之至也。"

③宫绍:即南宫括,字子容,亦称南容,孔子弟子。

④以为异士:王注:"殊异之士也。《大戴》引之曰'以为异姓',婚姻也,以兄之女妻之者也。"即孔子把他哥哥的女儿嫁给了南宫绍。

【释义】

"个人独居时想着仁义,做官时讲话讲的是仁义,对于《诗经》上的'白圭之玷,尚可磨也'的话牢记在心,因此言行极其谨慎,如同一天三次磨去白玉上的斑点,这是宫绍的品行。孔子相信他能行仁义,认为他是与众不同的人。

【原文】

"自见孔子,出入于户,未尝越礼①;往来过之,足不履影②;启蛰不杀③,方长不折④;执亲之丧,未尝见齿,是高柴之行也⑤。孔子曰:'柴于亲丧,则难能也;启蛰不杀,则顺人道;方长不折,则恕仁也。成汤恭而以恕⑥,是以日隮⑦。'凡此诸子,赐之所亲睹者也。吾子有命而讯赐,赐固不足以知贤。"

【注释】

①未尝越礼:礼,原作"履",据《四部丛刊》本《家语》改。

②足不履影:王注:"言其往来,常迹故迹,不履影也。"

③启蛰不杀：王注："春分当发，蛰虫启户咸出，于此时不杀生也。"

④方长不折：王注："春夏，生长养时，草木不折。"

⑤高柴：字子羔，孔子弟子。

⑥成汤：商朝开国之君，子姓，名履。讨伐夏桀，建立商朝，在位三十年传十七代，至纣为周所灭。

⑦是以日隮：王注："隮，升也。成汤行恭而能恕，出见博鸟焉，四面施网，乃去其三面。《诗》曰：'汤降不迟，圣敬日隮。'言汤疾行下人之道，其圣敬之德日升闻也。"

【释义】

"自从见到孔子，进门出门，从没有违反礼节；走路来往，脚不会踩到别人的影子；不杀蛰伏刚醒的虫子，不攀折正在生长的草木；为亲人守丧，没有言笑，这是高柴的品行。孔子说：'高柴为亲人守丧的诚心，是一般人难以做到的；春天不杀生，是遵从做人的道理；不折断正在生长的树木，是推己及物的仁爱。成汤谦恭而又能推己及人，因此威望天天升高。'以上这几个人是我亲自目睹的。您向我询问，要求我回答，我本来也不能够知道谁是贤人。"

【原文】

文子曰："吾闻之也，国有道，则贤人兴焉，中人用焉①，乃百姓归之。若吾子之论，既富茂矣，壹诸侯之相也②。抑世未有明君，所以不遇也。"

子贡既与卫将军文子言，适鲁见孔子曰："卫将军文子问二三子之于赐，不壹而三焉③。赐也辞不获命，以所见者对矣。未知中否，请以告。"

孔子曰："言之乎。"子贡以其辞状告孔子。

子闻而笑曰："赐，汝次为人矣④。"

子贡对曰："赐也何敢知人，此以赐之所睹也。"

孔子曰："然。吾亦语汝耳之所未闻,目之所未见者,岂思之所不至,智之所未及哉?"

子贡曰："赐愿得闻之。"

【注释】

①中人用焉:王注:"中庸之人为时用也。"

②壹:全,都。王注:"壹,皆。"

③不壹而三:这里指再三。

④汝次为人矣:次:编次,排次序。王注:"言为知人之次。"

【释义】

文子说:"我听说,国家按正道行事,那么贤人就兴起来了,遵循中庸之道的人就会被任用,百姓也会归附。至于您刚才的议论,内容已经很丰富了,他们都可以做诸侯的辅佐啊。大概世上没有明君,所以没有得到任用。"

子贡和卫将军文子说过话之后,到了鲁国见到孔子说:"卫将军文子向我问同学们的情况,再三地问。我推辞不掉,把我所见到的告诉了他。不知道是否合适,请让我告诉您吧。"

孔子说:"说说吧。"子贡把和文子对话的情况告诉了孔子。

孔子听后笑着说:"赐啊,你能给人排座次了。"

子贡回答说:"我怎敢说知人,这是我亲眼看见的啊!"

孔子说:"是这样的。我也告诉你一些你没听到、没看到的事,这些难道是头脑想不到的,智力达不到的吗?"

子贡说:"我很愿意听。"

【原文】

孔子曰:"不克不忌①,不念旧怨,盖伯夷叔齐之行也②。

"思天而敬人③,服义而行信,孝于父母,恭于兄弟,从善而教不道④,盖赵文子之行也⑤。

"其事君也,不敢爱其死,然亦不敢忘其身。谋其身不遗其友,君陈则进而用之⑥,不陈则行而退。盖随武子之行也⑦。

"其为人之渊源也⑧,多闻而难诞⑨,内植足以没其世。国家有道,其言足以治;无道,其默足以生。盖铜鞮伯华之行也⑩。

"外宽而内正,自极于隐括之中⑪,直己而不直人,汲汲于仁,以善自终。盖蘧伯玉之行也⑫。

"孝恭慈仁,允德图义⑬,约货去怨⑭,轻财不匮。盖柳下惠之行也⑮。

"其言曰:'君虽不量于其身⑯,臣不可以不忠于其君。'是故君既择臣而任之,臣亦择君而事之。有道顺命⑰,无道衡命⑱。盖晏平仲之行也⑲。

"蹈忠而行信,终日言不在尤之内。国无道,处贱不闷,贫而能乐。盖老莱子之行也⑳。

"易行以俟天命,居下不援其上㉑。其亲观于四方也㉒,不忘其亲,不尽其乐㉓。以不能则学,不为己终身之忧㉔。盖介子山之行也㉕。"

【注释】

①克:苛刻。忌:嫉妒。

②伯夷叔齐:商代孤竹君的两个儿子,相传其父遗命要立次子叔齐为继承人。孤竹君死后,叔齐让位给伯夷,伯夷不接受。二人先后逃到周国。周武王伐纣,二人曾谏阻。武王灭商后,他们耻食周粟,逃到首阳山,采薇而食,饿死在山里。

③思天:《大戴礼记·卫将军文子》作"畏天",较胜。

④从善而不教道:《四部丛刊》本《家语》无"道"字。

⑤盖赵文子:"盖"字原无,据《四部丛刊》本《家语》补。赵文子,亦称赵孟,春秋晋国人,名武,赵朔之子。父为屠岸贾所杀,赵武被程婴、公孙杵臼搭救。后立为卿,为晋悼公相。

⑥君陈则进而用之:王注:"陈谓陈列于君,为君之使用也。"

⑦随武子:人名。不详。

⑧渊源:指思虑深邃。

⑨诞:欺骗。

⑩铜鞮伯华:即羊舌赤,春秋时晋国人,食邑于铜鞮。

⑪自极于隐括之中:隐括,校正竹木弯曲的器具。这里引申为约束意。王注:"隐括所以自极。"自极,自我约束。

⑫蘧伯玉:春秋时卫国人,名瑗,字伯玉。

⑬允德:修德,涵养德性。图义:考虑义。王注:"允,信也。图,谋也。"

⑭约货去怨:约,少。货,货利。王注:"夫利,怨之所聚,故约省其货,以远去其怨。"

⑮柳下惠:即展禽,食采于柳下,谥惠。

⑯君虽不量于其身:王注:"谓不量度其臣之德器也。"

⑰有道顺命:王注:"君有道则顺从其命。"

⑱无道衡命:王注:"衡,横也,谓不受其命之隐居者也。"意为天下无道即隐居不仕。

⑲晏平仲:即晏婴,春秋时齐国人,以节俭力行著名。

⑳老莱子:原作"老子",据《大戴礼记·卫将军文子》改。老莱子,春秋时楚国人,与孔子同时。

㉑居下不援其上：王注："虽在下位，不攀援其上以求进。"

㉒其亲观于四方：《大戴礼记·卫将军文子》无"其亲"二字，是。

㉓不忘其亲，不尽其乐：王注："虽有观四方之乐，常念其亲，不尽，其归之。"

㉔不为己终身之忧：王注："凡忧，忧所知，不能则学，何忧之有？"

㉕介子山：即晋大夫介子推。传说晋文公回国后，赏赐流亡时的随从，他没有得到提名，就和母亲一起隐居到绵山。文公想逼他出山，放火烧山，他坚持不出，被烧死。

【释义】

孔子说："不苛刻不忌妒，不计较过去的仇恨，这是伯夷叔齐的品行。

"思考天道而且尊敬人，服从仁义而做事讲信用，孝敬父母，友爱兄弟，从善如流而又教导不按正道而行的人，这是赵文子的品行。

"他侍奉国君，敢于牺牲自己的生命，然而也不敢不爱惜自己的身体。谋求自己的发展，也不忘记朋友。君王任用时他就努力去做，不用则离开而退隐。这是随武子的品行。

"他的为人思虑深邃，见闻广博难以被欺骗，内心修养足以终身受用。国家按正道治理，他的言论足以用来治国；国家不按正道治理，他的沉默足以用来保存自己。这是铜鞮伯华的品行。

"外表宽容而且内心正直，能自己矫正自己的行为；自己正直而不要求别人，努力地追求仁义，终身行善。这是蘧伯玉的品行。

"孝敬谦恭慈善仁爱，涵养德行谋求仁义，少积聚财富消除怨恨，轻视财物又不匮乏。这是柳下惠的品行。

"他说：'君主虽然不能度量臣子的能力，臣子不能不忠于君主。因此君主选择臣子而任用，臣子也选择君主来侍奉。君主按正道而行就听从他的命令，不按正道就不受其命而隐居。'这是晏平仲的品行。

"行动讲求忠信，即使整天说话，也不会出错。国家混乱，身处低位而不愁闷，生活贫困而能保持快乐。这是老莱子的品行。

"改变自己的行为来等待机遇，身处低位却不攀附高枝。到四处游观，不忘记父母；想到父母，不尽兴就赶快归来。因为才能不足就去学习，不造成终身的遗憾。这是介子推的品行。"

【原文】

子贡曰："敢问夫子之所知者，盖尽于此而已乎？"

孔子曰："何谓其然？亦略举耳目之所及而已。昔晋平公问祁奚曰[1]：'羊舌大夫[2]，晋之良大夫也，其行如何？'祁奚辞以不知。公口：'吾闻子少长乎其所，今子掩之，何也？'祁奚对曰：'其少也恭而顺，心有耻而不使其过宿[3]；其为大夫，悉善而谦其端[4]；其为舆尉也[5]，信而好直其功。至于其为容也，温良而好礼，博闻而时出其志。'公曰：'曩者问子，子奚曰不知也？'祁奚曰：'每位改变，未知所止，是以不敢得知也。'此又羊舌大夫之行也。"

子贡跪曰："请退而记之。"

【注释】

①祁奚：春秋时晋国人。晋悼公时为中军尉，年老请退，悼公让他推荐代替者。他先推荐了仇人解狐，又推荐其子祁午，因有"外举不隐仇，内举不隐子"之称。

②羊舌大夫：即羊古赤。亦即铜鞮伯华。

③心有耻而不使其过宿：王注："心常有所耻恶，及其有过，不令更宿辄改。"

④悉善而谦其端：悉，尽。端，正。王注："尽善道而谦让，是其正也。"

⑤舆尉：春秋时晋国主持征役的官。

【释义】

子贡问："请问老师，您所知道的，就到此为止了吗？"

孔子说："怎么能这样说呢？我只是大略举出耳闻目睹的罢了。从前晋平公问祁奚：'羊舌大夫是晋国的优秀大夫，他的品行怎么样？'，祁奚推辞说不知道。晋平公说：'我听说你从小在他家长大，你现在隐藏着不愿说，是为什么呢？'祁奚回答说：'他小时候谦恭而和顺，心里觉得有过错不会留到第二天来改正；他作为大夫，凡事皆出于善心而又谦虚正直；他做舆尉时，讲信用而不隐瞒功绩。至于他的外表，温和善良而喜好礼节，广博地听取而时出己见。'晋平公说：'刚才我问你，你怎么说不知道呢？'祁奚说：'他的职位经常改变，不知他现在做什么官，所以不敢说知道。'这又是羊舌大夫的品行。"

子贡跪下说："请让我回去记下您的话。"

贤君第十三

【题解】

本篇记载了孔子与诸侯国君以及弟子们的谈话，主要论述了贤君、贤臣的标准，讨论如何为政治国等问题。因首章有"当今之君，孰为最贤"的句子，故以"贤君"名篇。

本篇记载主要体现了孔子的政治思想。通过赞赏卫灵公、鲍叔、子皮的行为，孔子指出了评判贤君、贤臣的标准。孔子认为，评判君主贤明与否，应看其"朝廷行事"，而"不论其私家之际"；而作为臣子，"进贤者"贤于"用力者"。并且通过与国君、弟子的讨论，孔子指出君主应该具备的品质。孔子分别通过向哀公论说夏桀灭亡的原因，教导颜渊处世的道理。以及自己读《诗》的感受，从侧面指出，国君如果不克己修身、亲贤重才,就会造成臣子"上下畏罪""不终其命"的情况,从而导致亡国;通过列举中行氏和周公治国之道,指出治理国家重在尊贤;通过回答齐景公、鲁哀公、卫灵公、宋君等国君的问政,孔子分别提出了不同的治国方略。

孔子一生从政的时间不长,但从流传下来的文献记载看,孔子关于为政之道的论述颇多,并且具有重要的实践价值。从本篇我们可以了解到,孔子有明显的"崇德循礼""尊贤重才""选贤任能""重民教民"等思想。这与《论语》《礼记》等文献的记载完全一致,将这些材料相互对照,可以更好地研究孔子思想。

本篇的材料多见于《说苑》等书。

【原文】

哀公问于孔子曰:"当今之君,孰为最贤?"孔子对曰:"丘未之见也,抑有卫灵公乎?"公曰:"吾闻其闺门之内无别,而子次①之贤,何也?"孔子曰:"臣语其朝廷行事,不论其私家之际也。"公曰:"其事何如?"孔子对曰:"灵公之弟,曰灵公弟子渠牟,其智足以治千乘。其信足以守之。灵公爱而任之。又有士曰林国者,见贤必进之,而退与分其禄,是以灵公无游放之士。灵公贤而尊之。又有士曰庆足者,卫国有大事则必起而治之,国无事则退而容贤。灵公悦而敬之。又有大夫史䲡,以道去卫,而灵公郊舍三日,琴瑟不御,必待史䲡之入,而后敢入。臣以此取之,虽次之贤,不亦可乎。"

【注释】

①次:排列。

【释义】

鲁哀公问孔子说:"如今的君主,谁最贤明呢?"孔子回答说:"我没见过。如果有的话,是卫灵公吗?"鲁哀公说:"我听说他家庭之内男女长幼没有分别,但是你却把他放在贤明的位置上,这是为什什么呢?"孔子说:"我是说他在朝廷上的行事方式,而不是说他在家里怎样处理事情的。"鲁哀公说:"他处理事情怎样呢?"孔子回答说:"卫灵公的弟弟渠牟的智慧足以治理一个拥有一千辆战车的国家,他的诚信足够保住国家。卫灵公爱惜他的才能就任用了他。还有一个叫林国的士人,见到贤能的人就一定推荐,那人被罢官之后一定和他分享自己的俸禄,因此卫灵公的国家没有放任游荡的士人。卫灵公认为人有贤能的话就尊敬他。还有一个叫庆足的士人,卫国有大事的话他就一定会挺身而出平息祸乱,国家太平的时候就辞去官职而让其他的贤人被容纳,卫灵公喜欢而且很尊敬他。还有一个叫史䲡的大夫,因为道义不能实行而离开卫国,卫灵公在郊外住了三天,不弹奏琴瑟,一定要等待史䲡回来,然后才回到自己的宫中。我是赞赏他的这些方面,这样的话,即使把他放在贤明的位置,不也是可以的吗?"

【原文】

子贡问于孔子曰:"今之人臣,孰为贤?"子曰:"吾未识也,往者①齐有鲍叔,郑有子皮,则贤者矣。"子贡曰:"齐无管仲,郑无子产?"子曰:"赐,汝徒知其一,未知其二也。汝闻用力为贤乎?进贤为贤乎?"子贡曰:"进贤贤哉。"子曰:"然,吾闻鲍叔达②管仲,子皮达子产,未闻二子之达贤己之才者也。"

【注释】

①往者:以前。

②达:使……显达。

【释义】

子贡问孔子说:"当今的臣子,谁是最贤能的呢?"孔子说:"我不知道。以前齐国的鲍叔、郑国的子皮是贤能的人。"子贡说:"齐国的管仲、郑国的子产不算是贤能的人吗?"孔子说:"赐,你只知其一,不知其二。你说自己努力的人贤能呢,还是推荐贤能的人贤能呢?"子贡说:"推荐贤能的人贤能。"孔子说:"是这样的。我听说鲍叔的推荐使管仲显达,子皮的推荐使子产显达,没有听说管仲和子产推荐比自己贤能的人从而让他们显达的。"

【原文】

哀公问于孔子曰:"寡人闻忘之甚①者,徙而忘其妻,有诸?"孔子对曰:"此犹未甚者也。甚者乃忘其身。"公曰:"可得而闻乎?"孔子曰:"昔者夏桀,贵为天子,富有四海,忘其圣祖之道,坏其典法,废其世祀,荒于淫乐,耽湎于酒。佞臣诎谀,窥导其心,忠士折口,逃罪不言。天下诛桀,而有其国,此谓忘其身之甚矣。"

【注释】

①甚:厉害、严重。

【释义】

鲁哀公问孔子说:"我听说非常健忘的人,搬了家就忘了自己的妻子的,这样的事情有吗?"孔子回答说:"这还不算是健忘的人呢,最健忘的人会忘了他们自己是谁。"鲁哀公说:"可以讲给我听听吗?"孔子说:"以前夏桀,处于天子这样尊贵的地位,拥有全国的财富,但是却忘了他圣明的祖上治国的方法,败坏他们的法典制度,使他们世世代代的祖祭不能延续下去。整日荒淫取乐,沉溺于美酒之中。奸臣阿谀奉承,窥测迎合夏桀的心意,忠诚的臣子不再进谏,逃避罪责不敢说话。以至于天下的人们共同讨伐诛灭了夏桀,占领了他的国家。这才是忘记了自身的典型啊!"

【原文】

颜渊将西游于宋,问于孔子曰:"何以为身?"子曰:"恭敬忠信而已矣。恭则远于患,敬则人爱之,忠则和于众,信则人任之。勤斯四者,可以政国,岂特一身者哉?故夫不比①于数②而比于疏,不亦远乎?不修其中而修外者,不亦反乎?虑不先定,临事而谋,不亦晚乎?"

【注释】

①比:亲近、紧挨。

②数:密集、亲密的意思。

【释义】

颜渊即将到西方的宋国游历,他问孔子说:"怎样才能立身呢?"孔子说:"态度恭敬、忠实诚信就可以了。谦恭就能远离祸患,尊敬别人,别人也会喜爱自己,对人忠诚就会和众人和睦相处,诚信的话也会取得别人的信任。努力做到这四点,就可以处理一个国家的政治事务了,何况是立身呢?因此不亲近亲密的人却亲近疏远的人,不就远离了正道了吗?不修养德行,而修饰外表,不是违背了常理了吗?不事先考虑清楚,事到临头再做主张,不是太晚了吗?"

【原文】

孔子读《诗》,于《正月》六章,惕①焉如惧。曰:"彼不达之君子,岂不殆哉?从上依世则道废,违上离俗则身危。时不兴善,己独由之,则曰非妖即妄也。故贤也既不遇天,恐不终其命焉。桀杀龙逢,纣杀比干,皆类是也。诗曰:'谓天盖高,不敢不局,谓地盖厚,不敢不蹐。'此言上下畏罪,无所自容也。"

【注释】

①惕:担惊受怕的样子。

【释义】

孔子读《诗经》,读到《诗经·正月》六章的时候,非常担心害怕。他说:"那些不得志的君子,不是很危险吗? 顺从君主、随波逐流,自己尊奉的'道'就废除了;违背君主远离世俗自身就危险了。时事不倡导善行,自己独自行善,那么世人就说你不是反常就是不合法。因此自己贤能如果遇不到好的时机,恐怕不得善终。夏桀杀害了关龙逢,商纣杀害了比干,都是这种事情啊。《诗经》说:'谁说天很高,却不得不弯腰行走。谁说地厚,却不敢不小心翼翼。'这话是说上下都害怕得罪,没有自己的容身之处。"

牛纹铜罍

【原文】

子路问于孔子曰:"贤君治国,所先①者何?"孔子曰:"在于尊贤而贱不肖。"子路曰:"由闻晋中行氏尊贤而贱不肖矣,其亡何也?"孔子曰:"中行氏尊贤而不能用,贱不肖而不能去,贤者知其不用而怨之,不肖者知其必己贱而仇之。怨仇并存于国,邻敌构兵②于郊,中行氏虽欲无亡,岂可得乎?"

【注释】

①先:最重视。

②构兵：集聚军队。

【释义】

子路问孔子说："贤明的君主治理国家,首先做什么呢?"孔子说:"在于尊敬贤能的人而看不起没有才能的人。"子路说:"我听说晋国的中行氏尊重有贤能的人而看不起没有贤能的人,他为什么灭亡了呢?"孔子说:"中行氏尊重有贤能的人但是却不能任用他们,看不起没有贤能的人却不能撤他们的职。有贤能的人知道他不能用自己而怨恨他,没有才能的人知道他一定看不起自己而仇视他。埋怨和仇恨同时存在于国内,邻国的军队又集聚于郊外,中行氏虽然不想灭亡,能够做到吗?"

【原文】

孔子闲处,喟然而叹曰:"向①使②铜鞮伯华无死,则天下其有定矣。"子路曰:"由愿闻其人也。"子曰:"其幼也敏而好学,其壮也有勇而不屈,其老也有道而能下人。有此三者,以定天下也,何难乎哉!"子路曰:"幼而好学,壮而有勇,则可也。若夫有道下人,又谁下哉?"子曰:"由不知,吾闻以众攻寡,无不克也,以贵下贱,无不得也。昔者周公居冢宰之尊,制天下之政,而犹下白屋之士③,日见百七十人,斯岂以无道也?欲得士之用也,恶有道而无下天下君子哉?"

【注释】

①向:以前。
②使:假使。
③白屋之士:指寒士。白屋,草屋。

【释义】

孔子闲居在家,深深感叹说:"以前假使铜鞮伯华不死的话,那么天下大概可以安定了。"子路说:"我希望听您说说他。"孔子说:"他幼小的时候聪敏并且爱好学习,长大了勇敢不屈,年老的时候有道并且甘居人下。有这三种品质,安定天下又有什么难的呢?"子路说:"幼小的时候聪敏并且爱好学习,长大了勇敢不屈,是可以做到的。但是有道并且甘居人下,又有谁受得起呢?"孔子说:"仲由,你不知道,我听说凭借人数众多攻打人数少的,没有不成功的。身处尊贵的地位却能卑下待人,没有做不成的事情。以前周公身处冢宰这样的高位,控制着国家的政权,仍然能自处于贫穷的读书人之下。一天接见一百七十个人,这样做算是没有道德吗?想要任用士人,哪里有"道"却不处于天下君子之下的呢?"

【原文】

齐景公来适鲁,舍于公馆,使晏婴迎孔子,孔子至,景公问政焉。孔子答曰:"政在节财。"公悦,又问曰:"秦穆公国小处僻而霸,何也?"孔子曰:"其国虽小其志大,处虽僻而政其中,其举也果,其谋也和,法无私而令不偷,首拔五羖[1],爵之大夫,与语三日而授之以政,此取之,虽王可,其霸少矣。"景公曰:"善哉!"

【注释】

[1]五羖:指百里奚。秦穆公用五张羊皮赎回了他,所以称为五羖大夫。

【释义】

齐景公来到鲁国,住在公馆里。让晏婴迎接孔子,孔子到了,齐景公向孔子询问政事。孔子回答说:"治理政事在于节约财物。"齐景公很高兴。又问道:"秦穆公的国家很小并且地方偏僻,但是可以称霸,为什么呢?"孔子说:"他的国家虽然小,但是他的志向却很大,国家虽然地处偏僻,但是政策合理。他做事果断,计谋恰到好处,法令不偏政令能够通行。既先提拔百里奚,让他做大夫,和他谈论了三天就把政事交给

【原文】

哀公问政于孔子。孔子对曰："政之急者，莫大乎使民富且寿也。"公曰："为之奈何？"孔子曰："省力役，薄赋敛，则民富矣；敦礼教，远罪疾，则民寿矣。"公曰："寡人欲行夫子之言，恐吾国贫矣。"孔子曰："诗云：'恺悌①君子，民之父母。'未有子富而父母贫者也。"

【注释】

①恺悌：平易近人的样子。

【释义】

鲁哀公向孔子请教治理国家的事。孔子回答说："国家的政事没有比使百姓富裕并且长寿重要了。"鲁哀公说："怎样才能做到呢？"孔子说："减少劳役，减少赋税，那么百姓就富裕了；推行礼义教化，远离罪恶疾病，百姓就长寿了。"鲁哀公说："我想要按照您的话执行，但是恐怕我的国家会贫穷。"孔子说："《诗经》说：'平易近人的君子，是百姓的父母。'没有子女富裕了而父母却贫穷的。"

【原文】

卫灵公问于孔子曰："有语①寡人：有国家者，计之于庙堂之上，则政治矣。何如？"孔子曰："其可也。爱人者则人爱之，恶人者则人恶之，知得之己者则知得之人。人所谓不出环堵之室而知天下者，知反己②之谓也。"

【注释】

①语：告诉。②反己：反思自己得到启发。

【释义】

卫灵公问孔子说："有人告诉我拥有国家的人.在朝廷中讨论国家的计策,那么国家就可以治理好了,是这样吗?"孔子说："可以。爱别人的人别人也爱他,厌恶别人的人别人也厌恶他,知道从自己身上得到启发的就知道从别人身上得到启发。这就是人们所说的不出家门就知道天下的大事,说的就是知道从自己身上得到启发。"

【原文】

孔子见宋君,君问孔子曰："吾欲使长有国,而列都得之,吾欲使民无惑,吾欲使士竭力,吾欲使日月当时,吾欲使圣人自来,吾欲使官府治理.为之奈何?"孔子对曰："千乘之君,问丘者多矣,而未有若主君之问,问之悉也。然主君所欲者,尽可得也。丘闻之。邻国相亲,则长有国;君惠臣忠,则列都得之;不杀无辜,无释罪人。则民不惑;士益之禄,则皆竭力;尊天敬鬼,则日月当时;崇道贵德,则圣人自来;任能黜否,则官府治理。"宋君曰："善哉! 岂不然乎! 寡人不佞①,不足以致之也。"孔子曰："此事非难,唯欲行之云耳。"

【注释】

①不佞:即不才,没有才能。

【释义】

孔子拜见宋国国君,宋国国君问孔子:"我想长期拥有国土,而且很多都邑都想治理好。我想使民众不困惑,我想使士人尽心竭力,我想使日月正常运行,我想使圣人自己前来,我想使官府得到治理,该怎么做呢?"

孔子回答说:"拥有千辆战车的大国君主,问我这个问题的很多,但都没有像您这样问得详细的。然而您想要得到的都可以得到。我听说,和邻国和睦相处,就能长期拥有国土;国君仁爱,臣子尽忠,众多的都邑都能治理好;不杀害无辜的人,不释放有罪的人,民众就不会迷惑;增加士人的俸禄,他们就会尽心竭力;尊奉天道,敬事鬼神,日月就会正常运行;崇尚道,尊崇德,圣人就会自己前来;任用有才能的人,罢免无能之辈,官府就能得到治理。"

宋国国君说:"说得好啊,难道不是这样吗?寡人没有才能,不足以达到这样的境界啊!"

孔子说:"此事并不难,只要想做就可以达到。"

辩政第十四

【题解】

本篇要记述孔子辩明政治问题的事迹,故以"辩政"(四库本作"辨政")名篇。

孔子对齐君、鲁君、叶公问政的不同回答,既表现了孔子的政治思想,如崇尚节俭、以民为本,知晓臣下、君臣同欲,悦近来远、天下大同等等,又展现了孔子高超的政治智慧。本篇所记孔子所说劝谏君主的五种方式,还有他本人"唯度主而行之,吾从其风谏乎"的劝谏方式,都是孔子的政治智慧的较好展现。

对于同一问题,由于对象不同,孔子的回答可能不同。《论语·子路》记载子路与仲弓分别问政于孔子,孔子作了不同回答。《论语·为政》记孟懿子、孟武伯、子游、子夏分别问孝于孔子,孔子的回答也不相同。最为典型的是《先进》篇,其中记曰:"子路问:'闻斯行诸?'子曰:'有父兄在,如之何其闻斯行之?'冉有问:'闻斯行诸?'子曰:'闻斯行之。'公西华曰:'由也问闻斯行诸,子曰有父兄在;求也问闻斯行诸,子曰闻斯行之,赤也惑,敢问。'子曰:'求也退,故进之;由也兼人,故退之。'"《家语·辩政》篇的情况与之相同,可见,因人而异,根据不同情况做出不同回答是孔子常用的方式。

　　本篇是研究孔子政治思想的重要资料,孔子对明君、贤臣的赞叹,是他德治思想的反映,他鼓励宓子贱、子贡、子路从事治国安民的行动,则是孔子德治思想的具体实践。本篇也是研究孔门弟子的重要资料。

　　该篇内容分见于《韩非子》《韩诗外传》《说苑》等书,可以与本篇对比阅读。

【原文】

　　子贡问于孔子曰:"昔者齐君问政①于夫子,夫子曰政在节财②。鲁君问政于夫子,子曰政在谕③臣。叶公问政于夫子,夫子曰政在悦近而远来。三者之问一也,而夫子应之不同,然政在异端④乎?"

【注释】

①政:治理国家。

②节财:节省财力。

③谕:了解。

④异端:不同方面。

【释义】

　　子贡问孔子说:"曾经齐君向您询问治国的道理,您说:'治国之道在于节省财力。'鲁国国君问您怎样治国,您说:'治国重在了解大臣。'叶国国君问您治国之道,您说:'治国重在使近邻高兴,使远处的人前来依附。'三个人问的是同一个问题,然而您的回答却不相同,那么治理国家有不同的方法吗?"

【原文】

　　孔子曰:"各因①其事也。齐君为国,奢乎台榭,淫于苑囿,五官伎乐,不解于时。

一旦②而赐人以千乘之家者三,故曰政在节财。鲁君有臣三人,内比周以愚其君,外距③诸侯之宾,以蔽其明,故曰政在谕臣。夫荆之地广而都狭,民有离心,莫④安其居,故曰政在悦近而来远。此三者所以为政殊矣。"

【注释】

①因:依据。

②一旦:一个早晨。

③距:通"拒",拒绝。

④莫:不,没有。

【释义】

孔子说:"(我的回答)是依据各国的现实情况。齐国国君治理国家,在修建亭台楼阁时很浪费,荒淫在花园苗圃中,宫女、歌舞艺人不分时间地作乐,有时一天就赏赐三个家族各一千辆战车,因此,他治理国家重在节约财物。鲁国国王有三位大臣,在朝内结党营私,愚弄国君,对外排斥诸侯的宾客,蒙蔽君主的英明,因此,他治理国家重在了解大臣。楚国的土地非常广阔,然而叶国的国都却很狭小,民众想离开那里,不安分地生活在那里,因此说,他治国的重点在于使近邻的百姓满意,使远方的百姓归顺。这就是三个国君治理国家不同的原因。"

【原文】

孔子曰:"忠臣之谏君,有五义焉:一曰谲谏①,二曰戆谏②,三曰降谏③,四曰直谏④,五曰风谏⑤。唯度⑥主而行之,吾从其风谏乎!"

【注释】

①谲谏:指不直言,委婉含蓄的劝谏。

②戆谏:鲁莽而刚直的劝谏。

③降谏:心平气和低声下气的劝谏。

④直谏:不畏权威,直言进谏。

⑤风谏:即"讽谏",指以婉言隐语规劝。风,通"讽"。

⑥度:揣摩,猜测。

【释义】

孔子说:"忠臣劝谏君主,有五种方法:第一个是不直言委婉含蓄地劝谏;第二个是鲁莽而刚直地劝谏;第三个是心平气和低声下气地劝谏;第四个是不畏权威直言劝谏;第五个是用委婉的隐语讽劝。只有猜度君主的心思来进行劝谏,我采用委婉的隐语来进行劝谏这种方式。"

【原文】

子曰:"夫道不可不贵也,中行文子①倍道失义以亡其国,而能礼贤以活其身。圣人转祸为福,此谓是与!"

【注释】

①中行文子:即荀寅,晋国大夫,六卿之一。后在政治争斗中失败,被迫逃亡。

【释义】

孔子说:"道义是不能不被尊重的。中行文子违背大道丧失了仁义,以至于丢了国家,但是他又能够礼贤下士以使自己继续存活下去。圣明的人能够将祸患转化为福祉,说的大概就是这样的情况吧!"

【原文】

楚王①将游荆台②，司马子祺③谏，王怒之。令尹子西④贺⑤于殿下，谏曰："今荆台之观，不可失也。"王喜，拊⑥子西之背曰："与子共乐之矣。"子西步马⑦十里，引辔⑧而止，曰："臣愿言有道，王肯听之乎？"王曰："子其言之。"子西曰："臣闻为人臣而忠其君者，爵禄不足以赏也；谀其君者，刑罚不足以诛⑨也。夫子祺者，忠臣也；而臣者，谀臣也。愿王赏忠而诛谀焉。"王曰："我今听司马之谏，是独能禁我耳。若后世游之何也？"子西曰："禁后世易耳。大王万岁之后⑩，起山陵⑪于荆台之上，则子孙必不忍游于父祖之墓，以为欢乐也。"

王曰："善！"乃还。孔子闻之，曰："至哉子西之谏也！人之于十里之上，抑之于百世之后者也。"

【注释】

①楚王：指楚昭王，春秋时林国国君，名壬，在位27年（公元前515—前488年）。

②荆台：地名，今湖北江陵北。

③司马子祺：司马，官职名称。子祺，楚公子结。

④令尹子西：楚平王庶长子。令尹，春秋战国时期楚国执政官名，相当于宰相。

⑤贺：附和，赞许，庆贺。

⑥拊：抚摸，拍打。

⑦步马：骑马。

⑧引辔：拉住马缰绳。引，拉。

⑨诛：惩罚。

⑩万岁之后：死亡的委婉说法。

⑪山陵：坟墓，陵寝。

楚昭王将要到荆台去游玩,司马子祺进行谏阻,楚昭王对他很生气。令尹子西在殿下附和赞成,进谏说:"现在到荆台去观赏可是不可错过的大好机会啊。"昭王非常高兴,拍着子西的背说:"我要和你一起去共同享受赏玩的乐趣。"令尹子西骑马走了十里路,忽然拉住马缰绳停了下来,说道:"我想说说合于为臣之道的话,大王您愿意听听吗?"昭王说:"你说说看。"子西说:"臣听说作为人的臣子而忠诚于他的君主,那么即使是爵位和俸禄也不足以奖赏他;而那些阿谀奉承君主的人,那么即使是刑法也是不足以惩罚他的。司马子祺是一个忠臣;而我,却是一个阿谀之臣。希望大王奖赏忠臣而惩罚谀臣。"昭王说道:"我现在听从司马的劝谏,这是只能禁止我一个人这样做的。如果后世还想去那里游玩怎么办呢?"子西说:"想要禁止后世去游玩也很容易。大王您去世以后,将陵寝修建在荆台上面,那么子子孙孙都将不忍心到父祖的墓地上去游玩取乐了。"

昭王说:"好的!"于是就中途返回了。孔子听闻这件事之后,说:"令尹子西的劝谏真是好极了! 走了十里地的路程就谏止了昭王,也谏止了百世之后的君王啊!"

【原文】

子贡问于孔子曰:"夫子之于子产①、晏子②,可为至矣③。敢问二大夫之所为目④,夫子之所以与⑤之者。"孔子曰:"夫子产于民为惠主⑥,于学为博物。晏子于君为忠臣,而行为恭敏。故吾皆以兄事之,而加爱敬。"

【注释】

①子产:名侨,字子产,又字子美,也称国侨,公孙侨,东里子产。春秋时郑国著名的政治家。

②晏子：名婴，字平仲，曾为齐相。春秋时代著名的思想家政治家。

③可为至矣：可以说是称赞到了极点。

④目：要目，重点，即是指孔子看重两人的哪些优点。

⑤与：赞许，赞美。

⑥惠主：有恩惠的大夫。

【释义】

子贡问孔子说："老师您对子产、晏子这两个人可以说是恭敬到了极点了。我想冒昧地问问您之所以尊敬他们的具体原因以及您赞美他们的原因是什么？"

孔子说："子产对于百姓可以说是一个有恩惠的大夫，于学识上来说也可以说是一个博学之人。晏子对于君主可以说是忠臣，而且他的行为恭敬聪敏。所以我都以兄长之礼尊事他们，并且加以爱戴和尊敬。"

【原文】

齐有一足之鸟，飞集①于宫朝，下止于殿前，舒翅②而跳，齐侯大怪之，使使聘鲁，问孔子。孔子曰："此鸟名曰商羊③，水祥也④。昔童儿有屈其一脚，振讯⑤两眉而跳，且谣曰：'天将大雨，商羊鼓舞⑥。'今齐有之，其应⑦至矣。"急告民趋治沟渠，修堤防，将有大水为灾。顷之大霖雨⑧，水溢泛诸国，伤害民人，唯齐有备，不败⑨。景公曰："圣人之言，信而征⑩矣。"

【注释】

①集：群鸟停落。

②舒翅：张开翅膀。舒，伸展。

③商羊：传说中的鸟名。据说，大雨前，常屈一足欢舞。

④水祥也：大雨将要到来的预兆。祥，预兆。

⑤振讯：抖动。

⑥鼓舞：手足舞动，欢欣的样子。

⑦应：征言，应验。

⑧霖雨：久下不停的雨。

⑨败：毁坏，破坏。

⑩信而征：真实而且有征验。

【释义】

　　齐国飞来很多只有一只腿的鸟，他们时而停落在宫室上，时而飞下来落在宫殿前面，张开翅膀一跳一跳地走。齐国国君感到非常奇怪，于是就派遣使者到鲁国去聘问，向孔子请教。孔子说："这种鸟叫作商羊，它预示着将要有大雨到来。从前，有小孩儿弯着一只脚，抖动着眉毛，蹦蹦跳跳，唱着歌谣：'天将要下大雨，商羊就跳跃着欢快而来。'现在齐国出现了这种鸟，正好验证了童谣。"于是齐侯急忙命令百姓赶紧修治沟渠和堤防，以防大水的危害。不久，真的就下起了大雨，大水在各个国家泛滥，伤害百姓，只有齐国有防备，因此没有遭到破坏。

　　齐景公说："圣人说的话，真是既真实而且还有征验啊。"

【原文】

　　孔子谓宓子贱①曰："子治单父②，众悦，子何施而得之也？子语丘所以为之者。"对曰："不齐之治也，父恤其子，其子恤诸孤，而哀丧纪③。"孔子曰："善。小节也，小民附矣，犹未足也。"曰："不齐所父事④者三人，所兄事者五人，所友事者十一人。"孔子曰："父事三人，可以教孝矣；兄事五人，可以教悌矣；友事十一人，可以举善矣。中节也，中人附矣，犹未足也。"

日:"此地民有贤于不齐者五人,不齐事之而禀度⑤焉,皆教不齐之道。"孔子叹曰:"其大者乃于此乎有矣!昔尧舜听⑥天下,务求贤以自辅。夫贤者,百福之宗也,神明之主也。惜乎不齐之以所治者小也。"

【注释】

①宓子贱:孔子弟子,名不齐,字子贱,鲁国人。

②单父:鲁邑,在今山东单县。

③丧纪:丧事。

④父事:以事父之礼来侍奉某人。

⑤禀度:受教。

⑥听:治理,管理,听政,处理政务。

【释义】

孔子对宓子贱说:"你治理单父的时候,百姓们都很高兴,你是用怎样的办法使那里得到如此好的治理的呢?你告诉我你是怎样做的。"宓子贱回答说:"我治理的办法,就是父亲要照顾教育好自己的儿子,而儿子要去照顾那些孤苦无依的人,而且对丧事要哀痛。"

孔子说:"好啊。不过这些都是小的方面,能使一般的百姓亲附,还是不够的。"宓子贱说:"我以对待父亲的礼节对待三个人,以对待长兄的礼节对待五个人,以对待朋友的礼节对待十一个人。"

孔子说:"父事三人,这样就可以使百姓懂得孝顺;兄事五人,这样就可以使百姓懂得敬爱兄长了;友事十一人,这样就可以使百姓懂得尊崇贤才。不过这也只是平常的善行,可以使中等程度的百姓亲附,还是不够的。"

宓子贱说:"这个地方的百姓有五个比我贤明的人,我侍奉他们而且还接受他们的教诲,他们都交给我为政之道。"

　　孔子感叹地说:"成就大业的方法就是从这里显现出来的啊!从前尧舜治理天下的时候,都竭力搜求贤人以辅佐自己。贤人是一切福祉的本源,也是神明的根本。只是可惜啊,子贱只能用尧舜之道治理很小的地方啊。"

【原文】

　　子贡为信阳宰①,将行,辞于孔子。孔子曰:"勤之慎之,奉天子之时,无夺无伐,无暴无盗。"子贡曰:"赐也少而事君子,岂以盗为累②哉?"孔子曰:"汝未之详也。夫以贤代贤,是谓之夺;以不肖代贤,是谓之伐;缓令急诛③,是谓之暴;取善自与④,谓之盗。盗非窃财之谓也。百闻之,知为吏者,奉法以利民;不知为吏者,枉法以侵民,此怨之所由也。治官莫若平⑤,临财莫如廉。廉平之守,不可改也。匿人之善,斯谓蔽贤;扬人之恶,斯为小人。内不相训⑥而外相谤,非亲睦也。言人之善,若己有之;言人之恶,若己受之。故君子无所不慎焉。"

【注释】

　　①信阳宰:信阳邑宰。信阳,楚邑,在今河南信阳南。

　　②累:连累,拖累。

　　③缓令急诛:法令怠缓而刑罚严苛。

　　④取善自与:把别人的功绩取来据为己有。

　　⑤治官莫若平:管理官吏没有比公平更重要的了。

　　⑥训:训诫,教诲。

【释义】

　　子贡在楚国的信阳邑做地方长官,将要赴任的时候,来向孔子辞行。孔子说:"为政要勤勉谨慎，遵奉天子下发的历法，不要侵夺，不要攻伐，不要暴虐，也不要偷盗。"

子贡说："我年轻的时候就开始侍奉君子，怎么会被偷盗这样的事所拖累呢？"

孔子说："你知道的还不够具体啊。用贤人来代替贤人，这就是侵夺；用不肖者来代替贤人，这就叫攻伐；法令怠缓但是刑罚严苛，这就是暴虐；把别人的善行拿来据为己有，这就是偷盗。偷盗并不一定就是说偷窃钱财。我听说，懂得怎样做一个官吏的人，都会遵奉法令以施惠于百姓；不懂得做官吏的，就会歪曲法令而侵扰百姓，这都是民怨产生的缘由。官吏管理没有比公平更重要的，面对钱财没有比清廉更重要的。对清廉和公平的坚守是不能改变的。隐匿别人的善行，就叫作掩藏贤人；夸大别人的缺点，就是小人。在内部相互训诫而在外互相诽谤，这就没有办法做到亲近和睦。称赞别人的优点，就好像说自己的优点一样；评论别人的缺点，就好像自己也存在那样的缺点一样。所以，君子无时无处都要谨慎行事。"

【原文】

子路治蒲三年，孔子过之，入其境，曰："善哉！由也恭敬以①信矣。"入其邑，曰："善哉！由也忠信而宽矣。"至庭，曰："善哉！由也明察以断②矣。"子贡执辔而问曰："夫子未见由之政，而三称其善，其善可得闻乎？"孔子曰："吾见其政矣。入其境，田畴尽易⑧，草莱甚辟④，沟洫深治，此其恭敬以信，故其民尽力也；入其邑，墙屋完固，树木甚茂，此其忠信以宽，故其民不偷⑤也；至其庭，庭甚清闲，诸下用命⑥，此其言明察以断，故其政不扰⑦也。以此观之，虽三称其善，庸⑧尽其美乎？"

【注释】

①以：而，而且。

②明察以断：明察秋毫而且善于断案。

③田畴尽易：田地得到整治。田畴，田地。易，整治，耕种。

④草莱甚辟：荒地都得到了极好的开辟。草莱，杂草。辟，排除，辟除。

⑤偷：苟且。

⑥用命：听从命令，执行命令。

⑦扰：乱，扰攘，纷乱。

⑧庸：岂，难道。

【释义】

　　子路管理蒲地三年，孔子有一次路过那里。进入到蒲的辖地，孔子说："好啊！仲由为政恭敬而且诚信。"进入到蒲邑里面，孔子说："好啊！仲由为政忠信而且宽厚。"等到了蒲邑的朝堂时，孔子说："好啊！仲由为政明察秋毫而且善于断案。"

　　子贡拉住马缰绳问孔子说："老师您还没看到仲由的政事如何，却称赞了他三次，那么他好的地方，能够说给我听听吗？"

　　孔子说："我已经看到他是怎样为政的了。进入到蒲的辖地，看到田地都得到了整治，荒草也全部都锄去，沟渠也挖得很深，这就是他的恭敬而且诚信，因此百姓都愿意尽力；进入到城邑，墙屋都完好坚固，树木也非常茂盛，这就是他的忠信而且宽厚，因此百姓都不敢苟且。到了他的朝堂一看，看到官衙内清净安闲，所有的下属都很听从命令，这就是他的明察秋毫而且善于断案，所以政事才能有条不紊。从这些方面来看，即使称赞他三次好，又岂能包括他所有的好处？"

卷四

六本第十五

【题解】

　　本篇首章讲述君子处事的六大根本,故题名曰"六本"。有子说:"君子务本,本立而道生。孝弟也者,其为仁之本与!"(《论语·学而》)仅提到孝为君子之本。而该篇孔子提出"为君子"的六个根本,即立身以孝为本,丧纪以哀为本,战阵以勇为本,治政以农为本,居国以嗣为本,生财以力为本。孔子心目中的理想人格是君子,从某种意义上说,儒学其实可以称为"君子之学"。而《六本》则具体阐释"为君子"的具体要求。本篇所谈论的基本都是立身处世的问题。如孔子提到"良药苦于口而利于病,忠言逆于耳而利于行";在看到捕鸟者捕到的均是黄嘴小鸟时,孔子告诫弟子要慎重地选择所跟从的对象;孔子读《易》而得出"谦受益、满招损"的结论;孔子批评曾子的"孝"太过愚直;孔子从荣声期身上学到自我宽慰;曾参学习孔子的善于见人之善、闻善必行,认为这是君子为人处世的极高境界;孔子预言"商也日益,赐也日损",进而提出"慎其所处",谨慎择友。此外,还有孔子强调明确法度、谨慎处事的论述。

　　本篇是研究孔子人生观的重要材料。从孔子的教诲中,可以体悟先哲为人处世的智慧。

【原文】

　　孔子曰:"行己有六本焉①,然后为君子也。立身有义矣,而孝为本;丧纪有礼矣,而哀为本;战阵有列矣,而勇为本;治政有理矣,而农为本;居国有道矣,而嗣为本②;生财有时矣,而力为本。置本不固,无务农桑;亲戚不悦,无务外交;事不终始,无务多业;记闻而言,无务多说③;比近不安,无务求远。是故反本修迩④,君子之道也。"

【注释】

①行己:立身处世。本:根本。

②嗣:子孙,这里指选定继位之君。王注:"继嗣不立,则乱之萌。"

③记闻而言,无务多说:王注:"但说所闻而言,言不出说中,故不可以务多说。"

④反本修迩:返回到事物的根本,从近处做起。迩,原作"迹",据《四部丛刊》本《家语》改。

【释义】

孔子说道:"立身行事有六个根本,如实做到这六个根本,就可以成为一位君子。修身养性要有仁义,而奉行孝道就是修身养性的根本;丧葬事宜要有礼节,而哀伤悲痛就是丧葬事宜的根本;交战对阵要有行列,而勇敢无畏就是交战对阵的根本;处理政事要有条理,而振兴农业就是处理政事的根本;统治国家要有方法,而择定后嗣就统治国家的根本;发财致富要有时机,而辛勤经营就是发财致富的根本。如果对于根本不能巩固,就不要从事农事活动;如果不能让亲人高兴,就不要从事外交活动;如果做事不能有始有终,就不要经营多种产业;如果只能重复他人的言论,就不要过多地谈论;如果近邻都不能和睦相处,就不要想着远方。所以返回根本,从自己身边做起,这就是君子立身处世的方法。"

【原文】

孔子曰:"良药苦口而利于病,忠言逆耳而利于行。汤、武以谔谔而昌①,桀、纣以唯唯而亡②。君无争臣③,父无争子,兄无急弟,士无争友,无其过者,未之有也。故曰:君失之,臣得之;父失之,子得之:兄失之,弟得之;己失之,友得之。是以国无危亡之兆,家无悖乱之恶④,父子兄弟无失,而交友无绝也。"

【注释】

①汤、武以谔谔而昌:汤、武,即商汤与周武王,商周两朝的开国君主。谔谔,直言争辩,文中指直言敢谏的臣子。

②桀、纣以唯唯而亡:桀、纣,即夏桀与商纣王,夏商两朝的亡国之君。唯唯,随声附和,文中指随声附和的臣子。

③争:也作"诤",规劝,直言进谏,敢于规谏他人的过失。

④悖乱:迷惑昏乱,这里指家门失序,长幼失节。

【释义】

孔子说:"良药苦口利于病,忠言逆耳利于行。商汤和周武王因为能听取进谏的直言而使国家昌盛,夏桀和商纣因为只听随声附和的话而国破身亡。国君没有直言敢谏的大臣,父亲没有直言敢谏的儿子,兄长没有直言敢劝的弟弟,士人没有直言敢劝的朋友,要想不犯错误是不可能的。所以说:'国君有失误,臣子来补救;父亲有失误,儿子来补救;哥哥有失误,弟弟来补救;自己有失误,朋友来补救。'这样,国家就没有灭亡的危险,家庭就没有悖逆的坏事,父子兄弟之间不会失和,朋友也不会断绝来往。"

【原文】

孔子见齐景公,公悦焉,请置廪丘之邑以为养①。

孔子辞而不受。入谓弟子曰:"吾闻君子当功受赏,今吾言于齐君,君未之有行,而赐吾邑,其不知丘亦甚矣。"于是遂行。

【注释】

①请置廪丘之邑以为养:景公请孔子接受廪丘城作为食邑。廪丘,在今山东范县。养,赡养。"邑"原作"养",据《四部丛刊》本《家语》改。

【释义】

孔子去见齐景公,齐景公很高兴,请孔子接受廪丘城作为他赡养的食邑。

孔子推辞不受。回去对弟子说:"我听说君子有功才接受奖赏,现在我向齐君进言,他还没有采取什么行动,而要赐给我食邑,他太不了解我了。"于是就离开了齐国。

【原文】

孔子在齐,舍于外馆,景公造焉①。宾主之辞既接,而左右白曰:"周使适至,言先王庙灾。"景公覆问:"灾何王之庙也?"孔子曰:"此必釐王之庙②。"公曰:"何以知之?"

孔子曰:"《诗》云③:'皇皇上天,其命不忒④。'天之以善,必报其德。祸亦如之。夫釐王变文武之制,而作玄黄华丽之饰,宫室崇峻,舆马奢侈,而弗可振也⑤。故天殃所宜加其庙焉,以是占之为然⑥。"

公曰:"天何不殃其身,而加罚其庙也?"

孔子曰:"盖以文武故也。若殃其身,则文武之嗣,无乃殄乎⑦?故当殃其庙以彰其过。"

俄顷,左右报曰:"所灾者,釐王庙也。"

景公惊起,再拜曰:"善哉!圣人之智⑧,过人远矣。"

【注释】

①造:到……去。

②釐王:东周国君,周庄王之子,名胡。

③诗:此诗已佚,今本《诗经》无。旧注:"此逸诗也。皇皇,美貌也。

忒,差也。"

④忒:变更,差错。

⑤振:救。王注:"振,拔。"

⑥占:预测,推测。

⑦殄:断绝,灭绝。

⑧圣人之智:原无"人"字,据《四部丛刊》本《家语》增补。

【释义】

孔子在齐国,住在旅馆里,齐景公到旅馆来看他。宾主刚互致问候,景公身边的人就报告说:"周国的使者刚到,说先王的宗庙遭了火灾。"景公又问:"哪个君王的庙被烧了?"孔子说:"这一定是釐王的庙。"景公问:"怎么知道的呢?"

孔子说:"《诗经》说:'伟大的上天啊,它所给予的不会有差错。'上天降下的好事,一定回报给有美德的人。灾祸也是如此。釐王改变了文王和武王的制度,而且制作色彩华丽的装饰,宫室高耸,车马奢侈,而无可救药。所以上天把灾祸降在他的庙上。我因此做了这样的推测。"

景公说:"上天为什么不降祸到他的身上,而要惩罚他的宗庙呢?"

孔子说:"大概是因为文王和武王的缘故吧。如果降到他身上,文王和武王的后代不就灭绝了吗?所以降灾到他的庙上来彰显他的过错。"

一小会儿,有人报告:"受灾的是釐王的庙。"

景公吃惊地站起来,向孔子拜了两拜说:"好啊!圣人的智慧,超过一般人太多了。"

【原文】

子夏三年之丧毕，见于孔子。子曰："与之琴。"使之弦①，侃侃而乐②。作而曰③："先王制礼，不敢不及。"子曰："君子也。"

闵子三年之丧毕④，见于孔子。子曰："与之琴。"使之弦，切切而悲。作而曰："先王制礼，弗敢过也。"子曰："君子也。"

子贡曰：'闵子哀未尽，夫子曰君子也；子夏哀已尽，又曰君子也。二者殊情而俱曰君子，赐也惑，敢问之。"

孔子曰："闵子哀未忘，能断之以礼；子夏哀已尽，能引之及礼。虽均之君子，不亦可乎？"

【注释】

①弦：弹奏。这里作动词用。古代服丧，除服之日要弹素琴，表示服丧结束，以此节制哀痛之情。

②侃侃：和乐貌。此指乐声。

③作：站起。

④闵子：字子骞，孔子弟子。

【释义】

子夏守丧三年完毕，来见孔子。孔子说："给他琴。"让他弹奏，弹得乐声很和乐。然后子夏站起来说："先王制定的礼仪，不敢不遵守。"孔子说："你真是君子啊。"

闵子骞守丧三年完毕，来见孔子。孔子说："给他琴。"让他弹奏，弹得乐声很悲切。然后闵子骞站起来说："先王制定的礼仪，不敢越过。"孔子说："你真是君子啊。"

子贡说："闵子骞还在悲伤，您说他是君子；子夏已不再悲伤，您又说他是君子。

两个人的感情不同,您都说他们是君子,我都糊涂了,大胆问一问这是为什么。"

孔子说:"闵子骞没有忘记哀伤,却能够用礼仪来断绝;子夏已不再悲伤,却能够按礼仪行事。即使将他们与君子相提并论,不是也可以吗?"

【原文】

孔子曰:"无体之礼①,敬也;无服之丧②,哀也;无声之乐,欢也。不言而信,不动而威,不施而仁。志,夫钟之音,怒而击之则武,忧而击之则悲。其志变者,声亦随之。故志诚感之,通于金石③,而况人乎!"

【注释】

①无体之礼:没有按程式举行的礼仪。

②无服:指未穿丧服。

③金石:泛指乐器。金,指金属制成的乐器,如钟、锣等。石,指石料乐器,如磬、编钟等。

【释义】

孔子说:"没有仪式的礼仪,却要体现出敬意来;不穿孝服的丧礼,却透出悲情来;没有声音的音乐,却表现出很欢乐。不说话就能得到别人信任,不行动就能显现威严,不施舍就能体现仁爱。记住:钟的声音,愤怒时敲击就发出刚健的声音,忧愁时敲击就发出悲哀的声音。一个人思想感情发生了变化,他敲击的声音也会随之发生变化。所以心意诚恳的感通,能传达到金石制作的乐器上,何况是人呢?"

【原文】

孔子见罗雀者,所得皆黄口小雀。夫子问之曰:"大雀独不得,何也?"

罗者曰:"大雀善惊而难得,黄口贪食而易得。黄口从大雀则不得,大雀从黄口亦不得①。"

孔子顾谓弟子曰:"善惊以远害,利食而忘患,自其心矣。而独以所从为祸福,故君子慎其所从。以长者之虑,则有全身之阶;随小者之戆②,而有危亡之败也。"

【注释】

①"黄口从大雀则不得"二句:"从"字原无,据《四部丛刊》本《家语》补。

②戆:傻。

【释义】

孔子看到张网捕鸟的人捕到的全是黄嘴小雀,就问捕鸟人:"怎么唯独捉不到大雀,这是为什么呢?"

捕鸟的人说:"大雀容易警觉,所以不容易捉到;小雀贪吃,所以容易捉到。小雀跟着大雀就捉不到,大雀跟着小雀也捉不到。"

孔子回过头对弟子说:"容易警觉就能够远离祸害,贪吃就会忘记灾祸,这都是因心里的想法不同。且跟随的对象不同而产生了祸或福,所以君子要慎重选择跟从的人。跟从长者的意见,就有保全自己的凭借;跟从年轻人愚蠢的意见,就有危亡的灾祸。"

【原文】

孔子读《易》,至于《损》《益》①,喟然而叹。

子夏避席问曰②:"夫子何叹焉?"

孔子曰:"夫自损者必有益之,自益者必有决之③,吾是以叹也。"

子夏曰:"然则学者不可以益乎?"

子曰："非道益之谓也。道弥益而身弥损。夫学者损其自多,以虚受人,故能成其满博也。天道成而必变,凡持满而能久者,未尝有也。故曰:'自贤者,天下之善言不得闻于耳矣。'昔尧治天下之位,犹允恭以持之④,克让以接下⑤,是以千岁而益盛,迄今而逾彰。夏桀昆吾⑥,自满而无极,亢意而不节⑦,斩刈黎民如草芥焉⑧。天下讨之如诛匹夫,是以千载而恶著,迄今而不灭。观此,如行则让长,不疾先⑨;如在舆,遇三人则下之,遇二人则式之。调其盈虚,不令自满,所以能久也。"

子夏曰:"商请志之,而终身奉行焉。"

【注释】

①《损》《益》:《周易》中的卦名。

②避席:离开席位。表示尊敬。

③夬:缺,损失。王注:"《易》损卦,次得益,益次夬。夬,决也。损而不已必益,故受之以益;益而不已必夬,故受之以夬。"

④允恭:诚信恭敬。王注:"允,信也。"

⑤克让:能谦让。王注:"克,能也。"

⑥昆吾:夏、商之间部落名。初封于濮阳。夏衰,昆吾为夏伯,后为商汤所灭。此指昆吾之君。王注:"昆吾国与夏桀作乱。"

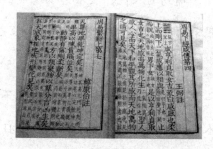

《周易》书影

⑦亢意:恣意妄为。

⑧刈:割。草芥:比喻轻贱,不足珍惜。芥,细微。亦指小草。

⑨观此,如行则让长,不疾先:此三句,原作"满也",据《四部丛刊》本《家语》改。

【释义】

孔子读《周易》,读到《损》《益》二卦时,感慨地叹息着。

子夏离开座位问道："老师您为什么叹息啊?"

孔子说:"自己减少的必定会有增加,自己增加的必定会有减少。我因此叹息啊!"

子夏说:"那么学习的人不可以增加知识吗?"

孔子说:"我讲的不是道的增长。道愈增长而身体愈有损耗。学习的人,减损自己本来就多的东西,用虚心的态度接受别人的指教,所以才能成就完满和广博啊!按照规律,事物完成后必定还会变化,完满而能保持长久,是不曾有的。所以说,'自认为贤能的人,天下那些美好的话他是听不到的。'从前尧处在治理天下的位置上,尚且以诚信恭敬的态度处理政事,以谦让的态度和下面的人交往,所以经过千年名声愈来愈盛,到今天更加彰显。夏桀、昆吾自满至极,恣意妄为而不加节制,斩杀百姓如割草一般。天下人讨伐他,如同杀一个平民,所以经过千年恶名愈来愈昭著,至今也没有磨灭。看到这些,如果在路上行走就要让长者先行,不抢先;如果坐在车上,遇到三个人就要下车,遇到两个人就要扶着车前横木致敬。调节盈满和虚空,不自我满足,所以能够长久。"

子夏说:"请让我把这些话记下来,而且要终身奉行。"

【原文】

子路问于孔子曰:"请释古之道而行由之意①,可乎?"

子曰:"不可。昔东夷之子②,慕诸夏之礼③,有女而寡,为内私婿④,终身不嫁。嫁则不嫁矣,亦非贞节之义也。苍梧娆娶妻而美⑤,让与其兄。让则让矣,然非礼之让也。不慎其初,而悔其后,何嗟及矣⑥。今汝欲舍古之道,行子之意,庸知子意不以是为非,以非为是乎?后虽欲悔,难哉!"

【注释】

①释:放弃。

②东夷：东部的少数民族。

③诸夏：华夏，指汉族。

④为内私婿：为她招个女婿。内，同"纳"，招纳。

⑤苍梧：在今湖南宁远东南。娆：人名，生平不详。

⑥何嗟及矣：王注："言事至而后悔吁嗟，又何及矣！"

【释义】

子路问孔子："我请求放弃古代的治理之道而施行我的主张，可以吗？"

孔子说："不可以。从前东方少数民族的一个人，羡慕华夏的礼义，他有个女儿死了丈夫，他想为女儿再招个女婿，女儿终身不嫁。可以改嫁而不改嫁，这并非表现了贞洁。苍梧娆娶了个妻子很美，让给了他的哥哥。让是让了，然而是不符合礼义的让。最初不谨慎，事后又后悔，感叹也来不及了。现在你要舍弃古代的治理之道，来施行你的主张，怎知道你的主张不是以是为非，以非为是呢？事后想要悔改也难啊！"

【原文】

曾子耘瓜①，误斩其根。曾皙怒②，建大杖以击其背③。曾子仆地而不知人久之。有顷，乃苏，欣然而起，进于曾皙曰："向也参得罪于大人，大人用力教参，得无疾乎？"退而就房，援琴而歌，欲令曾皙而闻之，知其体康也。

孔子闻之而怒，告门弟子曰："参来勿内。"曾参自以为无罪，使人请于孔子。

子曰："汝不闻乎？昔瞽瞍有子曰舜④，舜之事瞽瞍，欲使之，未尝不在于侧；索而杀之，未尝可得。小棰则待过，大杖则逃走。故瞽瞍不犯不父之罪，而舜不失蒸蒸之孝⑤。今参事父，委身以待暴怒，殪而不避⑥，既身死而陷父于不义，其不孝孰大焉？汝非天子之民也，杀天子之民，其罪奚若⑦？"

曾参闻之曰："参罪大矣。"遂造孔子而谢过。

【注释】

①耘瓜:在瓜地锄草。

②曾晢:曾参之父,孔子弟子。

③建:操,拿起。

④瞽叟:舜父亲的别名。传说他溺爱舜的弟弟,多次想害死舜。时人认为他有目不能分辨好坏,故称他为瞽叟。

⑤烝烝:淳厚貌。

⑥殪:死。

⑦奚著:何如。

【释义】

　　曾参在瓜地锄草,错把瓜苗的根锄断了。他的父亲曾晢发了怒,拿起大棍子就打他的背。曾子倒在地上,好长时间都不省人事。后来,曾参苏醒了,高兴地站起来,走上前对曾晢说:"刚才我得罪了父亲大人,大人用力来教训我,没有受伤吧?"曾参说完回到屋里,弹着琴唱起了歌,想让曾晢听到,知道他身体没有问题。

　　孔子听到这件事发了怒,告诉弟子说:"曾参来了不要让他进来。"曾参自以为没错,让人告诉孔子他要来拜见。

　　孔子说:"你没有听说过吗?从前瞽瞍有个儿子叫舜,舜侍奉瞽瞍,瞽瞍想使唤他的时候,他没有不在身边的;但要找他把他杀掉时,却怎么也找不到。用小棍子打,他就挨着;用大棍子打,他就逃走。所以瞽瞍没有犯下不遵行父道的罪,而舜也没有失去尽心进孝的机会。现在曾参你侍奉父亲,挺身等待父亲的暴怒,打死也不躲避,这样做,自己死了还要陷父亲于不义,不孝还有比这更大的吗?你不是天子的子民啊!杀天子的子民,有哪样罪比得上呢?"

曾参听后说:"我的罪大了。"于是到孔子那里去承认错误。

【原文】

荆公子行年十五而摄荆相事①,孔子闻之,使人往观其为政焉。

使者反②,曰:"视其朝清净而少事,其堂上有五老焉,其廊下有二十壮士焉。"

孔子曰:"合二十五人之智以治天下,其固免矣,况荆乎?"

【注释】

①荆公子:生平不详。荆,楚国的别称。摄:代理。荆相事:楚国宰

相的事务。

②反:同"返"。

【释义】

荆国公子十五岁时就代理荆国宰相的事务。孔子听说了这件事,派人前往观看他是如何处理政事的。

使者返回后,对孔子说:"看到他的朝堂上清净少事,他的堂上有五位老人,廊下有二十位壮士。"

孔子说:"合二十五人的智慧来治理天下,本来就可以免于危亡,何况是治理荆国呢?"

【原文】

子夏问于孔子曰:"颜回之为人奚若①?"

子曰:"回之信贤于丘。"

曰:"子贡之为人奚若?"

子曰："赐之敏贤于丘。"

曰："子路之为人奚若^①?"

子曰："由之勇贤于丘。"

曰："子张之为人奚若?"

子曰："师之庄贤于丘。"

子夏避席而问曰："然则四子何为事先生?"

子曰："居^②,吾语汝。夫回能信而不能反^③,赐能敏而不能诎^④,由能勇而不能怯,师能庄而不能同^⑤。兼四子者之有以易吾,弗与也。此其所以事吾而弗贰也。"

【注释】

①奚若:怎么样。

②居:坐下来。

③反:王注:"反谓反信也。君子言不必信,唯义所在耳。"

④诎:同"屈"。王注:"言人虽敏辩,亦宜有屈折时也。"

⑤同:和同。王注:"言人虽矜庄,亦当有和同时也。"

【释义】

子夏问孔子:"颜回的为人怎么样?"

孔子说:"颜回在诚信上比我强。"

子夏问:"子贡的为人怎么样?"

孔子说:"子贡在聪敏方面比我强。"

子夏问:"子路的为人怎么样?"

孔子说:"子路在勇气方面比我强。"

子夏问:"子张的为人怎么样?"

孔子说:"子张在庄重方面比我强。"

子夏离开座位问道:"那么他们四个人为什么要侍奉先生您呢?"

孔子说:"坐下来,我告诉你。颜回能诚信却不灵活,子贡很聪敏却不能委屈,子路有勇气却不能示弱,子张庄重却不能随和地与人相处。把四个人的长处加起来和我交换,我也不愿意。这就是他们侍奉我而忠贞不贰的原因。"

【原文】

孔子游于泰山,见荣声期行乎郕之野^①,鹿裘带索^②,鼓琴而歌^③。

孔子问曰:"先生所以为乐者,何也?"

期对曰:"吾乐甚多,而至者三:天生万物,唯人为贵,吾既得为人,是一乐也;男女之别,男尊女卑,故人以男为贵,吾既得为男,是二乐也;人生有不见日月^④,不免襁褓者^⑤,吾既以行年九十五矣,是三乐也。贫者,士之常;死者,人之终。处常得终,当何忧哉?"

孔子曰:"善哉!能自宽者也。"

【注释】

①荣声期:《列子·天瑞篇》作"荣启期",善弹琴。王注:"声宜为启,或曰荣益期也。"郕:春秋时国名,周武王封其弟叔武于此。

②鹿裘带索:穿着粗劣的衣服,系着绳子做成的腰带。鹿裘,旧注:"鹿裘乃裘之粗者,非以鹿为裘也。鹿车乃车之粗者,非以鹿驾车也。麤从三鹿,故鹿有粗义。"

③鼓琴:弹琴。《列子·天瑞篇》作"鼓瑟"。

④不见日月:指胎儿未出生就死于母腹中。

⑤不免襁褓:指幼儿时已亡。

【释义】

孔子游历泰山，看到荣启期走在郕国的郊外，穿着粗劣的衣服，系着绳子做的腰带，弹着琴唱着歌。

孔子问道："先生您这么快乐，是为什么呢？"

荣启期回答说："我的快乐很多，最快乐的事情有三件：天生万物，唯有人最尊贵，我既然能成为人，是第一件快乐的事；人有男女之别，男尊女卑，人们以男子为尊贵，我既然成为男人，是第二件快乐的事；人有没出生就死在母腹中的，还有在襁褓中就死亡的，我现在已活到九十五岁，这是第三件快乐的事。贫穷，是士人的常态；死亡，是人的最终结果。处于常态以终天年，还有什么可忧愁的呢？"

孔子说："好啊！他是能够自我宽慰的人。"

【原文】

孔子曰："回有君子之道四焉：强于行义，弱于受谏，怵于待禄，慎于治身。史鳅有男子之道三焉：不仕而敬上，不祀而敬鬼，直己而曲人①。"

曾子侍，曰："参昔常闻夫子三言，而未之能行也。夫子见人之一善而忘其百非，是夫子之易事也；见人之有善，若己有之，是夫子之不争也；闻善必躬行之②，然后导之，是夫子之能劳也。学夫子之三言而未能行，以自知终不及二子者也。"

【注释】

①曲：原谅，谅解。
②躬行：亲自去做。

【释义】

孔子说："颜回具有作为君子的四种品德：努力推行仁义，虚心接受劝告，害怕接受俸禄，谨慎修养身心。史鳅具有作为君子的三种品德：不做官而能尊敬官长，不祭祀而能尊敬鬼神，自己正直而能宽容别人。"

曾子陪在旁边，说："我从前经常听您说三句话，但我没能身体力行。您看见别人的一个优点就忘记他所有的缺点，这是您容易事奉；您看见别人的善行，就如同自己具有一样，这是您不争名利；您听说是善事一定要亲身去做，然后引导别人去做，这是您不怕劳累。学习您的三句话却不能身体力行，所以我自知最终不如颜回和史鳅。

【原文】

孔子曰："吾死之后，则商也日益①，赐也日损②。"

曾子曰③："何谓也？"

子曰："商也好与贤己者处，赐也好说不若己者。不知其子视其父，不知其人视其友，不知其君视其所使，不知其地视其草木。故曰：与善人居，如入芝兰之室，久而不闻其香，即与之化矣。与不善人居，如入鲍鱼之肆，久而不闻其臭，亦与之化矣④。丹之所藏者赤，漆之所藏者黑，是以君子必慎其所与处者焉。"

【注释】

①商：即卜商，字子夏，孔子弟子。

②赐：即端木赐，字子贡，孔子弟子。

③曾子：即曾参。

④"与善人居"八句：为曾子语，见《大戴礼记·曾子疾病》篇。《家语》误作孔子语。芝兰之室，有芝兰等香草的屋子。比喻美好的环境。鲍鱼之肆，卖咸鱼的店铺。比喻环境恶劣。

【释义】

孔子说："我死之后，子夏会一天比一天进步，子贡会一天比一天退步。"

曾子问:"为什么这样说呢?"

孔子说:"子夏喜欢与比自己贤能的人相处,子贡喜欢不如自己的人。不了解他的儿子,就看看他的父亲;不了解他本人的为人,就看看他的朋友;不了解君主,就看看他任命的大臣;不了解土地,就看看地上生长的草木。所以说:与善人相处,就像进入有香草的屋子,时间长了闻不到香味,说明已与香气融合一起了;与不善的人相处,就如同进入咸鱼铺子,时间长了闻不到臭味,这是被臭味同化了。装丹砂的容器会变成红色,装漆的容器会变成黑色。因此君子要谨慎地选择与自己相处的人。"

【原文】

曾子从孔子之齐①,齐景公以下卿之礼聘曾子②,曾子固辞③。

将行,晏子送之曰:"吾闻之,君子遗人以财,不若善言。今夫兰本三年④,湛之以鹿醢⑤,既成啗之⑥,则易之匹马。非兰之本性也,所以湛者美矣,愿子详其所湛者。夫君子居必择处,游必择方,仕必择君。择君所以求仕,择方所以修道。迁风移俗,嗜欲移性,可不慎乎?"

孔子闻之,曰:"晏子之言,君子哉!依贤者固不困,依富者固不穷,马蚿斩足而复行⑦,何也?以其辅之者众。"

【注释】

①之:原作"于",据《四部丛刊》本《家语》改。

②下卿:古代官名。天子诸侯设卿,有上卿、中卿、下卿。

③固辞:坚决地推辞。

④兰本三年:生长三年的兰草根。

⑤湛:浸,渍。鹿醢:用鹿肉做的酱。

⑥啗:同"啖",吃。

⑦马蚿：一种多足多环节的虫子。又称马轴、百足。"蚿"字原无,据《四部丛刊》本《家语》补。

【释义】

曾子跟随孔子去齐国。齐景公用下卿的待遇聘请他,曾子坚决地拒绝了。

将要离开齐国时,晏子送行说:"我听说:君子赠人钱财,不如赠人好话。现在有生长三年的兰草根,用鹿肉酱浸泡,泡好可以吃,能用它换一匹马。这并非兰草的本性,而是浸泡的酱味美,希望你能弄清楚那酱的作用。君子居住一定要选择地方,出游要选择方向,做官要选择国君。选择国君是为了做官,选择方向是为了修养道德。风俗能使人转变,喜好能改变人的本性,能不谨慎吗?"

孔子听到这些话后,说:"晏子的话,是君子之言啊!跟随贤人就不会困惑,跟随富人就不会困穷,马蚿被斩断了足还可以行走,这是为什么呢?因为辅助它走路的足很多。"

【原文】

孔子曰:"以富贵而下人①,何人不尊②;以富贵而爱人,何人不亲③?发言不逆,可谓知言矣;言而众向之④,可谓知时矣。是故以富而能富人者,欲贫不可得也;以贵而能贵人者,欲贱不可得也;以达而能达人者⑤,欲穷不可得也。"

【注释】

①下人:以谦恭态度待人。

②何人不尊:"尊"字原本无,有小字"阙",据《四部丛刊》本《家语》补"尊"。

③亲:亲近。

④向:响应,赞同。

⑤达：指仕途顺利，与"穷"对言。

【释义】

孔子说："身处富贵而待人谦恭，谁会不尊敬你呢？身处富贵而和人友爱，谁会不亲近你呢？说出话没人反对，可以说懂得该说什么话；说话时众人都拥护，可以说知道说话的时机。所以凭借富有能使别人富裕的人，想贫穷都不可能；凭借尊贵能使别人尊贵的人，想低贱都不可能；凭借仕途发达能使别人发达的人，想困穷都不可能。"

【原文】

孔子曰："中人之情也①，有余则侈，不足则俭，无禁则淫，无度则逸，从欲则败。是故鞭朴之子不从父之教，刑戮之民不从君之令。此言疾之难忍，急之难行也。故君子不急断，不急制。使饮食有量，衣服有节，宫室有度，畜积有数，车器有限，所以防乱之原也②。夫度量不可不明，是中人所由之令③。"

【注释】

①中人：普通人，一般人。

②原：通"源"，根源，根本。

③由：遵守，遵从。令：王注："教令之令。"

【释义】

孔子说："普通人的情况是这样的：财物有余就会浪费，财物不足则会节省。没有禁令就会超过限度，没有限度就会放纵，随心所欲就会失败。所以被鞭打的儿子不会听从父亲的教育，遭受刑罚的百姓不会听从君王的命令。这说明过分的责难让人难以忍受，过急的要求让人难以实行。所以君子不急于决断，不急于制止。使饮食有定量,衣服有节制,住房有限度,积蓄有定数,车辆器具有限量,这是防止祸乱的根本方法。法规限度不可不明确,这是普通人遵守的规定。"

【原文】

孔子曰:"巧而好度,必攻①;勇而好问②,必胜;智而好谋,必成。以愚者反之。是以非其人,告之弗听;非其地,树之弗生。得其人,如聚砂而雨之③;非其人,如会聋而鼓之。夫处重擅宠,专事妒贤,愚者之情也。位高则危,任重则崩,可立而待。"

【注释】

①必攻:王注:"攻,坚。"坚守之义。攻,《说苑·杂言》作"工",《荀子·仲尼》作"节"。梁启雄按:"节,《说苑·杂言》作'工',义较长。"工指精巧。

②问:《荀子·仲尼》《说苑·杂言》作"同"。

③聚砂而雨之:王注:"言立入也。"指雨水立刻渗入地中。

【释义】

孔子说:"机巧而又喜好限度的人,必定精巧;勇敢而又好问的人,必定会胜利;聪明而喜好谋划的人,必定能成功。愚蠢的人则相反。因此不是适当的人,告诉他什么也不会听;不是合适的土地,种上庄稼也不会生长。得到合适的人,如雨水洒落到沙土里一样;得不到合适的人,如同对着聋子敲鼓一样。身处高位受到宠爱,专门嫉妒贤人,这是愚蠢人的本性。地位高则有危险,责任重则会崩溃,这种情况可能会很快出现。"

【原文】

孔子曰:"舟非水不行,水入舟则没①;君非民不治,民犯上则倾。是故君子不可不严也^②,小人不可不整一^③也。"

【注释】

① 没:沉没。

② 严:严谨。

③ 整一:整肃划一。

【释义】

孔子说:"船没有水就不能行驶,水进入船中船就会沉没;国君离开百姓就不能治理,民众犯上作乱国家就会灭亡。因此君子不可以不严谨,对小人不可以不整肃划一。"

【原文】

齐高庭问于孔子曰^①:"庭不旷山^②,不直地^③,衣穰而提挚^④,精气以问事君子之道^⑤,愿夫子告之。"

孔子曰:"贞以干之^⑥,敬以辅之,施仁无倦。见君子则举之,见小人则退之,去汝恶心而忠与之。效其行,修其礼,千里之外,亲如兄弟;行不效,礼不修,则对门不汝通矣^⑦。夫终日言,不遗己之忧;终日行,不遗己之患,唯智者能之。故自修者必恐惧以除患,恭敬以避难者也。终身为善,一言则败之,可不慎乎?"

【注释】

① 高庭:人名。

② 不旷山:不以山为阻隔。意为翻山而来。王注:"庭,高庭名也。旷,隔也,不以山为隔,逾山而来。"

③不直地:不根植在原地。指远道而来。王注:"直宜为植,不根于地,而远来也。"

④穰衣提赘:穿着草衣,提着礼物。王注:"穰,蒿草衣。提,持。赘,所以执为礼也。"

⑤精气:精诚之气。

⑥贞以干之:贞干,同"桢干",本指筑墙垣的工具,此为辅助之意。王注:"真正以为干植。"

⑦不汝通:即"不通汝",不和你来往。

【释义】

齐国人高庭向孔子请教说:"我越过高山,不停地走,穿着草衣提着礼物,真诚地向您请教事奉君子的方法,希望您能告诉我。"

孔子说:"忠诚地帮助他,恭敬地辅佐他,不厌倦地施行仁义。看见君子就举荐,看见小人就斥退,去掉你不好的心思而抱着忠心支持他。效法他的行为,学习他的礼仪,远隔千里,也亲如兄弟。如果不效法他的行为,不学习他的礼仪,那么住在对门也不会和你往来。终日说话,不给自己留下忧虑;终日行动,不给自己留下后患,这只有智者才能做到。所以修养自身的人,一定要心怀恐惧来消除祸患,恭敬谦逊来躲避灾难。即使终身行善,一句话就能败身,可以不谨慎吗?"

辩物第十六

【题解】

辩物(四库本作"辨物"),即辨析事物,指对事物的分析、讨论、认识。本篇主要记载孔子关于各种事物的论断、谈话,表现了孔子的博学多闻、好古敏求以及敏锐的洞察力。孔子的言论贯穿着他的礼治和教化思想。

本篇每节都是相对独立的故事。孔子"上知天文,下知地理",他从螽灾推知"再失闰也",从季桓子穿井推知所得为羊;孔子对"骨何如为大"和"肃慎氏之矢"的阐释,体现了他的信而好古、知识广博。在回答"谁守为神"、阐释"肃慎氏之矢"时,孔子的宗法等级的思想得到了具体反映。周代礼制的本质是维护以亲亲之道为核心的宗法统治秩序,作为一种治国安邦的政治制度,礼所确定的贵贱尊卑关系是保证社会有序运行的关键,所以,在"邾隐公朝于鲁"一节中,面对子贡的"不幸而言中",他认为"是赐多言",这实际是他对当时礼崩乐坏、天下无道局面感到痛心。"郯子朝鲁"一节记述孔子向郯子学习古代官制,并发出"天子失官,学在四夷"的感慨,由此可见孔子不仅好古敏求,也感慨"时之废学"。礼乐制度在文化上表现为尚礼尚文,恪守先王功业。春秋以前,社

牛首纹铜钺

会剧烈变动,礼乐制度也受到剧烈冲击,即使是保存周礼最为完备的鲁国也出现"礼崩乐坏"的局面。面对官学废弛、典章阙坏的现实,孔子不禁感慨万千。正是基于此,人们才开始重新思考人与人之间的社会关系,这也正是早期儒家政治伦理思想产生的基础。

西周时期,人们对超自然力量的崇拜仍占统治地位。自春秋以来,进步思想家开始关注人事,孔子的宗教信仰也具有鲜明的时代特点。一方面,他对传统的宗教观念并不完全否定,在其思想中以人格天为主的神灵依然存在,且居于重要地位。如鲁司铎官署发生火灾后,他断定所殃及者是桓、僖之庙,其依据是"今桓、僖之亲尽矣,又功德不足以存其庙,而鲁不毁,是以天灾加之"。另一方面,孔子虽然对天怀有敬畏之情,但并不迷信盲从。他认为周历十二月(即夏历十月)仍有螽灾是"再失闰"造成

的,并没有认为是所谓天谴,这在宗教神秘思想仍有广泛影响的春秋战国时期是难能可贵的。

本篇的价值是多方面的。孔子从阳虎奔晋预测到晋国将有后世之乱,体现了他敏锐的洞察力;子服景伯"以实获囚,以诈得免",孔子指出"吴子为夷德,可欺而不可以实",体现了孔子处理问题的灵活性,也从侧面反映了祭祀在当时仍居十分重要的地位;"获麟"一节,孔子对麒麟"出非其时而害"感到伤心,以致"涕泣沾襟",实际上这是孔子对时势的感伤,曲折表达出他期待明主以行教化的殷切心志。

本篇材料还散见于《国语》《左传》《公羊传》《说苑》《孔丛子》等典籍。

【原文】

季桓子穿①井,获如玉缶,其中有羊焉,使使②问孔子曰:"吾穿井于费,而于井中得一狗,何也?"孔子曰:"丘之所闻者,羊也,丘闻之:木石之怪夔,蝄蜽③,水之怪龙,罔象④,土之怪羵羊⑤也。"

【注释】

①穿:打井、挖井。

②使使:派遣使者。

③夔、蝄蜽:夔,传说中的单足兽。蝄蜽,山中精怪。

④罔象:水怪的一种。

⑤羵羊:土怪。

【释义】

季桓子挖井的时候,挖到一个玉缶,里面有一只羊。

于是他派使者去问孔子:"我在费地打井的时候,在井中挖到一只狗,为什么呢?"

孔子说："我听说挖到的是羊。我听说，山林中的精怪有夔和魍魉；水中的精怪有龙和罔象；土地中的精怪有羵羊。"

【原文】

吴伐越，墮①会稽，获巨骨一节，专车②焉。吴子使来聘于鲁，且问之孔子，命使者曰："无以吾命也。"宾既将事，乃发币于大夫，及孔子，孔子爵之③。既彻④俎⑤而燕⑥，客执骨而问曰："敢问骨何如为大？"孔子曰："丘闻之：昔禹致群臣于会稽之山，防风后至，禹杀而戮之，其骨专车焉。此为大矣。"客曰："敢问谁守为神？"孔子曰："山川之灵足以纪纲天下者，其守为神。诸侯社稷之守为公侯，山川之祀者为诸侯，皆属于王。"客曰："防风何守？"孔子曰："汪芒氏之君，守封嵎山者，为漆姓，在虞、夏、商为汪芒氏，于周为长瞿氏，今曰大人。"有客曰："人长之极几何？"孔子曰："焦侥氏长三尺，短之至也，长者不过十，数之极也。"高三尺，是最矮的，最高的不超过十尺，这是极点了。"

【注释】

①墮：毁坏。

②专车：装了满满一车。

③爵之：倒酒给他喝。

④彻：同"撤"，撤走。

⑤俎：祭祀时用来盛祭品的器具。

⑥燕：同"宴"，宴饮。

【释义】

吴国攻打越国，毁坏了会稽城，得到一节很大的骨头，占满了整整一车。吴王夫差的使者前来鲁国聘问，并且就此事向孔子请教。吴王命令使者说："不要说这是我的命令。"使者施行完聘问的礼仪之后，就开始给大夫们和孔子发放礼品，发到孔子的时候，孔子喝了一杯酒。

撤下祭祀的礼器之后开始饮宴。使者拿着骨头请教孔子说："请问怎么样的骨头才算是大的呢？"孔子说："我听说，从前禹在会稽山召集诸侯，防风氏来得晚了，禹就杀了他而且陈尸示众，他的骨头能够占满一辆车，这可以算是大的了。"使者说："请问守护什么的可以称为是神灵呢？"孔子说："守护山川的神灵如果用他们能够管理天下的话，那么他们的守护者就是神灵。在诸侯之中，只守护社稷的称为公侯，祭祀山川的称为诸侯，而他们都是隶属于天子的。"

使臣说："防风氏是守护什么的呢？"孔子说："他是汪芒氏的君主，守护着封山和嵎山，姓漆。在虞、夏、商的时候称为汪芒氏，周时称为长瞿氏，现在称为大人。"

有位客人说："人的身长的极限是多少呢？"

孔子说："焦侥氏身长三尺，这是身长的最小极限了。最高的不会超过十尺，这已经是身高的极限了。"

【原文】

孔子在陈，陈惠公①宾②之于上馆。时有隼③集陈侯之庭而死，楛矢贯之④，石砮⑤，其长尺有咫⑥。惠公使人持隼，如孔子馆而问焉。孔子曰："隼之来远矣，此肃慎氏⑦之矢。昔武王克商，信⑧道于九夷百蛮⑨，使各以其方贿⑩来贡，而无忘职业⑪。于是肃慎氏贡楛矢、石砮，其长尺有咫。先王欲昭其令⑫德之致远物也，以示后人，使永鉴⑬焉，故铭其栝⑭曰'肃慎氏贡楛矢'，以分大姬⑮，配胡公⑯而封诸陈。古者分同姓以珍玉，听以展⑰亲亲⑱也；分异姓以远方之职贡，所以无忘服⑲也，故分陈以肃慎氏贡焉。君若使有司求诸故府⑳，其可得也。"公使人求得之，金牍㉑如之。

【注释】

①陈惠公：陈国国君。名吴，妫姓。公元前533—前506年在位。

②宾：动词，接待宾客，使居住。

③隼：鹰类猛禽。

④楛矢贯之：楛木做的箭矢穿透了它们的身体。楛，木名。矢，箭。贯，穿。

⑤石砮：石头做的箭镞。砮，箭头，箭镞。

⑥尺有咫：一尺八寸。咫，八寸。

⑦肃慎氏：古代的少数民族，主要从事狩猎，居住在今东北地区。

⑧信：通"伸"。伸展。

⑨九夷百蛮：代指周边众多少数民族居住的地区。

⑩方贿：地方特产。贿，财物。

⑪职业：职分内的事。

⑫令：美好的。

⑬鉴：借鉴，鉴观。

⑭栝：箭末扣弦处。

⑮大姬：周武王之女。

⑯胡公：舜的后代。

⑰展：重，重视。

⑱亲亲：亲亲之道。

⑲服：事，服事，职务。

⑳故府：原来收藏文书或财物的府库。

㉑金椟：指用来收藏文献等的铜柜。

【释义】

孔子在陈的时候,陈惠公安排他住在上等的管舍。那时,有隼停落在陈侯的门庭,随即就死去。楛木做的弓箭穿透了它们的身体,箭镞是用石头做的,长度有一尺八寸。惠公派人拿着隼去到孔子所住的管舍去询问。孔子说:"隼所飞来的那个地方离这儿很远,这是肃慎氏所做的箭。从前周武王灭亡商朝之后,修建了很多道路一直伸展到周边的少数民族,这样以便于他们把各自的土产进贡给周王室,好不忘掉他们职分内当做的事。于是肃慎氏就进贡了楛木做的箭矢以及石头做的箭镞,长度有一尺八寸。先王想要彰显其能让远方之人来朝贡的美好德行,以昭示后人,让人们永远都能知道此事,所以在箭末扣弦处刻上:'肃慎氏贡楛矢'几个字,后来就把这些分给了武王的女儿大姬,大姬后来许配给了陈国胡公,所以这些箭矢也随之到了陈国。古时候,分给同姓诸侯以珍珠宝玉,以加强亲亲之道;将远方贡物赐给异姓诸侯,用来提醒他们不忘事周,正是出于这样的原因才把肃慎氏的贡物赐给了陈国。您如果让人到原来的府库中去寻找,就可以找到的。"惠公派人去找,找到了铜柜,里面果然装了很多孔子所说的弓矢。

【原文】

郯子①朝鲁,鲁人②问曰:"少昊氏以鸟名官③,何也?"对曰:"吾祖也,我知之。昔黄帝以云纪官④,故为云师而云名⑤。炎帝⑥以火,共工⑦以水,大昊⑧以龙,其义一也。我高祖⑨少昊挚之立也,凤鸟适至。是以纪之于鸟,故为鸟师而鸟名。自颛顼⑩氏以来,不能纪远,乃纪于近,为民师而命以民事,则不能故⑪也。"孔子闻之,遂见郯子而学焉。既而告人曰:"吾闻之:'天子失官,学在四夷⑫。'犹信。"

【注释】

①郯子:郯国国君,相传为少昊后裔,郯国在今山东郯城西。

⑦鲁人,即鲁国大夫叔孙昭子。

③少昊氏以鸟名官:少昊氏以鸟名来作为官名。少昊氏,即金天氏,名挚。相传为东夷族首领,己姓;其活动中心在奄,即今山东曲阜。少昊氏之所以以鸟名官,据学者考证,少昊氏以鸟为图腾,所以对鸟特别表示尊重。

④黄帝以云纪官:黄帝用云来命名官职。

⑤故为云师而云名:所以用云来命名官长。

⑥炎帝:神农氏,古代氏族部落首领,姜姓。

⑦共工:古代部落首领。

⑧大昊:伏羲氏。相传为东夷族首领,风姓。

⑨高祖:远祖。

⑩颛顼:传说中的古代帝王,号高阳氏。

⑪不能故:不能像过去那样(用远方的祥瑞来命名)。

⑫"天子失官"句:指王官失守,官学却还保存在诸侯小国。

【释义】

郯国国君前来朝觐鲁国,叔孙昭子问道:"少昊氏用鸟来作为官名,为什么呢?"回答说:"少昊氏是我的祖先,因此我了解这件事。从前黄帝用云来命名官职,所以用云来命名官长。炎帝用火来命名官职,共工氏用火来命名,大昊以龙命名,其实道理都是一样的。我的远祖少昊立国时,恰巧有凤鸟飞来,于是就用鸟来命名官职,所以百官之长都用鸟名。自从颛顼帝以来,不能以远方的祥瑞来命名,就用近处的民事来命名,因此设立百姓的长官,就用民事来命名官职,所以就不能再像以前那样用远方的祥瑞命名了。"孔子听说之后,于是就前去拜见郯国国君并向他请教学习。学完之后告诉别人说"我听说:'虽然在天子那儿王官失守,但是宫学却保存在周边的诸侯小国中'。这看来是真的。"

【原文】

邾隐公①朝于鲁,子贡观焉。邾子执玉高,其容仰②,定公受玉卑,其容俯。子贡曰:"以礼观之,二君者将有死亡③焉。夫礼,生死存亡之体④,将左右周旋,进退俯仰,于是乎取之;朝祀丧戎,于是乎观之。今正月相朝,而皆不度⑤,心以⑥亡⑦矣。嘉事⑧不体⑨,何以能久?高仰,骄;卑俯,替⑩。骄近乱,替近疾。若⑪为主,其先亡乎?"夏五月,公薨⑫,又邾子出奔。

孔子曰:"赐不幸而言中。是赐多言。"

【注释】

①邾隐公:邾国国君.名益,曹姓,为人暴虐,后死在越国。

②其容仰:他的脸部往上抬。容,脸,面容。

③死亡:指死亡和逃亡。

④体:根本。

⑤不度:不合法度。

⑥以:通"已"。已经。

⑦亡:无,没有。

⑧嘉事:嘉礼之事,这里指朝聘。

⑨不体:指礼仪不修。

⑩替:废,废弃。

⑪若:我,指鲁君。

⑫薨:古代指诸侯之死。

【释义】

邾隐公到鲁国去朝觐,子贡观看了朝觐礼仪。邾隐公把玉拿得很高,脸部朝上仰着;定公身子低低地把玉接了过来,脸是向下俯的。子贡说:"从礼仪上来看,两位国君将要死亡或者逃亡了。礼是生死存亡的根本。揖让周旋,进退俯仰,都是从这里来择取的;朝会祭祀,丧葬征战,也要在其中观看。当下在正月里的朝见,却都已经不合于礼制了,礼在他们心中已经亡失了。朝聘这样的嘉礼尚且不合礼仪,还有什么可以长久的呢? 高仰着脸,这是骄慢的表现;低俯着身,这是怠弃的表现。骄慢就会导致动乱,怠弃就会导致疾病。鲁君是主人,我想他应该会先去世吧?"到了夏天五月份,鲁定公去世,邾国国君也出奔到他国。

孔子说:"这样不幸的事情被子贡说中了,这是他多嘴啊。"

【原文】

孔子在陈,陈侯就之燕游^①焉。行路之人云:"鲁司铎^②灾,及宗庙。"以告孔子。子曰:"所及者,其桓、僖^③之庙。"陈侯曰:"何以知之?"子曰:"礼,祖有功而宗有德,故不毁其庙焉。今桓、僖之亲尽矣^④,又功德不足以存其庙,而鲁不毁,是以天灾加之。"三日,鲁使至,问焉,则桓、僖也。陈侯谓子贡曰:"吾乃今知圣人之可贵。"对曰:"君之知之,可矣,未若专其道而行其化之善也。"

【注释】

①燕游:闲游。

②司铎:宫城中的官署,即后世的郎署。

③桓、僖:桓,鲁桓公,名允,公元前 711—前 694 年在位。僖,鲁僖公,名申,公元前 659—前 627 年在位。

④今桓、僖之亲尽矣:古代礼制,"诸侯五庙",即只立五代的宗庙表示宗亲关系。桓公为哀公的八世祖,僖公为哀公的六世祖,均已超出五服,所以孔子说"现在哀公与桓公、僖公的宗亲关系已.经终结"。

【释义】

孔子在陈国的时候,陈国国君陪同孔子一起去闲游。路上的行人说:"鲁都中的官署发生火灾,火烧到了宗庙。"把这件事告诉了孔子。孔子说:"所烧到的宗庙必定是桓公和僖公的宗庙。"陈侯说:"您是怎么知道的呢?"孔子说:"礼,一向是祖敬有功德的先人,所以不会毁坏他们的宗庙。现在桓公和僖公与哀公的宗亲关系已经终结,而且他们功德浅薄,不足以保存他们的宗庙,但是鲁国并没有把他们的宗庙毁掉,所以天灾会加于其上。"过了三天,鲁国的使者到来,一问使者,所烧的果然是桓公和僖公的宗庙。陈侯对子贡说:"我现在才知道圣人值得尊敬的地方。"子贡回答说:"您明白圣人值得尊敬的地方,这可以了,但是不如专心地遵守他的学说、推行他的教化更好一些。"

【原文】

阳虎①既奔齐,自齐奔晋,适赵氏②。孔子闻之,谓子路曰:"赵氏其世③有乱乎!"子路曰:"权不在焉,岂能为乱?"孔子曰:"非汝所知。夫阳虎亲富而不亲仁,有宠于季孙,又将杀之,不克④而奔,求容于齐。齐人囚之,乃亡归晋。是齐、鲁二国,已去其疾⑤。赵简子好利而多信,必溺其说而从其谋。祸败所终,非一世可知也。"

【注释】

①阳虎:字货,鲁国季孙氏家臣。以陪臣执国命,谋划铲除季桓子没有成功,于是据守阳关叛变,受到鲁国的进攻后出奔晋国。

②适赵氏:适,前往。赵氏,即赵简子,赵武之孙,晋国卿。

③世:后世。

④克:成功,完成。

⑤疾：残害，祸患。

【释义】

阳虎出奔到齐国之后又从齐国逃到了晋国，投奔到赵简子那儿。孔子听说后，对子路说："赵的后世大概要有祸患了吧！"子路说："赵的权力又不被阳虎所掌握，他怎么能作乱呢？"孔子说："这不是你所知道的。阳虎亲近富贵的人却不亲近仁德的人，他被季桓子所宠幸，但是却又要将他杀掉，失败之后就逃离鲁国，希望能被齐国收留。齐国将他囚禁起来，于是他就逃亡到了晋国。这样齐鲁两国都已经除去了他的祸患。赵简子这个人贪图利益而又容易轻信别人，必定会被阳虎所迷惑而听从他的计谋。祸患什么时候能终结，不是一代人就可以知道的。"

【原文】

季康子问于孔子曰："今周十二月，夏之十月，而犹有螽，何也？①"孔子对曰："丘闻之，火伏而后蛰者毕②。今火犹西流③，司历④过⑤也。"季康子曰："所失者，几月也？"孔子曰："于夏十月，火既没矣。今火见，再失闰⑥也。"

【注释】

①今周十二月，夏之十月，而犹有螽，何也：现在是周历的十二月，相当于夏历的十月，但是却还有蝗虫，为什么呢？夏历以建子之月（一月）为岁首，而周历以建寅之月（三月）为岁首，所以周历的十二月相当于夏历的十月。螽，蝗虫，此处指蝗灾，一般发生于周历秋八月或九月。十二月（即夏历十月）出现这种现象是反常的，所以季康子有此一问。

②火伏而后蛰者毕：大火星隐没后蝗虫才全部蛰伏。火，里宿名，又称大火，即心宿，一般夏历十月就已隐没。伏，隐没。蛰者，蛰伏的昆虫。

③西流:逐渐从天空向西陨落。

④司历:掌历法的官员。

⑤过:过失。

⑥再失闰:少设了两个闰月。

【释义】

季康子问孔子说:"现在是周历的十二月,相当于夏历的十月,但是还是出现蝗灾,为什么呢?"孔子说:"我听说,大火星隐没之后蝗虫才全部蛰伏。现在大火还正在逐渐从天空向西陨落,这是掌历法的官员的过失。"季康子说:"错过了几个月?"孔子说:"在夏历十月,大火星就应该隐没,但是现在还出现在天空,这是两次没有设置闰月的结果。"

【原文】

吴王夫差将与哀公见晋侯①。子服景伯②对使者曰:"王合诸侯,则伯③率侯牧④以见于王;伯合诸侯,则侯率子男以见于伯。今诸侯会,而君与寡君⑤见晋君,则晋成为伯也。且执事⑥以伯召诸侯,而以侯终之⑦,何利之有焉?"吴人乃止。既而悔之,遂囚景伯。伯谓大宰嚭⑧曰:"鲁将以十月上辛⑨有事⑩于上帝、先王,季辛⑪而毕。何也世有职焉,自襄⑫已来未之改。若其⑬不会⑭,则祝宗⑮将曰'吴实然'。"嚭言于夫差,归之⑯。子贡闻之,见于孔子曰:"子服氏之子拙于说矣,以实获囚,以诈得免。"孔子曰:"吴子为夷德⑰,可欺而不可以实。是听者之蔽⑱,非说者之拙也。"

【注释】

①晋侯:即晋定公,名午,公元前511—前475年在位。

②子服景伯:即子服何,鲁国大夫,当时跟随鲁哀公参加会盟。

③伯：方伯，诸侯之长。

④侯牧：即诸侯。

⑤寡君：指鲁君。

⑥执事：指吴王。

⑦而以侯终之：就是说本来吴王是以方伯的身份参加会盟，但是如果和鲁去见晋侯，就会最终只能算是侯而已。

⑧大宰嚭：伯氏，名鳍，字子余，吴王夫差的宠臣。

⑨上辛：每月上旬的辛日。

⑩有事：指祭祀。

⑪季辛：每月下旬的辛日。

⑫襄：鲁襄公。

⑬其：自己。我。

⑭不会：不参加祭祀。

⑮祝宗：祭祀时主持祝告的人。

⑯归之：放他回去。

⑰夷德：夷人的品行。

⑱蔽：蔽陋，愚昧。

【释义】

吴王夫差将要与哀公一起去谒见晋侯。子服景伯对使者说："天子如果要会和诸侯的话，那么方伯就率领诸侯去谒见天子；如果是方伯要会和诸侯，那么诸侯就要率领子爵、男爵去见方伯。现在是诸侯会和，而吴王要和我鲁国的君主去见晋君，那么晋就是方伯了。而且贵国国君以方伯的身份召集诸侯，但是最后却要以侯爵的身份结束会盟，这有什么好处呢？"于是吴国就止于此想。后来又后悔这件事，于是就把子服景伯囚禁起来。子服景伯对太宰嚭说："鲁国将在十月上辛祭祀上帝、先王,直到季辛这天结束。我们家世世代代都在祭祀中任职,自从鲁襄公那时就从未变过。如果我不参加祭祀的话,那么祭祀祝告的人就要在祭祀中说'这是吴国把他囚禁起来的缘故'。"太宰嚭将这些话告诉了吴王夫差,夫差于是就把他放了回去。子贡听说这件事之后,就来拜见孔子,并说:"子服景伯真是不善于言辞啊,因为说真话而被囚禁,因为说假话而被释放。"

孔子说:"吴人都是夷人的品行,可以欺诈但是不能以实相告。这是听者的愚昧,而不是说话的人的笨拙。"

【原文】

叔孙氏之车士曰子钮商①,采薪于大野②,获麟③焉,折其前左足,载以归。叔孙以为不祥,弃之于郭外,使人告孔子曰:"有麇④而角者,何也?"孔子往观之,曰:"麟也。胡为来哉?胡为来哉?"反袂拭面⑤,涕泣沾衿⑥。叔孙闻之,然后取之。子贡问曰:"夫子何泣尔?"孔子曰:"麟之至,为明王也。出非其时而害,吾是以伤焉。"

【注释】

①子钮商:叔孙氏的车夫。

②大野:即大野泽.位于今山东巨野北。

③获麟:此即《春秋》经传所记载的"西狩获麟"事。麒麟,古人认为是祥瑞,预示着圣人将要出现。

④麇:獐子。

⑤反袂拭面:翻转过衣袖擦脸。袂,衣袖。

⑥涕泣沾衿.流下的泪打湿了衣襟。

涕:泪。衿,通"襟",衣襟。

【释义】

叔孙氏的车夫名字叫子钼商的,大野打柴,捉到了一只麒麟,就将它前面的左脚折断,用车子将它带了回来。叔孙氏看到了以后,认为不祥,就让人将麒麟扔到了城外。并派人去问孔子说:"有一只獐子却又有角,是什么呢?"孔子就前去观看,看了以后说道:"这是麒麟啊,怎么出现的呢? 怎么出现的呢?"他将衣袖翻过来用来擦脸上的泪水,泪水将衣袖都沾湿了。叔孙氏听到这件事后,就将麒麟取了回来。子贡问孔子说:"先生您为什么哭泣呢?"孔子回答说:"麒麟的降临是圣明君王出现的征兆,然而现在它出现的却不是时候,反倒遇到了伤害,因此我很为此伤心。"

哀公问政第十七

【题解】

本篇包括两部分。第一部分记孔子回答鲁哀公所问为政之道;第二部分为最后一节,记孔子回答弟子宰我所问鬼神之义。因第一部分首句为"哀公问政于孔子",因以"哀公问政"名篇。

在第一部分里孔子阐发了自己关于治国安民的主张,他紧紧抓住"得人一修身一讲仁"三者的关系,强调国君加强自身修养的重要性。孔子认为,国君高洁的人格是为政的基石,无论是天下的"达道",还是治理天下国家的"九经",皆以此为出发点,体现了孔子"为政以德"的思想。

在第二部分里,孔子用朴实的语言对"鬼""神"进行了解释,这与当时社会上流行的看法不同。孔子还透辟地分析了超自然鬼神观念的来源,指出利用鬼神统治是让民"听且速"的好方法,这便是后人所谓"神道设教"的统治方法。

哀公问为政之道部分又见于《礼记·中庸》,将二者对勘,会发现《礼记·中庸》

语言更为简练，似曾进行过修改、润色，这种改动明显带有西汉时期的政治风貌。例如，本篇"为政在于得人"，在《礼记·中庸》中作"为政在人"，前者强调贤者的重要性，后者却是强调统治者的重要性。本篇"爵其能"，《礼记·中庸》改为"尊其位"；"笃亲亲""敬大臣""子百姓""来百工"几句，分别变成"劝亲亲""劝大臣""劝百姓""劝百工"，都反映了西汉政权高度统一，封建专制主义正在逐渐加强的特征。至于本篇中的"举废邦"在《礼记·中庸》中改为"举废国"，显然是避汉高祖刘邦的名讳。《礼记·中庸》晚于《孔子家语·哀公问政》显而易见。

宰我问鬼神之义部分又见于《礼记·祭义》。将两篇对读，同样会发现《礼记》经过了汉儒的想象与发挥。这从以下几方面可以看出：

首先，本篇所记宰我的发问保留了"敢问焉"等字，《礼记》则无。我们以为，这种发问可能正是当时的表述习惯。如《论语》作为研究孔子的第一手资料，其中记载弟子向孔子发问，多用"何如""何谓也""如之何""请问之""敢问"等形式，尤以"敢问"的出现频率较高。例如《先进》篇："季路问事鬼神。子曰：'未能事人，焉能事鬼？'曰：'敢问死。'曰：'未知生，焉知死？'"《颜渊》篇："樊迟从游于舞雩之下，曰：'敢问崇德、修慝、辨惑。'"《子路》篇记子贡四次发问，有两次用"敢问"起始。本篇所记，可能更真实地保留了当时孔子师徒间的对话语气。

其次，本篇对鬼神的解释更为质朴。例如本篇有曰："夫生必死，死必归土，此谓鬼；魂气归天，此谓神"等句，在《礼记》中则增加了许多修饰的成分，其中如："其气发扬于上为昭明，焄蒿悽怆，此百物之精也，神之著也。"郑玄注曰："'焄'，谓香臭也，'蒿'谓气蒸出貌也。"这很可能是后人对《家语》所记进行的加工。

第三，本篇所载"明命鬼神，以为民之则"，《礼记》则变成了"明命鬼神，以为黔首则"。在《论语》中，"民"字出现了48次，作"百姓"意思的有42次。而"黔首"虽见于先秦文献，但在秦汉时期更为常用。由此亦可见《家语》所载更为原始质朴。

【原文】

哀公问政于孔子①。

孔子对曰："文武之政②，布在方策③。其人存则其政举，其人亡则其政息。天道敏生④，人道敏政，地道敏树。夫政者，犹蒲卢也⑤，待化以成，故为政在于得人。取人以身，修道以仁。仁者，人也，亲亲为大；义者，宜也，尊贤为大。亲亲之杀⑥，尊贤之等，礼所以生也。礼者，政之本也，是以君子不可以不修身。思修身，不可以不事亲；思事亲，不可以不知人；思知人，不可以不知天。天下之达道有五⑦，其所以行之者三。曰君臣也，父子也，夫妇也，昆弟也，朋友也。五者，天下之达道。智仁勇三者，天下之达德也⑧。所以行之者，一也。或生而知之，或学而知之，或困而知之⑨。及其知之，一也。或安而行之，或利而行之，或勉强而行之。及其成功，一也。"

公曰："子之言美矣，至矣！寡人实固，不足以成之也。"

孔子曰："好学近乎智，力行近乎仁，知耻近乎勇。知斯三者，则知所以修身；知所以修身，则知所以治人；知所以治人，则能成天下国家者矣。"

公曰："政其尽此而已乎？"

孔子曰："凡为天下国家有九经⑩，曰修身也，尊贤也，亲亲也，敬大臣也，体群臣也，重庶民也⑪，来百工也⑫，柔远人也⑬，怀诸侯也⑭。夫修身则道立，尊贤则不惑，亲亲则诸父兄弟不怨⑮，敬大臣则不眩⑯，体群臣则士之报礼重⑰，重庶民则百姓劝⑱，来百工则财用足，柔远人则四方归之，怀诸侯则天下畏之。"

公曰："为之奈何？"

孔子曰："斋洁盛服⑲，非礼不动，所以修身也。去谗远色⑳，贱利而贵德，所以尊贤也。爵其能㉑，重其禄，同其好恶，所以笃亲亲也㉒。官盛任使㉓，所以敬大臣也。忠信重禄，所以劝士也。时使薄敛㉔，所以劝百姓也。日省月试㉕，饩廪称事㉖，所以来百工也。送往迎来，嘉善而矜不能，所以绥远人也㉗。继绝世㉘，举废邦㉙，治乱持危，朝聘以时^㉚，厚往而薄来，所以怀诸侯也。治天下国家有九经，其所以行之者，一也。凡事豫则立^㉛，不豫则废。言前定则不跆^㉜，事前定则不困，行前定则不疚^㉝，道前定则不穷。在下位不获于上^㉞，民弗可得而治矣。获于上有道：不信于友，不获于上矣。信于友有道：不顺于亲^㉟，不信于友矣。顺于亲有道：反诸身不诚^㊱，不顺于亲矣。诚身有道：不明于善，不诚于身矣。诚者，天之道也；诚之者^㊲，人之道也。夫诚，弗勉而中^㊳，不思而得，从容中道^㊴，圣人之所以定体也。诚之者，择善而固执之者也^㊵。"

公曰："子之教寡人备矣^㊶，敢问行之所始？"

孔子曰："立爱自亲始，教民睦也；立敬自长始，教民顺也。教之慈睦，而民贵有亲；教以敬，而民贵用命^㊷。民既孝于亲，又顺以听命，措诸天下，无所不可^㊸。"

公曰："寡人既得闻此言也，惧不能果行而获罪咎^㊹。"

【注释】

①哀公：鲁哀公，姓姬名蒋，"哀"为谥号。

②文武：指周文王、周武王。

③布在方策：记载在木板和竹简上。方，书写用的木板。王注："方，板。"

④敏：勤勉。

⑤蒲卢：王注："蒲卢，蜾蠃也，谓土蜂也。取螟蛉而化之以为子。为政化百姓，亦如之者也。"一说指芦苇，性柔而生长快速。

⑥亲亲：爱自己的亲人。杀：等差。

⑦达道：天下古今共同遵守的道理。

⑧达德：天下人共同应有的美德。

⑨困：困苦，阻塞。

⑩九经：九条准则。

⑪重庶民：重视平民百姓。《四部丛刊》本《家语》"重"作"子"，即以平民百姓为子。下文同。

⑫来百工：使各种工匠前来。

⑬柔远人：厚待远方来的人。

⑭怀：安抚。

⑮诸父：指父辈的族人，如叔伯等。

⑯不眩：不迷惑。

⑰报礼重：回报的礼重。

⑱劝：勉力向上。

⑲斋洁盛服：斋戒沐浴，使身心洁静，身穿盛服。

⑳去谗远色：不听谗言，远离女色。

㉑爵其能：给有能力的人加官晋爵。

㉒笃：笃厚，加厚。

㉓官盛任使：任用官吏多，听凭差遣。王注："盛其官，委任使之也。"

㉔时使薄敛：劳役不妨碍农时，征收赋税要轻。

㉕日省月试：每天省察，每月考核。试，《四部丛刊》本《家语》作"考"。

㉖饩廪称事：发给百姓的米粮要与他们的工作成绩相称。饩廪，指薪水粮食。王注："饩廪，食之多寡称其事也。"

㉗绥远人：安抚边远地方的人民。绥，安抚。

㉘继绝世：让被灭的诸侯国后继有人。

㉙举废邦：复兴已经没落的邦国。

㉚朝聘：诸侯定期朝见天子。每年一见叫小聘，三年一见叫大聘，五年一见叫朝聘。

㉛豫：事先准备。

㉜踣：跌倒。此指说话不顺畅。

㉝疚：惭愧。

㉞不获于上：得不到上级的信任。

㉟不顺于亲：不听从父母的教导。

㊱反诸身：反省自身。

㊲诚之：按诚去做。

㊳弗勉而中：不用费力就能做得合适。

㊴从容：安闲舒缓，不慌不忙。中道：合乎道。

㊵固执：固守，坚持不懈。

㊶备：完备，周详。

㊷用命：听从命令。

㊸措诸：用之于。

㊹罪咎：罪责。

【释义】

鲁哀公向孔子询问治国之道。

孔子回答说："周文王、周武王的治国方略，记载在简册上。这样的贤人在世，他的治国措施就能施行；他们去世，他的治国措施就不能施行了。天之道就是勤勉地化生万物，人之道就是勤勉地处理政事，地之道就是迅速地让树木生长。政治，就像土蜂取螟蛉之子化为自己的儿子一样快速，得到教化就能很快成功，所以治理国家最重要的是得到人才。选取人才在于修养自身，修养道德要以仁为本。仁，就是具有爱人之心，爱亲人是最大的仁。义，就是事事做得适宜，尊重贤人是最大的义。'爱亲人要分亲疏，尊重贤人要有等级，这就产生了礼。礼，这是政治的根本，因此君子不可以不修身。想要修身，不能不侍奉父母；要侍奉父母，不能不了解人；要了解人，不能不知天。天下共通的人伦大道有五条，用来实行这五条人伦大道的德行有三种。君臣之道，父子之道，夫妇之道，兄弟之道，朋友之道，这五条是天下共通的大道。智、仁、勇三种品德，是天下共通的道德。实行这些的目标都是一致的。有的人天生就知道，有的人通过学习才知道，有的人经历了困苦才知道，最终都知道了，这是一样的。有的人心安理得地去做，有的人为了名利去做，有的人被迫勉强去做，最终成功了，都是一样的。"

哀公说："您说得太好了，达到极点了，但我实在鄙陋，不足以成就这些。"

孔子说："喜欢学习近于有智慧，努力实行近于有仁心，知道耻辱近于有勇气。知道了这三者，就知道了如何修身；知道如何修身，就知道如何治理人；知道如何治理人，就能完成治理国家的事情了。"

哀公问："治理国家的事到此就完了吗？"

孔子说："凡是治理天下国家有九条原则，那就是：修养自身，尊重贤人，亲爱亲人，敬重大臣，体恤群臣，爱民如子，招纳工匠，优待远客，安抚诸侯。修养自身就能确立正道，尊重贤人就不会困惑，亲爱族人叔伯兄弟就不会怨恨，敬重大臣遇事就不会迷惑，体恤群臣士人的回报就会更加厚重，爱民如子百姓就会努力工作，招纳百工财物就会充足，优待远客四方之人就会归顺，安抚诸侯天下人就会敬畏。"

哀公问："怎么做呢？"

孔子说："像斋戒那样穿着庄重的服装静心虔诚，不符合礼仪的事坚决不做，这就是修养自身的原则。驱除小人，疏远女色，看轻财物而重视德行，这就是尊重贤人的原则。给有才能的人加官晋爵，给以丰厚的俸禄，与他们爱憎一致，这就是让亲人更加亲爱的原则。官员众多足供任使，这就是劝勉大臣的原则。真心诚意地任用，给以丰厚的俸禄，这就是奖劝士人的原则。劳役不误农时，减少赋税，这就是爱民如子的原则。每天省察，每月考核，付给的工钱粮米与工作业绩相称，这就是奖劝百工的原则。来时欢迎，去时欢送，嘉奖有善行的人而怜惜能力差的人，这就是优待远客的原则。延续绝嗣的家族,复兴废亡的小国,治理祸乱,扶持危弱,按时接受诸侯朝见聘问,赠送丰厚,纳贡菲薄,这就是安抚诸侯的原则。治理天下国家有九条原则,实行这些原则的方法只有一个。任何事情,事先有准备就会成功,无准备就会失败。说话先有准备,语言就会顺畅;做事先有准备,就不会出现困窘;行动先有准备,就不会愧疚;道路预先选定.就不会阻碍不通。在下位的人得不到在上位人的信任,就不可能治理好民众。得到在上位人的信任是有规则的:得不到朋友的信任,就得不到在上位人的信任。得到朋友的信任是有规则的:不能让父母顺心,就得不到朋友的信任。让父母顺心是有规则的:反省自己不真诚,就不能让父母顺心。使自己真诚是有规则的:不明白什么是善,就不能使自己真诚。真诚,是上天的原则;追求真诚,是做人的原则。如果有诚心,不用勉强就能做到,不用思考就能拥有,从从容容就能符合中庸之道,这是圣人表现出来的形象。真诚的人,就是选择好善的目标执着追求的人。"

哀公说:"您教给我的方法已经很完备了,请问从什么地方开始实施呢?"

孔子说:"树立仁爱从爱父母开始,可以教民众和睦;树立恭敬从尊敬长辈开始,可以教民众顺从。教人慈爱和睦,民众就会认为亲人是最宝贵的;教人恭敬,民众就会认为服从命令是最重要的。民众既能孝顺父母,又能听从命令,让他们做天下的任何事情,没有不行的。"

哀公说:"我既已听到了这些话,很害怕不能果断地实行而犯错误。"

【原文】

宰我问于孔子曰①:"吾闻鬼神之名而不知所谓,敢问焉。"

孔子曰:"人生有气有魂。气者,神之盛也②。众生必死,死必归土,此谓鬼。魂气归天,此谓神。合鬼与神而享之③,教之至也。骨肉毙于下④,化为野土,其气发扬于上,此神之著也。圣人因物之精,制为之极⑤,明命鬼神⑥,以为民之则。而犹以是为未足也,故筑为宫室,设为宗祧⑦,春秋祭祀,以别亲疏,教民反古复始,不敢忘其所由生也。众之服自此，故听且速焉。教以二端⑧，二端既立，报以二礼⑨，建设朝事⑩，燔燎膻芗⑪，所以报气也。荐黍稷，羞肺肝，加以郁鬯⑫，所以报魄也。此教民修本反始崇爱⑬，上下用情，礼之至也。

"君子反古复始，不忘其所由生，是以致其敬，发其情，竭力从事，不敢不尽也，此之谓大教。昔者文王之祭也，事死如事生，思死而不欲生，忌日则必哀，称讳则如见亲，祀之忠也。思之深，如见亲之所爱。祭欲见亲颜色者，其唯文王与？《诗》云⑭：'明发不寐⑮，有怀二人⑯。'则文王之谓与？祭之明日，明发不寐，有怀二人，敬而致之，又从而思之。祭之日，乐与哀半，飨之必乐，已至必哀⑰。孝子之情也，文王为能得之矣。"

鸟纹铜戟戈

【注释】

①宰我：即宰予，字子我，孔子弟子。

②神之盛：指人的精神旺盛。王注："精气者，人神之盛也。"

③合鬼与神而享之：王注："合神鬼而事之者，孝道之至。孝者，教之所由生也。"享，祭祀。

④毙：死.亡。

⑤极：标准，此指礼仪规定。王注："极，中。制为中法。"

⑥明命鬼神：尊称为鬼神。王注："明命，犹尊名，使民事其祖称也。"

⑦宗：宗庙。祧：远庙。王注："宗，宗庙也。祧，远庙也。天子特有二祧，诸侯谓始祖为祧也。"

⑧二端：指生、死。王注："二端，气、魄也。"

⑨二礼：指黍、稷两种祭品。王注："二礼,谓荐黍稷也。"

⑩建设朝事：指设立祭祀的礼仪。王注："荐腥时也。"

⑪燔燎膻芗：祭祀时祭品的香气。燔燎,烧柴祭天。膻芗,祭祀时烧牛羊肉的香味。王注："谓以萧光取祭脂以合膻香也。"

⑫羞：进献。鬱邑：用香草和黍酿造的香酒。王注："鬱,香草。邑,樽也。"

⑬"此教民修本反始崇爱"三句：王注："民能不忘其所由生,然后能相爱也。上下,谓尊卑。用情,谓亲也。"

⑭诗：指《诗经·小雅·节南山·小宛》。

⑮明发不寐：天已亮了,还没睡着。即整夜未眠。

⑯有怀二人：又想起父母。

⑰已至必哀：王注："已至,谓祭事已毕,不知亲飨否,故哀。"

【释义】

宰我问孔子说："我听说有鬼神的名称而不知指的是什么,冒昧地问一问。"

孔子说："人生来就有气有魄。气,是指人旺盛的生命力。众生有生必有死,死后必定会回归到土里.这就是鬼。人的魂魄升到天上,这就是神。把鬼和神合起来祭祀,这是教化的极致了。人死骨肉埋于地下,化为野土;人的气向上发扬,就是神的显现。圣人根据物的精神,制定了标准,明确地命名为鬼神,作为民众的规范。但认为还不够,又修筑了宫室,建立了宗庙,春秋都来祭祀,用以区别亲疏远近,教育民众不忘记远古和初始,不忘记自己是怎样出生的。民众从此服从教化,所以能听从命令迅速执行。又教给他们如何对待生和死这两件事,生死的问题解决之后,又献上黍、稷两种祭品报答祖先,设置朝事礼,荐献刚宰杀的牲肉和牲血,烧烤牺牲的脂肪,发出膻味、香味,这是用来报答祖先的气即鬼的。再荐上黍米饭、糜子米饭,进上煮熟的肺、肝,还献上用郁金香草汁和黍米酿制的香酒,这是用来报答祖先的魂魄即神的。这些都是教导民众不忘祖先,崇尚仁爱,从上下两方面相互爱护沟通感情,这是礼的极致。

"君子反思远古和初始,不忘记自己生命的由来,所以要对祖先表示尊敬,表达对祖先的亲情,竭尽全力做事,不敢有丝毫懈怠,这叫作大教。从前文王祭祀时,侍奉死者如同侍奉生者,思念死者而痛不欲生,祭祀的时候必定很悲哀,说起亲人的名字如同看到他们一样,这就是祭祀的忠心。思念之深切,如同看见亲人对自己的爱。祭祀时想看见亲人模样的,恐怕只有文王吧!《诗经》说:'天亮还睡不着,又想起我的父母,说的就是文王吧!祭祀的第二天,天亮了还睡不着,想起了父母,尊敬地把他们的魂魄请来,接着又思念他们。祭祀那天,快乐和哀伤各半,向他们敬献贡品必然快乐,敬献完毕不知父母是否享用,又很哀伤。这就是孝子的感情,文王是能够做到这一点的啊。"

卷五

颜回第十八

【题解】

本篇的记述都与颜回有关,其中包括颜回事迹、颜回言论以及颜回与孔子、孔子弟子、鲁国大夫等的问对,故以"颜回"名篇。

本篇各节之间并不连贯,但都从不同方面反映了颜回的为人风貌及思想主张。第一,颜回聪敏过人,由此推彼,可以预知一些事情的结果。因此,他的聪慧都得到了孔子的赞赏;第二.颜回向孔子请教各方面的问题。这方面的问题内容比较简短,但所占比例并不小,如完美的人格应该具备怎样的德行;臧文仲与臧武仲相比谁更贤明;君子应该具备怎样的品格;什么样的行为是小人的做法;如何区分类似于君子的小人之言;朋友之间如何相处等等;第三,颜回的论说或者颜回与他人讨论问题,内容都与为人处世有关。

在其他典籍的记载中,颜回注重修养,仁爱诚信,虚心好学,德行出众,无论孔子还是同门弟子,他们对颜回的远大志向、高超德行都是交口称赞的。在《孔子家语》的记载中,颜回当然同样是孔门弟子中德才兼备、深受敬重的核心人物。如《六本》《在厄》、《弟子行》等篇都有与之类似的记载。在众弟子中,颜回是最受孔子喜爱与信赖的,他的仁德也影响了同门中的许多人,使得孔门弟子团结得更加紧密,所以孔子说"自吾有回,门人益亲"。颜回受到孔子喜爱更在于他的仁爱诚信,孔子说"吾信回之为仁久矣","吾之信回也,非待今日也","回之信,贤于某"。这与《颜回》篇的记载都是彼此呼应的。

我们可以将本篇与《家语》其他各篇的记载联系起来,看颜回的政治抱负及理想信念。《致思》篇有孔子与弟子们"农山言志"的记载,可以看出颜回所向往的是德教风行、君臣同心、上下协调、家给人足的安定和谐社会,在这样的社会中,人人讲仁义,个个言规矩,没有沟防城郭,更无战争之忧。颜回的理想在当时自然是难以实现的,但他仍希望努力去争取,而不是因此随波逐流,更不与无道之世同流合污。在这一点上,颜回与孔子完全一致。

按照《韩非子·显学》中的叙述,孔子去世后,"儒分为八",其中有"颜氏之儒"。有学者认为儒家八派,乃是孔子以后在孔门后学争正统的斗争中先后涌现的以孔子真传自居的八大强家。在孔门中,颜姓弟子可考者计有八人,"颜氏之儒"中"颜氏"何指?有人认为未必就是颜回。其实,"颜氏之儒"既然是孔门后学争正统地位的产物,那么他们一定强调所师尊之人在学习孔子方面所做的贡献。在孔门"四科"中,颜回被列在"德行"科的首位,他是以道德著称的人,因此,他的学说应该不会远离仁义道德这样的主题。而孔子盛赞颜回,也主要是其高洁的德行,通过本篇,我们可以更好地认识这一点。我们认为,"颜氏之儒"所推尊的人除了颜回,不可能还有他人。

据说,陆续公布的《上海博物馆战国楚竹书》中,有《颜渊》一篇,有学者甚至说上博竹简"可以让颜子之学重见天日"。对于颜回之学的研究,《颜回》篇可以给我们一定的学术信息。对本篇进行认真研究,一定有助于上博竹简《颜渊》篇的研究,有助于对"颜子之学"或者"颜氏之儒"的认识。(参见杨朝明:《〈孔子家语·颜回〉篇与"颜氏之儒"》,载《山东师大学报》2002年"齐鲁文化研究专刊",收入杨朝明:《儒家文献与早期儒学研究》,齐鲁书社2002年版)

【原文】

鲁定公问于颜回曰:"子亦闻东野毕之善御①乎?"对曰:"善则善矣,虽然②,其马将必佚③。"定公色不悦,谓左右曰:"君子固④有诬人也。"

【注释】

①善御:擅长驾驭。御通"驭"。

②虽然:即使这样,虽然这样。

③佚:丢失。

④固:原

【释义】

鲁定公向颜回问道:"你是不是也听过东野毕擅长驾驭马车?"颜回回答道:"他确实擅长驾驭马车,虽然是这样,他的马必定会走丢。"鲁定公听了以后,脸上的神色显得不高兴,他对身边的人说:"原来君子也会诬蔑别人啊。"

【原文】

颜回退,后三日,牧①来诉之曰:"东野毕之马佚,两骖曳②两服入于厩。"公闻之,

【注释】

①牧:养马的人。

②曳:带领。

③越:跳跃。

④促:督促。

【释义】

颜回走了。三天以后,饲养马的人过来告诉鲁定公说:"东野毕的马丢失了,两匹骖马带着两匹服马回到马厩。"定公听到以后,越过席位站起来就让仆人驾车去请颜回回来。

【原文】

回至,公曰:"前日寡人问吾子以东野毕之御,而子曰:'善则善矣,其马将佚。'不识吾子奚①以知之?"颜回对曰:"以政②知之。昔者帝舜巧于使民,造父巧于使马,舜不穷其民力,造父不穷其马力,是以舜无佚民,造父无佚马。今东野毕之御也,升马执辔③,衔体正矣,步骤驰骋,朝礼毕矣,历险致远,马力尽矣,然而犹⑤乃求马不已,臣以此知之。"

【注释】

①奚:为何。

②政:政事。

③辔:拴马的缰绳。

④致远：很长的路程，致：及。

⑤犹：还。

【释义】

颜回回来后，定公说："前些天我问您东野毕擅长驾驭马车的事情，您说他确实是擅长驾驭马车，但是他的马一定会走失。'我不知道您是怎么预料到的？"颜回回答说："我是从政治情况中知晓的。以前舜帝擅长于治理百姓，造父精通于使唤马匹。舜帝不让百姓的精力用光，造父也不让马匹的力气竭尽，因此舜帝时代没有流民，造父也没有走失的马匹。现在东野毕驾驭马车，上马车，手里拿着缰绳，摆正马嚼子，坐得身体端正，各种步骤都实施好了，抽打着马快速地跑，经历峻险之地和长途奔跑，马的精力都竭尽了，但还是不让马休憩，我因此知道他的马会丢失掉的。"

【原文】

公曰："善！诚①若吾子之言也。吾子之言，其义②大矣，愿少进乎？"颜回曰："臣闻之，鸟穷则啄，兽穷则攫③，人穷则诈，马穷则佚，自古及今，未有穷其下而能无危④者也。"公悦，遂以告孔子。孔子对曰："夫其所以为颜回者，此之类⑤也，岂足多哉。"

【注释】

①诚：确实。

②义：意义。

③攫：争夺。

④危：危险，祸害。

⑤类：相似，一样的事情。

【释义】

　　定公说:"很好,真的像您说的一样。您的一番话语,意义深远,耐人寻味啊。您能进一步地讲讲吗?"颜回答道:"我听说小鸟饿了就会啄树木,野兽饿了就会争抢食物,人穷了就会欺诈,马累了就会跑散。从古到今,没有让下级贫困而自身没有危险的。"定公十分高兴,就把这番话告诉了孔子。孔子说:"他之所以叫颜回,就是他经常有这样的表现,没有什么值得称赞的。"

【原文】

　　孔子在卫,昧旦①晨兴②,颜回侍侧③,闻哭者之声甚哀。子曰:"回,汝知此何所哭乎?"对曰:"回以此哭声非但为死者而已,又有生离别者也。"子曰:"何以知之?"对曰:"回闻桓山之鸟,生四子焉,羽翼既成,将分于四海,其母悲鸣而送之,哀声有似于此,谓其往而不返也。回窃以音类④知之。"孔子使人问哭者,果曰:"父死家贫,卖子以葬,与之长决⑤。"子曰:"回也,善于识音矣。"

【注释】

①昧旦:天还未完全明。

②晨兴:大早上就起床。

③侍侧:在一旁待奉。

④类:类似。

⑤长决:即"长诀",永久地分开、诀别。

【释义】

　　孔子在卫国的时候,有一天,孔子大清早起来,颜回在一旁侍奉,听到了一阵十分哀切的哭声,孔子问道:"颜回,你知道这哭声是因何而起的吗?"颜回回答说:"我认为这哭声并非是因为死去的亲人,而是因为在世的人却要活生生地被分开。"孔子说:"你是从哪里知道的呢?"颜回回答说:"我听说恒山上有一种鸟,它生了四只小鸟,这四只小鸟羽翼长成以后,就要各自分开,分布于四海。母鸟会悲切地鸣叫着为它们送行,那种哀切之声和这哭声有些相似,都是所谓的一去不复返的意思。我是因为他们的哀切之声很相似而得知的。"孔子派人去询问痛哭的人,哭啼的人果然回答说:"我的父亲死了,家中又十分贫困,只好卖了儿子以埋葬父亲,现在正在和儿子诀别啊。"孔子说道:"颜回真的是善于识别声音啊。"

【原文】

颜回问于孔子曰:"成人之行①若何?"子曰:"达②于情性之理,通③于物类之变.知幽明之故,睹游气之原。若此可谓成人矣。既能成人,而又加之以仁义礼乐,成人之行也。若乃穷④神知礼,德之盛⑤也。"

【注释】

①行:品行,品德。

②达:通达。

③通:知晓,了解。

④穷:研究,更深层次的理解。

⑤盛:高大,崇高。

【释义】

颜回向孔子问道:"'成人'的品行是什么样的?"孔子说:"通达性情,知晓天地万物变化的,知道天地、阴阳、有形无形等事物变化的缘故,看得见浮游云气的本源。如果能做到这些就可以称得上是'成人'。既然称得上'成人',又能知晓仁义礼乐,这就可以称得'成人'的品行的表现了,如果能够探究通晓万物变化和道理,那样的话他的德行就很高。"

【原文】

颜回问于孔子曰:"臧文仲、武仲孰贤?"孔子曰:"武仲贤哉。"颜回曰:"武仲世称圣人而身不免于罪,是智不足称①也;好言兵讨②。而挫锐于邾,是智不足名③也。夫文仲其身虽殁④而言不朽,恶有未贤?"孔子曰:"身殁言立,所以为文仲也。然犹有不仁者三,不智者三,是则不及武仲也。"回曰:"可得闻乎?"孔子曰:"下展禽⑤,置六关⑥,妾织蒲⑦,三不仁;设虚器⑧,纵逆祀⑨,祠海鸟⑩,三不智。武仲在齐,齐将有祸,不受其田,以避其难,是智之难也。夫臧文仲之智而不容于鲁,抑⑪有由焉。作而不顺,施而不想也夫。《夏书》曰:'念兹在兹,顺事恕施。'"

【注释】

①称:称赞、称道。

②兵讨:武力征讨。

③名:称道。

④殁:死。

⑤下展禽:下,使……下。展禽,即柳下惠。

⑥六关:第六道关卡。

⑦织蒲:编织蒲席。

⑧虚器:不属于自己身份应得的器物。

⑨逆祀:颠倒祭祀。

⑩祠海鸟:为海鸟设立祠堂。

⑪抑：大概。

【释义】

　　颜回向孔子问道："臧文仲和臧武仲这两个人谁更为贤能？"孔子回答说："武仲更为贤能。"颜回问道："武仲虽然被世人称之为圣人，自身却没能免受罪责，这是因为他的智慧不值得人称许。他喜欢以武力征讨，却在邾国受到了挫败，这是因为他的智慧不值得人称道。而文仲虽然死掉了，他的言论却流传不朽，怎么能说他不如武仲贤能呢？"孔子回答说："身死而言论得以流传，这正是文仲被称之为文仲的原因，但是他依然还有三件不贤良的事以及三件不明智的事，这是他比不上武仲的地方。"颜回问道："我能够听 听是什么事吗？"孔子回答说："将贤能的柳下惠置于下位，设置不应当设立的第六道关卡，让自己的妻妾也去编织蒲席贩卖，这是三件不贤之事。拥有不属于自己的器具，任由手下人颠倒祭祀的次序。为海鸟设立祠堂，这是三件不智之事。武仲在齐国的时候，齐国将要面临祸事，武仲便不接受齐国封给他的田地，故此避免自己和齐国一同遭难。而文仲虽然很聪慧却不能被鲁国容纳，大概是有原因的吧。大概是因为事情已经发生了却不顺应它的发展，事情已经施行了却不宽恕它吧。《夏书》上说过：'念兹在兹，顺事恕施。'"

【原文】

　　颜回问于君子。孔子曰："爱近仁①，度近智②，为己不重，为人不轻，君子也夫。"回曰："敢问③其次。"子曰："弗学④而行，弗思而得，小子勉⑤之。"

【注释】

①爱近人：爱护关心他人达到仁爱的程度。

②度近智：事情先考虑再做，达到仁爱的程度。

③敢问:冒昧、造次地问。

④弗学:不学习。弗:不,没有。

⑤勉:嘉勉,努力。

【释义】

颜回向孔子问什么样的人能够称得上君子。孔子说:"关心爱护他人达到仁爱的程度,善于思考问题,替自己考虑的远没有替别人考虑的多,这样的人就可以称得上君子。"颜回说:"冒昧地问一下如何叫不如君子呢?"孔子说:"没有学习就去做,没有思考就想获得,你好好努力吧!"

【原文】

仲孙何忌问于颜回曰:"仁者一言而必有益于仁智①,可得闻②乎?"回曰:"一言而有益于智,莫如预;一言而有益于仁,莫如恕③。夫知其所不可由④,斯⑤知所由矣。"

【注释】

①仁智:仁义道德和智慧。

②闻:解释,说清楚。

③恕:推己及人,为别人考虑。

④由:应该做的事情。

⑤斯:语气词,那样的话。

【释义】

仲孙何忌向颜回问道:"仁者说的每一个字都有利于仁德、智慧,您能不能给我解释一下是什么原因?"颜回说:"说的每一个字都有利于智慧,什么都不如'预'字,说的每一个字都有利于仁义道德，什么都不如'恕'字。那么，就知道什么不能做，什么事情可以做。"

【原文】

颜回问小人。孔子曰："毁①人之善以为辩，狡讦②怀诈以为智，幸③人之有过，耻学而羞④不能，小人也。"

【注释】

①毁：诋毁，诽谤。

②狡讦：内心狡诈，邪恶。

③幸：庆幸。

④羞：认为是羞耻，瞧不起。

【释义】

颜回问孔子什么样的人是小人。孔子说："诋毁别人的长处反而认为是会辩解，揭发别人的缺点反而认为是聪明，别人有过失的时候他幸灾乐祸，认为学习是可耻的，瞧不起没有才能的人，这样的人就是小人。"

【原文】

颜回问子路曰："力猛①于德而得其死者，鲜②矣，盍慎③诸焉。"孔子谓颜回曰："人莫不知此道之美，而莫之御④也，莫之为也，何居为⑤闻者，盍日思也夫？"

【注释】

①猛：胜过，超越。

②鲜:很少。

③慎:谨慎,小心。

④莫之御:指不能抵制的意思。

⑤何居为:为什么成为这样的人。

【释义】

颜回向子路问道:"勇力胜过品德的人,死得真正有价值的很少,这些人为什么不知道谦虚谨慎的好处啊?"孔子对颜回说:"人不是不知道谨慎为人的好处。而是控制不住自己,没有认真去这样做。为什么人往往都只想着去做一个只听不做的人呢?为什么不每天多点思考呢?"

【原文】

颜回问于孔子曰:"小人之言①有同乎?君子者不可不察②也。"孔子曰:"君子以行③言,小人以舌言,故君子为义之上相疾④也,退而相爱;小人于为乱⑤之上相爱也,退而相恶。"

【注释】

①言:言论,话语。

②察:明察。

③行:行动。

④相疾:"相疾,急欲相劝,今为仁义。"(王肃注)

⑤乱:混乱。

【释义】

颜回问孔子说:"与君子的话相比,小人的话是不是相同的呢?君子不能不有所察觉。"孔子说："君子是用自己的行动说话的，小人只是在用自己的舌头说话的。所以君子追求道义，痛恨有的人不努力，君子关系和人相处融洽；小人在制造混乱的问题上和别人的意见相同，小人之间的相处是相互憎恨的。"

【原文】

颜回问朋友之际如何。孔子曰："君子之于朋友也，心必有非①焉，而弗能谓②吾不知。其仁人也，不忘久③德，不思久怨，仁矣夫。"

【注释】

①非：不对，不正确。②谓：动词，说出来。③久：长久，一直。

【释义】

颜回问孔子如何处理朋友之间的关系。孔子说："君子对待朋友，心中一定知道他有不对的地方，但是他不能说我不知道。仁德的人，不会忘记一直积累仁德，不会考虑别人对自己的怨恨，这样才能称得上仁德。"

【原文】

叔孙武叔见未仕①于颜回，回曰："宾②之。"武叔多称人之过而己评论之。颜回曰："固③子之来辱也，宜有得于④回焉，吾闻知诸孔子曰：'言人之恶，非所以美己；言人之枉⑤，非所以正己。'故君子攻其恶，无攻人恶。"

【注释】

①未仕：没有做官。

②宾：动词，用宾客的礼节。

④有得于:从……中得到。

⑤枉:不正直。

【释义】

　　叔孙武叔在颜回那里遇见一个没有做官的人,颜回说:"用宾客之礼对待他。"武叔喜欢探讨别人的过失并且做出评论。颜回说:"本来,你想在这里羞辱他,你应该从我的行动中领悟到一些东西。我听先生说过:'讨论别人的坏处,并不能使自己显得多么美好,说别人不正直,也并不能使自己的品德正直。'所以君子往往攻击不好的东西,但不会攻击别人不正确的地方。"

【原文】

　　颜回谓子贡曰:"吾闻诸夫子身不用礼而望①礼于人,身不用德②而望德于人,乱③也。夫子之言,不可不思④也。"

【注释】

①望:指望,想让别人这样。

②德:品德,道德。

③乱:混乱。

④思:思考。

【释义】

　　颜回对子贡说:"我曾经听过先生说,自己不在意礼仪但是想让别人讲究礼仪,自己不讲究仁德但是想让别人讲究仁德,如果是这样的话,社会的秩序就会乱套。先生说的话,我们不能不考虑啊!"

子路初见第十九

【题解】

本篇杂记孔子与弟子的谈话以及孔子事迹。首章记子路与孔子相见的事情,盖此为子路与孔子的初次相见,故以"子路初见"名篇。

本篇的记载涉及孔子在学习、为人处世等方面对弟子的教导,以及孔子个人的行为处事规范,表现了孔子识人、相士等方面的态度、准则。孔子注重学习,指出"君子不可不学"。对弟子的教导也是根据"依仁""立礼"而"文质彬彬"的君子标准,追求品德修养的内外和谐与统一。孔子对弟子的认识和评价也是全方位的,本篇记载他对澹台子羽和宰我的评价即是如此。孔子不仅这样教导弟子,自身行事也遵循礼义,如哀公赐桃与黍,孔子便借机用自己的行动纠正人们"防于教""害于义"的做法。

孔子为官时间不长,但他为政期间取得了不少政绩。本篇记载孔子为鲁司寇时屈节数见康子的事迹,他不计较个人荣辱,把政事放在首位,以为面对混乱无章的社会现象,为政者应当勇于正视,积极应对。孔子的理想人格境界是"仁",但他认为"仁"并非轻易就能达到。孔子认为为人臣下的忠谏应当审时度势,同是"死谏",结果未必相同。孔子相鲁时,也遇到了"君臣淫荒"的局面,鲁国是他的祖国,但他还是无奈地离去。在那个"礼崩乐坏"的大环境下,孔子当然无法施展自己的抱负,只能辗转于各国,"聊于卒岁"。

本篇记载虽然显得杂乱、琐屑,但对我们研究孔子及其思想却有重要价值。不少资料散见于其他文献,可以互相印证,以更好地研究孔子与早期儒学。

【原文】

子路初见孔子。子曰:"汝何好乐①?"对曰:"好长剑。"孔子曰:"吾非此之问也,徒谓以子之所能,而加之以学问,岂可及^②乎?"子路曰:"学岂益^③也哉?"孔子曰:"夫人君而无谏臣则失正,士而无教友则失听。御狂马不释策,操弓不反檠。木受绳则直^④,人受谏则圣。受学重问,孰不顺^⑤哉?毁^⑥仁恶^⑦士,必近于刑。君子不可不学。"

【注释】

①好乐:喜欢的事,爱好。

②及:达到。

③益:益处。

④直:正直。

⑤顺:做成功。顺利。

⑥毁:诽谤,诋毁。

⑦恶:憎恨,怨恨。

【释义】

子路拜见孔子,孔子说:"你有什么爱好?"子路回答说:"我喜欢长剑。"孔子说:"我不是问你这个。我是说以你的能力,再加上努力学习,谁能赶得上你呢!"子路说:"学习真的有用吗?"

孔子说:"国君如果没有敢谏的臣子就会失去正道,读书人没有敢指正问题的朋友就听不到善意的批评。驾驭正在狂奔的马不能放下马鞭,已经拉开的弓不能用檠来匡正。木料用墨绳来矫正就能笔直,人接受劝谏就能成为圣人。接受知识,重视学问,谁能不顺利呢?诋毁仁义,厌恶读书人,必定会触犯刑律。所以君子不可不学习。"

子路说:"南山有竹子,不矫正自然就是直的。砍下来用作箭杆,可以射穿犀牛皮。以此说来,哪用学习呢?"

孔子说："做好箭栝还要装上羽毛，做好箭头还要打磨锋利，这样射出的箭不是射得更深吗？"

子路再次拜谢.恭敬地接受孔子的教诲。

【原文】

子路将行,辞于孔子。子曰:"赠汝以车乎？赠汝以言乎？"子路曰:"请以言。"

孔子曰:"不强不达①,不劳无功,不忠无亲,不信无复②,不恭失礼。慎此五者而已。"

子路曰:"由请终身奉之。敢问亲交取亲若何③？言寡可行若何④？长为善士而无犯若何？'"

孔子曰:"汝所问苞在五者中矣⑤。亲交取亲,其忠也；言寡可行,其信乎；长为善士而无犯,其礼也⑥。"

【注释】

①不强不达:不努力坚持就达不到目的。王注:"人不能以强力,则不能自达。"

②不信无复:不讲信用别人就不会再相信。王注:"信近于义,言可复也。今而不信,则无可复。"

③亲交取亲:取得新结交朋友的信任。亲交,新接交的人。取亲,取得信任,成为亲近的朋友。

④言寡可行:话说得小但可行。

⑤苞:通"包"。

⑥其:原作"于",据《四部丛刊》本《家语》改。

【释义】

子路将要出行,向孔子辞行。孔子说:"我送给你车呢？还是送给你一些忠告呢?"子路说:"请给我些忠告吧。"

孔子说:"不持续努力就达不到目的,不劳动就没有收获,不忠诚就没有亲人,不讲信用别人就不再信任你,不恭敬就会失礼。谨慎地处理好这五个问题就可以了。"

子路说:"我将终生记在心头。请问取得新结交的人的信任需要怎么做? 说话少而事情又能行得通需要怎么做? 一直都是善人而不受别人侵犯需要怎么做?"

孔子说:"你所问的问题都包括在我讲的五个方面了。要取得新结识的人的信任,那就是诚实;说话少事情又行得通,那就是讲信用;一直为善而不受别人侵犯,那就是礼仪。"

【原文】

孔子为鲁司寇,见季康子①,康子不悦。孔子又见之。宰予进曰:"昔予也常闻诸夫子曰:'王公不我聘则弗动。'今夫子之于司寇也日少②,而屈节数矣③,不可以已乎?"

孔子曰:"然,鲁国以众相陵,以兵相暴之日久矣,而有司不治,则将乱也。其聘我者,孰大于是哉④?"

鲁人闻之曰:"圣人将治,何不先自远刑罚。"自此之后,国无争者。

孔子谓宰予曰:"违山十里⑤,蟪蛄之声犹在于耳⑥,故政事莫如应之⑦。"

【注释】

①季康子:鲁国大夫,即季孙肥,谥"康"。王注:"当为桓子,非康子也。"

②日少:王注:"谓在司寇官少日浅。"

③屈节数矣:王注:"谓屈节数见于季孙。"屈节,折节,不顾面子委屈自己。

④孰大于是哉:王注:"言聘我使在官,其为治岂复可大于此者也。"

⑤违山:距离山。王注:"违,离也。"

⑥蟪蛄：会鸣叫的一种昆虫。王注："蟪蛄，蛁蟟也。蛁蟟之声去山十里犹在于耳，以其鸣而不已。"

⑦政事莫如应之：王注："言政事须慎听之，然后行之者也。"

【释义】

孔子在鲁国担任司寇时，去拜见季康子，季康子很不高兴。孔子又去拜见他。

宰予劝孔子说："从前我曾听老师讲过：'王公贵族要是不以礼聘请我，我不会主动去找他们。'现在您担任司寇的时间不长，但已屈节委屈自己多次了，不可以不去吗？"

孔子说："是这样的。鲁国国内以多欺少，用兵来侵犯别人的时间已经很久了，而有关官员不管，那将会出大乱子。执政者如果任用我，让我来治理此事，有哪件事比这更大呢？"

鲁国人听到这些话，说："圣人将要来治理鲁国，我们何不自己先远离刑罚。"自此以后，鲁国没有相互争斗的人。

孔子对宰予说："距离山十里.蟪蛄的叫声仍然在耳。所以处理政事不如谨慎地听取意见，然后找出相应的办法。"

【原文】

孔子兄子有孔篾者①，与宓子贱皆仕②。孔子往过孔篾而问之曰："自汝之仕，何得何亡？"

对曰："未有所得，而所亡者三：王事若龙③，学焉得习？是学不得明也；俸禄少，饘粥不及亲戚④，是骨肉益疏也；公事多急，不得吊死问疾，是朋友之道阙也。其所亡者三，即谓此也。"

孔子不悦，往过子贱，问如孔篾。

对曰："自来仕者,无所亡,其有所得者三:始诵之,今得而行之,是学益明也;俸禄所供,被及亲戚,是骨肉益亲也;虽有公事,而兼以吊死问疾,是朋友笃也。"

孔子喟然谓子贱曰："君子哉若人！鲁无君子者,则子贱焉取此⑤。"

【注释】

①孔蔑:孔子的侄子,名孔忠,字子蔑。

②宓子贱:即宓不齐,字子贱,孔子弟子。

③王事若龙:此句意为:政事一件接一件。龙,《说苑·政理》作"袭"。王注:"龙宜为詟(即'袭'字),前后相因也。"

④饘:稠粥。粥:稀粥。此指微薄之物。

⑤则子贱焉取此:王注:"如鲁无君子者,此人安得而学之? 言鲁有君子也。"

【释义】

孔子的哥哥有个儿子叫孔蔑,与宓子贱一起都在做官。孔子去看他,问他说:"自从你当了官,得到了什么失去了什么?"

孔蔑回答说:"没得到什么,而失去的东西有三件:政事一件接一件,学过的知识哪有时间温习? 因此学到的知识也记不清楚了;朝廷给的俸禄太少,连给亲戚一些微薄的礼物都做不到,因此骨肉之间更加疏远了;公事一般都很急迫,不能及时去哀悼死人慰问病人,这样就阙失了朋友之道。我说失去的三种东西就是这些。"

孔子听了很不高兴,又到宓子贱那里去,问了他同样的问题。

宓子贱回答说:"自从做官以来,没有失去什么,所得到的有三样:以前诵读的知识,现在能够依照实行,因此对所学的知识认识得更加清楚了;所得的俸禄,能用来帮助亲戚,因此骨肉之间更加亲密了;虽然有公事,还是能顺便去吊唁死者慰问病人,因此和朋友的关系更亲密了。"

孔子听了感慨地叹息了一声，对宓子贱说："君子啊！就是你这样的人。如果说鲁国没有君子的话，那么宓子贱是从哪里学来的呢?"

邵之食鼎

【原文】

孔子侍坐于哀公，赐之桃与黍焉。哀公曰："请食[1]。"孔子先食黍而后食桃，左右皆掩口而笑。

公口："黍者所以雪桃[2]，非为食之也。"

孔子对曰："丘知之矣。然夫黍者，五谷之长，郊礼宗庙以为上盛[3]。果属有六，而桃为下，祭祀不用，不登郊庙。丘闻之：君子以贱雪贵，不闻以贵雪贱。今以五谷之长雪果之下者，是从上雪下。臣以为妨于教，害于义，故不敢。"

公曰："善哉。"

【注释】

①请食："食"字原无，据《四部丛刊》本《家语》补。

②雪：擦拭。王注："雪，拭。"

③上盛：上等祭品。盛，祭祀时放在容器中的祭品叫盛。后引申为盛物的容器。

【释义】

孔子陪哀公坐着，哀公赏赐他桃和黍。哀公说："请吃吧。"孔子先吃黍，而后才吃桃，哀公身边的人都捂着嘴笑。

哀公说："黍是用来擦拭桃的，不是吃的。"

孔子回答说："我知道。但黍是五谷中最好的东西，在郊庙祭祀祖先时作为上等供品。果品有六种，而桃子是最差的一种，祭祀不用，不能摆在郊庙的供桌上。我听说，君子用低贱的东西擦拭珍贵的东西，没听说过用珍贵的东西来擦拭低贱的东西。现在要用五谷中最好的黍去擦拭果品中最下等的桃，是用上等的擦拭下等的。我认为这有害于教，又有害于义，所以不敢这样做。"

哀公说："说得好啊！"

【原文】

子贡曰："陈灵公宣淫于朝①，泄冶正谏而杀之②，是与比干谏而死同③，可谓仁乎？"

子曰："比干于纣，亲则诸父，官则少师④，忠报之心在于宗庙而已，固必以死争之，冀身死之后，纣将悔悟，其本志情在于仁者也。泄冶之于灵公，位在大夫，无骨肉之亲，怀宠不去，仕于乱朝，以区区之一身，欲正一国之淫昏，死而无益，可谓狷矣⑤。《诗》曰⑥：'民之多辟⑦，无自立辟⑧。'其泄冶之谓乎？"

【注释】

①陈灵公：陈宣公曾孙，名平国。宣淫于朝：与大夫孔宁、仪行父一起在朝廷和夏姬淫乱。王注："灵公与卿共淫夏姬。"

②泄冶正谏而杀之：陈国大夫泄冶因劝谏陈灵公而被杀。

③比干：商纣王的叔父。谏而死：纣王淫乱，比干以死谏，被纣王剖腹取心而死。

④少师：官名。与少傅、少保合称三孤，以辅天子。

⑤狷：狷介，指性情拘谨自守。

⑥诗：指《诗经·大雅·板》。

⑦民之多辟：民众有很多过失。辟，过失，邪僻行为。

⑧无自立辟:不要再枉自立法。辟,法令。

【释义】

子贡说:"陈灵公在朝廷干淫乱的事,泄冶直言劝谏而遭到杀害,这和比干劝谏殷纣王而遭杀害是相同的,可以称为仁吗?"

孔子说:"比干对于殷纣王,从亲戚关系上说是纣王的叔父,官位则是少师,报国的忠心,在于维护祖宗宗庙,必定会以死进谏,希望身死之后,纣王能够悔悟,他的思想情志都在仁上。泄冶对于陈灵公,官职是大夫,无骨肉之亲,受到宠爱而不愿离去,仍在乱朝做官,以他区区一身而想匡正一个国家淫乱的昏君,死了也对国家无益,可说是性情拘谨耿直。《诗经》说:'如今民间多邪辟,自己立法没有用。'大概说的就是泄冶这样的事吧!"

【原文】

孔子相①鲁,齐人患其将霸,欲败其政,乃选好②女子八十人。衣以文饰③而舞容玑④,及文马四十驷,以遗⑤鲁君。陈⑥女乐,列文马于鲁城南高门外。季桓子微服⑦往观之再三,将受焉,告鲁君为周道⑧游观。观之终日,怠于政事。子路言于孔子曰:"夫子可以行矣。"孔子曰:"鲁今且郊⑨,若致膰⑩于大夫,是则未废其常,吾犹可以止也。"桓子既受女乐,君臣淫荒,三日不听国政.郊又不致膰俎。孔子遂行,宿于郭屯⑪。师已送,曰:"夫子非罪⑫也。"孔子曰:"吾歌可乎?"歌曰:"彼妇人之口,可以出走,彼妇人之请,可以死败。优哉游哉,聊以卒岁。"

【注释】

①相:辅助。

②好:貌美。

③文饰：漂亮的穿戴之物。

④容玑：齐国的舞曲名。

⑤遗：赠送。

⑥陈：陈列。

⑦微服：百姓的衣服。

⑧周道：大道，官道。

⑨郊：郊祀。

⑩致膰：送来腊肉。膰，祭祀用的烤肉。

⑪郭屯：城外的村庄。

⑫罪：过错。

【释义】

孔子在鲁国辅助国君时，齐国人担心鲁国会成为霸主，想要破坏鲁国的政治，于是选了八十名漂亮的女子，让她们穿上华丽的衣服，教她们跳容玑舞，又选毛色有文采的马一百六十四，准备送给鲁国国君。齐国人让这些女子在鲁国城南门外跳舞，又将那些有文采的马也排列在那里。

季桓子穿着老百姓的衣服偷偷地看了好几次，打算接受这些礼物。他报告了鲁国国君并带他到大道上去观看。这样整日观看，荒废了朝政。

子路对孔子说："您可以离开鲁国了。"

孔子说："鲁国现在马上就要举行郊祭，如果国君还能馈送大夫祭祀用的肉，这样还不算废掉朝中常礼，我还可以呆在这儿。"

后来季桓子接受了齐国赠送的舞女，君臣沉溺于声色之中，三天不理朝政，郊祭也不准备祭肉和礼器。孔子于是离开了鲁城，在城外的村庄住宿。

师已去送他，说："您没有错。"

孔子说:"我唱首歌可以吗?"于是唱道:"那些妇人的口,可以让你出走;那些妇人的请求,可以让你失败死亡。我还是悠闲自得地生活,以此来安度岁月吧。"

【原文】

澹台子羽有君子之容①,而行不胜其貌。宰我有文雅之辞,而智不充其辩。

孔子曰:"里语云②:'相马以舆③,相士以居④。'弗可废矣。以容取人,则失之子羽;以辞取人,则失之宰予。"

【注释】

①澹台子羽:即澹台灭明,孔子弟子。

②里语:即俚语,俗语。

③相马以舆:相马要看它拉车的情况。

④相士以居:看人要看他平常的表现。

【释义】

澹台子羽有君子那样的容貌,而他的品行却比不上他的容貌。宰我谈吐文雅,而他的智力却不如他的言辞。

孔子说:"俗话说:'看马的好坏要看它拉车的情况,看人的品德高下要看他平时的表现。'这个道理不能丢弃啊! 以容貌来选择人才,在澹台子羽身上就会失误;以言辞来选择人才,在宰我身上就会出现错误。"

【原文】

孔子曰:"君子以其所不能畏人,小人以其所不能不信人。故君子长人之才①,小人抑人而取胜焉。"

【注释】

①长人之才:推崇别人的才干。

②抑人:压制别人。

【释义】

孔子说:"君子因为他有的方面不如人而畏惧别人,小人因为他有的方面不如人而不相信别人。所以君子推崇别人的才干,小人则以压抑别人的才干来取胜。"

【原文】

孔篾问行己之道①。

子曰:"知而弗为,莫如勿知;亲而弗信,莫如勿亲。乐之方至,乐而勿骄;患之将至,思而勿忧。"

孔篾曰:"行己乎?"

子曰:"攻其所不能②,补其所不备。毋以其所不能疑人,毋以其所能骄人。终日言,无遗己忧;终日行,不遗己患。唯智者有之。"

【注释】

①行己:为人处世。

②攻:学习。

【释义】

孔蔑问孔子为人处世的方法。

孔子说:"知道了不去做,不如不知道;亲近他又不信任他,不如不亲近。快乐的事到来时,要乐而不骄;灾难将要到来时,要有思想准备而不忧愁。"

孔蔑说:"我该怎么做呢?"

孔子说:"学习自己不会做的事情,弥补自己不具备的才能。不要因为自己不能做就怀疑别人,不要用自己能干的事情向别人炫耀。终日说话,不要给自己留下忧虑;终日做事,不要给自己留下祸患。这一点只有智者才能做到。"

在厄第二十

【题解】

本篇记述了孔子及其弟子在周游列国途中被围困在陈蔡时的情况,描述了他们在困苦境遇中的表现,故以"在厄"名篇。厄,指困苦、危险。

陈蔡被困,断粮七日,从者皆病。在困厄之中,孔子不畏艰难,仍保持乐观态度,继续讲诵,弦歌不废,这表现了孔子为追求政治理想矢志不渝的精神。值得注意的是本篇所体现的孔子"时"的思想。孔子指出:"夫遇不遇者,时也;贤不肖者,才也。"他认为"君子博学深谋而不遇时者众矣",说明孔子到处碰壁并不是他"愚顽不化",反而他对自己所处的时代具有深刻的认识。孔子弟子认识到"夫子之道至大",尤其是颜回所言孔子学说不为所用乃是"有国者之丑",孔子也对此表示赞同,体现了孔子对自己思想学说的认识,对自己人生际遇的思考,这对于我们认识孔子学说的本质具有重要价值。

身处困境,君子都能乐在修身,坚守自己的节操。孔子说:"君子修道立德,不为穷困而败节。"本篇记载的曾子弊衣耕作而不接受国君的赏赐、颜回身处困境而坚守仁廉,都体现了这一精神。这应该也是本篇的主旨之一。

本篇材料又见于《荀子》《吕氏春秋》《韩诗外传》《说苑》等多种文献,尤其《史记·孔子世家》多吸收了包括本篇在内的《家语》的许多材料,彼此互勘,会发现许多有

【原文】

楚昭王聘①孔子,孔子往拜礼焉,路②出于陈、蔡。陈、蔡大夫相与③谋曰:"孔子圣贤,其所刺讥皆中诸侯之病,若用④于楚,则陈、蔡危矣。"遂使徒兵距⑤孔子。

【注释】

①聘:聘请,邀请。

②路:动词。途经,路过。

③相与:一起,相互。

④用:被任用。

⑤距:阻挡,拦截。

【释义】

楚昭王请孔子到他的国家,孔子就前去拜见,路过陈国和蔡国。陈国和蔡国的大夫在一块谋划说:"孔子是圣贤的人,他所讥讽批评的都切中诸侯的问题。如果他真的被楚任用的话,那么陈国和蔡国就会很危险了。"于是他们派兵去拦截孔子。

【原文】

孔子不得行,绝粮七日。外无所通①,藜羹不充,从者②皆病。孔子愈慷慨③讲诵,弦歌不衰。乃召子路而问焉,曰:"《诗》云:'匪兕④匪虎,率彼旷野。'吾道非乎,奚⑤为至于此?"

【注释】

①外无所通:和外面失去联系,通,联系。

②从者:随从,跟随的人。

③慷慨:慷慨激昂。

④匪兕:不是犀牛,兕,书上指雌的犀牛。

⑤奚:什么,何。

【释义】

孔子不能前行,断粮七天,和外界失去了联系,连一点儿粗劣的粮食都吃不到了。跟随孔子的人都病倒了,孔子却越挫越勇,慷慨激昂地给随从们讲诵礼仪,用琵琶伴奏不停地唱歌。孔子把子路找来说:"《诗经》上不是说过'不是犀牛,不是老虎,沿着旷野走。'我的道理难道有什么不对吗?为什么会沦落到如此不堪的状况呢?"

【原文】

子路愠①,作色②而对曰:"君子无所困③,意者夫子未仁与,人之弗吾信也;意者夫子未智与④,人之弗吾行也。且由也,昔者闻诸夫子:'为善者天报之以福⑤,为不善者天报之以祸⑥。'今夫子积德怀义,行之久矣,奚居之穷也?"

【注释】

①愠:生气,不高兴。

②作色:脸色有不高兴的神色。

③困:困扰,扰乱。

④智与:足够的智慧。与,非常,极其。

⑤福:幸福。

⑥祸:灾难,祸害。

【释义】

　　子路听完这些话后心里很是生气，脸上露出不高兴的神色，说："没有什么是可以困扰君子的。可能是您还不是太仁德，别人没有理由去相信我们；可能是您还不是太智慧，别人也没有理由去执行我们的主张。况且我也听您说过'做好事的人，上天就会降下好运来报答他；做坏事的人，上天就会降下灾难来惩罚他。'现在您正在积累仁义道德，心里装着道义，推行您的主张已经很久了，怎么处境还如此穷困呢？"

【原文】

　　子曰："由未之识也，吾语汝：汝以仁者为必信也，则伯夷、叔齐不饿死首阳①；汝以智者为必用也，则王子比干②不见剖心；汝以忠者为必报也，则关龙逢③不见刑；汝以谏者为必听也，则伍子胥④不见杀。夫遇不遇者，时也；贤不肖者，才也。君子博学深谋而不遇时者众矣，何独丘哉！且芝兰生于深林，不以无人而不芳，君子修道立德，不谓穷困而改节。为之者人也，生死者命也。是以晋重耳之有霸心，生于曹、卫⑤；越王勾践之有霸心，生于会稽⑥。故居下而无忧者，则思不远；处身而常逸者，则志不广。庸知其终始乎？"子路出。

　　召子贡，告如子路。子贡曰："夫子之道至大，故天下莫能容夫子，夫子盍少贬焉⑦？"子曰："赐，良农能稼⑧，不必能穑⑨；良工能巧，不能为顺⑩。君子能修其道，纲而纪之⑪，不必其能容。今不修其道，而求其容。赐，尔志不广矣，思不远矣！"子贡出。

　　颜回入，问亦如之。颜回曰："夫子之道至大，天下莫能容，虽然，夫子推而行之，世不我用⑫，有国者之丑⑬也。夫子何病⑭焉？不容，然后见⑮君子。"孔子欣然叹曰："有是哉⑯，颜氏之子，使尔多财，吾为尔宰。"

【注释】

　　①伯夷、叔齐不饿死首阳：伯夷、叔齐是商末孤竹君的两个儿子，相传其父遗命要

立次子叔齐为继承人。孤竹君死后，叔齐让位给伯夷，伯夷不受，叔齐也不愿登位，先后都逃到周国。周武王伐纣，二人叩马谏阻。武王灭商后，他们耻食周粟，采薇而食，饿死于首阳山。

②比干：商纣王的叔叔，因为忤逆纣王的意思，被挖出了心。

③关龙逄：夏末贤臣。桀为酒池、糟丘，作长夜之饮，关龙逄进谏，立而不去，为桀囚拘而杀。

④伍子胥：春秋时吴国大夫，名员，字子胥，原为楚国大夫，后至吴。因劝吴王夫差拒越求和并停止伐齐，渐被疏远，后被赐剑自杀。

⑤晋重耳之有霸心，生于曹、卫：晋文公重耳称霸的雄心，萌生在他逃亡曹、卫两国的时候。生，萌生。重耳，春秋晋文公名。

⑥越王勾践之有霸心，生于会稽：越王勾践称霸的雄心，萌生在他被围困于会稽的时候。

⑦夫子盍少贬焉：老师您何不把您的主张稍稍降低一下呢？盍，何不。少，稍微。贬，贬损.降低。

⑧稼：种植。

⑨穑：收获。

⑩"良工能巧"句：一个好的工匠巧于制作，但不一定每次做的都能符合他人的心意。

⑪纲而纪之：主次分明，有条有理。纲，鱼网上的总绳。纪，乱丝的头绪。

⑫世不我用：倒装句，即世不用我。

⑬丑：耻辱。

⑭病：忧愁，担心。

⑮见：显现，显示出。

⑯有是哉：有道理，是这样的。

【释义】

孔子说："仲由啊，你还不知道其中的道理，我告诉你吧：你以为仁者就必然受到信任吗？如果这样伯夷叔齐就不会饿死在首阳山了；你以为智者就必然受到任用吗？如果是这样的话王子比干就不会被商纣挖去心脏；你以为忠者必定会得到回报吗？如果真是这样关龙逢就不会遭受刑杀；你以为进谏的人都会被听从吗？这样的话伍子胥就不会被杀害了。能不能遇到明主，这是由时运所决定的；贤人还是不肖者，这是由个人才能决定的。君子广泛地学习深刻地谋划，但是还是不能赶上好时候的人多了，又不是只有我孔丘一个！而且芝兰生长在深山老林里面，不因为没有人看见就没有了芬芳。君子修行道义树立德行，不因为困穷而败坏自己的节气。做还是不做，这是人所决定的；生或者是死，这是命运所决定的。因此晋国国君重耳（晋文公）称霸的野心，是他流亡在曹卫两国的时候才产生的；越王勾践称霸的野心，是在会稽被围困的时候才产生的。因此身居下位却没有忧患的，那么他的理想不会高远；生活总是安逸的人，他的志向就不会高远。你怎么会知道他们的开始和终结呢？"于是子路就走了出来。

孔子叫子贡进来，问了一个和子路一样的问题。

子贡说："老师您的道义太宽广了，因此天下都不能容得下老师，那么老师您何不把您的道义稍微贬损一下呢？"孔子说："赐啊，一个好的农民会耕种，但是不一定会收割；一个好的工匠可以是心灵手巧的，但他所做的东西并不一定都会符合人们的心思。君子能够修行自己的道义，抓住事物的主旨，但是不一定能被人接受。怎么可以不修行自己的道义，却希望被人所接受。赐啊，你的志向不广大啊，理想不高远啊！"于是子贡走了出来。

颜回进来了，孔子也问了他同样的问题。颜回说："老师您的道义至为宽广，以至于天下没有人能容得下，即使这样，老师您已经宣扬了自己的道义，但是世人还是不肯任用我们，这是有国者的耻辱。老师您有什么担心的呢？不被接受，然后才显现出真正的君子。"孔子高兴地感叹道："是这个道理啊，颜回啊，如果你有很多财物的话，我愿意去帮你管理。"

【原文】

子路问于孔子曰："君子亦有忧乎？"子曰："无也。君子之修行也，其未得之，则乐其意^①；既得之，又乐其治^②。是以有终身之乐，无一日之忧。小人则不然，其未得也，患弗得之；既得之，又恐失之。是以有终身之忧，无一日之乐也。"

【注释】

①意：指做某件事的想法。②治：行为，作为。

【释义】

子路问孔子说："君子难道也有忧虑吗？"孔子说："没有。君子的修身实践，当还没有做到的时候，就以做这件事的想法为乐；当做到这件事的时候，就以自己的行为而乐。因此君子有终身的快乐，却没有一天的忧愁。小人却不是这样，当他没有得到的时候，就担心自己得不到；当他得到的时候，又担心自己会失去。因此小人有终身的忧虑，却没有一天的快乐。"

【原文】

曾子弊衣^①而耕于鲁，鲁君闻之，而致邑^②焉。曾子固^③辞不受，或曰："非子之求，君自致之，奚固辞也？"曾子曰："吾闻受人施者常畏人，与人者常骄人。纵君有赐，不我骄也，吾岂能勿畏乎？"

孔子闻之曰："参之言，足以全其节也。"

孔子家语通解

【注释】

①弊衣：穿着破旧的衣服。弊，破，坏。

②致邑：赐给封地。致，赠送，赐给。邑，封地。

③固：坚决，坚定。

【释义】

曾子穿着破旧的衣服在鲁国的田野上耕种，鲁国国君听说这件事之后就要赐给他封地。曾子坚决地推辞，不肯接受。有人说："这并不是你乞求的，而是国君封赐给你的，你为什么这么坚决地推辞呢？"曾子说："我听说受到别人施舍的就会常常畏惧别人，给人东西的人常常骄傲地对待别人。即使国君赐给了我封地，他并没有傲视我的意思，但是我又岂能没有畏惧他的意思？"孔子听到这件事之后，说道："曾参的话，足可以保全他的气节了。"

【原文】

孔子厄于陈、蔡，从者七日不食。子贡以所赍货①，窃②犯围③而出，告籴④于野人⑤，得米一石焉。颜回、仲由炊之于坏屋之下，有埃墨⑥堕饭中，颜回取而食之。

子贡自井望见之，不悦，以为窃食也。人问孔子曰："仁人廉士，穷改节乎？"孔子曰："改节即何称于仁廉哉？"子贡曰："若回也，其不改节乎？"子曰："然。"子贡以所饭告孔子⑦。子曰："吾信回之为仁久矣，虽汝有云，弗以疑也，其或者必有故乎？汝止，吾将问之。"召颜回曰："畴昔⑧予梦见先人，岂或启佑我哉⑨？子炊而进饭，吾将进⑩焉。"对曰："向有埃墨堕饭中，欲置之，则不洁；欲弃之，则可惜，回即食之。不可祭也。"孔子曰："然乎，吾亦食之。"

颜回出，孔子顾谓二三子曰："吾之信回也，非待今日也。"二三子由此乃服之。

【注释】

①赍货:携带的东西。赍,携带,持。

②窃:偷偷地,私下里。

③犯围:冲出重围。

④告籴:向……请求卖给自己粮食。告,请求,乞求。籴,买进粮食,与"粜"相对。

⑤野人:相对于"国人",住在乡野的百姓。

⑥埃墨:尘埃,烟灰。

⑦子贡以所饭告孔子:子贡便把看到颜回偷吃饭的事告诉了孔子。

⑨畴昔:从前,过去。

⑨岂或启佑我哉:难道是先人在启示和保佑我吗?

⑩进:进献。

【释义】

孔子受困于陈、蔡两国之间,随从的人七天没有吃到东西。子贡用自己所携带的财货,偷偷地冲出重围,请求乡间百姓卖给自己粮食,终于买到了一石米。颜回和子路在破屋子的旁边做饭,突然有烟灰掉到了饭里,于是颜回就把有烟灰的饭粒取出来吃掉了。

子贡在井边看见颜回的举动,很不高兴,以为他在偷东西吃。进至去问孔子说:"仁德廉洁的人,在困穷的时候会改变自己的气节吗?"孔子说:"改变了自己的气节怎么还能称作仁德廉洁呢?"子贡说:"像颜回,他是不会改变自己气节的吗?"孔子说:"是的。"子贡于是就把自己看到颜回偷吃饭的事情告诉了孔子。孔子说:"我很久之前就相信颜回是一个仁人了,即使你说了这样的话,我也不能就因此怀疑他,这或者一定是有原因的吧? 你等一下,我来问问他。"于是把颜回叫了进来,说:"从前我梦见先人,难道先人是在启示或者保佑我吗?你去做饭,做好了拿进来,我要用这些饭来进献先人。"颜回回答说:"刚才有烟灰落入饭中,我想置之不问,但是这样就不干净;我想把饭丢弃了,但是又很可惜,于是我就把脏的饭取出自己吃了。所以这些饭已经不能用来祭祀祖先了。"孔子说:"你做得对啊,如果是我,我也会吃掉的。"

颜回走了出来,孔子对弟子们说:"我对颜回的信任,并不是从今天开始的。"弟子们因为这件事更加地钦佩颜回。

入官第二十一

【题解】

入官,王肃注云:"入官,谓当官治民之职也。"王聘珍《大戴礼记解诂·目录》中云:"问入官者,问为仕之道,圣人告以南面临民,恢之弥广,君国子民,不外是也。"本篇记子张问孔子为官之道,孔子告之,子张遂记录整理孔子之言而成。

就子张问"入官"如何达到"安身取誉"的问题,孔子做了详尽的回答,是我们研究孔子政治思想的可靠资料。本篇中孔子的回答主要包含了五个方面的内容:

第一,修身为从政之本。孔子认为拥有"己有善勿专,教不能勿怠,已过勿发,失言勿掎,不善勿遂,行事勿留"六者,除去"忿怒""距谏""慢易""怠惰""奢侈""专独"六弊,为官便能"安身取誉",明确要求"君子修身反道,察里言而服之",并告诫为政者"贵而莫骄"。可见,孔子十分强调修身对于从政的重要性。

第二,为官治民应了解民情,顺应民情,并据此制订切合于民的政策。应当根据民情、民性,实行切合实际的措施,才可"身安誉至而民得"。孔子极力反对以不切实际的政策引导百姓,认为那样的话百姓将会不服政令,甚至产生憎恨。

第三,为官治民要爱民,待民以宽,不可苛求于民。孔子声称"明君必宽裕以容其民,慈爱优柔之",认为"水至清则无鱼,人至察则无徒",只有宽容,才会"上下亲而不离,道化流而不蕴","爱之则存,恶之则亡"。

第四,为政者凡事要以身作则,为人民树立表率。在孔子看来,"君上者,民之仪也","仪不正则民失",百姓唯为政者马首是瞻,为政者凡事皆应合于礼法,否则百姓就会放纵,社会就会混乱,因而为政者"欲政之速行也,莫善乎以身先之"。

第五,为政者要慎择左右。孔子认为谨慎选拔人才,不仅"佚于治事",而且容易获得声誉。

总之,这些政治思想与孔子所主张的"先德后刑""使民以时,取民有度""举贤才"等政治思想完全一致,也与《论语》所记孔子之言"其身正,不令而从;其身不正,虽令不从"相同。

本篇又见于《大戴礼记·子张问入官》,二者仅有文字上的个别差异。将二者对勘,不难发现本篇与《大戴礼记·子张问入官》的记载各有缺憾,可能在流传的过程中两篇各有遗漏和语句混乱。把二者结合起来,可以更好地把握本篇主旨。从文字和内容看,一些学者所谓本篇出自《大戴礼记·子张问入官》的说法显然不妥。

【原文】

子张问入官于孔子。孔子曰:"安身取誉①为难。"子张曰:"为之如何②?"孔子曰:"己有善勿专③,教不能勿怠④,已过勿发,失言勿挋⑤,不善勿遂,行事勿留,君子入官,有此六者,则身安誉至而政从矣。且夫忿⑥数者,狱之所由生也;距谏者,虑之所以塞⑦也;慢易者,礼之所以失也;怠惰者,时之所以后⑧也;奢侈者,财之所以不足也;专独者,事之所以不成也。君子入官,除此六者,则身安誉至而政从⑨矣。

【注释】

①誉:声誉,荣誉。

②如何:怎么办。

③专：独有。

④怠：懈怠。

⑤掎："踦"字之误，曲为之说，曲护。

⑥忿：愤怒，不忿。

⑦塞：阻塞，阻碍。

⑧后：推迟。

⑨从：顺利。

【释义】

　　子张询问有关为官之道的事情，孔子说："要想自己的官位安稳并且取得良好的称誉是很难的。"子张说："对此怎么办呢？"孔子说："自己有了好处不要独自享受，教导别人行善不要懈怠，出现失误以后不要再重蹈覆辙，说错话不要为自己曲意辩护，不好的事情不要继续做，做事情的时候不要拖泥带水。君子在做官的时候能够达到这六点，就可以使官位安稳，获得良好的声誉，政事也就顺利了。此外，心里时常有愤怒的情绪会产生犯罪的念头，不听从别人的劝谏常常会使考虑问题的深度受到阻碍，行为轻慢常常会使人缺乏应有的礼节，懒惰松懈常常致使时机迟迟不来，奢侈浪费往往使财富不是很充足，专制独裁往往使事情不容易办成。君子在做官的时候能够避免这六点，就可以获得安稳的官位，受到百姓的称誉，政事也就顺利了。

【原文】

　　"故君子南面①临官大域之中而公②治之，精智而略行之。合③是忠信，考④是大伦，存是美恶，进是利而除是害，无求其报焉，而民之情可得也。夫临之无抗⑤民之恶，胜之无犯⑥民之言，量之无佼⑦民之辞，养之无扰于其时，爱之无宽于刑法。若此，则身安誉至而民⑧得也。

【注释】

①南面：古代南面是君王临朝的方向，表示尊贵。

②公：公道，秉公执法。

③合：一块，一起。

④考：考虑，想到。

⑤抗：欺压。

⑥犯：冒犯，触犯。

⑦佼：欺骗。

⑧民：民心，民意。

【释义】

"所以君子身居要职，管理广袤的土地，就要秉公执法，办事公道。精明睿智，执行起来大刀阔斧，把忠信结合起来，考虑哪些符合伦理规范，把好事和坏事放在一起考察，推广有利的主张，清除有害的做法，不要求得到回报，那么就可以获得百姓的支持了。如果在治理国家的时候没有欺压百姓的想法；说服百姓的时候没有冒犯百姓的言论；考虑问题的时候没有欺骗百姓的言辞；为百姓生计考虑，不违背农时；爱护百姓的时候不纵容他们而置法律于不顾。如果官员都这样做的话，那么就会获得安稳的官位，赢得百姓的美誉，得到民心的支持了。

【原文】

"君子以临官，所见则迩①，故明不可蔽②也。所求于迩，故不劳而得也。所以治者约③，故不用众而誉立。凡法象在内，故法不远而源泉不竭④，是以天下积而本⑤不寡。短长得其量，人志治而不乱政。德贯乎心，藏⑥乎志，形⑦乎色，发乎声。若此，而身安誉至民咸^⑧自治矣。

【注释】

①迩：附近，身边的事情。

②蔽：蒙蔽，蒙骗。

③约：简约，不费力。

④竭：竭尽。

⑤本：根源，根本。

⑥藏：隐藏，遮掩。

⑦形：显露。

⑧咸：都。

【释义】

"君子做官的时候，首先观察身边发生的事情，就可以做到心里明了而不受到蒙骗。先从自己身边寻找，那样得到想要的东西的时候就会很省事而不费力。治理国家的时候要抓住重点，这样就可以不用役使很多的百姓，同时得到美誉。君王在执政的过程中要仿效这些，比如，泉水不干涸是因为泉水源头很多的缘由。所以，治理国家会有很多人才帮助自己，就像泉水有众多源头一样，根据各人的才能任用，百姓就会治理好，政治也不会混乱。好的德行贯彻在心中，隐藏在心灵深处，流露在言论行为中。如果这样的话，官位就会安稳，就能获得良好的声誉，百姓都很自觉地服从君王的治理了。

虎斑纹木柄剑

【原文】

"是故临官①不治则乱,乱生则争之者至。争之至又于乱,明君必宽裕以容②其民,慈爱优柔之,而民自得③矣。行④者,政之始也;说者,情之导⑤也。善政行易⑥而民不怨,言调说和则民不变。法在身则民象⑦之,明在己则民显⑧之。

【注释】

①临官:在官职上。

②容:接纳,容纳。

③白得:自觉地遵守。

④行:实践。

⑤导:疏导,疏通。

⑥行易:简单明了容易实施。

⑦象:效法,跟着做。

⑧显:清楚,明晰。

【释义】

"照此推测,身居要职但是不善于治理国家就会造成混乱的状况,百姓的生活混乱就会招来争权逐利的小人,那样百姓的生活就会更加混乱不堪。贤明的君主一定要宽容地对待百姓,慈爱安抚百姓,那么百姓就会自觉地服从君王的治理了。实践是治理国家的开端,言论是疏导情绪的方法。治理国家大事的时候政策得当,百姓就不会有怨怒;言语平和,语气委婉,百姓就会很忠心。法规自己带头执行,百姓就会仿效君王的做法;自己胸怀坦荡,百姓做事情的时候就会很清楚。

【原文】

"若乃供①已而不节②,则财利之生者微矣;贪③以不得,则善政必简④矣;苟以乱⑤之,则善言必不听也。详⑥以纳之,则规谏日至。言之善者,在所日闻;行之善者,在所能为。

【注释】

①供:供养,供奉。

②节:节约。节俭。

③贪:贪图小便宜。

④简:难以执行。

⑤乱:国家混乱。

⑥详:详细的事项。

【释义】

"如果只是过度供养而不节约财务,那样就会少了很多生财之道。贪图小利而不获得有用的东西,即使是很好的措施也会执行不了;如果国家混乱不堪,那么好的建议也就不能听从。详细地检查建议再采纳,那么每天就会有很多的人来进谏。言论想要正确无误,就要每天都听从建议;行为若要端正,就要踏踏实实地做事情。

【原文】

"故君上者,民之仪①也;有司执政者,民之表②也;迩臣便僻者,群仆之伦③也。故仪不正则民失,表不端则百姓乱,迩臣便僻④则群臣污矣。是以人主不可不敬⑤乎三伦。君子修身反道,察理言⑥而服⑦之,则身安誉至,终始在焉。

【注释】

①仪：法度、准则。

②表：表率，准则。

③伦：类。

④便僻：曲意逢迎。

⑤敬：恭敬，敬重。

⑥理言：有道理的话。

⑦服：遵守，施行。

【释义】

"所以君王是子民的表率，治理国家的官员是子民的标准，君王身边的大臣是群臣们的榜样。如果表率不端正，百姓就没有法度；表率不正确的话，百姓就会混乱；君王身边的大臣逢迎，群臣就会学坏。所以治理国家的君王不能不恭敬地把这诸多伦理道德熟记在心。君子修身养性，要不断地提高自己的品德，明察有道理的话而后施行，那样就可以使地位安稳，赢得百姓的称赞，从而受益一生。

【原文】

"故夫女子必自择丝麻，良工必自择貌材，贤君必自择左右。劳①于取人，佚②于治事。君子欲誉，则必谨③其左右。为上者譬如缘木焉，务高而畏下滋甚。六马之乖离④，必于四达之交衢⑤。万民之叛道，必于君上之失政。上者尊严而危，民者卑贱而神。爱之则存⑥，恶⑦之则亡。长民者⑧必明此之要。

【注释】

①劳：辛劳，受累。

②佚：安逸。

③谨：谨慎，慎重。

④乖离：不听使唤，离散。

⑤交衢：四通八达的道路，常指十字路口。

⑥存：巩固，存在。

⑦恶：厌恶。

⑧长民者：指统治者，君王。

【释义】

"所以女子织布的时候一定要自己挑选丝麻，技能好的工匠一定要自己选择好材料，贤明的君王一定要自己挑选辅佐自己的大臣。在选择人才的时候辛苦一点，就会使在治理国家的时候安逸一点。君王要想赢得天下的敬仰，一定要对下面的大臣严格要求。获得高位的人，就像爬树一样，爬得越高就越害怕摔下来。拉车的六匹马分散乱跑，一定是在十字路口旁。百姓叛乱，一定是君王在治理国家的时候措施不得力。君王有威信并时刻有安危感，百姓地位卑贱却可以像神一样尊贵。爱护百姓，自己的地位就会巩固；厌恶百姓，自己的地位就会丧失。做君王的人一定要明白这个道理。

【原文】

"故南面临官，贵而不骄，富而能供，有本而能图末①，修事而能建业②，久居而不滞③，情近而畅乎远，察一物而贯④乎多。治一物而万物不能乱者，以身为本者也。君子莅民⑤，不可以不知民之性⑥而达诸民之情⑦。既知其性。又习⑧其情。然后民乃从命矣。

【注释】

①末：这里指其他的事情。

②建业：建功立业。

③滞：不畅通。

④贯：贯穿，由此及彼。

⑤莅民：管理百姓。

⑥性：性情，性格。

⑦情：事情的本来面目。

⑧习：熟悉，知晓。

【释义】

"所以身居要职但不骄傲蛮横，富贵但能举止得体，看到事情的根本却能够顾及其他，做好现在的事又能够考虑将来的事，经常在屋子里，视野却不闭塞，对眼前的事物能够考虑深远，观察一件事情的时候能够联想到其他很多事情。聚精会神地做一件事情，不会被其他的事情所干扰，这是因为他把注意力全部放在这件事情上了。君王管理百姓，不可能不了解他们的品质就能知晓他们的实情。知道百姓的品性，又能了解他们的实情，那样百姓才能听从安排。

【原文】

"故世举①则民亲之，政均②则民无怨。故君子莅民，不临以高，不导以远，不责③民之所不为，不强④民之所不能。廓之以明⑤王之功，不因其情，则民严而不迎，笃之以累年之业，不因其力，则民引⑥而不从。若责民所不为，强民所不能，则民疾⑦，疾则僻⑧矣。"

【注释】

①举：兴旺发达。

②政均：政策公正合理。

③责：责怪，责备。

④强：强迫，强求。

⑤明：显示。

⑥引：隐藏，不表达真实情感。

⑦疾：疾苦，疲惫。

⑧僻：指发生不良的事情。

【释义】

"所以世道兴旺发达，百姓才能敬仰君王。政治清明，百姓才能没有怨恨。君子在治理国家的时候，不要高高在上脱离百姓，不要让百姓做虚妄的事情，不要因为百姓不想去做而责备他们，不要强迫百姓做他们没有能力做的事情。为了展示自己的丰功伟绩而去侵占别国的领土，不依据百姓的实情行动，那么百姓就会表里不一，为了建立自己的百年基业而长年累月地大兴土木，不依据百姓的能力行动，百姓就会逃避不再听从君王的命令。如果百姓不愿意做事情而去责怪他们，强迫他们做自己能力不济的事情。百姓就会疲惫不堪，感到疲惫不堪后，百姓就会做出不正当的事情。"

【原文】

"古者圣主冕①而前旒，所以蔽②明也；纮紞③充耳，所以掩聪也。水至清则无鱼，人至察④则无徒⑤。枉⑥而直之，使自得之；优而柔之，使自求之；揆⑦而度之，使自索之。民有小罪，必求其善，以赦⑧其过；民有大罪，必原⑨其故，以仁⑩辅化；如有死罪，其使之生,则善也。

【注释】

①冕:帽子。

②蔽:遮掩。

③纮綖:垂在冠冕的带子。

④察:观察地太仔细,苛刻。

⑤徒:跟随。

⑥枉:纠正。

⑦揆:度量。

⑧赦:赦免,放。

⑨原:原谅,宽恕。

⑩讱:仁德。

【释义】

"古代贤明的君王戴着前面挂着玉石的帽子是为了遮住亮光;垂在冠冕的带子塞住耳朵是为了蒙蔽听觉。水太清了就会养不成鱼,人太过于苛刻就没有人跟随了。纠正别人的错误可以让人变得正直,要让百姓自己认识到过错;宽容对待百姓,让他们发现好的品德;依据百姓的才能因材施教,让他们自觉遵守法规。百姓犯了很小的过失,要发现他们的贤能之处,凭借这贤能之处免除他们的过错;百姓犯了大的罪过,一定要寻找他们为什么犯这样的罪,用仁义道德来让他们醒悟。如果他们犯了死罪,尽可能地宽恕他们,让他们保全性命,这样做的话是好事。

【原文】

"是以上下亲而不离①,道化流而不蕴②。故德者,政之始③也。政不和,则民不从其教④矣。不从教,则民不习⑤,不习则不可得而使⑥也。

【注释】

①离:脱离。

②蕴:积聚。

③始:开始,开端。

④教:教化。教导。

⑤习:学习,贯彻执行。

⑥使:使用,指使。

【释义】

"所以君臣百姓上下亲和而不离心离德,君王的治国措施得以实行而不阻塞。所以仁德是治理国家的开端。政策措施不与百姓的实际情况符合,百姓就不会服从教导。教导不服从,百姓就不能很好地贯彻君王的治国举措,这样,君王就不能得到百姓的信任而使唤他们了。

【原文】

"君子欲言之见信也,莫善乎先虚①其内;欲政之速行②也,莫善乎以身③先之;欲民之速服也,莫善乎以道御④之。故虽服必强⑤,自非忠信,则无可以取亲于百姓者矣。内外不相应,则无已取信于庶民者矣。此治民之至道⑥矣,入官之大统矣。"子张既闻孔子斯言,遂退而记之。

【注释】

①虚:虚心。

②行：实行，执行。

③身：身体力行。

④御：统治。

⑤强：勉强，勉为其难。

⑥道：道理，技巧。

【释义】

"君王要想让百姓相信自己的治国举措，最好的办法应该是虚心听取百姓的建议；要想在很短的时间内推行，最好的办法就是君王率先实施，以身作则；要想百姓服从君王的命令，最好的办法就是遵循事理。否则，即使百姓服从了君王的命令也是勉为其难的，不为百姓考虑，就不能得到百姓的爱戴。百姓不遵从君王的命令，那么君王就不能取得百姓的信任了。以上的话就是治理百姓最好的举措，也是做官应该掌握的技巧。"子张听完后，退下来把这番话记录下来。

困誓第二十二

【题解】

本篇名"困誓"，困，有艰难、窘迫之意；誓，疑为"哲"字之误。《逸周书》有《商誓》篇，朱右曾注云："誓，读若哲。"《商誓》中有"商先誓王""肆商先誓"等句，《皇门解》有"有国誓王之不绥于恤"句，其中的"誓"俱为"哲"字之误。《说文》："哲，知也。"《尔雅》："哲，智也。"《书·伊训》有"敷求哲人"。哲人，贤明、有智慧的人。此篇多记艰难、窘迫情景下孔子的言辞、议论，表现了孔子的智慧，因以"困誓〔哲〕"名篇。

本篇共由十节材料组成：第一，子贡因倦于学而向孔子请教，孔子劝导子贡，认为

"学不可以已";第二,孔子闻赵简子杀窦犨鸣犊及舜华,认为"君子讳伤其类也",因而取消渡河入晋的计划;第三,子路向孔子询问如何才改变"名不称孝",孔子认为"行修则名自立";第四,孔子及其弟子遭厄于陈蔡之间,孔子以"君不困不成王,烈士不困行不彰"来勉励自己及其弟子;第五,孔子被围于匡,子路欲战。孔子制止子路,认为"以述先王,好古法而为咎者,则非丘之罪也";第六,孔子认为士大夫应谨慎地对待"颠坠之患""没溺之患""风波之患"以避免"累于身";第七,子贡问"为人下"之道,孔子认为"为人下"之道"犹土";第八,孔子与弟子失散于郑东郭门外,郑人形容孔子"累然如丧家之狗",孔子为此感叹不已;第九,孔子被围于蒲,誓盟而得以解围。孔子以"要我以盟,非义也"而负盟适卫;第十,孔子高度评价史鱼尸谏卫灵公。这些都是面临困境、困惑时的事迹、言辞,真实反映了孔子为实现政治理想而不畏挫折和危难,始终矢志不移,孜孜不倦的探索精神。

　　本篇材料也散见于其他典籍,从对比看,本篇内容与《荀子》《史记·孔子世家》的记载完全吻合,这正契合了《孔子家语》的流传过程中经过荀子之手的环节,说明太史公司马迁作《史记》时参考了《家语》。本篇与《列子》《韩诗外传》《说苑》《新书》《新序》等典籍的记载有明显出入,甚至相互抵牾,这是后人以己意引用阐发的结果。

【原文】

　　子贡问于孔子曰:"赐倦于学,困于道矣,愿息①于事君,可乎?"孔子曰:'《诗》云:'温恭朝夕,执事有恪。②'事君之难也,焉可息哉!"曰:"然则赐愿息而事亲。"孔子曰:'《诗》云:'孝子不匮,永锡尔类。③'事亲之难也,焉可以息哉!"曰:"然赐请愿息于妻子。"孔子曰:'《诗》云:'刑于寡妻,至于兄弟,以御于家邦。④'妻子之难也,焉可以息哉!"曰:"然赐愿息于朋友。"孔子曰:'《诗》云:'朋友攸摄,摄以威仪。⑤'朋友之难也,焉可以息哉!"曰:"然则赐愿息于耕矣。"孔子曰:'《诗》云:'昼尔于茅,宵尔索绹,亟其乘屋,其始播百谷。⑥'耕之难也,焉可以息哉!"曰:"然则赐将无所息者也?"孔子曰:"有焉。自望其广,则睪如也^⑦;视其高,则填如也^⑧;察其从,则隔如也^⑨。此其所以息也矣。"子贡曰:"大哉乎死也! 君子息焉,小人休焉,大哉乎死也!"

【注释】

①息:停息,停止。

②温恭朝夕,执事有恪:语出《诗经·商颂·那》。意思是温和恭敬地早晚朝见君主,做事谨慎恭敬。朝夕,早见君谓朝,暮见君谓夕。恪,谨慎,勤勉。

③孝子不匮,永锡尔类:语出《诗经·大雅·既醉》。意思是孝子的孝心不会穷尽,祖宗将永远赐福于你们。匮,缺乏.不足。锡,通"赐"。赏赐。

④刑于寡妻,至于兄弟,以御于家邦:语出《诗经·大雅·思齐》。给妻子作典范,推广到自己的兄弟,然后就可以用这样的办法去治理国家。刑,榜样,法式,典范,此处为动词,给……作典范。御,治理,管理。

⑤"朋友攸摄"句:语出《诗经·大雅·既醉》。朋友之间要相互帮助,增加自己的威仪。攸,放在动词前面.组成名词性词组,相当于"所"。摄,佐助,帮助。

⑥"昼尔干茅,宵尔索绹"句:语出《诗经·豳风·七月》。白天忙着割茅草,晚上忙着搓绳子,急急忙忙修房屋,又要开始种庄稼了。宵,夜。绹,绞。亟,疾。

⑦"自望其广"句:《荀子·大略》作"望其圹,皋如也"。广,通"圹"。坟墓。睪,通"皋"。高高的样子。

⑧"视其高"句:《荀子·大略》作"颠如也"。填,应为"颠"误,通"巅"。山巅。

⑨"察其从"句:从侧面看,就像鬲一样。

从,通"纵"。纵截面,侧面。《荀子·大略》作"鬲如也"。

隔,应为"鬲"误。鬲,像鼎一类的烹饪器,三足中空。

【释义】

子贡问孔子说:"我对于学习已经厌倦,对于道也感到困惑不解,我想停止学习去侍奉君主,可以吗?"孔子说:"《诗经》上说'温和恭敬地早晚朝见君主,谨慎勤勉地做事情。'侍奉君主是很难的,怎么可以停止学习呢!"

子贡说:"这样的话我想停止学习去侍奉父母。"孔子说:"《诗经》上说:'孝子的孝心不会穷尽,祖宗将永远赐福于他们。'侍奉父母是很难的,怎么可以停止学习呢!"

子贡说:"这样的话我想要停止学习去供养妻儿。"孔子说:"《诗经》上说:'给妻子作典范,推广到自己的兄弟,然后就可以用这样的办法去治理国家。'供养妻儿也是很难的,怎么可以停止学习呢!"

子贡说:"这样的话我想停止去结交朋友。"

孔子说:"《诗经》上说:'朋友之间要相互帮助,以增加自己的威仪。'与朋友交往是很难的,怎么可以停止学习呢!"

子贡说:"这样的话我想停止去从事耕作。"

孔子说:"《诗经》上说:'白天忙着割茅草,晚上忙着搓绳子,急急忙忙修房屋,又要开始种庄稼了。'耕作是很艰难的,怎么可以停止学习呢!"

子贡说:"这样的话岂不是就没有停止学习的时候了啊?"

孔子说:"有啊。你从这儿看那坟墓,高高的;看它的高度,就像山巅一样啊;从侧面来看,就像一个鬲一样。等到那个时候就可以停止学习了。"

子贡说:"死亡真是一件大事啊!君子停止了,小人也终结了,死亡真是一件大事啊!"

【原文】

孔子自卫将入晋,至河①,闻赵简子杀窦犨鸣犊及舜华②,乃临河而叹曰:"美哉水,洋洋乎!丘之不济③,此命也夫!"子贡趋而进曰:"敢问何谓也?"

孔子曰:"窦犨鸣犊、舜华,晋之贤大夫也。赵简子未得志之时,须此二人而后从政。及其已得志也,而杀之。丘闻之,刳胎杀夭④,则麒麟不至其郊;竭泽而渔,则蛟龙不处其渊;覆巢破卵,则凤凰不翔其邑,何则? 君子违⑤伤其类者也。鸟兽之于不义,尚知避之,况于人乎。"遂还,息于邹,作《盘操》⑥以哀之。

【注释】

①河:指黄河。

②赵简子:即赵鞅,赵武子之孙,晋定公时为卿士。

窦犨鸣犊:春秋时晋国大夫,姓窦名犨,字鸣犊,或作"鸣铎"。舜华:亦晋国大夫。

③济:渡河,渡过。

④刳胎杀夭:剖胎残害幼小的生命。

刳,剖,剖挖。夭,幼小的东西。

⑤违:通"讳"。忌讳。

⑥《盘操》:琴曲名。

【释义】

孔子想要从卫国到晋国去,到达黄河边上的时候,听到赵简子杀死了窦犨鸣犊和舜华两位贤大夫,于是孔子在河边感叹道:"壮美啊,奔流不息的河水! 但是我却不能渡河过去,这难道是我的宿命吗!"子贡快步上前问道:"冒昧地问问老师您说的是什么意思啊?"孔子说:"窦犨鸣犊和舜华是晋国的贤明大夫。赵简子还没有得志的时候,需要这两个人的辅佐然后才能从政。等到他自己已经得志的时候,却又把他们俩杀害。我听说,剖胎残害幼小的生命,那么麒麟就不会出现在他的城外;排干了水去打鱼,那么蛟龙就不会再居住在那儿的深渊;打翻鸟巢还打破鸟卵,那么凤凰也不会飞到他的都邑上空。为什么呢? 因为君子忌讳看到别人伤害到自己的同类。鸟兽对于不义,尚且知道去躲避,更何况是人呢。"于是孔子就回去了,在邹地停了下来,作了《盘操》这首琴曲来哀悼此事。

【原文】

子路问于孔子曰:"有人于此,夙兴夜寐,耕芸树艺①,手足胼胝②,以养其亲,然而名不称孝,何也?"孔子曰:"意者身不敬与? 辞不顺与? 色不悦与? 古之人有言曰:'人与己与,不汝欺。③'""今尽力养亲而无三者之阙④,何谓无孝之名乎?"孔子曰:"由,汝志之! 吾语汝,虽有国士之力,而不能自举其身,非力之少,势不可矣。夫内行不修,身之罪也;行修而名不彰,友之罪也;行修而名自立。故君子入则笃行,出则交贤,何谓无孝名乎?"

【注释】

①耕芸树艺:耕地除草种植庄稼。芸,通"耘"。除草。树,栽培。艺,种植。

②手足胼胝:手脚上的老茧。

③人与己与,不汝欺:别人的事和自己的事在道理上都是相同的,是不会欺骗你的。

④阙:缺失,缺点,过错。

【释义】

子路问孔子说:"有这样一个人,每天早早起来,晚上很晚才睡下,手脚上都磨出了老茧,这样来奉养自己的父母,但是却不被称为孝顺,为什么呢?"

孔子说:"想来可能是自己不够恭敬吗? 言辞不够顺从吗? 脸色不够愉悦吗? 古人说过:'别人的事和自己的事在道理上都是相同的,是不会欺骗你的。'"

子路说:"他现在是尽力奉养自己的父母而且没有您说的那三种过错,为什么还是没有孝顺的名声呢?"

孔子说:"仲由啊,你记住! 我告诉你,即使有全国著名的勇士的力气,也不能把自己的身体举起来，并不是因为力气不够，而是因为形势不对啊。内在的德行得不到修养，这是自己的过错；德行修养了，但是名声还是没有得到彰显，这是朋友的过错；内在德行修养了，名声就会自然地树立起来了。因此君子在家就要行为切实，在外就要结交贤良，这样怎么会没有孝的名声呢？"

【原文】

孔子遭厄于陈蔡之间，绝粮七日，弟子馁病①，孔子弦歌。子路入见曰："夫子之歌，礼乎？"孔子弗应，曲终而曰："由，来！吾语汝，君子好乐，为无骄也；小人好乐，为无慑也。其谁之子，不我知而从我者乎？"子路悦，援戚②而舞，三终而出。明日免于厄。子贡执辔曰："二三子从夫子而遭此难也，其弗忘矣！"孔子曰："善，恶何也③？夫陈蔡之间，丘之幸也。二三子从丘者，皆幸也。吾闻之，君不困不成王，烈士④不困行不彰。庸知其非激愤厉志⑤之始于是乎在？"

【注释】

①馁病：饥饿疲劳。馁，饥饿。病，筋疲力尽。

②援戚：拿，拿起，手持。戚，斧，古代一种兵器。

③恶何也：为什么呢？

④烈士：刚烈之士。

⑤激愤厉志：激愤，发奋。厉志，激励志气。

【释义】

孔子在陈蔡之间遭受了围困，绝粮七天，弟子们都很饥饿疲劳，孔子却在弹琴唱歌。子路进去拜见孔子，说："老师您现在唱歌，是符合礼的吗？"孔子不回答，一曲终了时才说："仲由，你过来，我告诉你，君子喜好音乐，为的是避免骄傲；小人喜好音乐，为的是避免畏惧。你是哪里的人啊，不了解我却还跟随着我?"这样一说，子路就高兴了，手拿着戚舞了起来，直到几支曲子结束才走了出去。第二天孔子就摆脱了困境，子贡拉着马缰绳说:"我们这些人跟随着老师遭受到这样的困顿，大概是都不会忘记的。"孔子说:"说得好啊，为什么呢? 遭难于陈蔡之间，这是我的幸运，你们跟随着我，也是幸运的啊。我听说过，君主不经受困顿，就不能成就王业;刚烈之士不经受困顿，他的品行就得不到彰显。怎么知道不是在困顿之时才开始激发了他们的志气的呢?"

【原文】

孔子之宋，匡人简子①以甲士围之。子路怒，奋戟②将与战。孔子止之曰:"恶有修仁义而不免世俗之恶者乎? 夫《诗》《书》之不讲，礼、乐之不习，是丘之过也。若以述③先王，好古法而为咎者，则非丘之罪也，命之夫。由，歌，予和④汝。"子路弹琴而歌，孔子和之，曲三终，匡人解甲而罢。

【注释】

①筐人简子。匡.地名，春秋时属宋国，在今河南睢县西。简子，事迹不详，大概是匡人首领。

②奋戟:举起戟。奋，举起。戟，古兵器，合戈、矛为一体.既可以直刺，又可以横击。

③述:遵循，依照。

④和:跟着唱，附和。

【释义】

孔子到宋国去，匡人简子用军队将他们包围了起来。子路非常愤怒，举起戟就要跟他们战斗。孔子制止了他，说道:"哪里有修行仁义但是还不能免于世俗的恶行的呢？《诗经》《尚书》得不到讲习,礼、乐得不到演练,这是我的过错。如果说遵循先王之道,爱好古代法度却还是遭受灾祸,这不是我的罪过,是命啊。仲由,你来唱歌吧,我跟着你唱。"子路于是弹琴唱歌,孔子跟着一起唱,几支曲子过后,匡人就卸甲退去了。

【原文】

孔子曰："不观高崖,何以知颠坠之患[1]？不临深泉,何以知没溺之患[2]？不观巨海,何以知风波之患？失之者其不在此乎[3]？士慎此三者,则无累[4]于身矣。"

子贡问于孔子曰："赐既为人下[5]矣,而未知为人下之道,敢问之。"子曰："为人下者,其犹土乎。汩[6]之之深则出泉,树其壤则百谷滋[7]焉,草木植焉,禽兽育焉,生则出焉,死则入焉。多其功而不意[8],弘其志而无不容。为人下者以此也。"

【注释】

①颠坠之患:从山上坠落的灾难。颠,通"巅"。山巅。

②没溺之患:落水溺死的灾难。

③失之者其不在此乎:造成过失的原因难道不在这些方面吗？

④累:忧患,祸害。

⑤为人下:为人谦虚。下,歉下,谦虚。

⑥汩:通"扣"。掘,挖掘。

⑦滋:滋生,滋长,培植。

⑧多其功而不意:颂扬它的功劳,它也不以为意。多,颂扬,称赞。不意,不以为意,不放在心上。

【释义】

孔子说："不去观看高高的山崖,怎么会知道从高山上坠下的灾难呢？不靠近观看深渊,怎么会知道落水溺死的灾难呢?不去观看大海,怎么会知道风波的灾难呢?造成过失的原因难道不在这些方面吗?士谨慎地对待这三个方面,就不会有灾祸降临到自己身上了。"

子贡问孔子说:"我为人已经很谦逊了,但是却还不知道为人谦逊的道理,因此冒昧地问问老师。"

孔子说:"为人谦逊的人,大概就像是这土地吧。挖深了就会流出泉水来,在土壤里播种,就会生长出百谷来。草木在它上面生长,禽兽在它上面生育,活的东西是从它那里出来的,死的东西又要回到它那里去。颂扬它的功德它却还不以为意,它的胸怀宽广以至于无所不容。为人谦逊的道理就在这里。"

【原文】

孔子适郑,与弟子相失①,独立东郭门外②。或人谓子贡曰:"东门外有一人焉,其长九尺有六寸,河目隆颡③,其头似尧,其颈似皋繇④,其肩似子产,然自腰已⑤下,不及禹者三寸,累然⑥如丧家之狗。"子贡以告,孔子欣然而叹曰:"形状未也,如丧家之狗,然乎哉! 然乎哉!"

【注释】

①失:失散,迷失。

②东郭门外:城东的门外。郭,即外城,古代在城的外围加的一道城墙。《管子·度地》:"内为之城,城外为之郭。"

③河目隆颡:眼眶像河一样平正而直,额头高而突起。颡,额。

④皋繇:即皋陶。

⑤已,即以。

⑥累然:不得意的样子。

【释义】

孔子到达郑国之后，与弟子们失散了，自己一个人站在城东的门外面。有人告诉子贡说："东门的外面有一个人，他的身高有九尺六寸，眼眶像河一样平直，额头高而隆起，头长得像尧，脖子长得像皋陶，肩膀长得像郑国的子产，但是从腰部以下，却比禹短三寸，失意得就像一只丧家犬一样。"子贡把这些话告诉了孔子，孔子高兴地感叹道："容貌形状倒未必一样，但是说像丧家犬一样，说得对啊！说得对啊！"

【原文】

孔子适卫，路出于蒲，会公叔氏以蒲叛卫而止之①。孔子弟子有公良儒②者，为人贤长有勇力，以私车五乘从夫子行，喟然曰："昔吾从夫子遇难于匡③，又伐树于宋④，今遇困于此，命也夫！与其见夫子仍⑤遇于难，宁我斗死⑥。"挺剑而合众，将与之战。蒲人惧，曰："苟无适卫，吾则出子⑦。"以盟⑧孔子，而出之东门。孔子遂适卫。子贡曰："盟可负⑨乎？"孔子曰："要我以盟⑩，非义也。"卫侯闻孔子之来，喜而于郊迎之。问伐蒲，对曰："可哉！"公曰："吾大夫以为蒲者，卫之所以恃⑪晋楚也。伐之，无乃不可乎？"孔子曰："其男子有死之志⑫，吾之所伐者，不过四五人⑬矣。"

公曰："善！"卒不果伐⑭。他日，灵公又与夫子语，见飞雁过而仰视之，色不悦。孔子乃逝⑮。

【注释】

①会公叔氏以蒲叛卫而止之：正好碰到公孙戌据蒲反叛卫国，于是就把孔子拦截下来。公叔氏，即公孙戌，卫国大夫，其父发，献公之孙；戌富而骄，为卫君所逐，后奔鲁。

②公良儒：亦作"公良孺"，孔子弟子，字子正，陈国人。

③遇难于匡：即上文所提到的被匡人简子所阻之事。

④伐树于宋：孔子在宋国时，与弟子习礼于大树之下，宋司马桓魋欲害之，故先伐其树。

⑤仍：多次，屡次。

⑥宁我斗死：即我宁斗死，意思是我宁愿战斗而死。

⑦苟无适卫，吾则出子：只要你不去卫国，就可以放你走。苟，如果。适，去。出，动词，放……出去。

⑧盟：盟誓，与……签订盟约。

⑨负：违背，背叛。

⑩要我以盟：受到要挟才订立的盟约。要，威胁.要挟

⑪恃：防御.抵御。

⑫其男子有死之志：指蒲地男子宁死也不愿叛乱。

⑬四五人：指与公叔氏共同作乱的人。

⑭卒不果伐：最后还是没有征伐蒲地。果，成为事实，实现。

⑮逝：往，去，离开。

【释义】

孔子要到卫国去,路过蒲地,正好遇上公叔氏据蒲地反叛卫国,于是就把孔子一行人阻止了下来。孔子有个弟子叫公良儒,为人贤良,有长者之风且甚有勇力,用自己私人的五辆车马跟从孔子周游,他感叹地说："从前我跟随老师在匡地遭遇困难,后来在宋国的时候又被桓魋伐去习礼的大树,如今又再次遇难,这是命吧！与其看到老师您再次陷于围困,我宁愿为您战斗而死。"于是举起剑来,集合众人,将要与敌人战斗。蒲人开始害怕了,于是说："只要你们不去卫国,就可以放你们走。"因此蒲人就和孔子订立盟约,并且把孔子一行人从东门放了出来。孔子于是就去了卫国。子贡说：

"盟约难道是可以违背的吗?"

孔子说:"那是受到要挟才订立的盟约,是不合道义的。"

卫灵公听说孔子来了,欢喜地到郊外去迎接孔子,并向孔子询问征伐蒲地的事情。孔子回答说:"蒲地是可以征伐的。"灵公说:"我国的大夫认为蒲地是卫国用来防御晋楚两国的战略要地。蒲地恐怕是不可以征伐的吧?"孔子说:"蒲地的男子宁死也不肯随从叛乱,我们所要征伐的,就是那么四五个叛乱的人而已。"灵公说:"说得好!"但是最后还是没有征伐蒲地。有一天,灵公又和孔子谈话,看见天上有大雁飞过,于是就抬头看,脸上露出不悦的神情。因此孔子就离开了卫国。

【原文】

卫蘧伯玉①贤而灵公不用,弥子瑕②不肖反任之。史鱼③骤④谏而不从。史鱼病,将卒,命其子曰:"吾在卫朝不能进蘧伯玉、退弥子瑕,是吾为臣不能正君也。生而不能正君,则死无以成礼。我死,汝置尸牖下,于我毕矣⑤。"其子从之。

灵公吊焉,怪而问焉。其子以其父言告公。公愕然失容⑥曰:"是寡人之过也。"于是命之殡于客位⑦,进蘧伯玉而用之,退弥子瑕而远之。

孔子闻之曰:"古之列谏⑧之者,死则已矣。未有若史鱼死而尸谏,忠感其君者也,不可谓直乎?"

【注释】

①蘧伯玉:名瑗,卫国贤大夫。孔子出道卫国时,尝住于其家。

②弥子瑕:卫国大夫,灵公之宠臣。

③史鱼:即史鳅,字子鱼,春秋时卫国大夫。

④骤:屡次,多次。

⑤汝置尸牖下,于我毕矣:把我的尸体停放在窗户下面,对于我来说就是足够

的了。

⑥愕然失容:惊讶得脸色大变。愕然,惊讶的样子。

⑦殡于客位:把灵柩停放在正堂。殡,停放灵柩。客位,指正堂。

⑧列谏:极力劝谏。列,通"烈"。强烈,极力。

【释义】

卫国的蘧伯玉是个贤才。但是灵公却不能任用;弥子瑕是无能之辈,但是灵公反而信任他。史鱼屡次进谏但是灵公都没有听从。史鱼病重,将要去世,命令他的儿子说:"我在卫国朝廷不能进荐蘧伯玉,不能屏退弥子瑕,这说明我作为臣下但是却不能匡正君主。活着的时候不能匡正君主,那么死的时候就不能用全套的礼仪。我死了之后,你把我的尸体停放在窗户下面,这对于我来说就是足够的了。"他的儿子遵从了父亲的话。

灵公前去吊唁史鱼,看到之后感到非常奇怪,于是就问史鱼的儿子。史鱼的儿子把他的话告诉了灵公。灵公惊讶得面容大变,说道:"这真是我的过错啊!"于是命令将史鱼尸体停放在正堂,进用蘧伯玉,斥退弥子瑕。

孔子听说这件事之后,说:"古时候那些极力劝谏的人,最多到死的时候就停止了。没有像史鱼这样死了还要用尸体来进谏的,忠心感动了君主,这能不说是正直吗?"

五帝德第二十三

【题解】

五帝之说由来已久,但其内容却世说不一,至少存在六种说法。本文所载是其中最为常见的一种。这是一篇记载上古传说的重要文献,对于上古史以及古代思想史的研究都具有重要价值。

宰我不明于黄帝、颛顼、帝喾、帝尧、帝舜五帝及大禹之事，因而求教于孔子，孔子向宰我大体介绍了他们的德行和事迹。按照孔子和宰我的谈话内容，本文可以分为七个部分：第一，孔子回答宰我关于“黄帝三百年”的问题；第二，关于帝颛顼的德行；第三，关于帝喾的德行；第四，关于帝尧的德行；第五，关于帝舜的德行；第六，关于大禹的事迹；最后，记述孔子认为宰我不可能理解五帝之德的内容，却没有想到宰我竟能理解。

黄帝

上个世纪初，疑古思潮兴起，主要矛头就指向以三皇五帝为核心的古史传说体系。时至今日，大多数人早已摒弃那种极端观点，并充分认识到古代传说的巨大价值。可以说，对古史传说、文献记载进行综合研究，并与考古学的成果相结合，乃是进行上古史重建的必由之路。

《大戴礼记》也收录本篇，二者稍有不同，可以参照。

【原文】

宰我问孔子曰：“昔者吾闻诸荣伊曰：‘黄帝三百年。’请问黄帝者，人也？抑非人也？何以能至三百年乎？”孔子曰：“禹、汤、文、武、周公，不可胜①以观也。而上世②黄帝之问，将谓先生难言之故乎。”宰我曰：“上世之传，隐微③之说，卒采之辩，暗忽之意，非君子之道者，则予之问也固④矣。”孔子曰：“可也，吾略闻其说。黄帝者，少昊之子，曰轩辕，生而神灵，弱⑤而能言。幼齐睿庄，敦敏诚信。长聪明，治五气，设五量，抚万民，度四方。服牛乘马，扰驯猛兽，以与炎帝战于阪泉之野，三战而后克⑥之。始垂衣裳，作为黼黻⑦。治民以顺天地之纪⑧，知幽明之故。达生死存亡之说。播时百谷，尝味草木,仁厚及于鸟兽昆虫。考日月星辰,劳耳目,勤心力,用水火财物以生民。民赖其利,百年而死;民畏其神,百年而亡;民用其教,百年而移⑨。故曰黄帝三百年。"

【注释】

①胜:尽、完。

②上世:上古,远古。

③隐微:隐讳。

④固:一定。坚持。

⑤弱:年幼。

⑥克:战胜。

⑦黼黻:礼服上所绣的花纹。

⑧纪:纲。

⑨移:改变。

【释义】

宰我问孔子说:"从前我听荣伊说'黄帝统治三百年',请问黄帝是人呢? 抑或不是人呢? 怎么能达到三百年呢?"

孔子说:"大禹、商汤、周文王、周武王、周公旦的事都已经说不完道不尽,而问上古黄帝的事,恐怕这是先生前辈也难以说清的吧!"

宰我说:"上古的传言,隐晦的说法,对过去事情最终结论的辩说,暗忽不清的含义,君子是不说的,那么我的问题就显得固陋不合时宜了。"

孔子说:"我可以说说,我也略微听到一些说法。黄帝是少典的儿子,名叫轩辕,出生就很神灵,很小就能说话。幼年时敏捷睿智端庄,敦厚诚信。长大后很聪明,能治理五行之气,设置了五种量器,抚治万民,安定四方。驾牛乘马,驯服猛兽,和炎帝在阪泉的野外交战,三战就打败了炎帝。这时天下太平,无为而治,制作了有花纹的礼服。他遵循天地的规律治理民众,明白幽明阴阳的道理,通晓死生存亡的规律。按时播种百谷,亲尝各种草木药材,仁德施及鸟兽昆虫。他观察日月星辰,耳目疲劳,心力费尽,用水火财物养育百姓。民众依赖他的恩惠,足足有一百年;他死了以后,民众敬服他的神灵,也足有一百年;此后,民众遵循他的教令,也足有一百年。所以说黄帝统治了三百年。"

【原文】

宰我曰:"请问帝颛顼①?"

孔子曰:"五帝用说②,三王有度③。汝欲一日遍闻远占之说,躁哉予也!"

宰我曰:"昔予也闻诸夫子曰'小子毋或宿,故敢问。"

孔子曰:"颛顼,黄帝之孙,昌意之子⑤,曰高阳。洪渊而有谋⑥,疏通以知远,养财以任地,履时以象天。依鬼神而制义,治气性以教众,洁诚以祭祀,巡四海以宁民。北至幽陵⑦,南暨交趾⑧,西抵流沙⑨,东极蟠木⑩。动静之类,小大之物,日月所照,莫不砥属⑪。"

【注释】

①颛顼:传说中的古代部族首领。号烈山氏,亦作历山氏。

②用说:只有传说。

③有度:有法度。王注:"五帝久远,故用说也。三王迩,则有成法度。"

④毋或宿:不要隔夜。毋,不要。王注:"有所问,当问,勿令更宿也。"

⑤昌意:相传黄帝娶西陵之女,名嫘祖,为正妃。生二子,一为玄嚣,二为昌意。

⑥洪渊而有谋:"洪"字原无,据《大戴礼记·五帝德》补。洪,大。渊,深。《四部从刊》本《家语》作"静",较逊。

⑦幽陵:即幽州,古代十二州之一。

⑧暨:到,及。交趾:古地名,指五岭以南一带地方。

⑨抵:到达。原作"陷",据《四部丛刊》本《家语》改。流沙:指我国古代西北的沙漠地区。

⑩蟠木:古代传说中的山名。

⑪砥属:王注:"砥,平。四远皆平而来服属之也。"

【释义】

宰我说:"请问颛顼是怎样的人?"

孔子说:"五帝的事只有传说,三王的事则有法度。你想一天就听遍这些远古的传说,宰予你太急躁了吧!"

宰我说:"以前我听老师说过:'你们有问题不要过夜。'所以敢问。"

孔子说:"颛顼是黄帝的孙子,昌意的儿子,名叫高阳。他深沉而有计谋,通达而有远见,聚集财富靠因地制宜,按照时节效法天象。依照天地鬼神的法则来制订适宜的政策,调播五行之气使民知适时播种百谷,洁净虔诚地举行祭祀,巡行全国各地以安定民心。因此那时的国土北至幽陵,南到交趾,西抵流沙,东及蟠木。所有动的或静的物类,大大小小的东西,日月照到的地方,没有不是归属于他的。"

【原文】

宰我曰:"请问帝喾①?"

孔子曰:"玄枵之孙②,乔极之子③,曰高辛。生而神异,自言其名。博施厚利,不于其身。聪以知远,明以察微。仁而威,惠而信,以顺天地之义。知民所急,修身而天下服。取地之财而节用之,抚教万民而诲利之。历日月之生朔而迎送之④,明鬼神而敬事之。其色也和,其德也重,其动也时,其服也衷⑤。春夏秋冬,育护天下。日月所照,风雨所至,莫不从化。"

【注释】

①帝喾:传说中的古代部族首领,号高辛氏。

②玄枵:即玄嚣,黄帝之子。

③乔极:一作"蟜极",玄枵之子。

④历:相,察。日月之生朔:月球运行到太阳和地球之间,和太阳同时出没,地面上看不见月球,这种现象称朔。这天为农历的每月初一。

⑤其服也哀:服,指用民。"哀",原作"衷",据《四部丛刊》本《家语》改。哀怜、爱惜之意。《大戴礼记·五帝德》作"其服也士",士指有道德的入。可参阅。

【释义】

宰我说:"请问帝喾是怎样的一个人?"

孔子说:"他是玄枵的孙子,乔极的儿子,名叫高辛。他生下来就很神异,能说出自己的名字。他广泛地施行厚利,不考虑自身的利益。他聪明而有远见,明敏而能体察细微的事物。仁慈而有威望,恩惠而又诚信,以顺应天地的规律。他知道民众急需什么,修养自身而天下信服。从土地中获取财物而节俭省用,安抚教育民众而使他们受益。观察日月的出没来迎送它,明白鬼神的存在来恭敬地侍奉它。他神情和悦,品德高尚,使民有时,用民怜爱。春夏秋冬,培育护卫着天下万物。日月照到的地方,风雨所及的地方,没有不被感化的。"

【原文】

宰我曰:"请问帝尧①?"

孔子曰:"高辛氏之子,曰陶唐。其仁如天,其智如神。就之如日,望之如云。富而不骄,贵而能降。伯夷典礼②,夔、龙典乐③。舜时而仕,趋视四时,务先民始之④。流四凶而天下服⑤。其言不忒,其德不回。四海之内,舟舆所及,莫不夷说。"

【注释】

①帝尧:传说中父系氏族社会后期的部落联盟首领。陶唐氏,名放勋,史称唐尧。

②典礼:掌管礼仪的事。

③夔、龙:都是尧舜时的乐官。王注:"舜时夔典乐,龙作纳言;然则尧时龙亦典乐者也。"

④务先民始之:王注:"务先民事以为始也。"即把民众的事放在首位。

⑤流:流放。四凶:古代传说中的四个凶人,指不服从舜的四个部族首领。《尚书·尧典》:"流共工于幽州,放驩兜于崇山,窜三苗于三危,殛鲧于羽山。四罪而天下皆服。"

【释义】

宰我说:"请问帝尧是怎样的人?"

孔子说:"他是高辛氏的儿子,名叫陶唐。他仁慈如天,智慧如神。靠近他如太阳般温暖,望着他如云彩般柔和。他富而不骄,贵而能谦。他让伯夷主管礼仪,让夔、龙执掌舞乐。推举舜来做官,到各地巡视四季农作物生长情况,把民众的事放在首位。他流放了共工、驩兜、三苗,诛杀了鲧,天下的人都信服。他的话从不出错,他的德行从不违背常理。四海之内,车船所到之处,人们没有不喜爱他的。"

【原文】

宰我曰:"请问帝舜①?"

孔子曰:"乔牛之孙②,瞽瞍之子也,曰有虞舜。孝友闻于四方,陶渔事亲③。宽裕而温良,敦敏而知时,畏天而爱民,恤远而亲近。承受大命,依于二女④。叡明智通,为天下帝。命二十二臣,率尧旧职,恭己而已⑤。天平地成,巡狩四海,五载一始。三十年在位,嗣帝五十载。陟方岳⑥,死于苍梧之野而葬焉⑦。”

【注释】

①帝舜:传说中父系氏族社会后期的部落联盟首领。有虞氏,名重华,史称虞舜。

②乔牛:一作“桥牛”,虞舜之祖父。

③陶渔事亲:制陶捕鱼来养活父母。王注:“为陶器,躬捕鱼,以养父母。”

④二女:指舜的两位妻子。她们都是尧的女儿。王注:“尧妻舜以二女,舜动静谋之于二女。”

⑤恭己:以端正严肃的态度结束自己。

⑥陟:登,升。方岳:四方高大的山。

⑦苍梧:山名,又名九疑,在今湖南宁远南。

【释义】

宰我说:“请问帝舜是怎样的人?”

孔子说:“他是乔牛的孙子,瞽瞍的儿子,名叫有虞舜。他因孝顺父母善待兄弟而闻名四方,用制陶和捕鱼来奉养双亲。他宽容而温和,敦敏而知时,敬天而爱民,抚恤远方的人民而亲近身边的人。他承受重任,依靠两位妻子的帮助。圣明睿智,成为天下帝王。任命二十二位大臣,都是帝尧原有的旧职,他只是严格地约束自己而已。天下太平,地有收成,巡狩四海,五年一次。他三十岁被任用,接续帝位五十年。登临四岳,死在苍梧之野并安葬在那里。”

【原文】

宰我曰:“请问禹?”

孔子曰:"高阳之孙,鲧之子也①,曰夏后。敏给克齐②,其德不爽③,其仁可亲,其言可信。声为律,身为度④。亹亹穆穆⑤,为纪为纲。其功为百神主⑥,其惠为民父母。左准绳,右规矩⑦,履四时⑧,据四海。任皋繇、伯益以赞其治⑨,兴六师以征不序⑩。四极之民⑪,莫敢不服。"

孔子曰:"予,大者如天,小者如言,民悦至矣。予也非其人也⑫。"

宰我曰:"予也不足以戒敬承矣。"

他日,宰我以语子贡,子贡以复孔子。

子曰:"吾欲以颜状取人也,则于灭明改之矣;吾欲以言辞取人也,则于宰我改之矣;吾欲以容貌取人也,则于子张改之矣。"宰我闻之,惧,弗敢见焉。

【注释】

①鲧:传说中我国原始社会的部落首领。

②敏给:敏捷。克:能。齐:通"济",成。

③不爽:没有差错。

④身为度:王注:"以身为法度也。"

⑤亹亹:勤勉不倦貌。穆穆:仪态美好,容止庄敬貌。

⑥其功为百神之主,王注:"禹治水,天下既平,然后百神得其所。"

⑦左准绳,右规矩:王注:"左右,言帝用也。"

⑧履四时:王注:"所行不违四时之宜。"

⑨皋繇:亦作"皋陶""咎繇",舜时贤臣,掌管刑狱之事。

⑩六师:犹"六军",这里泛指军队。不序:不臣服。

⑪四极之民:"之"字原无,据《四部丛刊》本《家语》补。

⑫予也非其人也:王注:"言不足以明五帝之德也。"意为孔子说自己也不足以说明禹的功德。

宰我说:"请问禹是怎样一个人?"

孔子说:"他是高阳的孙子,鲧的儿子,名叫夏后。他机敏能成就事业,行为没有差失,仁德可亲,言语可信。发声合乎音律,行事合乎度数。勤勉不倦,容止庄重,成为人们的榜样。他的功德使他成为百神之主,他的恩惠使他成为百姓父母。日常行动都有准则和规矩,不违背四时,安定了四海。任命皋繇、伯益帮助他治理百姓,率领军队征伐不服从者,四方的民众没有不服从的。"

孔子又说:"宰予啊,禹的功德大的像天一样广阔,小的方面即使是一句话,民众都非常喜欢。我也不能完全说清他的功德啊。"

宰我说:"我也不足以敬肃地接受您这样的教导。"

第二天,宰我把这话告诉了子贡,子贡又告诉了孔子。

孔子说:"我想根据人的外貌来取人,灭明使我改变了这种做法;我想根据人的言辞来取人,宰我使我改变了这种做法;我想根据人的容貌来取人,子张使我改变了这种做法。"

宰我听到这话,很害怕,不敢去见孔子。

卷六

五帝第二十四

【题解】

本篇所指五帝即太皞、炎帝、黄帝、少皞、颛顼五位古代帝王,这是不同于《家语·

五帝德》的又一五帝系统。在本篇中,孔子一开始就说"昔丘也闻诸老聃",可见,这一五帝系统来源于楚地。楚地神话色彩浓厚,"绝地天通"的著名传说就源于楚地。因此,本文比《五帝德》具有更多的神性色彩。

本篇的主要内容是孔子向季康子解说古代帝王法五行称帝、易服改号。全文可以分为五个部分:第一,孔子向季康子概述五帝;第二,太皞氏始于木的原因;第三,关于五正;第四,帝王改号、易德的主要内容;第五,尧、舜不配五帝的原因。

本篇记孔子论五帝,而与《家语·五帝德》中孔子所说五帝不同,说明春秋时期人们已经对于古代传说进行整理,只是由于地域、文化、民族诸多因素的影响,而产生了不同的五帝系统。以孔子之博闻,听到两种五帝系统不足为奇。

本篇不仅对于研究古代五行思想的发生发展具有重要价值,而且可与《家语·五帝德》等其他五帝系统对比研究,有助于研究古代帝王传说的不同来源及其内涵。

【原文】

季康子问于孔子曰:"旧闻五帝之名,而不知其实,请问何谓五帝?"孔子曰:"昔丘也闻诸老聃①曰:'天有五行,水火金木土,分时化育,以成万物,其神谓之五帝。'古之王者,易②代而改号,取法五行。五行更③王,终始相生,亦象④其义。故其为明王者,而死配五行,是以太皞配木,炎帝配火,黄帝配土,少皞配金,颛顼配水。"

【注释】

①老聃:即老子。

②易:改变。

③更:更改。

④象:仿效。

【释义】

季康子问孔子说："以前听说过'五帝'的名称，但不知道它的实际含义，请问什么是五帝？"

孔子说："从前我听老聃说：'天有五行：木、火、金、水、土。这五行按不同的季节化生和孕育，形成了万物，那万物之神就叫作五帝。'古代的帝王，因改朝换代而改换国号、帝号，就取法五行。按五行更换帝号，周而复始，终始相生，也遵循五行的顺序。因此那些贤明的君王，死后也以五行相配。所以太皞配木，炎帝配火，黄帝配土，少皞配金，颛顼配水。"

【原文】

康子曰："太皞氏其始之木何如？"

孔子曰："五行用事①，先起于木。木，东方，万物之初皆出焉，是故王者则之②，而首以木德王天下。其次则以所生之行转相承也③。"

【注释】

①用事：运行。

②则：效法。

③转相承：王注："木生火，火生土之属。"

【释义】

季康子问："太皞氏从木开始是什么缘故呢？"

孔子回答说："五行的运行，先是从木开始的。木属东方，万物开始都是从这里产生的，因此帝王以此为准则，首先以木德称王于天下。然后依据自己所生的'行'，依次转换承接。"

【原文】

康子曰："吾闻勾芒为木正①,祝融为火正②,蓐收为金正③,玄冥为水正④,后土为土正⑤,此则五行之主而不乱,称曰帝者,何也?"

孔子曰："凡五正者,五行之官名,五行佐成上帝,而称五帝。太皞之属配焉,亦云帝,从其号⑥。昔少皞氏之子有四叔⑦,曰重,曰该,曰修,曰熙,实能金木及水,使重为勾芒,该为蓐收,修及熙为玄冥。颛顼氏之子曰黎,为祝融。共工氏之子曰勾龙,为后土。此五者,各以其所能业为官职⑧。生为上公,死为贵神,别称五祀,不得同帝⑨。"

【注释】

①勾芒:传说中木神之名。正:正中,不偏。

②祝融:传说中火神之名。

③蓐收:传说中金神之名。

④玄冥:传说中水神或雨神之名。

⑤后土:传说中土地神之名。

⑥"五行佐成上帝"五句:王注:"天至尊,物不可以同其号,亦兼称上帝,上得包下,上天以其五行佐成天事,谓之五帝。以地有五行,而其精神在上,故亦为之上帝。上帝黄帝之属,故亦称帝,盖从天五帝之号。故王者虽号称帝,而不得曰天帝。而曰天子者,而天子与父,其尊卑相去远矣。曰天王者,言乃天下之王也。

⑦四叔:四位弟兄。旧时兄弟排行以伯、仲、叔、季为序。

⑧各以其所能业为官职:王注:"各以一行之官,为职业之事。"

⑨别称五祀,不得同帝:王注:"五祀,上公之神,故不得称帝也。其序则五正,不及五帝。五帝不及天地。而不知者,以祭社为祭地,不亦失之远矣。且土与火水俱为

五行,是地之子也。以子为母,不亦颠倒失尊卑之序。"

【释义】

季康子说:"我听说句芒是木正,祝融是火正,蓐收是金正,玄冥是水正,后土是土正,这些掌管五行的神没有混乱,都称为帝,为什么呢?"

孔子说:"这五正,是五行的官名。五行辅佐他们成为上帝,因而也称作五帝。太皞之属也与之相配,也叫作帝,跟从这个称号。从前少皞氏有四个儿子,一个叫重,一个叫该,一个叫修,一个叫熙,能够管理金、木和水,派重做勾芒,该做蓐收,修和熙做玄冥。颛顼氏的儿子叫黎,做祝融。共工氏的儿子叫勾龙,做后土。这五个人,各以自己的才能为官职。活着时称为上公,死了以后成为贵神,另外称为五祀,不能与帝位等同。"

【原文】

康子曰:"如此之言,帝王改号,于五行之德各有所统①,则其所以相变者,皆主何事?"

孔子曰:"所尚则各从其所王之德次焉。夏后氏以金德王,色尚黑②,大事敛用昏③,戎事乘骊④,牲用玄。殷人以水德王,色尚白⑤,大事敛用日中⑥,戎事乘翰⑦,牲用白。周人以木德王,色尚赤,大事敛用日出⑧,戎事乘騵⑨,牲用骍⑩。此三代之所以不同。"

康子曰:"唐虞二帝,其所尚者何色?"

孔子曰:"尧以火德王,色尚黄。舜以土德王,色尚青。"

【注释】

①各有所统:"有"字原无,据《四部丛刊》本《家语》补。

②色尚黑:"色"原作"而",据《四部丛刊》本《家语》改。

③大事敛用昏:王注:"大事,丧昏时,亦黑也。"敛,指殡殓。

④戎事乘骊:王注:"黑马也。"

⑤色尚白:"色"字原无,据《四部丛刊》本《家语》补。下"色尚赤"同。

⑥日中:王注:"日中,白也。"

⑦翰:王注:"翰,白色马。"

⑧日出:王注:"日出时,亦赤也。"

⑨骠:王注:"骠,骝马白腹。"

⑩骍:王注:"骍,赤色也。"

【释义】

季康子问:"如此说来,帝王改变年号,是因为五行的德行各有不同的统属,那么这样相继变化,都主什么事呢?"

孔子曰:"所崇尚的与他们各自称所王所依据的德行有关。夏后氏以金德称王,崇尚黑色,丧事入殓用日落的时刻,军事行动乘驾黑马,祭祀杀牲用黑毛的。殷人用水德王,崇尚白色,丧事入殓用太阳正中的时刻,军事行动乘驾白马,祭祀杀牲用白毛的。周人以木德王,崇尚红色,丧事入殓用太阳刚出的时刻,军事行动乘驾红马,祭祀杀牲用红毛的。这就是三代不相同的地方。"

季康子说:"唐尧、虞舜二帝,他们崇尚的是什么颜色?"

孔子说:"尧以火德称王,崇尚黄色。舜以土德称王,崇尚青色。"

【原文】

康子曰:"陶唐、有虞、夏后、殷、周,独不得配五帝,意者德不及上古耶? 将有限乎?"

孔子曰："古之平治水土，及播殖百谷者众矣。唯勾龙氏兼食于社①，而弃为稷神②，易代奉之，无敢益者，明不可与等。故自太皞以降，逮于颛顼，其应五行而王数非徒五，而配五帝，是其德不可以多也。"

【注释】

① 兼食于社：王注："兼犹配也。"

② 弃：即后稷，名弃。稷神：五谷之神。

【释义】

季康子说："陶唐、有虞、夏后、殷、周，独不与五帝相配，想来他们的德行不及上古呢，还是有什么限制呢？"

孔子说："古代治理水土和播种百谷的人很多。只有勾龙氏配享土地神，而弃为五谷之神，换代供奉，不敢增加，是表明他不可与帝等列。所以从太皞以来，直到颛顼，顺应五行而称王的数目不只五个，而与五帝相配，是因为他们的德行别人还不能超过。"

执辔第二十五

【题解】

本篇分为两部分，前两节为第一部分，记述孔子回答闵子骞问政的问题；后两节为第二部分，记述子夏与孔子谈论《易》之理等问题。在第一部分中，孔子以驾车喻治国，说"夫人君之政，执其辔策而已"，因以"执辔"名篇。

本篇前一部分是孔子关于治国主张的论述。在这部分中，孔子十分强调"德法"，即强调德治。这与其他资料所显示的孔子的政治思想完全合拍。孔子开门见山地提出为政治国应当"以德以法",十分引人瞩目。孔子还说:"夫德法者,御民之具",把"德法"看成治国的根本。需要指出的是,这里的"法"是"礼法"之"法",有法则、法度、规章之义,与今天所说的"法制"之"法"有所区别,故孔子将"德法"与"刑辟"对举。孔子是典型的德治论者,《执辔》篇所反映的孔子的治国思想依然如此。孔子把治国形象地比喻为驾车,而把德法看作统御人民的工具,说:"夫德法者,御民之具,犹御马之有衔勒也。君者,人也;吏者,辔也;刑者,策也。夫人君之政,执其辔策而已。"接着,孔子论述自己对"古之为政"的看法,具体谈论了他对德、法关系的认识。本篇是研究孔子政治思想的重要材料。

本篇的学术价值表现在许多方面。我们认为,《执辔》篇中最值得注意的是孔子有关古代"以六官总治"的论述,这节论述与《周礼》相应,不仅是《执辔》篇撰作时间方面的一个重要信息,而且是《周礼》成书问题极其重要的资料。在这段论述中,孔子同样将治国与驾车作比,称古代御天下的天子与三公一起,"以内史为左右手,以六官为辔",从而注重德法,考课官吏,治理国家。孔子所说的"六官"即是《周礼》中的冢宰、司徒、宗伯、司马、司寇、司空。将《周礼》六官以及太宰一职的职掌与孔子的相关论述一一对照,不难发现孔子所说六官的职分正是以《周礼》六官系统为依据的,孔子虽没有明确提到《周礼》一书的名字,但如果《家语》所记材料没有问题,那么,它无疑可以说明《周礼》的成书应当在孔子以前。而且,孔子所论述的"以六官总治",据孔子称乃是"古之御天下"的情形,孔子言其"古",则《周礼》成书于西周时期的可能性便极大了。

又如,本篇子夏所谈论的,是所谓《易》理之中人类和鸟兽昆虫万物产生时所受元气的分限,他并且认为"凡人莫知其情,唯达德者能原其本"。在子夏谈论之后,孔子说:"然,吾昔闻诸老聃亦如汝之言。"接着,子夏又谈了自己所见《山书》中的内容。孔子曾经问礼于老子,他的思想当然也受到老子的一定影响。但孔子与老子又有不同,孔子思考的是现实的社会问题,他主张积极入世。正因如此,子夏的高论才没有引起孔子太多的兴致。细品文意,孔子显然同意子贡对子夏所言的评论,即"微则微矣,然则非治世之待也",孔子也认为子夏所谈虽然细微,却不是治理国家所需要的。从这里可以看出两个方面的问题:第一,子夏所论与道家老子的自然观有些类似,子夏谈《易》理,观《山书》,尚没有学派的界限;第二,孔子、子贡等人对那些虽然细微却不切世事的东西不感兴趣,这正是儒家学派的思想特征,从他们的交谈中发现,孔子时期,儒道之分殊已露端倪。这都是孔子生前的实际情形。

本篇又见于《大戴礼记》。在《大戴礼记》中,第一部分名《盛德》,第二部分名《易本命》,将《家语》与《大戴礼记》比较,会发现《大戴礼记》改编过程中出现的不少问题。如关于《易》之理的大段论述,《家语》所记本出于子夏,而在《大戴礼记》中却一律属之于"子曰"之后,全部变成了孔子的话,这与《家语·执辔》篇不符,按照《执辔》篇的记述,孔子对子夏的论述并不是十分赞赏。对本篇的认识,可参见杨朝明《〈孔子家语·执辔〉篇与孔子的治国思想》(载《中国文献学丛刊》第一辑,国际炎黄文化出版社 2003 年版;收入杨朝明:《儒家文献与早期儒学研究》,齐鲁书社 2002 年版)。

【原文】

闵子骞为费宰,问政①于孔子。子曰:"以德以法。夫德法者,御民之具②,犹御马之有衔③勒也。君者,人也,吏者,辔④也,刑者,策⑤也。夫人君之政,执其辔策而已。"

【注释】

①政:政事。

②具:工具,器具。

③衔:马嚼子。

④辔:勒马的缰绳。

⑤策:鞭子。

【释义】

闵子骞担任费地长官,向孔子请教为政之道。孔子说:"为政要用德和法。德、法二者,就是治理百姓的工具,就好像驾驭马匹要有马嚼子和马笼头一样。君主就好比是人,而官吏则是马缰绳,刑罚就是马鞭子。君主的为政之道,只不过是拿着缰绳和鞭子罢了。"

【原文】

子骞曰:"敢问古之为政。"孔子曰:"古者天子以内史为左右手①,以德法为衔勒,以百官为辔,以刑罚为策,以万民为马,故御天下数百年而不失。善御马,正衔勒,齐辔策,均马力,和马心,故口无声而马应辔,策不举而极千里;善御民,壹其德法,正其百官,以均齐民力,和安民心,故令不再②而民顺从,刑不用而天下治。是以天地德③之,而兆民怀④之。夫天地之所德,兆民之所怀,其政美,其民而众称之⑤。今人言五帝三王者,其盛无偶,威察若存⑥,其故何也?其法盛,其德厚,故思其德必称其人,朝夕祝⑦之,升闻于天,上帝俱歆⑧,用永厥世⑨,而丰其年。"

【注释】

①古者天子以内史为左右手:古时天子把内史当作自己最得力的助手。内史,官职名,西周时始置,协助天子管理爵禄、废置等政务。春秋时沿置。左右手,以左手和右手最易为自己支配,比喻二者相互配合、帮助,后用以比喻最得力的助手。

②再:重复.又一次。

③德:动词,以……为有德

④怀:感怀,归顺。

⑤其民而众称之:他的百姓也受到众人的赞誉。

⑥其盛无偶,威察若存:他们盛德无人能比,其声威和明鉴好像还存在。偶,双,成对。威,声威,功德。察,明,明鉴,清明。

⑦祝:祈祷,祷告。

⑧歆:飨。指祭祀时神灵嗅食(食物的香气)。

⑨用永厥世:使他们世系绵长。用,以。永,绵长,延长。厥,其。

【释义】

闵子骞说:"我冒昧地问一下老师古时候君主是怎样为政的。"孔子说:"古时候天子以内史作为自己的左膀右臂,以德法作为马嚼子和马笼头,以百官作为马缰绳,以刑罚作为马鞭子,以万民为马匹,因此可以治理天下数百年而不会亡国。善于驾驭马匹的人,端正好马嚼子和马笼头,整齐好马缰绳和马鞭子,平均好马的用力,集合马的心志,因此嘴里虽然没有声音但是马都会听从缰绳的命令,不用举起马鞭也能驰骋千里;善于治理百姓的人,统一起来德行和法度,端正官吏们的行为举止,以均平来整齐百姓的力量,用祥和来安定百姓的心志,因此法令不需重复而百姓就会顺从,不需用刑罚就会使天下得到治理。因此天地都会以他们为有德,而百姓也会感怀他们。天地所感激的,百姓所感怀的,他们的政治很美好,他们的百姓也会得到别人的称赞。现在的人说到五帝三王,他们的盛德无人能比,其声威和明鉴好像还存在,这是什么原因呢?他们的法度充盈,德行深厚,因此感怀他们的德行必然会称赞他们的为人,早晚向他们祝祷,声音一直上升到天上,上天和天帝都听到了,因而使他们世系绵长,年年丰收。"

【原文】

"不能御民者,弃其德法,专用刑辟①,譬犹御马,弃其衔勒而专用棰策,其不制也,可必矣。夫无衔勒而用棰策,马必伤,车必败;无德法而用刑,民必流,国必亡。治国而无德法,则民无修②,民无修则迷惑失道。如此,上帝必以其为乱天道也。苟乱天道,则刑罚暴,上下相谀,莫知念忠,俱无道故也。今人言恶者,必比之于桀纣,其故何也? 其法不听,其德不厚,故民恶其残虐,莫不吁嗟③,朝夕祝之,升闻于天。上帝不蠲④,降之以祸罚,灾害并生,用殄⑤厥世。故曰德法者御民之本。"

【注释】

①刑辟:刑法,刑律。

②修:循,遵循。

③吁嗟:哀叹,叹息。

④蠲:除去,减免。

⑤殄:断绝,灭绝。

【释义】

"不能治理百姓的君主,丢弃德行和法度,而专用刑罚治理百姓。这就好像是驾驭马匹一样,丢弃马嚼子和马笼头却专用棍棒和鞭子,这不能制服马匹是一定的。没有马嚼子和马笼头而用棍棒和鞭子,马匹必然会受到伤害,车子也必然会受到破坏;没有德法而专用刑罚,百姓必然会流亡,国家也必然会灭亡。治理国家却没有德行和法度,那么百姓就不知道遵循什么,百姓没有可以遵循的就会迷惑以至做出无道之事。如果这样的话,天帝必定会认为他扰乱了天道。如果扰乱了天道,那么刑罚就会残暴,上下就会相互阿谀谄媚,没有谁会心存忠信,这都是无道的缘故。现在人们提到邪恶,都会和桀纣相比较,这是为什么呢? 他们的法令得不到听从,他们的德行浅薄,因此百姓厌恶他们的残虐,没有不叹息的,他们不分朝夕地向上天祷告,声音一直向天上升去。上帝没有直接夺取暴君的地位,而是把灾祸降临到他们身上,导致各种灾害相继发生,以至导致了他们的灭亡。因此说德行和法度是治理百姓的根本。"

"古之御天下者,以六官总治焉①:冢宰之官以成道②,司徒之官以成德③,宗伯之官以成仁④,司马之官以成圣⑤,司寇之官以成义⑥,司空之官以成礼⑦。六官在手以为辔,司会均仁以为纳⑧,故曰:御四马者执六辔,御天下者正六官。是故善御马者正身以总⑨辔,均马力,齐马心,回旋曲折,唯其所之⑩,故可以取长道,可赴急疾⑪。此圣人所以御天地与人事之法则也。天子以内史为左右手,以六官为辔,已而与三公为执六官,均五教⑫,齐五法⑬。故亦唯其所引,无不如志,以之道则国治,以之德则国安,以之仁则国和,以之圣则国平,以之礼则国安,以之义则国义,此御政之术。"

【注释】

①以六官总治焉:以六官负责全面治理。六官,指下文提到的冢宰、司徒、宗伯、司马、司寇、司空之官。总,统领,统管。

②冢宰之官以成道:设置冢宰官职以成就道义。冢宰,官职名称,周代六卿之一,《周礼》天官之属,为辅佐天子之官。后世以冢宰为宰相之称。

③司徒之官以成德:设置司徒之官以成就德行。司徒,官职名称,相传少昊始置,唐虞因袭,周代六卿之一,曰地官大司徒,掌管国家的土地和人民的教化。

④宗伯之官以成仁:设置宗伯之官以成就仁义。宗伯,官职名称,周代六卿之一,掌管宗庙祭祀等事,《周礼》谓为春官,即后世礼部之职。

⑤司马之官以成圣:设置司马的官职以成就圣明。司马,官职名称,相传少昊始置,周代六卿之一,曰夏官大司马,掌管军旅之事。

⑥司寇之官以成义:设置司寇的官职以成就道义。司寇,官职名称,夏殷时已设,周代六卿之一,曰秋官大司寇,掌管刑法。春秋各国多沿置。

⑦司空之官以成礼:设置司空的官职以成就礼仪。司空,官职名称,相传少昊始

置.周代六卿之一,日冬官大司空,掌管工程建筑。

⑧司会均仁以为纳:司会均行仁义以作为总揽。司会,官职名称,《周礼》天官之属,主管财政、经济及对百官政绩的考察。 纳,总揽,总归。

⑨总:持,总揽。

⑩唯其所之:可以想到达哪里就到达哪里。

⑪可以取长道句:可以到达很远的路程,也可以急速地奔驰。

⑫均五教:施行五教。均.调和,调节。五教,五常之教.指父义、母慈、兄友、弟恭、子孝五种伦理道德的教育。

⑬齐五法:整治五法。齐,使……齐,整顿,整治。五法,指仁、义、礼、智、信之法。

【释义】

"古代治理天下的人,用六官来负责治理:设置冢宰之官以成就道术,设置司徒之官以成就仁德,设置宗伯之官以成就仁义,设置司马之官以成就圣明,设置司寇之官以成就道义,设置司空之官以成就礼仪。六官抓在手里以作为缰绳,再用司会均行仁义以作为总揽,所以说:'驾驭马车的人要掌握好六条缰绳,治理天下的人要端正六官的职责。'因此善于驾驭马匹的人,端正自己的身体,握住缰绳,平均马的力气,整齐马的心志,回旋曲折,想要去哪里就可以去哪里,可以到达极远的路程,也可以快速地奔驰。这就是圣人治理天地和人事的法则。天子用内史作为自己的左右手,用六官作为缰绳,继而和三公一起执掌六官,均行五教,整齐五法,所以只要是君王想要引导的,没有不随心的。用道术引导就会使国家得到治理,用德行来引导就会使国家安平,用仁义来引导就会使国家和乐,用圣明引导就会使国家太平,用礼仪来引导就会使国家安定,用道义来引导就会使国家正义,这就是驾驭政治的办法。"

【原文】

"过失①,人之情莫不有焉,过而改之,是为不过。故官属不理,分职不明②,法政不一,百事失纪曰乱,乱则饬③冢宰;地而不殖④,财物不蕃⑤,万民饥寒,教训⑥不行,风俗淫僻⑦,人民流散曰危,危则饬司徒;父子不亲,长幼失序,君臣上下乖离⑧异志曰不和,不和则饬宗伯;贤能而失官爵,功劳而失赏禄,士卒疾怨,兵弱不用曰不平,不平则饬司马;刑罚暴乱,奸邪不胜⑨曰不义,不义则饬司寇;度量⑩不审,举事失理,都鄙⑪不修,财物失所曰贫,贫则饬司空。故御者同是车马,或以取千里。或不及数百里,其所谓进退缓急异也;夫治者同是官法,或以致平,或以致乱者,亦其所以为进退缓急异也。”

兽面纹三角形铜戈

【注释】

①过失:因过失而犯的错误。

②官属不理,分职不明:官吏上下级关系不顺.职分不明确。官属,指官吏的属官,也泛指各级官吏。理,顺。分职.即职分。

③饬:敕,告诫。

④殖:种植。

⑤蕃:繁殖,增长。

⑥教训:教导训诫。

⑦淫僻:放纵而偏邪。

⑥乖离:相互抵触,不一致。

⑨胜:战胜,制服。

⑩度量:度量衡,度量标准。

⑪都鄙:都城及边邑。

【释义】

"因过失而犯错误,这是人之常情,犯错之后能够改正,这就是没有犯错误。因此,管理上下级关系不顺,职分不明确,法令、政教不一致,各种事情都失去了纲纪,这就叫作乱,出现混乱就应该追究冢宰的责任。土地得不到种植,植物得不到蓄息,百姓饥寒交迫,教化训令得不到推行,风俗放纵而偏邪,百姓流离失所,这就叫作危险,出现了危险就应该追究司徒的责任。父子之间不相亲相爱,长幼之间不讲秩序,君臣上下相互抵触,离心离德,这就叫作不和,不和就应该追究宗伯的责任。贤能的人失去官爵,有功之人失去赏禄,士兵们怨恨上级,导致军力衰弱,不堪一击,这就叫作不平,不平即应该去追究司马的责任。刑罚残暴混乱,奸邪之人得不到制止,这就叫作不义,不义就应该去追究司寇的责任。度量的标准不准确,做事失去条理,都城和边邑都得不到修治,财物分配不均,这就叫作贫困,贫困就应该去追究司空的责任。因此,不同的人驾驭同一辆车,有的可以驰骋千里,有的却还不能到达几百里的地方,这就是因为在进退缓急上的处理方法不同。治理天下的人用的同样是法度,有的得以致天下于太平,也有导致乱亡的,这也是在进退缓急上的处理方法不同的缘故。"

【原文】

"古者,天子常以季冬①考德正法,以观治乱:德盛者治也,德薄者乱也。故天子考德,则天下之治乱,可坐庙堂②之上而知之。夫德盛则法修,德不盛则饬法,与政咸德而不衰③。故曰:王者又以孟春论吏之德及功能④,能德法者为有德,能行德法者为有行,能成德法者为有功,能治德法者为有智。故天子论吏而德法行,事治而功成。夫季冬正法,孟春论吏,治国之要。"

【注释】

①季冬:冬季的最后一个月。

②庙堂:指朝廷。

③与政咸德而不衰:使它与政教都合于德行而不衰败。

④王者又以孟春论吏之德及功能:天子又在春季的第一个月考论官吏的德行及功劳、能力。

孟春,春季的第一个月,即农历正月。

【释义】

"古代的时候,天子常常在冬季的最后一个月考察德行,端正法度,以此来观察社会的治乱兴衰:德行充盈,那么天下安平;德行鄙陋,那么天下混乱。因此天下的治乱兴衰,在朝廷之上就可以了解的。德行充盈,那么法度就得到了修饬,德行不兴就要整饬法度,使其与政事都依德而行而不衰败。所以说:王者在春季的第一个月考论官吏的德行与功劳,能够重视德法的人就认为其有德,能够施行德法的人就认为其有品行,能够成就德法的人就认为他有功劳,能够研习德法的人就认为他有智慧。因此天子考论官吏而德法也得到了施行,政事得到了治理而成就了功德。在冬季的最后一个月整顿礼法,在春季的第一个月考论官吏,这就是治理国家的关键。"

【原文】

子夏问于孔子曰:"商闻易①之生人,及万物鸟兽昆虫,各有奇偶,气分不同。而凡人莫知其情,唯达德者能原②其本焉。天一,地二。人三,三三如九,九九八十一。一主③日,日数十,故人十月而生。八九七十二,偶以从奇,奇主辰,辰为月。月主马,故马十二月而生。七九六十三。三主斗,斗主狗,故狗三月而生。六九五十四,四主时,时主豕。故豕四月而生。五九四十五,五为音,音主猿,故猿五月而生。四九三十六,六为律,律主鹿,故鹿六月而生。三九二十七,七主星,星主虎,故虎七月而生。二九一十八,八主风,风为虫,故虫八月而生。其余各从其类矣。鸟鱼生阴而属于阳,故皆卵生。鱼游于水,鸟游于云,故立冬则燕雀人海化为蛤。蚕食而不饮。蝉饮而不食,蜉蝣不饮不食,万物之所以不同。介鳞④夏食而冬蛰,龁⑤吞者八窍而卵生,咀嚼者九窍而胎生,四足者无羽翼.戴角者无上齿,无角无前齿者膏,无角无后齿者脂。昼生者类父,夜生者似母,是以至阴主牝⑥,至阳主牡⑦。敢问其然⑧乎?"

【注释】

①易:万事万物的阴阳消长变化。

②原:探究、推原。

③主:代表。

④介鳞:介虫和鳞虫。

⑤龁:咬。

⑥牝:动物中的雌性。

⑦牡:动物中的雄性。

⑧然:这样,如此。

【释义】

子夏问孔子说:"我听说《易》理能够产生人类以及万物、鸟兽、昆虫;他们各有单数与双数,这是因为他们所禀受的元气不同。但是普通的人不能够了解这其中的玄机,只有通于德性的人可以推究这其中的本原。天为一,地为二、人为三,三三为九。九九八十一,一主于太阳,太阳的数是十,因此人都要十月怀胎才能出生;八九七十二,偶数跟随者奇数,奇数主于星辰,星辰为月亮,月亮主于马,因此马要怀胎十二个月才能出生;九六十三,三主于北斗,北斗主于狗,因此狗要怀胎三个月才能出生;六九五十四,四主于四时,四时主于猪,因此猪要怀胎四个月才能出生;五九四十五,五主于五音,五音主于猿,因此猿要怀胎五个月才能出生;四九三十六,六主于六律,六律主于鹿,因此鹿要怀胎六个月才能出生;三九二十七,七主于星宿,星宿主于虎,因此虎要怀胎七个月才能出生;二九一十八,八主于风,风主于虫,因此虫要经过八个月才能生成。其他的物种都是各自根据自己的种类而生成的。鸟、鱼生在阴处,但是却生活在阳处,因此都是卵生动物。鱼是游在水里的,鸟是飞翔在天上的,因此到了冬天的时候鸟雀就会进入海中化为蛤。蚕只吃东西但是不喝水,蝉只喝水却不吃东西,蜉蝣不吃也不喝,这就是万物之所以不同的根本之所在。长有鳞甲的动物夏天进食而冬天蛰伏,不用咀嚼而吞食的动物长有八个器官而卵生,嚼碎食物的动物长有九个器官而胎生,四只脚的动物没有翅膀,长角的动物没有上牙齿,没有角而且前齿不发达的动物长得肥,没有角并且后齿不发达的动物身上多油脂。白天出生的动物像父亲,晚上出生的像母亲,因此极阴的地方主于牝,极阳的地方主于牡。老师您说是这个道理吗?"

孔子说:"是的,我从前听老聃说过跟你说的一样的话。"

【原文】

孔子曰:"然,吾昔闻老聃亦如汝之言。"

子夏曰:"商闻山书曰:'地东西为纬,南北为经,山为积德,川为积刑,高者为生,下者为死,丘陵为牡,溪谷为牝,蚌蛤龟珠,与日月而盛虚。是故坚土之人刚,弱①土之人柔,墟土之人大,沙土之人细,息土之人美,秏土②之人丑。食水者善游而耐寒,食土者无心而不息,食木者多力而不治,食草者善走而愚,食桑者有绪而蛾,食肉者勇毅而捍③,食气者神明而寿,食谷者智惠而巧,不食者不死而神。故曰:羽虫三百有六十,而凤为之长;毛虫三百有六十,而麟为之长;甲虫三百有六十,而龟为之长;鳞虫三百有六十,而龙为之长,倮虫④三百有六十,而人为之长。此乾坤之美也,殊形异类之数。王者动必以道动,静必以道静,必顺理以奉天地之性,而不害其所主,谓之仁圣焉。"

子夏言终而出,子贡进曰:"商之论也何如?"孔子曰:"汝何谓也?"对曰:"微⑤则微矣,然则非治世之待也。"孔子曰:"然,各言其所能。"

【注释】

①弱:软弱。柔:柔和。

②垅:蚝同"耗",指土地稀疏贫瘠。

③捍:通"悍",强悍。

④倮虫:泛指无羽毛鳞甲的动物。

⑤微:精微。

【释义】

子夏说:"我听说《山书》上说:'大地的东西方向称作纬,南北方向称作经;山是积累德行的,川是积累刑罚的;在高位者象征着生,在下位者象征着死,丘陵代表着牡,溪谷代表着牝;蚌蛤龟珠随着时间的变化而改变着自己的盈虚。'因此生长在坚硬土地上的人刚强,生活在松软土地上的人软弱,生活在丘陵的人身材高大,生活在沙土上的人身材纤细,生活在肥沃土地上的人模样俊俏,生活在贫瘠土地上的人相貌丑陋。以水为食的动物擅长游泳又耐得住寒冷,以泥土为食的动物没有心脏也不用呼吸,以树木为食的动物力气很大而且难以驯服,以草为食的动物善于奔跑但是却很愚笨,以桑为食的动物能够吐丝而且会变成飞蛾,吃肉的动物勇猛而强悍,以气为食的动物通于神明而且长寿,以五谷为食的动物有智慧而且非常灵巧,不吃东西的动物不会死去而且通于神灵。因此说:'长有羽翼的动物有三百六十种,而以凤凰为首;长有毛皮的动物有三百六十种,而以麒麟为首;长有甲壳的动物有三百六十种,而以龟为首;长有鳞片的动物有三百六十种,而以龙为首;没有羽毛鳞甲的动物有三百六十种,而以人为首。'这就是天地之大美之所在,也是物种形状种类不同的天数之所在。王者的一举一动都要符合道义的要求,安静的时候也要顺从天理,这就不妨害他们所主象的事物,这样就可以叫作仁圣了。"

子夏说完之后走了出来,子贡上前向孔子说道:"子夏所说的言论怎么样啊?"孔子说:"你以为怎么样呢?"

回答说:"精微倒是很精微了,但是不是治理国家的依靠。"

孔子说:"对啊,但是这也是各自发挥自己的才能啊。"

本命解第二十六

【题解】

本篇记载了孔子与鲁哀公的一次重要对话。鲁哀公向孔子请教"命""性"等问题,由此引发了孔子对性命生死的一番议论。孔子强调了礼与男女婚育的关系,并谈及了关于丧礼的问题。本篇见于《大戴礼记·本命》,最后一段部分见于《礼记·丧服四制》。

文章的第一部分中"分于道,谓之命;形于一,谓之性",是孔子谈话的出发点,实质上提出了"命"的天道根源与"性"的一致性。孔子以后,儒家继续探讨这一问题,例如《中庸》首云"天命之谓性",郭店楚简《性自命出》首云"性自命出,命自天降",基本上表达了同一意思,即命根源于天,而又是性的开端。有始则必有终,死是生的结束。性生阴阳,男属阳而女属阴;男女到一定年龄结婚,阴阳化育,新的生命开始。

文章的第二部分孔子突出强调了礼"言其极"而"不是过"的特征,指出圣人制定婚礼之数,考虑男女年龄,合于天地阴阳之道。孔子认为,男子"任天道而长万物",女子"顺男子之教而长其理",对男女德行提出了不同的要求。孔子对男女婚姻非常重视,提出"五不取""七出""三不去"是男女婚姻的重要原则。《论语》之中,鲜有涉及婚姻观,故本部分是研究早期儒家婚姻观的重要资料。

文章的第三部体现了孔子关于丧礼的主张,他认为礼的制定和五行、四时相联系。丧礼依据的规则包括"恩""义""节""权",对不同的人要实行不同形式的丧服。服父母之丧要以"恩"为原则,服君王之丧要以"义"为原则。此即"门内之治恩掩义,门外之治义掩恩"。这一提法,在郭店楚简《六德》篇里也同样出现。《六德》云:"门内之治恩掩义,门外之治义断恩。"服丧的悲伤程度、丧服和期限都不可以无度,而必须以"节"来限制。从君主到一般的庶民百姓,不同身份地位的人服丧的规格是不一样的,要灵活变通,即要有"权"。

本篇是关于孔子天道性命、男女婚姻和丧礼观点的重要文献,尤其关于天道性命这一点,弥足珍贵。《论语·公冶长》记子贡说:"夫子之言性与天道,不可得而闻也。"在《本命解》之中,我们看到了孔子关于这一方面的论述,并可以与相关早期儒家文献对比参证,对于我们研究孔子的天道思想具有重要价值。

【原文】

鲁哀公问于孔子曰:"人之命与性,何谓也?"

孔子对曰:"分于道谓之命①,形于一谓之性②。化于阴阳,象形而发谓之生,化穷数尽谓之死。故命者,性之始也;死者,生之终也。有始则必有终矣。

"人始生而有不具者五焉:目无见,不能食,不能行,不能言,不能化。及生三月而微煦③,然后有见。八月生齿,然后能食。三年囟合④,然后能言。十有六而精通,然后能化。阴穷反阳,故阴以阳变;阳穷反阴,故阳以阴化。是以男子八月生齿,八岁而龀⑤。女子七月生齿,七岁而龀,十有四而化。一阳一阴,奇偶相配,然后道合化成。性命之端,形于此也。"

公曰:"男子十六精通,女子十四而化,是则可以生民矣。而礼男必三十而有室,女必二十而有夫也,岂不晚哉?"

孔子曰:"夫礼,言其极,不是过也。男子二十而冠,有为人父之端。女子十五许嫁,有适人之道。于此而往,则自婚矣。群生闭藏乎阴,而为化育之始⑥。故圣人因时以合偶,穷天数也⑦。霜降而妇功成,嫁娶者行焉。冰泮而农桑起⑧,婚礼而杀于此⑨。男子者,任天道而长万物者也。知可为,知不可为;知可言,知不可言;知可行,知不可行者也。是故审其伦而明其别⑩,谓之知,所以效匹夫之德也。女子者,顺男子之教而长其理者也,是故无专制之义⑪,而有三从之道。幼从父兄,既嫁从夫,夫死从子,言无再醮之端⑫。教令不出于闺门,事在供酒食而已。无阃外之非义也⑬,不越境而奔丧。事无擅为,行无独成,参知而后动,可验而后言。昼不游庭,夜行以火,所以效匹妇之德也。”

孔子遂言曰:“女有五不取:逆家子者⑭,乱家子者⑮,世有刑人子者⑯,有恶疾子者⑰,丧父长子者⑱。妇有七出,三不去。七出者:不顺父母者,无子者,淫僻者,嫉妒者,恶疾者⑲,多口舌者,窃盗者。三不去者:谓有所取而无所归,一也。与共更三年之丧⑳,二也。先贫贱后富贵,三也。凡此,圣人所以顺男女之际,重婚姻之始也。”

【注释】

①分于道谓之命:王注:“分于道,谓始得为人。”意思是说从“道”中分离出来,成了独立的人。

②形于一谓之性:王注:“人各受阴阳以刚柔之性,故曰形于一也。”意思是说人各自秉受阴阳之气,而有了刚柔不同的性格。

③微眴:眼珠能微微转动。王注:“眴,睛转也。”

④囟合:囟门长好了,合住了。囟,在婴儿头顶前部,刚出生时还没长好。

⑤龀:指儿童换乳牙。

⑥群生闭藏乎阴,而为化育之始:王注:“阴为冬也,冬藏物,而为化育始。”

⑦“故圣人因时以合偶”三句:疑有误,《大戴礼记·本命》作“故圣人以合阴阳之数也”。

⑧冰泮:冰溶解。王注:“泮,散也。正月农事起,蚕者采桑。”

⑨婚礼而杀于此：王注："婚礼始杀，言未止也。至二月农事始起，会男女之无夫家者、奔者，期尽此月故也。《诗》云：'士如归妻，迨冰未泮。'言如欲使妻归，当及冰未泮散之盛时也。"杀，结束，停止。

⑩审：明察。伦：人伦。别：辨别。

⑪专制：擅自做主，独立自主。

⑫再醮：改嫁。王注："始嫁言醮。礼无再醮之端，统言不改事人也。"

⑬无阃外之非义也：王注："阃，门限。妇人以贞专，无阃外之仪。《诗》云：'无非无仪，惟酒食是议。'"按：此为《诗经·小雅·斯干》文，意为妇女在家中不议论是非，在家外质朴不文饰，不受人非议，只要做好家务事就行了。

⑭逆家子者：逆，悖逆。王注："谓其逆德。"

⑮乱家子者：王注："谓其乱伦。"

⑯世有刑人子者：王注："谓其弃于人也。"弃于人，指被人抛弃的人。刑人，《大戴礼记·本命》注："谓以罪受墨、劓、宫、刖、髡刑者。"

⑰有恶疾子者：王注："谓其弃于天也。"恶疾，《大戴礼记·本命》注："谓痦、聋、盲、疠、秃、跛、伛，不逮人伦之属也。"

⑱丧父长子：王注："谓其无受命也。"无受命，指父已死，婚姻得不到父亲的允许。《大戴礼记·本命》作"丧妇长子"，注："谓父丧其妇，其女子年长悠期者也。"

⑲恶疾者：王注："谓其不可供粢盛也。"粢盛，指祭品，即盛在祭器中的黍稷。患恶疾的女子不能准备供品。

⑳共更三年之丧：指为公婆服孝三年。

【释义】

鲁哀公问孔子："人的命和性是怎么回事呢？"

孔子回答说："根据天地自然之道而化生出来的就是命，人秉受阴阳之气而形成不同的个性就是性。由阴阳变化而来，有一定形体发出来，叫作生；阴阳变化穷尽之后，叫作死。所以说，命就是性的开始，死就是生的终结。有始则必有终。

"人刚出生时有五种能力不具备：目不能见，嘴不能食，腿不能行，口不能言，不能生育。出生三个月以后眼珠微能转动，然后才能看见；八个月长牙，然后能吃东西；三年囟门闭合，然后才能说话；十六岁精气畅通，然后才能生育。阴达到极点就要返阳，故阴因阳而变化；阳达到极点就要返阴，故阳因阴才能变化。所以男子八个月长牙，八岁换牙；女子七个月长牙，七岁换牙，十四岁能够生育。一阳一阴，奇偶相配，然后阴阳化合才能生育。性命的开始，就从这里形成了。"

鲁哀公说："男子十六岁精气通畅，女子十四岁能生育，这时就可以生小孩了。而根据礼，男子三十岁娶妻，女子二十岁嫁人，岂不是晚了吗？"

孔子说："礼说的是最迟限度，不要超过这个限度。男子二十岁举行加冠之礼，就可以开始做父亲了。女子十五允许出嫁，有出嫁的道理了。从此之后，就可以结婚。众生闭藏于阴，就成为化育的开始。因此圣人依据时节让男女成婚，穷尽了天数的极限。霜降时妇女该做的家务事都完成了，男婚女嫁的事就开始操办了。冰雪融化后农耕养蚕的事就开始了，举行婚礼的事到此停止。男子，是担当天下大任而助长万物生长的人，知道什么可做，什么不可做；知道什么可说，什么不可说；知道什么可行，什么不可行。因此审察清楚人伦和事物的类别，叫作知，这就是一般男人的品德。女子，是顺从男子的教导而经常按此道理去做的人，因此没有自作主张的道理，只有三从的责任。年幼时服从父兄，出嫁后服从丈夫，丈夫死后服从儿子，没有改嫁的理由。家内的命令不由妇女发出，她们的事只是供应饮食酒菜而已。在家门外不要被人非议，不能到超过规定的地方去奔丧。事情不能擅自做主，有事不能独自出行，三思后再行动，验证后再说话。白天不在庭院中游逛，夜里走路要举着灯火。这就是一般妇女的品德。"

孔子又接着说："有五种女子不能娶：悖逆道德家庭的女子，淫秽乱伦家庭的女子,受过刑罚家庭的女子,有不治之病家庭的女子,早年丧父家庭的长女。妇人有七种情况可以被休弃,三种情况不可以休弃。七种情况是:不孝顺父母的,没有儿子的,有淫乱邪僻行为的,爱嫉妒的,有难治之病的,多口多舌的,有偷盗行为的。三种情况是:娶时有家休弃后无家可归的,这是第一种。为公婆服过三年丧的,这是第二种。夫家先贫贱后富贵的,这是第三种。所有这些,是圣人根据男女之间的关系,重视婚姻的开始。"

【原文】

孔子曰:"礼之所以象五行也,其义四时也,故丧礼有举焉。有恩,有义,有节,有权。其恩厚者其服重,故为父母斩衰三年①,以恩制者也。门内之治恩掩义,门外之治义掩恩。资于事父以事君,而敬同。贵贵尊尊②,义之大也。故为君亦服衰三年,以义制者也。三日而食③,三月而沐,期而练④。毁不灭性,不以死伤生,丧不过三年。苴(齐)衰不补⑤,坟墓不修⑥。除服之日鼓素琴⑦,示民有终也。凡此,以节制者也。

"资于事父以事母,而爱同。天无二日,国无二君,家无二尊,以一治之。故父在为母齐衰期者,见无二尊也。

"百官备,百物具,不言而事行者,扶而起⑧;言而后事行者,杖而起⑨;身自执事行者,面垢而已⑩。此以权制者也。

"亲始死,三日不怠,三月不懈,期悲号,三年忧,哀之杀也。圣人因杀以制节也。"

【注释】

①斩衰:服丧名。"五服"中最重的一种,其服用最粗的麻布做成,不缝边,以示无饰,故称"斩衰",服期三年。

②贵贵尊尊:原作"贵尊贵尊",据《礼记·丧服四制》改。意为尊重高贵者,尊崇位尊者。

③三日而食："食"原作"浴"，据《四部丛刊》本《家语》及《礼记·丧服四制》改。

④期：规定的期限。练：古代祭名。

⑤苴衰：粗麻布做的丧服。《四部丛刊》本《家语》作"齐衰"。齐衰也为丧服名，五服之一，仅次于斩衰。因丧服缝边，故称齐衰，服期有一年、五个月、三个月。

⑥坟墓不修："墓"字原无，据《四部丛刊》本《家语》补。

⑦素琴：不加装饰的琴。

⑧扶而起：搀扶着起来。指天子诸侯。王注："谓天子诸侯也。"

⑨杖而起：扶持着起来。指卿大夫士。王注："卿大夫士也。"

⑩面垢：脸上有污垢。指普通百姓。王注："谓庶人也。"

【释义】

孔子说："礼的根据是天地五行，取法于四季变换，因此举行丧礼，有恩，有义，有节制，有权变。对恩情厚重的人丧礼就隆重，所以为父母要服斩衰三年，这是受恩情制约的。家庭内部恩情重于道义，家庭以外道义重于恩情。以对待父亲的态度来对待国君，尊敬的程度是相同的。尊敬高贵者，尊崇位尊者，这是最大的道义。所以对国君也服丧三年，这是按照道义来制约的。服丧时，三天后才吃饭，三个月后才洗澡，周年而行练祭，改穿白练做的丧服。哀痛而不伤害性命，不因死人而伤害活人，服丧不超过三年。粗麻丧服破了不需缝补，坟墓也不再培土。服丧期满这天要弹素琴，向人们表示服丧结束。所有这些都是有礼节制约的。

"用对待父亲的礼仪来对待母亲，爱的程度是相同的。天上没有两个太阳，国家没有两个国君，家里没有地位相同的两位尊长，都按照有一位尊长的规矩来办理。如果父亲健在，为母亲服齐衰的人，要体现出没有两个尊长。

"百官在场，百物齐备，不用说话事情就能办到的人，是天子诸侯；只要动口事情就能办到的人，是卿大夫士；需要自己亲身去办事情的人，是平民百姓。这是受权力规定的。

"亲人刚去世,三天不懈怠,三个月不松懈,一年都悲痛号哭,三年都忧愁不乐,然后哀痛才结束。圣人就是按照哀情逐渐减弱来制定节限的。"

论礼第二十七

【题解】

本篇分为两部分,第一部分记孔子与弟子关于礼的谈话,开头有"论及于礼"的句子,因以"论礼"名篇。

第一部分又见于《礼记·仲尼燕居》。本部分记载孔子闲居在家时,子张、子贡、子游各自问礼,孔子分别给予回答,从而全方位地论述礼,并要求弟子具体实行。此处不仅涉及礼的内容,也谈及礼的作用以及本质,对于守礼与违礼的利害也有阐发。

第二部分又见于《礼记·孔子闲居》。本部分记载子夏向孔子请教《诗》中"恺悌君子,民之父母",进而引发孔子关于君子修德治国的论说。子夏以"文学"著称,犹善于《诗》。因此,在回答子夏的问题时,孔子也多次引《诗》来论述。

值得注意的是,本篇第二部分又见于新出土的战国文献。《上海博物馆藏战国楚竹书(二)》(上海古籍出版社 2002 年版)中的《民之父母》篇,与该部分内容一致,只是文字上略有不同。我们将《孔子家语》本、《礼记》本及上博竹书本进行比较研究,可见《礼记》本于《家语》;二者明显存在语句、语词的差别,应该是《家语》的成书与流传造成的(杨朝明:《礼记·孔子闲居》与《孔子家语》,《儒家文献与早期儒学研究》,齐鲁书社 2002 年版)。

庞朴先生对该篇进行专门研究,指出:"以前我们多相信,《家语》乃王肃伪作,杂抄自《礼记》等书;《礼记》乃汉儒纂辑,非先秦旧籍,去圣久远,不足凭信。具体到'民之父母'一节,则认为,其'五至三无'之说,特别是'三无'之'无',明显属于道家思想,绝非儒家者言,可以一望而知。现在上海藏简《民之父母》篇的再世,轰然打破了我们这个成见。对照竹简,冷静地重读《孔子家语·论礼》和《礼记·孔子闲居》,不能不承认,它们确系孟子以前遗物,绝非后人伪造所成。"(庞朴:《话说"五至三无"》,载《文史哲》2004 年第 1 期)本篇材料对于研究《孔子家语》的成书及流传都有重要的价值。

【原文】

孔子闲居,子张、子贡、言游侍,论及于礼。孔子曰:"居①,汝三人者,吾语汝以礼,周流②无不遍也。"子贡越席而对曰:"敢问如何?"子曰:"敬而不中③礼谓之野,恭而不中礼谓之给④,勇而不中礼谓之逆。"子曰:"给夺慈仁。"子贡曰:"敢问将何以为此中礼者?"子曰:"礼乎!夫礼所以制中也。"子贡退,言游进曰:"敢问礼也,领恶而全好者与?"子曰:"然。"子贡问:何也?子曰:"郊社⑤之礼,所以仁鬼神也;禘尝⑥之礼,所以仁昭穆⑦也,馈奠⑧之礼,所以仁死丧也;射飨⑨之礼,所以仁乡党也;食飨之礼,所以仁宾客也。明乎郊社之义,禘尝之礼,治国其如指诸掌而已。是故以之居家有礼,故长幼辨;以之闺门有礼,故三族⑩和;以之朝廷有礼,故官爵序;以之田猎有礼,故戎事闲;以之军旅有礼,故武功成。是以宫室⑪得其度⑫,鼎俎⑬得其象⑭,物得其时,乐得其节,车得其轼,鬼神得其享,丧纪⑮得其哀,辩说得其党⑯,百官得其体⑰,政事得其施。加于身而措⑱于前,凡众之动,得其宜也。"

【注释】

①居:坐下。

②周流:广泛流传。

③中:符合。

④给:谄媚的意思。

⑤郊社：对天地的祭祀，在周代，冬至那天在南郊祭天称之为"郊"，夏至那天在北郊祭地称之为"社"，合称"郊社"。

⑥禘尝：禘，在夏季举行的祭祀，是宗庙的四时祭之一。尝，秋季的祭祀。

⑦昭穆：在古代的宗法制度中，宗庙的次序是，始祖居中，接下来的父子尊为昭穆，居左的为"昭"，居右的为"穆"。

⑧馈奠：馈，赠送。奠，祭。

⑨射飨：射，乡射之礼。飨，拿酒食等物去款待他人。

⑩三族：父、子、孙三代。

⑪宫室：在古代泛指一切房屋。

⑫度：法度。

⑬鼎俎：一种祭器。

⑭象形状。

⑮丧纪：即丧事。

⑯党：同伙的人。

⑰体：礼仪。

⑱措：运用。

【释义】

孔子在家中闲居，子张、子贡、言游在一旁侍坐，他们在谈话中说到了礼。孔子说："你们三个人坐下来，我来告诉你们，我给你们讲讲礼，礼周详地运用到各处无所不便。"子贡站起来离席问道："请问礼是什么样的呢？"孔子回答说："诚敬却不符合礼的叫作粗野，谦恭却不符合礼的叫作谄媚，勇猛而不符合礼的叫作忤逆。"孔子又说："谄媚很容易将仁慈仁德混淆。"子贡问道："请问怎么做才是符合礼的呢？"孔子回答说："礼啊，是可以让一切行为都恰到好处的依据。"子贡退下后，子游上前问道：

"请问礼就是去掉坏的保全好的吗?"孔子回答说:"是的。"子贡问道:"如何做呢?"孔子说:"郊社的祭天地之礼是为了让鬼神得到仁爱。禘尝的祭秋夏之礼是为了让昭穆得到仁爱。馈奠之礼是为了让死者得到仁爱,乡射时的酒食款待是为了让乡人得到仁爱。用酒食款待人的礼是为了让宾客得到仁爱。明白了郊社之礼、禘尝之礼,治理国家就能像在手掌上画画一样容易了。因此,日常生活有了礼,长幼就分辨清楚了。家庭内部有了礼,家族三代间就能和睦相处。朝廷有了礼,官爵职位就有了次序。田猎时有了礼,军事活动就可以娴熟自如了。军队中有了礼,战功就得以建立。因此建造房屋应当遵循其法度,所用的祭器也应当符合其形状,万物都各得其时,音乐符合其节度,车辆有适合的车式,鬼神都得到祭祀,丧事都有适度的悲哀,辩论游说都有和自己相合的人,百官都遵循礼仪,政事得以顺利施行。将各种礼仪施加到自身和眼前的事情上,所有的人的举动就都能够适宜了。"

【原文】

言游退,子张进曰:"敢问礼何谓①也?"子曰:"礼者,即事之治也,君子有其事必有其治。治国而无礼,譬犹瞽②之无相③,伥伥④乎何所之。譬犹终夜有求于幽室之中,非烛何以见。故无礼则手足无所措,耳目无所加⑤,进退揖让无所制⑥。

【注释】

①何谓:是什么?

②瞽:盲人。

③相:扶持,给盲人领路的人。

④伥伥:不知所措的样子。

⑤加:感知,感受。

⑥制:规矩,规则。

【释义】

　　子游退下，子张上前说："请问什么是礼呢?"孔子说："礼是处理事情的方法，君子办事情的时候一定要有处理的办法，治理国家的时候没有礼，就好像盲人没有了带路的人，不知道该往哪里走。就像在黑暗的屋子里找一夜的东西，没有蜡烛是不能找到的! 所以治理国家的时候没有礼，手和脚都不知道往哪里放，耳朵和眼睛感知不到任何东西，前时，后退，作揖、谦让都失去了尺度。

【原文】

　　"是故以其居处，长幼失其别①，闺门②三族失其和，朝廷官爵失其序，田猎戎事③失其策，军旅武功失其势④，宫室失其度，鼎俎⑤失其象，物失其时，乐失其节，车失其轼，鬼神失其享，丧纪失其哀，辩说失其党⑥，百官失其体，政事失其施。加于身而措⑦于前，凡动之众失其宜。如此，则无以祖洽⑧四海。"

【注释】

　　①别:区别，有别。

　　②闺门:表示关系很近，同族之间。

　　③戎事:战争。

　　④势:形势，情况。

　　⑤鼎俎:祭祀用的器具。

　　⑥党:关系很好的朋友。

　　⑦措:措施，方法。

　　⑧祖洽:治理好。

【释义】

"所以,长期这样下去,长和幼就没有什么区别,家族之间就没有往昔的安定团结,朝廷上的官制就失去了应有的秩序,打猎和作战的时候就会失去应有的策略,军队攻守就会失去了控制,宫室就会失去应有的准则,祭祀用的器具就会失去原有的标准,耕种作物就会失去原有的季节,享乐就会失去应有的节制,车辆失去了定式,鬼神失去了祭品,丧事失去应有的悲哀,辩论的时候就会失去拥护的人,官员们就会失职,国家的大政方针得不到实施。众多的变动和时事不再适宜,这样的话,国家就不能治理好。"

【原文】

子曰:"慎听之,汝三人者,吾语汝,礼犹有九焉,大飨有四焉。苟知此矣,虽在畎亩①之中,事之,圣人矣。两君相见,揖让而人,人门而悬兴②,揖让而升堂,升堂而乐阕③,下管④《象》舞,夏钥序兴,陈其荐俎⑤,序其礼乐,备其百官。如此而后君子知仁焉。行中规,旋⑥中矩,銮和中《采荠》。客出以《雍》⑦,彻⑧以《振羽》,是故君子无物而不在于礼焉。入门而金⑨作,示情也;升歌《清庙》,示德也;下管象舞,示事也。是故古之君子,不必亲相与言也,以礼乐相示而已。夫礼者,理也;乐者,节⑩也。无礼不动⑪,无节不作。不能《诗》⑫,于礼谬⑬,不能乐,于礼素⑭,薄于德⑮,于礼虚⑯。"子贡作⑰而问曰:"然则夔其穷与?"子曰:"古之人与?上古之人也。达于礼而不达于乐,谓之素,达于乐而不达于礼谓之偏⑱。夫夔达于乐而不达于礼,是以传于此名也。古之人也,凡制度在礼,文为在礼,行之其在人乎?"三子者既得闻此论于夫子也,焕若发蒙⑲焉。

【注释】

①畎亩:即田间。

②悬兴：悬，代指所悬挂的钟鼓。兴，兴奏。

③乐阕：音乐停止。阕，停止。

④下管：堂下吹奏管乐。

⑤俎：古代祭祀时用来装载祭品的器物。

⑥旋：周旋。

⑦雍：古代宴会结束时所奏的乐曲名。

⑧彻：撤除。

⑨金：金属类的乐器。

⑩节：节制。

⑪动：举动，行动。

⑫诗：专指《诗经》。

⑬谬：差错。

⑭素：单调，单一。

⑮薄：浅薄。

⑯虚：虚假。

⑰作：站起。

⑱偏：偏颇。

⑲蒙：蒙昧。

【释义】

孔子说："你们三个人仔细听着，我告诉你们，礼一共有九项，而大飨之礼有四项，如果知道了这些礼，哪怕是个种田人，遵从了这些礼也会成为圣人。两个国家的君王相见，进入城门时应当相互作揖谦让，进入以后钟鼓应当齐鸣，两个人相互作揖谦让着登上大堂，登上大堂以后钟鼓之声就应当停止，堂下的管乐《象》的乐曲开始奏起，接着是夏钥的乐曲奏起，将祭祀用的器物陈列好，按照礼乐的次序安排仪式，百官执事也都应当准备完备。这样一来，君子才能够从中看到仁爱的精神。行动周旋都符合规矩，车上的铃铛也和《采荠》的乐曲相合。客人离开时，奏起《雍》的乐曲以送别，撤除供品时奏起《羽》曲。所以君子没有一件事是不符合礼的。进门时鸣金，表示欢迎之情，登堂时唱起《清庙》之歌，表示赞美其功德之意。堂下吹奏《象》的乐曲，表示祖先的功业。因此古代的君子，相见时不必用言语表达亲近敬爱之意，用礼乐就可以互相传达了。礼就是条理，乐就是调节。没有道理的事不做，没有节制的事不为。不知道《诗》的，礼节上就会出现谬误，不能用音乐来配合，礼节上就会很单一，道德低下的话，礼节也会变得虚假。"子贡站起来问道："按这么说来夔对礼精通了吗？"孔子说道："你所说的夔不是古代的人吗？他是上古时代的人啊。精通于礼而不精通音乐的，叫作质朴，精通音乐而不精通礼的，叫作偏颇。夔精通于音乐而不精通于礼，所以流传下来的只是精通于音乐的名声。古代的人，各种制度都存在于礼中，修饰制度靠礼，施行制度就应当靠人了。"三个人听完老师的这番话以后，都豁然开朗，蒙昧尽释了。

【原文】

子夏侍①坐于孔子，曰："敢问《诗》云'恺悌②君子，民之父母'，何如斯可谓民之父母？"孔子曰："夫民之父母，必达③于礼乐之源④，以致五至而行三无，以横⑤于天下。四方有败⑥，必先知之，此之谓民之父母。"

【注释】

①侍：侍奉，服侍。

②恺悌：性情温和，亲近待人。

③达：通达，熟知。

④源:源泉。

⑤横:闻名,知名。

⑥败:灾难,祸害。

【释义】

子夏侍奉孔子坐着,说:"请问《诗经》上说'亲近待人的君子,是百姓的父母',那么什么样的人才能被人称作百姓的父母呢?"孔子说:"百姓的父母,一定知道礼乐的根源,致力于五至,实行三无,用以善及天下。四方有难的时候,一定最先知道,这样的人才能称得上百姓的父母。"

卷七

观乡射第二十八

【题解】

本篇由三部分组成,三者所论虽非一事,却都是孔子观礼后对礼义的阐发,体现了孔子"一以贯之"的教化思想,即通过礼乐教化,实现"王道荡荡"的理想。

第一部分,记孔子观看乡射礼后,大有感慨,遂退而亲自与弟子共同演习。不论是孔子还是孔子弟子子贡等人的言说,都体现了孔门儒家对礼义的重视。乡射礼为五礼中的嘉礼之一部分。《周礼·地官·乡大夫》曰:"退而以乡射之礼五物询众庶,一曰和,二曰容,三曰主皮,四曰和容,五曰兴舞。"据孔疏,此五者多为六艺六德之属,是乡射礼所包含的深层意义。

《礼记·射义》曰:"射者进退周还必中礼。内志正,外体直,然后持弓矢审固,持弓矢审固,然后可以言中。此可以观德行矣。"又曰:"射者,男子之事也,因而饰之以礼乐也。故事之尽礼乐而可数为以立德行者,莫若射,故圣王务焉。"此节中所言"射之以礼乐"与之相应。

射礼对射者的要求是相当高的。《射义》云:"射者,仁之道也。射求正诸己,己正而后发,发而不中则不怨胜己者,反求诸己而已矣。孔子曰:'君子无所争,必也射乎!揖让而升,下而饮,其争也君子。'"此节子路、公罔之裘、序点等对"奔军之将""亡国之大夫""与为人后"者的态度,都体现了这一点。射礼可以培养君子人格和仁德之心。孔子在演习乡射礼时的做法,或许正是《周礼》所谓的"以乡射之礼五物询众庶"。此处的记述又分见于《礼记》之《郊特牲》和《射义》两篇。

嵌错宴乐攻战纹铜壶

第二部分,记孔子观看乡饮酒礼后,认为由此而知以仁义德政为核心的王道很容易推行,因为乡饮酒礼的仪节中蕴涵着五条礼义,即"贵贱既明,降[隆]杀既辨,和乐而不流,弟长而无遗,安燕而不乱"。此事又见于《礼记·乡饮酒义》和《荀子.乐论》而文字稍异。《乡饮酒义》孔疏谓乡饮酒"凡有四事:一则三年宾贤能,二则乡大夫饮国中贤者,三则州长习射饮酒也,四则党正蜡祭饮酒。总而言之,皆谓之乡饮酒"。《乡饮酒义》还提到了"致尊让""致洁""致敬",又说"民知尊长养老,而后乃能入孝悌;民入孝悌,出尊长养老,而后成教;教成而后国可安也"。《射义》说:"乡饮酒之礼者,所以明长幼之序也。"皆可与本篇所述五条礼义相互发明。

第三部分,记孔子与子贡观蜡祭的谈话。孔子对蜡祭所包含的深意的理解,体现了他的政治思想和王道主张。治理国家应该宽严有度,有张有弛,是孔子对先王之道的继承与发挥。此则记载又见于《礼记·杂记下》。

【原文】

孔子观于乡射①，喟然叹曰："射之以②礼乐也。何以射？何以听？修身③而发，而不失正鹄④者，其唯贤者乎！若夫不肖之人，则将安能以求饮⑤？《诗》云：'发彼有的，以祈尔爵。'祈，求也，求所中以辞爵⑥。酒者，所以养⑦老，所以养病也。求中以辞爵，辞其养也。是故士使之射而弗能，则辞以病⑧，悬弧⑨之义。"于是退而与门人习射于矍相之圃，盖观者如堵墙焉。射至于司马⑩，使子路执弓矢，出列延⑪，谓射之者曰："奔⑫军之将，亡国之大夫，与为人后⑬者，不得入，其余皆入。"盖去者半。又使公罔之裘，序点扬觯⑭而语曰："幼壮孝悌，耆⑮老好礼，不从流俗，修身以俟死者，在此位。"盖去者半。序点扬觯而语曰："好学不倦，好礼不变，旄⑯期⑰称道而不乱者，在此位。"盖仅有存焉。射既阕⑱，子路进曰："由与二三子者之为司马，何如？"孔子曰："能用命⑲矣。"

【注释】

①乡射：古代的射礼，此指在乡间举行的乡射礼。

②以：配以。

③修身：修养身心，这里是指心倍平静、身体正直地专心射箭。

④鹄：箭靶的中心，也叫作"的""质"等。

⑤求饮：射中的人让射不中的人饮下被罚的酒。

⑥辞爵：推辞所罚之酒。

⑦养：奉养。

⑧病：病人。

⑨悬弧：悬挂木弓，古代的风俗中，如果生了男孩，就在家门的左上边悬挂一张弓表示祝贺。这里是说射箭是男子所能从事的事情。

⑩司马:官名,这里是指子路。当时他正担任司马一职。

⑪延:延请,邀请。

⑫奔:通"偾(贲)",毁败。

⑬人后:过继给别人成为其后嗣。

⑭扬觯:扬,举起。觯,古代的酒器名,和现在所用的酒杯相似。

⑮耆:古代称六十岁为耆。

⑯耄:古代称八十、九十岁为耄。

⑰期:年纪。

⑱阕:结束。

⑲用命:这里是胜任的意思。

【释义】

　　孔子观看乡射礼,感叹地说:"射箭时配上礼仪和音乐,射箭的人一边考虑如何射中目标,一边聆听是什么乐声。根据乐声的节奏发出箭,并能射中目标,只有贤德的人才能做到。如果是不肖之人,他怎能射中而罚别人喝酒呢?《诗经》说:'发射你的箭射中目标,祈求你免受罚酒。'祈,就是求。祈求射中而免受罚酒。酒,是用来养老和养病的。祈求射中而辞谢罚酒就是推辞别人的奉养。所以如果让士人射箭,假如他不会,就应当以有病来辞谢,因为男子生来就应该会射箭。"

　　于是回来后和弟子们在矍相的园圃中学习射箭,观看的人们好像一堵围墙。当射礼行至子路时,孔子让子路手执弓箭出来邀请比射的人,说:"败军之将、丧失国土的大夫、求做别人后嗣的人,一律不准入场,其余的人进来。"听到这话,人走了一半。孔子又让公罔之裘、序点举起酒杯说:"幼年壮年时能孝敬父母,友爱兄弟,到老年还爱好礼仪,不随流俗,修身以待终年的人,请留在这个地方。"结果又走掉一半。序点又举杯说:"好学不倦,好礼不变,到老还宣解道而言行不乱的人,请留在这里。"结果

只有几个人留下没走。

射箭结束后,子路走上前对孔子说:"我和序点他们这些人做司马,如何?"孔子回答说:"可以胜任了。"

【原文】

孔子曰:"吾观于乡,而知王道之易易也①。主人亲速宾及介②,而众宾从之。至于正门之外,主人拜宾及介,而众宾自人。贵贱之义别矣。三揖至于阶,三让以宾升③,拜至④,献酬辞让之节繁⑤。及介升,则省矣。至于众宾,升而受爵,坐祭立饮⑥,不酢而降⑦,隆杀之义辨矣⑧。工人⑨,升歌三终⑩,主人献宾。笙入三终⑪,主人又献之。问歌三终⑫,合乐三阕⑬,工告乐备而遂出⑭。一人扬觯,乃立司正焉⑮,知其能和乐而不流也。宾酬主人,主人酬介,介酬众宾,少长以齿,终于沃洗者焉⑯。知其能弟,长而无遗矣。降脱履,升座,修爵无算⑰。饮酒之节,旰不废朝,暮不废夕⑱。宾出,主人拜送,节文终遂焉⑲,知其能安燕而不乱也。贵贱既明,降杀既辨,和乐而不流,弟长而无遗,安燕而不乱。此五者,足以正身安国矣,彼国安而天下安矣。故曰:'吾观于乡,而知王道之易易也。'"

【注释】

①吾观于乡,而知王道之易易也 乡,指乡饮酒礼。乡射时,乡大夫、州长党正把民众集合起来,教他们乡饮酒礼,是让民众懂得在家孝顺父母,尊敬兄长,在外尊重老人的道理。《礼记.乡饮酒义》注:"乡,乡饮酒也。易易,谓教化之本,尊贤尚齿而已。"王道,和"霸道"对言,指以仁义治国,以德服人的统治方法。易易,极其容易。

②速:召请。王注:"速,召。"宾:来宾,宾客。介:陪客。

③让:谦让。升:登阶。

④拜至:拜谢客人的到来。

⑤献酬：主人向客人献酒、劝酒。节繁：礼节繁多。

⑥祭：祭酒，是一种礼仪。立饮：站着饮酒。

⑦酢：宾客以酒回敬主人。

⑧隆：隆重。杀：降等，减少。

⑨工入：乐工进入。

⑩升歌：宴会时宾客登堂时所奏的歌。三终：古乐章以奏《诗》一篇为一终，每次奏乐共三终，即奏升堂歌《鹿鸣》《四牡》《皇皇者华》。

⑪笙入三终：王注：“吹《南陔》《白华》《华黍》三篇终，主人献之。”笙，吹笙。

⑫间歌：指乐工与吹笙人轮流演奏。三终：王注：“乃歌《鱼丽》，笙《由庚》；歌《南有嘉鱼》，笙《崇丘》；歌《南山有台》，笙《由仪》也。”

⑬合乐三阕：乐工与吹笙人配合演奏。王注：“合笙声同其音，歌《周南》《召南》三篇也。”

⑭工告乐备而遂出：王注：“乐正既告备而降言，遂出。自此至去，不复升也。”乐备，乐工演奏完毕。

⑮一人扬觯，乃立司正：王注：“宾将欲去，故复使一人扬觯，乃立司正主威仪，请安宾也。”司正，指监察饮酒的人。

⑯沃洗者：侍奉宾客盥洗的入。

⑰修爵：指彼此劝酒。无算：不计杯数。

⑱旰不废朝，暮不废夕：《荀子·乐论》作“朝不废朝，莫不废夕”。意为早上饮酒不耽误早晨的事，傍晚饮酒不耽误晚上的事。《家语》作“旰”，恐误。

⑲节文终遂：礼仪结束。

【释义】

孔子说：“我观看乡饮酒礼，知道推行王道是很容易的事。主人亲自召请宾客和陪客，而其他宾客跟随在后。到了主人的正门之外，主人拜迎宾客和陪客，而其他宾客自己跟随进入。这样尊贵的客人和一般的客人就有差别了。三次揖让后走到堂阶前，又三次谦让，主人引导宾客来到厅堂。然后拜谢宾客的到来，斟酒献给宾客，宾客又回敬主人，酬谢辞让的礼节繁多。等到陪客来到厅堂，礼节就减少了很多。至于其他宾客，到了厅堂接受献酒，坐着祭酒，站立饮酒，不回敬主人就可以下阶，礼节的隆重与简单就很清楚了。乐工进来，奏登堂歌《鹿鸣》《四牡》《皇皇者华》三首，于是主人给宾客献酒。吹笙人进来又吹奏了《南陔》《白华》《华黍》三首乐曲，这时主人又给宾客献酒。乐工与吹笙人轮流演奏，乐工歌《鱼丽》，笙人吹《由庚》；乐工歌《南有嘉鱼》，笙人吹《崇丘》；乐工歌《南山有台》，笙人吹《由仪》。接着乐工和吹笙人合奏《周南》《召南》中的三首乐曲，乐工报告说乐曲已演奏完毕，就退下堂去。这时一名管事人对宾客举起酒杯，并设立司正来监察饮酒礼仪，这样就能知道乡饮酒能使大家和乐而不至于失礼。宾客向主人劝酒，主人又向陪客劝酒，陪客又向众宾劝酒，宾客各按年龄大小依次饮酒，最后轮到侍奉宾客盥洗的人饮酒。这样就知道年龄大小的人都不会遗漏。之后，众人走下堂来，脱下鞋子，坐到座位上，彼此不计杯数地劝酒。饮酒的限度，以早上不耽误早晨的事，傍晚不耽误晚上的事为准。饮酒结束，宾客离去，主人拜送，所有礼仪全部结束。这就知道乡饮酒能使大家安乐而不混乱了。尊卑贵贱能够分明，礼节隆重简单区别清楚，和谐欢乐而不失礼，年长年少的都不会遗漏，快乐地宴饮而不混乱。此五种行为，足以正身安国，国家安定，天下就安定了。所以我说：'我观看乡饮酒礼，就知道推行王道是很容易的事。'"

【原文】

子贡观于蜡①。

孔子曰："赐也，乐乎？"

对曰："一国之人皆若狂，赐未知其为乐也。"

孔子曰："百日之劳，一日之乐^②，一日之泽，非尔所知也。张而不弛，文武弗能；弛而不张，文武弗为。一张一弛^③，文武之道也。"

【注释】

①蜡：祭祀名。古代年终祭祀群神称蜡。王注："蜡，索也。岁十有二月，索群神而祀之，今之腊也。"

②百日之劳，一日之乐：王注："古民皆勤苦稼穑，有百日之劳，喻久也。今一日使之饮酒焉乐之，是君之恩泽也。"

③一张一弛：开弓叫张，松弓叫弛，以喻治国之道必须宽严相济。

【释义】

子贡观看年终的蜡祭。

孔子说："端木赐，你快乐吗？"

子贡回答说："一国的人都像疯了一样，我不知这有什么可快乐的。"

孔子说："百姓辛苦劳累了一年，才得以享受一天的快乐，这一天快乐的恩泽，不是你能理解的。只是紧张而不松弛，文王、武王都做不到；只是松弛而不紧张，文王、武王也不会这样做。一张一弛，有劳有逸，这才是文王、武王治理天下的办法。"

郊问第二十九

【题解】

周代的郊天之礼是指在南郊举行的祭祀昊天上帝的礼仪，其最尊者为冬至圜丘祭昊天和启蛰南郊祭上帝祈谷，至春秋后期，人们对这种祭礼不甚明了，鲁定公因此求教于孔子。由此，孔子论述了郊祭的意义、功用及具体的礼仪。本篇因以"郊问"

《孔子家语》原典释义

孔子十分重视郊天之礼,在他看来,郊天之礼是周天子所单独享有的特权,最能体现周天子的至尊地位。孔子认为,郊天之礼最能体现统治秩序,无论是总体规格,还是具体所用的牲器、服饰、禁忌、仪式,都明显高于其他祭祀,蕴涵着强烈的等级观念,能够起到"示民严上"的教化作用。鲁国作为周代的诸侯国,礼仪上应该"降杀于天子",所以鲁国没有冬至日郊天之礼。

在周代,祭祀可因目的不同分为三类,即"祭有祈焉,有报焉,有由辟焉"。郊天之礼也因此可分为两类:冬至日郊天应属于报祭,启蛰月郊天应属于祈祭。孔子对报祭比较重视,他反复指出最隆重的郊天之礼也只是一种"报本反始"的纪念活动,这与孔子一贯主张的"祭祀不祈"的观点是一致的。

本篇又见于《礼记·郊特牲》,两篇在论述郊天礼的时间、牲器、服饰比较一致,只是本篇有定公与孔子的问答语境,对天子之郊的礼仪所记更为具体,对其中蕴涵的等级观念阐发更细。另外,篇中还有见于《礼记·礼器》的内容。

目前,关于周代的郊天之礼,学术界还有较多争议,如对于郊天的具体地点、时间与用牲等,都有不同看法。此外,对于鲁国是否拥有郊天之礼,或者说鲁国的郊天之礼是否属于僭越,至汉儒以来,便开始了无休止的争论。本篇对于郊天礼、孔子祭祀观以及《家语》与王肃关系的研究,都具有重要价值。《家语》载孔子主张鲁唯一郊,即祈谷之郊。而《礼记·郊特牲》孔颖达疏曰:"鲁之郊祭,师说不同:崔氏、皇氏用王肃之说,以鲁冬至郊天,而建寅之月又郊以祈谷。"《家语》与王肃观点截然不同。由此可见,王肃伪造《家语》说显然不能成立。

【原文】

定公问于孔子曰①:"古之帝王必郊祀其祖以配天②,何也?"

孔子对曰:"万物本于天,人本乎祖。郊之祭也,大报本反始也③,故以配上帝。

天垂象④,圣人则之,郊所以明天道也。"

公曰:"寡人闻郊而莫同,何也?"

孔子曰:"郊之祭也,迎长日之至也⑤。大报天而主日,配以月。故周之始郊,其月以日至,其日用上辛⑥。至于启蛰之月⑦,则又祈穀于上帝⑧。此二者,天子之礼也。鲁无冬至大郊之事,降杀于天子⑨,是以不同也。"

公曰:"其言郊,何也?"

孔子曰:"兆正于南⑩,所以就阳位也。于郊,故谓之郊焉。"

曰:"其牲器何如⑪?"

孔子曰:"上帝之牛角茧栗⑫,必在涤三月⑬。后稷之牛唯具⑭,所以别事天神与人鬼也。牲用骍⑮,尚赤也;用犊,贵诚也⑯。扫地而祭,贵其质也⑰,器用陶匏,以象大地之性也⑱。万物无可称之者,故因其自然之体也。"

公曰:"天子之郊,其礼仪可得闻乎?"

孔子对曰:"臣闻天子卜郊⑲,则受命于祖庙,而作龟于祢宫⑳,尊祖亲考之义也。卜之日,王亲立于泽宫,以听誓命,受教谏之义也㉑。既卜,献命库门之内㉒,所以戒百官也。将郊,则供天子皮弁以听报㉓,示民严上也。郊之日,丧者不敢哭,凶服者不敢入国门,氾扫清路㉔,行者毕止。弗命而民听,敬之至也㉕。天子大裘以黼之,被衮象天㉖,乘素车,贵其质也。旂十有二旒,龙章而设以日月,所以法天也。既至泰坛㉗,王脱裘矣,服衮以临燔柴㉘,戴冕,藻十有二旒,则天数也。臣闻之,诵诗三百,不足以一献㉙;一献之礼,不足以大飨㉚;大飨之礼,不足以大旅㉛;大旅具矣,不足以飨帝㉜。是以君子无敢轻议于礼者也。"

【注释】

①定公:鲁国国君,名宋。

②郊祀:在郊外祭天地、祖宗或鬼神。配天:指郊祀时同时祭祀上天。

③大报本反始：大规模地报答上天的恩惠，反思生命之本。

④垂象：显示征兆。

⑤迎长日之至：长日，指冬至之日。冬至之后，白天一天比一天长。王注："周人始以日至之月，冬日至而日长。"

⑥上辛：指农历每月上旬的辛日。辛，天干第八位。

⑦启蛰之月：冬天蛰伏的虫类到春天开始活动。启，起，动。蛰，蛰伏。

⑧祈谷于上帝：王注："祈，求也，为农求谷于上帝。"

⑨降杀：降低、减少。

⑩兆：祭坛的界域。

⑪牲器：祭祀用的家畜和祭器。

⑫上帝之牛：用来祭祀上天的牛。角茧栗：牛角小。

⑬在涤三月：祭祀用的牛在养牛的室内饲养三个月。涤，古代养祭牲之所。王注："涤，所以养生处。"

⑭后稷之牛唯具：后稷，周人的始祖，舜时为稷官，教民耕种。祭天以稷配，所以要准备两种祭牲，一为帝牛，一为稷牛。若帝牛损伤，则取稷牛为帝牛，又别取他牛为稷牛。王注："别祀稷时，牲亦刍之三月，配天之时献，故唯具之也。"唯具，指祭祀用的牛必须准备好。

⑮牲用骍：祭祀用赤色的牛。

⑯用犊，贵诚也：王注："犊质悫，贵诚之美也。"犊，小牛犊。

⑰扫地而祭，贵其质也：王注："地，圜丘之地。扫焉而祭，贵其质也。"质，质朴。

⑱象天地之性：象天地自然的本性。王注："人之作物无可称之，取天地之性以自然也。"

⑲卜郊：占卜祭祀。卜，用火灼龟甲，以推测吉凶。

⑳受命于祖庙，而作龟于祢宫：王注："祢宫，父庙也。受祭天之命于祖，而作龟于

父庙。”

㉑王亲立于泽宫,以听誓命,受教谏之义:泽宫,辟雍。辟雍四面环水,故谓之泽。誓命,告诫王不要失礼,祭天至为重要,故王也受誓戒。王注:“泽宫,宫也。誓命,祭天所行威仪也。王亲受之,故曰受教谏之义。”

㉒库门:诸侯之外门。

㉓天子皮弁以听报:皮弁,冠名,用白鹿皮制成。此指皮弁服,即视朝的常服。王注:“报,白也。王夙兴,朝服以待白祭事,后服衮。”

㉔汜扫清路:汜,广泛。清路,《礼记·郊特牲》作“反道”,即在道上覆盖新土。王注:“汜,遍也。清路以新土,无复行之。”

㉕弗命而民听,敬之至:王注:“以王肃敬事天,故民化之,不令而行之也。”

㉖天子大裘以黼之,被衮象天:天子内服大裘,外披绣有日、月、星辰之衣。王注:“大裘为黼文也,言被之大裘,其有象天之文,故被之道路,至大坛而脱之。”

㉗泰坛:祭天之坛。

㉘临:来到。燔柴:祭天之礼。把玉帛、祭牲置于积柴上焚烧,使气达于上天。

㉙不足以一献:不足,抵不上。一献,祭祀一般的神。王注:“祭群小祀。”

㉚大飨:古代一种祭祀,即大祫,合祭毁庙和未毁庙的神主。王注:“大飨,祫祭天王。”

㉛大旅:大祭名。王注:“大旅,祭五帝也。”

㉜飨帝:王注:“飨帝,祭天。”

【释义】

鲁定公向孔子问道:“古代的帝王,必定要郊祀上天并配祭自己的祖先,这是什么缘故呢?”孔子回答说:“万物都本源于上天,人本源于自己的祖先。郊祀就是大规模地报答上天和祖先的恩惠,同时也是返回到自己本源,因此要祭天时祭祀祖先。上天显示征兆，圣人效仿这些征兆，祭祀就是用来显明天道的。"定公说："我听说郊祀的形式是不相同的，这是什么缘故呢？"孔子说："祭祀是为了迎接长日的到来，以盛大隆重的祭祀来报答上天，并以日作为祭祀的主体，以月份相配。因为周代刚开始的祭祀，是在冬至的那天，具体时辰是在辛日。在那些蛰伏的动物苏醒的月份，则又要向上天祈求谷物的丰收。而这两种都是天子所能用的礼仪。鲁国并没有在冬至郊祀的活动，祭祀的形式要低于天子之礼，这是郊祀之所以不同的原因。"

定公问："它被称之为郊，是什么原因呢？"孔子说："祭天时的场所要选在南郊，这是因为南面的阳光充足，能够靠近阳位，又因为是在郊外，所以就称之为郊祭。"定公问："那用来祭祀的牲畜以及盛祭品的器具都是什么样的呢？"孔子说："祭天所要用的牛，牛角要很小，一定要在涤室中饲养三个月。而用来祭后稷的牛一定要形体和毛色都很完整。这就是祭上天神灵和祭人鬼的区别。所用的牲畜要是红色的牛，因为周代所崇尚的是红色，而用小牛则是表示祭祀的诚心。祭天时要扫地以后再举行，这是在于取其质朴。所用的器具需要是陶制的匏瓜，这是为了效仿天地的自然之性。世间万物中没有比它更适合的了，这是因为它所因袭的是天然形成的形状。"定公问："天子的郊祀之礼是什么样的呢？可以说给我听一听吗？"孔子说："我听说，天子要在郊外祭天时，需要先用龟甲占卜来选定举行的日期。占卜的人先在太庙中接受命令，然后到父庙中进行占，这是为了表达对祖先的尊敬以及对父亲的亲近。在占卜的那一天，天子要在泽宫前等候，亲自聆听占卜的结果，这表达的是听从祖先的教导和劝诫。占卜完了以后，天子在宫殿的库门内颁布祭祀的命令，这是用来告诫百官。将要祭祀前，天子要戴着皮帽听取关于祭祀的报告，这是为了让人民严格地听从于天子。祭祀的那天，有丧事的人家要停止哭啼，穿丧服的人不能进入国都的城门之内。祭祀所要经过的每一处道路都要清扫干净，路上的行人要肃清。实际上，不用下命令人民也早已经听从了，这是因为人民对祭天也恭敬至极。天子身穿带有花纹的裘衣，外面披着衮服，衮服的图案仿效的也是上天的样子。乘着不加装饰的木车，这也是取其质朴。高举着有十二旒的旗,旗上面的图案是龙和日月,这也是效仿上天之义。到了祭天的高坛前,天子要脱掉裘衣,只穿着衮服来到要被点燃的燔柴前。天子所戴的冠冕上垂着十二旒玉璪,这仿效上天的十二个月。我还听说,只能够背诵《诗经》中的三百首诗,还不足以承担一献之礼,只学会了一献之礼,还不足以承担大飨之礼,只学会了大飨之礼,还不足以承担大旅之礼。具备了大旅之礼,也还不足以承担祭祀上帝之礼。因此君子是不敢轻率地议论礼的。"

五刑解第三十

【题解】

本篇记孔子与弟子冉有谈论有关五刑的问题,故以"五刑"名篇。

孔子与冉有的谈论主要围绕三皇、五帝和"先王"如何对待刑罚而展开。本篇可以分为两个部分,前者记孔子论述三皇、五帝"制五刑而不用"的"至治"是如何达到的;后者主要谈论"刑不上于大夫,礼不下于庶人"的问题。

孔子主张"礼以坊民",认为无礼生乱。在孔子看来,刑罚之设乃是为了应对社会的混乱,而圣人制订刑罚,设立防线,应以无人作乱为最高境界,尽力堵塞致乱的源头才是为政的要务。本篇所记孔子的话,认为为政者应当设立制度,饰以礼仪,由此使民知所止,使民知有仁义,使民遵守秩序。如果"礼度既陈,五教毕修,而民犹或未化",则一定"明其法典,以申固之",在这样的情况下,使用刑罚也是十分正常的。

对于刑罚、礼仪之于大夫、庶人,孔子认为并不是一般人所认为的"大夫犯罪,不可以加刑;庶人之行事,不可以治于礼"。在孔子看来,管理君子,重要的在于以礼教化,在于"御其心",使其明于"廉耻之节",所谓"刑不上大夫",仍然使大夫"不失其罪"。至于庶人,因为其忙于劳作,哪里能够充分习于礼仪,所谓"礼不下于庶人",是不责求他们礼仪完备而已。

本篇讨论涉及德治与刑罚的关系问题，是研究孔子政治思想的重要资料。以前，人们以《孔子家语》为王肃伪作，遂弃而不用，以致在相关问题的理解上出现了偏差。例如，关于"刑不上于大夫，礼不下于庶人"，便有不少学者专文进行讨论，如钟肇鹏《"礼不下于庶人，刑不上于大夫"说》（载《学术月刊》1963 年第 2 期，收入其《孔子研究》增订版，中国社会科学出版社 1990 年版）、李启谦《"礼不下于庶人，刑不上于大夫"吗？——谈先秦史研究中的一个问题》（载《齐鲁学刊》1980 年第 2 期）、李衡眉、吕绍纲《"刑不上于大夫"的真谛何在？——兼与陈一石同志商榷》（载《史学集刊》1982 年第 1 期）。《孔子家语》的本篇记载，或许会对我们理解这一问题有所帮助。

本文第一部分材料略见于《大戴礼记·盛德》，第二部分在《汉书·贾谊传》中有值得参考的记载。本篇与《汉书·贾谊传》材料的关联，尤其值得我们注意。《家语》本篇曰：

古之大夫，其有坐不廉污秽而退放之者，不谓之不廉污秽而退放，则曰"簠簋不饬"；有坐淫乱男女无别者，不谓之淫乱男女无别，则曰"帷幕不修"也；有坐罔上不忠者，不谓之罔上不忠，则曰"臣节未著"；有坐罢软不胜任者，不谓之罢软不胜任，则曰"下官不职"；有坐干国之纪者，不谓之干国之纪，则曰"行事不请"……

《汉书·贾谊传》记贾谊上疏中说：

古者礼不及庶人，刑不至大夫，所以厉宠臣之节也。古者大臣有坐不廉而废者，不谓不廉，曰"簠簋不饰"；坐污秽淫乱男女亡别者，不曰污秽，曰"帷薄不修"；坐罢软不胜任者，不谓罢软，曰"下官不职"……

两相参照，将有助于消除人们对《家语》成书问题的一些误解。

【原文】

冉有①问于孔子曰："古者三皇五帝②不用五刑③，信④乎？"孔子曰："圣人之设防，贵其不犯也。制五刑而不用，所以为至治也。

【注释】

①冉有:姓冉,名求,也称冉求,字子有,孔子高徒。

②三皇五帝:我国上古时期的帝王。五帝在三皇之后。具体所指说法很多。三皇是指伏羲氏,燧人氏,神农氏;五帝指黄帝、颛顼、帝喾、唐尧、虞舜。

③五刑:我国古代五种主要刑罚,各个朝代都有所不同。早期五刑:墨,在犯人的额头上刺字后,染上黑色;劓,割掉犯人的鼻子;剕,又称刖,斩去犯人的足部;宫,男子割去生殖器,女子幽闭;大辟,死刑。见于《尚书·吕刑》。而《周礼·秋官·司刑》的记载略有差别.指墨、劓、宫、刖、杀。

④信:真的,真实的。

【释义】

冉有问孔子说:"古代的时候,三皇五帝不用五刑就能治理好百姓,这是真的吗?"孔子说:"圣人设定礼法以防范百姓,所看重的是百姓不去触犯;制定了五刑却置而不用,这才是治理国家的最高境界。"

【原文】

"凡夫之为奸邪、窃盗、靡法①、妄行②者,生于不足③,不足生于无度④。无度则小者偷盗,大者侈靡,各不知节⑤。是以上有制度,则民知所止,民知所止则不犯。故虽有奸邪、贼盗、靡法、妄行之狱⑥,而无陷刑之民⑦。"

【注释】

①靡法:无法,非法。靡,无,没有。

②妄行:胡作非为。

中华传世藏书

孔子家语
通解

《孔子家语》原典释义

③不足:不满足,不知足,贪心。

④度:节度.限度。

⑤节:节度,节制,节约。

⑥狱:刑罚,罪名。

⑦而无陷刑之民:却不会使百姓陷于刑罚之中

【释义】

"凡是那些奸邪、盗窃、无视法度胡作非为的人,他们都是因为贪欲得不到满足才那样做的,而不满足是由于自己没有节度而引起的。没有节度的话,轻者就会偷盗,重者就会奢侈糜烂,都不知道有所节度。因此说君上制定了制度,那么百姓就会知道什么不该做,百姓知道什么不该做就不会去触犯法度。因此即使有奸邪、盗窃、无视法度、胡作非为的罪名,也不会有百姓陷于刑罚之中。"

【原文】

"不孝者生于不仁,不仁者生于丧祭之无礼,明丧祭之礼所以教仁爱也。能教仁爱,则丧思慕①祭祀,不解人子馈养之道②。丧祭之礼明,则民孝矣。故虽有不孝之狱,而无陷刑之民。"

【注释】

①慕:向往,思慕。

②"不解"句:如同双亲在世时一样,毫不懈怠地奉行为人子孝顺父母的赡养之道。解,通"懈"。懈怠,松弛。

【释义】

"不孝顺父母是由于缺少仁爱造成的,缺少仁爱是由于丧礼和祭祀时没有礼仪才造成的。让百姓学习祭祀时的礼仪以此来教育他们懂得仁爱。能够教给百姓懂得仁爱，那么丧葬的时候就会渴望祭祀父母，就如同双亲还在世一样，毫不懈怠地奉行为人子孝顺父母的赡养之道。百姓懂得了丧葬和祭祀时的礼仪，那么百姓就会孝顺了。因此即使有不孝的罪名也不会有百姓陷于刑罚之中。"

【原文】

"杀①上者生于不义义，所以别贵贱明尊卑也。贵贱有别、尊卑有序，则民莫不尊上而敬长。朝聘之礼②者，所以明义也，义必明则民不犯。故虽有杀上之狱，而无陷刑之民。"

【注释】

①杀：贬抑，减损，不尊重，侮慢。

②朝聘之礼：古代诸侯定期朝见天子的礼仪。春秋时诸侯自相朝见也叫朝聘。聘，问。

【释义】

"侮慢在上位者的都是由于没有仁义造成的。仁义就是用来区分贵贱彰显尊卑的。贵贱得到了区分，尊卑秩序井然，那么百姓就都会尊敬在上位者和长者。朝聘的礼仪，也是用来彰明道义的，道义只有得到了彰明，百姓才不会侵犯长上。因此就是有侮慢长上的罪名，也不会有百姓陷于刑罚之中。"

【原文】

"斗变者生于相陵①，相陵者生于长幼无序而遗②敬让。乡饮酒之礼③者，所以明长幼之序，而崇敬让也。长幼必序，民怀敬让，故虽有斗变之狱，而无陷刑之民。"

【注释】

①斗变者生于相陵:发生争斗是由于相互欺凌而引起的。斗变,争斗,私斗。陵,欺侮,欺凌。

②遗:遗忘。

③乡饮酒之礼:古代嘉礼的一种,一般于正月吉日举行。乡人以时聚会宴饮的礼仪,其意义在于序长幼.别贵贱,以敦养风俗,达到德治教化的目的。此种礼仪可以分为四类:第一,三年大比,诸侯之乡大夫向其君举荐贤能之士,在乡学中与之宴饮,待以宾礼;第二,乡大夫以宾礼宴饮国中贤者;第三,州长于春秋会民习射,射前饮酒;第四,党正于季冬蜡祭饮酒。

【释义】

"发生争斗是由于相互欺凌而引起的,相互欺凌是因为长幼无序而彼此遗忘了尊敬谦让。乡饮酒之礼就是为了彰明长幼之间的秩序,以崇尚尊敬谦让。长幼之间必须遵守一定的秩序,百姓也要心怀尊敬谦让,因此即使有争斗的罪名,也不会使百姓陷入刑罚之中。"

【原文】

"淫乱者生于男女无别,男女无别,则夫妇失义。礼聘享①者,所以别男女,明夫妇之义也。男女既别,夫妇既明,故虽有淫乱之狱,而无陷刑之民。"

【注释】

①礼聘享:婚聘宴享的礼仪。

【释义】

"淫乱者是由于男女之间没有区别造成的,男女之间没有区别,那么夫妇之间就失去了道义。婚聘宴享的礼仪,就是为了彰明男女之间的区别和夫妇之间的道义。男女之间区别开了,夫妇之间的关系得到了彰显,因此即使有淫乱的罪名,也不会有百姓陷于刑罚之中。"

【原文】

"此五者,刑罚之所以生,各有源焉。不豫①塞②其源,而辄绳之以刑③,是谓为民设阱而陷之④。刑罚之源,生于嗜欲不节。夫礼度者,所以御⑤民之嗜欲,而明好恶,顺天之道。礼度既陈,五教毕修,而民犹或未化,尚必明其法典,以申固之⑥。其犯奸邪、靡法、妄行之狱者,则饬⑦制量之度⑧;有犯不孝之狱者,则饬丧祭之礼;有犯杀上之狱者,则饬朝觐之礼;有犯斗变之狱者,则饬乡饮酒之礼;有犯淫乱之狱者,则饬婚聘之礼。三皇五帝之所化民者如此,虽有五刑之用,不亦可乎?"

【注释】

①豫:预先,事先。

②塞:堵塞。

③绳之以刑:用刑罚来制裁。绳,治理,约束,制裁。

④设阱而陷之:挖设陷阱使民入其中。

⑤御:驾驭,治理,管理。

⑥"尚必明其法典"句:还须使百姓明白法度与典章制度,通过反复地申诫使之得到巩固。申,申诫,训诫。固,巩固,使坚固。

⑦饬:整饬,治理。

⑧制量之度：法度方面的标准。

【释义】

"这五项都是刑罚产生的原因，而且各自有各自的渊源。如果不预先堵塞住事情的源头，就直接用刑罚来制裁，这就无异于挖设陷阱而让百姓向里面跳。刑罚的渊源，是由于人的嗜欲没有节制。而礼仪法度是用来管理百姓的嗜欲的，以此来彰明好恶的区别，来顺应天之道。礼仪法度已经展现到了百姓的面前，五教也得到了修饬，但是百姓还是不能得到教化的，那么就还要明确法度和典章制度，通过反复地申诫使之得到巩固。如果有犯奸邪，无视法度，胡作非为的罪行的，就需要整饬法度方面的标准；如果有犯不孝的罪行的，就需要整饬丧葬祭祀方面的礼仪；如果有犯侮慢长上的罪行的，就需要整饬朝觐方面的礼仪；如果有犯私斗的罪行的，就需要整饬乡饮酒方面的礼仪；如果有犯淫乱罪行的，就需要整饬婚聘宴享方面的礼仪。三皇五帝教化百姓的方法就是这样，即使有五刑也置而不用，这不也是可以的吗？"

【原文】

孔子曰："大罪有五，而杀人为下。逆①天地者罪及②五世，诬文武者罪及四世，逆人伦者罪及三世，谋鬼神者罪及二世，手杀人者罪及其身。故曰大罪有五，而杀人为下矣。"

【注释】

①逆：违反，违背。

②及：牵连，牵涉。

【释义】

孔子说："最为重大的罪行有五种，其中杀人罪是最轻的。违背天道的人的罪行要牵连五代亲属,污蔑周文王周武王的人的罪行要牵连四代亲属,违背人伦之道的人的罪行要牵连三代亲属,不敬鬼神的人的罪行要牵连两代亲属,亲手杀人的人的罪行只需自身服罪。因此说,最为重大的罪行有五种,但是杀人罪是最轻的。”

【原文】

冉有问于孔子曰:“先王制法,使刑不上于大夫,礼不下于庶人。然则大夫犯罪,不可以加刑;庶人之行事,不可以治于礼乎?”孔子曰:“不然。凡治君子,以礼御其心,所以属①之以廉耻之节也。故古之大夫,其有坐②不廉污秽③而退放④之者,不谓之不廉污秽而退放,则曰'簠簋不饬'⑤;有坐淫乱男女无别者,不谓之淫乱男女无别,则曰'帷幕不修'⑥也;有坐罔上⑦不忠者,不谓之罔上不忠,则曰'臣节未著';有坐罢软⑧不胜任者,不谓之罢软不胜任,则曰'下官不职'⑨;有坐干⑩国之纪者,不谓之干国之纪,则曰'行事不请'⑪。此五者,大夫既自定有罪名矣,而犹不忍斥然⑫正以呼之也,既而为之讳,所以愧耻之。是故大夫之罪,其在五刑之域⑬者,闻而谴发⑭,则白冠厘缨⑮,盘水加剑⑯,造⑰乎阙而自请罪,君不使有司执缚牵掣而加之⑱也;其有大罪者,闻命则北面再拜,跪而自裁,君不使人捽引⑲而刑杀,曰:'子大夫自取之耳,吾遇⑳子有礼矣:'以刑不上大夫,而大夫亦不失其罪者,教使然也。所谓礼不下庶人者,以庶人遽其事而不能充礼㉑,故不责之以备礼也。”冉有跪然免席㉒,曰:“言则美矣!求未之闻。”退而记之。

【注释】

①属:通“嘱”。叮嘱,告诫。

②坐:犯罪,犯法。

③污秽:指贪污受贿。

④退放:斥退,放逐。

⑤簠簋不饬:簠和簋不整齐。这里是一种委婉的说法,意思是官员不够廉洁。

簠、簋,古代食器,后主要用作礼器.放黍、稷、稻、粱。饬,整齐。

⑥帷幕不修:帐幕没有整理好。帷幕、帐幕,用于遮挡的大块布帛等,在旁的称"帷",在上的称"幕"。

⑦罔上:欺骗长上。罔,蒙蔽,欺罔,欺骗。

⑧罢软:软弱无能。罢,通"疲"。

⑨职:动词,称职。

⑩干:触犯,冒犯。

⑪行事不请:没有请示即擅自行事。

⑫斥然:斥责的样子。

⑬域:范围。

⑭闻而谴发:听到自己罪行暴露。谴,罪责,罪过。发,揭露,暴露,掀开。

⑮白冠厘缨:戴着用兽毛作缨的白帽子。白冠,丧服。厘,整理,厘定,这里是"插"的意思。

⑯盘水加剑:盘中加水,放上剑,用以自刎。

⑰造:到,去。

⑱"君不使有司执缚"句:君主不让官吏捆绑牵引而凌辱他们。牵掣,牵引,拽。加,凌驾,凌辱。

⑲捽引:这里是"揪抓"的意思。捽,揪着头发。

⑳遇:待,对待。

㉑"以庶人遽"句:因为平民百姓忙于事务而不能充分地施行礼仪。遽其事,即遽于其事,指忙于事务。遽,急迫,仓促。充礼,充分地遵行礼仪。充,充实,充分。

㉒跪然免席:跪然,崇拜。免席,离席。

【释义】

冉有向孔子问道:"先王制定法规,使用刑罚不能加到大夫身上,用礼不用下到平民身上。然而大夫犯了罪，不可以对他施加刑罚，平民做事情，也不可以用礼来约束吗？"孔子回答说："不是这样的。凡是管治君子，都要用礼来驾驭他们的思想，这是由于将他们归属于有廉耻之节的人。因此古代的大夫，有触犯贪污等不廉洁之罪而被免职放逐的，但不将其称为因不廉洁而被免职放逐，而是称之为"簠簋不饬"；有触犯了淫乱、男女之别罪的，不将其称为淫乱、男女之别，而是称之为"帷幕不修"；有犯有欺瞒主上、不忠罪的，不将其称为欺瞒主上、不忠，而是称之为"臣节未著"；有犯有软弱无能、不能胜任职责之罪的，不将其称之为软弱无能、不能胜任职责，而是称之为"下官不职"；有犯有触犯国家法规之罪的，不将其称为触犯国家法规，而是称之为"行事不请"。这五种情况，对于大夫们来说，早就定下罪名了，只是不直接称呼他有罪，而是继续为他避讳，因此使他感到羞耻。因此大夫的罪行在五刑范围之内的，一旦得知了他的罪行，就马上摘去他的官帽，让他整理冠带，用盘子盛上水，在上面放一把剑，让其自尽。或者是他自己到君王的官阙中请罪，君王不再派相关官吏将他拘捕以施刑。犯了大罪过的，听到君王的命令就面朝北方拜上两拜，跪下自杀，君王也不再派人拘捕他以施刑，而只是说：'你是大夫，罪状是你自己造成的，我对待你是有礼的。'因此刑罚虽然不直接加到大夫身上，大夫自己却不能逃避所犯下的罪行，这是受到教化的结果。所说的礼不用于平民，是由于他们忙碌于琐事而无法充分学习礼仪，因此不能要求他们有完备的礼仪。"冉有听完后跪着离开了座位，说道："您说得真好啊，我以前从来没有听说过这些。请允许我退下将这些话记录下来。"

刑政第三十一

【题解】

本篇记述孔子与弟子仲弓之间的对话，谈论的是刑罚与政教问题，故以"刑政"名篇。

孔子政治思想的特征是"德主刑辅"。孔子主张德政，但也不排斥刑罚，认为"为政以德"是政治的根本，刑罚是德政的必要补充。孔子这方面的论述比比皆是，如《孔丛子·刑论》记有孔子与卫将军文子谈论鲁国公父氏"听狱"的事情。孔子说："公父氏之听狱，有罪者惧，无罪者耻"，对他十分赞赏。孔子又说："齐之以礼，则民耻矣；刑以止刑，则民惧矣。"刑之设不独为刑，更在于止刑，惩恶不是终极目的，劝善才是最高宗旨。德政与刑政的关系也就像孔子所说的行政中"宽"与"猛"的关系，《左传》昭公二十年记孔子曰："政宽则民慢，慢则纠之以猛。猛则民残，残则施之以宽。宽以济猛，猛以济宽，政是以和。"这个论述，同样也见于《孔子家语》的《正论解》。

孔子的这一思想有其历史渊源，在他所整理的《尚书》的《大禹谟》中有"明于五刑，以弼五教"的句子，《孔丛子·论书》中就记有孔子类似的话，即"五刑所以佐教也"。本篇中记孔子说："大上以德教民，而以礼齐之。其次以政焉导民，以刑禁之，刑不刑也。化之弗变，导之弗从，伤义以败俗，于是乎用刑矣。"在这里，刑之用乃以德为前提，刑只适用于愚顽不化、不守法度的人。

本篇中所记述的孔子关于刑罚的论述，有一点十分引人瞩目。孔子说："疑狱则泛与众共之，疑则赦之，皆以小大之比成也。"这一点，很容易让我们联想到我国当代司法实践中"疑罪从无"的原则。疑罪从无是指根据我国《刑事诉讼法》规定，对于证据不足，不能认定被告人有罪的，应当做出证据不足、指控的犯罪不能成立的无罪判决，它是现代法治国家在处理疑案时所普遍采用的一项司法原则。疑罪从无不仅是对被追诉者的权利保障，也是对每个可能涉及诉讼的公民权利的普遍保障，是法治社会中人权不可缺少的一道保护屏障。法学界学者认为，疑罪从无是人格尊严需求在刑事诉讼中的体现，这是刑事司法中关注人权的一种审慎态度。尽管有可能放纵真正的罪犯，但仍比冤枉一个无辜的人好。这是现代文明法治的一个必要代价。本篇中孔子"疑则赦之"的观点，正闪烁着孔子政治思想的智慧之光。

本篇对研究早期儒学传承有重要意义。孔子以后，"儒分为八"，战国中后期，影响较大的有孟子、荀子。孟子"学于子思之门人"，子思曾经学于曾子，曾子以后，有以子思、孟子为代表的"思孟学派"；荀子尊崇仲弓，《荀子》书中，常常"仲尼、子弓"二人并称，如《非十二子》有"以为仲尼、子弓为兹厚于后世"之言，是说人们认为孔子、子弓由此而见重于后世。"子弓"其实就是孔子弟子冉雍，冉雍字仲弓，荀子尊称其为子弓。仲弓也是孔子"德行"科弟子，《上海博物馆藏战国楚竹书》中有《仲弓》篇，提供了研究子弓的新材料，《家语》中的《刑政》专门记述

带盖单耳铜鏊

孔子与仲弓的对话，显示了仲弓的思想倾向。正确对待《刑政》篇的记载，综合这些材料，有利于仲弓思想的研究，由此可以观察仲弓与荀子思想上的一致性，也可进一步比较孟、荀学说。

本篇的记载部分略见于《礼记·王制》，但本篇更显完整系统。

【原文】

仲弓①问于孔子曰："雍闻至刑②无所用政，至政③无所用刑。至刑无所用政，桀纣之世是也；至政无所用刑，成、康之世④是也。信乎？"孔子曰："圣人之治，化也，必刑政相参⑤焉。太上⑥以德教民，而以礼齐之；其次以政焉导民，以刑禁之，刑不刑也⑦。化之弗变，导之弗从，伤义以败俗，于是乎用刑矣。颛五刑必即天伦⑧。行刑罚则轻无赦，刑，侀⑨也；侀，成也，壹⑩成而不可更，故君子尽心焉。"

【注释】

①仲弓：孔子弟子，姓冉，名雍，鲁国人，以德行著称。

②至刑：一味地施行惩罚。至，极，最。

《孔子家语》原典释义

③至政:最高境界的政治教化。

④成、康之世:周成王、周康王的时候。

⑤参:参互。

⑥太上:最高,最上或太古,上古。

⑦刑不刑也:惩罚那些不遵守法度的。

刑,动词,惩罚。不刑,无视刑罚、不遵守法度的人。

⑧颛五刑必即天伦:专用刑罚也必须符合天道。颛,通"专"。专擅,专用。五刑,古代的五种重刑。即,就,接近。

⑨侀:通"型"。原指铸造器物的模型,引申为"定型""完成"的意思。

⑩孛壹:一旦,一经,

【释义】

仲弓问孔子说:"我听说如果一味地施行刑罚就没有办法来施行政治教化,至高境界的政治是不需要刑罚的。一味施行刑罚就不能实行政治教化,桀纣的时候就是这样;至高境界的政治教化是不需要刑罚的,周成王、康王的时候就是这样的。情况确实是这样的吗?"孔子说:"圣人治理国家,用的是政治教化,必定会将刑罚与政治教化交互使用。上古的时候用德义来教化百姓,用礼来使百姓行为整齐;其次是用政治来引导百姓,而以刑罚来禁残止暴。如果施行教化不能改变百姓的行为,加以引导也不听从,损害道义而败坏风俗,于是乎就要使用刑罚。专用刑罚的话也必须遵行天道。施行刑罚的时候,即使是很轻的罪行也不能轻易赦免。刑即是侀,也就是成型的意思,刑罚一旦施行就不能更改,所以君子对此不能不尽心尽力。"

【原文】

仲弓曰:"古之听讼①,尤罚丽于事,不以其心②。可得闻乎?"孔子曰:"凡听五刑之讼,必原③父子之情,立君臣之义,以权④之;意论轻重之序⑤,慎测浅深之量⑥,以别之;悉⑦其聪明,正其忠爱,以尽之。大司寇正刑明辟⑧以察狱,狱必三讯⑨焉。有指无简,则不听也⑩;附从轻,赦从重⑪;疑狱则泛与众共之,疑则赦之,皆以小大之比成也⑫。是故爵人⑬必于朝,与众共⑭之也;刑人必于市,与众弃之也。古者公家不畜⑮刑人,大夫弗养也,士遇之涂⑯,以弗与之言,屏⑰诸四方,唯其所之,不及与政,弗欲生之也。"

【注释】

①听讼:处理诉讼,审理案件。听,处理,判断。

②尢罚丽于事:特别重视自己的判刑要和事实相符,不能完全用自己的主观判断来量刑。丽,附,依附。

③原:推原,推究。

④权:权衡,权量。

⑤意论轻重之序:详细论证犯罪情节的轻重。

⑥慎测浅深之量:审慎地分析犯罪动机的深浅程度。

⑦悉:动词,倾尽所有。

⑧辟:罪,罪行。

⑨狱必三讯:审理案件必须实行"三讯"制度。讯,询问,征求意见。三讯,指一讯群臣,二讯群吏,三讯万民。

⑩有指无简,则不听也:对于那些有作案动机,但是却无作案事实的,就不应该判刑。指,意,指犯罪动机。简,诚,指犯罪事实。

⑪附从轻,赦从重:施加刑罚的时候依从"从轻"的原则.赦免时依从"从重"的原则。附,附加,施加。

⑫"疑狱则泛与众共之,疑则赦之"句:对于有疑点的案例,要广泛地与众人共同

商量审理,确有疑点时,就要将嫌疑人赦免。这些都是依据以往的大小案例来制定的。比,仿效前代故事,比照已行之法。这是中国最早的"疑罪从无"的原则,对后世有很深的影响。

⑬爵人:册封,给人以封爵。

⑭共:通"恭"。恭敬,尊敬。

⑮畜:蓄养,收留。

⑯涂:路途,道路。

⑰屏:拒绝,摒弃。

【释义】

仲弓说:"古时候审理诉讼案件时,尤其注重依据事实来审判,而不是根据其犯罪的动机,可以将这些说给我听一听吗?"孔子说:"凡是审理五种罪行的案件,必须要推原父子间的亲情,按照君臣之义来权衡他是否为忠爱犯法。目的是论证情节的轻重,仔细地审查其罪行的深浅以区别对待,尽自己分辨是非的能力,考验其忠爱之心以穷究案情。大司寇的责任就是在审理案件时规定刑法、明察案情,审案必须要向群臣、群吏、万民三方征求意见。那种有犯罪的意图却核实不了犯罪事实的就不要治罪。量刑时那种可重可轻的要从轻发落,赦免时要先赦免那些原判较重的,如果案件可疑的话就要广泛地和民众一同审理,如果情有可疑的就予以赦免。不论案件大还是小,都要审理好。因此授予人官爵就一定要在朝廷之上,让众人一同参加,给人施以刑罚时就一定要在街市上当众施行,让众人也一同唾弃他。古时候诸侯不允许收留犯罪的人,大夫也不允许供养犯罪的人。在道路上,遇到犯人不要和他说话,将他放逐出去,随便流放到什么地方,不要让他参与政事,以示不想让他存活在人间。"

【原文】

仲弓曰:"听狱,狱之成①,成何官?"孔子曰:"成狱成于吏,吏以狱成告于正②。正既听之,乃告大司寇。听之,乃奉于王。王命三公卿士参听棘木之下③,然后乃以狱之成疑④于王。王三宥⑤之,以听命而制刑焉,所以重之也。"

【注释】

①狱之成:指案件的审理完成。

②正:狱正,狱官之长。

③王命三公卿士参听棘木之下:天子命令三公卿士参与审理,协助断案。参听,参与审理,协助断案。棘木,据《周礼·朝士》说,外朝左即东边种有九棵棘树,是公卿大夫之位;右即西边种有九棵棘树,是公侯伯子男之位;南边种有三棵槐树,是三公之位。因外朝主要用棘树标位,故曰"听棘木之下"。

④疑:通"凝"。汇集,聚集。

⑤三宥:三种可以从轻处理的犯罪:一是无知而犯罪,二是偶然的而不是预谋的犯罪,三是精神错乱而犯罪。

【释义】

仲弓说:"审理案件的时候,由什么官员负责定案呢?"孔子说:"案件的判决成于吏之手,吏将判决完的案件告诉给狱正。狱正审查完之后,再把结果告诉给大司寇。大司寇审查完毕,就上报于君王。君王再命令三公卿士参加审理,协助断案,最后才把案件的最后审理结果汇集到君王那里去。君王参照可以减刑的三种具体情况,给以相应的宽赦,最后根据各种审理意见才能做出最终的判决。这表现了对案件审理的慎重。"

【原文】

仲弓曰:"其禁①何禁②?"孔子曰:"巧言破律③,遁名改作④,执左道⑤与乱政者,杀;作淫声⑥,造异服,设伎奇器,以荡⑦上心者,杀;行伪而坚⑧,言诈而辩,学非而博,顺非而泽,以惑众者,杀;假于鬼神、时日、卜筮,以疑众者,杀。此四诛者,不以听⑨。"

【注释】

①禁:名词,禁令,法令。

②禁:动词,禁止。

③巧言破律:花言巧语曲解法律。巧言,花言巧语。破律,指曲解法律。

④遁名改作:假借名目擅改法度。

遁名,假借名目偏私徇情。遁,通"循"。曲从,偏私。

改作,指擅改法度。作,法则,法度。

⑤左道:邪道,邪术。

⑥淫声:浮靡不正派的乐曲。

⑦荡:动摇,惑乱。

⑧行伪而坚:行为诡诈而又顽固坚持。

⑨不以听:无须再经过审理。听,审理。

【释义】

仲弓说:"在刑罚中都有哪些禁止?"孔子说:"花言巧语地将律法曲解,假冒他人名义改变法度,扰乱政事和作乱的,都要处以死刑;制作淫靡之声,制造奇装异服、设计出诡异的技艺、奇巧的器物来扰乱君王心思的,都要予以诛杀;行为诡谲却又顽固不化的,言语狡诈又善于诡辩的,学习大量邪恶的东西、积极顺从于邪恶之事,用来蛊惑民心的,都要予以杀戮;假借鬼神、时日,利用卜筮以迷惑民心的,都要处以死刑。这四种应当处以死刑的,无须再在棘木之下重新审理。"

【原文】

仲弓曰:"其禁尽于此而已?"孔子曰:"此其急者,其余禁者十有四焉:命服命车①,不粥于市②;圭璋璧琮③,不粥于市;宗庙之器,不粥于市;兵车旍旗④,不粥于市;牺牲秬鬯⑤,不粥于市;戎器兵甲,不粥于市;用器不中度⑥,不粥于市;布帛精粗不中数,广狭不中量,不粥于市;奸色⑦乱正色,不粥于市;文锦珠玉之器,雕饰靡丽,不粥于市;衣服饮食,不粥于市;果实不时⑧,不粥于市;五木不中伐,不粥于市;鸟兽鱼鳖不中杀,不粥于市。凡执此禁以齐众者,不赦过也。"

【注释】

①命服命车:君王按照官职的等级赏赐的车马服饰。

②不粥于市:不在市场上买卖。粥,通"鬻"。卖。

③圭璋璧琮:圭、璋、璧、琮是四种尊贵的玉器名称,常用作朝聘、祭祀等的礼器。

④旍旗:旗帜的总称。旍,通"旌"。古代旗的一种,主要用于指挥或开道,缀旄牛尾于竿头,下有五彩羽毛。

⑤牺牲秬鬯:祭祀用的牺牲、祭酒。秬鬯,以黑黍和香草酿造的酒,用于祭祀。

⑥用器不中度:不符合规格的日常器具。中,符合,适合。

⑦奸色:颜色不纯正者。

⑧果实不时:果实尚未成熟。

【释义】

仲弓说:"法令所禁止的就只是这些吗?"孔子说:"这些只是急需禁止的,其他应该禁止的,尚且有十四种情况:君王根据官吏的等级所赏赐的车马服饰,不能在市场出售;圭、璋、璧、琮等贵重的礼器,不能在市场出售;宗庙中用于祭祀的礼器,不能在市场上出售；兵车战旗，不能在市场上出售；祭祀用的牺牲祭酒，不能在市场上出售；兵器铠甲，不能在市场上出售；不符合规格的日常器物，不能在市场上出售；布帛的精粗达不到标准，不能在市场上出售，长宽达不到标准，也不能出售。颜色不纯混淆正色的东西，不能在市场上出售；有纹饰的锦绣以及珠宝玉器等雕饰异常华丽的，不能在市场出售；现成的衣服与饮食不能在市场上出售；不成熟的果实，不能在市场上出售；取火用的五种树木，尚未成材就已经砍伐的，不能在市场上出售；鸟兽鱼鳖未到宰杀的时候，不能在市场上出售。凡是用这些禁令来治理民众时，是不能赦免违犯者的罪过的。"

礼运第三十二

【题解】

　　本篇出于孔子与弟子言偃的对话。孔子为鲁大司寇时，曾以宾（即"傧"）的身份参加鲁国蜡祭，这是一项重大祭祀活动，由此引发了孔子对于礼的议论。后来，孔子与言偃说起这一话题，言偃遂记录整理孔子之言。

　　本篇因记录孔子著名的"大同"社会理想而十分引人瞩目。本篇又见于《礼记》，以前，人们不信《家语》，历来阐述孔子社会理想都以《礼记》中的《礼运》篇为依据，其实，《礼记·礼运》经过了后人的整理编订，关于孔子"大同"说的一段已经失去本真。在本篇中，孔子理想的"大同"社会乃是指夏、商、周三代"圣王"时期，并不是指所谓"三皇五帝时代"。孔子所说"大道之行"的时代具体是指禹、汤、文、武、成王、周公时期，在孔子看来，三代"圣王"之后，就是"大道既隐"的时期。

　　与《礼记·礼运》相比，本篇更显古朴真实。孔子没有说到三皇五帝，也没有说到"小康"，那种以此来论证孔子主张回复到"原始共产主义"时代，认为孔子思想倒退的看法是不对的。本篇既然是孔子弟子所记录的孔子言论，则该篇自然属于典型的儒家学说。其他种种关于该篇学派属性的论断都不正确。（详情请参阅杨朝明：《〈礼运〉成篇与学派属性等问题》，载《中国文化研究》2005年春之卷）

以前，人们怀疑本篇，主要是受疑古思潮的影响。例如，不少学者看到《礼运》中有"阴阳""四时""五行"等概念，便以之与阴阳家相联系，遂认定《礼运》的成篇不会早于阴阳五行思想盛行的战国晚期，认定《礼运》作者已经具备了较完整的阴阳五行思想。其实，关于阴阳观念，其产生时间很早已经是学者们的共识。在《礼运》中，"阴阳"与"五行"是分说的。《礼运》认为，像一切事物一样，礼的发展变化也与天地、阴阳有关。

《礼运》中说："夫礼，必本于大一，分而为天地，转而为阴阳，变而为四时，列而为鬼神。其降曰命，其官于天也。"这里的论述很容易令人想到郭店楚简的《太一生水》和《性自命出》，其间的论说如出一辙，在说理方式上也完全一致。郭店楚简出土于战国中期墓葬，其中书的写成时间更早。郭店儒家文献属于《子思子》，写成于鲁，后来影响及于楚国，其思想形成时间一定在子思以前。所以，我们不能看到《礼运》之中有阴阳、四时的概念，就认定其成于阴阳学派盛行之后。

从篇中看，孔子认为礼是"大道既隐"的产物。本篇重点论述礼的形成、发展、演变、完善的过程，同时涉及三代"圣王"制礼的依据和原则，礼的运行法则，礼与仁、义、乐、顺的关系。因重点讲礼的运行，故名"礼运"。

《礼运》是可靠的文献，绝非后人"假托孔子"之名伪作，其中论述"讲信修睦"、"故人不独亲其亲，不独子其子，老有所终，壮有所用，幼有所长，矜寡孤疾，皆有所养"，与《论语》等书所记孔子的"博施济众""老者安之，朋友信之，少者怀之"的社会理想完全相同。篇中论述有关礼的发展与运用等，其他的相关材料中也都能找到相同或者相通的论述。

本篇是研究孔子政治思想的重要资料。在对礼的论述中，孔子由感慨周朝幽、厉之世以来"周道"损伤的现实出发，强调王道政治的重要性，指出三代"圣王"谨礼著义,型仁讲让,为后世树立了楷模。孔子认为礼"达天道,顺人情",对于端正人心、整顿社会都具有重要的价值,最后,他描绘出了一个顺应天理人情,循礼而行的"大顺"境界。

《礼记》中收有《礼运》篇,将二者对勘,会发现不少有价值的学术信息。

【原文】

孔子为鲁司寇①,与②于蜡③。既④宾⑤事毕,乃出游于观⑥之上,喟然而叹。言偃侍,曰:"夫子何叹也?"孔子曰:"昔大道⑦之行,与三代⑧之英,吾未之逮⑨也,而有记⑩焉。"

【注释】

①司寇:官职名,掌管刑狱纠察等事。

②与:参与。

③蜡:祭祀名,周代在十二月合祭百神,称之为"蜡"。

④既:已经。

⑤宾:陪祭者。

⑥观:高台上的建筑物。

⑦大道:上古五帝时代的社会准则。

⑧三代:夏、商、周三代。

⑨逮:赶得上。

⑩记:记载。

【释义】

孔子担任鲁国司寇时,曾参与蜡祭的典礼。宾客走了以后,他出来到高台上观览,感慨地叹了口气。言偃跟随在孔子身边,问道:"老师为什么叹气呢?"

孔子说:"从前大道通行的时代,及夏商周三代精英当政的时代,我都没有赶上,而有些文字记载还可以看到"。

【原文】

"大道之行,天下为公,选贤与能,讲信修睦①。故人不独亲其亲②,不独子其子③。老有所终④,壮有所用,矜寡孤疾皆有所养。货恶其弃于地④,不必藏于己;力恶其不出于身,不必为人⑤。是以奸谋闭而弗兴,盗窃乱贼不作。故外户而不闭,谓之大同⑥。

【注释】

①讲信修睦:讲求信用,人们和睦相处。王注:"讲,习也。修,行也。睦,亲也。"

②不独亲其亲:不只是敬奉自己的父母。

③不独子其子:不只是疼爱自己的子女。

④终:指安享天年。

⑤力恶其不出于身,不必为人:王注:"言力恶其不出于身,不以为德惠也。"恶,惟恐,恐怕。为人:《礼记·礼运》作"为己"。

⑥大同:儒家的理想社会。

【释义】

"大道通行的时代,天下为大家所公有,选举有贤德和有能力的人,讲求诚信,致力友爱。所以人们不只敬爱自己的双亲,不只疼爱自己的子女。社会上的老人都能安度终生,壮年人都能发挥自己的才能,鳏夫、寡妇、孤儿和残疾人都能得到供养。人们厌恶把财物浪费不用,但不必收藏到自己家里;人们担心自己的智力体力不能得到发挥,但不是为了个人的利益。因此奸诈阴谋的事不会发生,盗窃财物扰乱社会的事情不会出现。所以家里的大门不必紧锁,这就叫作大同世界。

【原文】

"今大道既隐①,天下为家②,各亲其亲,各子其子。货则为己,力则为人。大人世及以为常③,城郭沟池以为固。禹汤文武,成王周公,由此而选④,未有不谨于礼⑤。礼之所兴,与天地并。如有不由礼而在位者,则以为殃⑥。"

【注释】

①既隐:已经隐没衰微。

②天下为家:天下成为一家一姓的天下。

③大人:指天子诸侯。世及:世代相传。

④由此而选:王注:"言用礼义为之选也。"选,选拔。

⑤谨于礼:谨慎地遵守礼法。

⑥殃:灾祸。

【释义】

"如今大道已经衰微,天下为一个家族所私有,人们只敬爱自己的双亲,只疼爱自己的子女。财物想据为己有,出力的事则让他人。天子诸侯把财物和权位世代相传以成常事,建筑城郭沟池作为防御工事。夏禹、商汤、文王、武王、成王、周公就是这个时代产生的,他们之中没有一人不依礼行事的。礼制的兴起,与天地并存。如有不遵循礼制而当权在位的,民众把他视为祸殃。"

【原文】

言偃复问曰:"如此乎,礼其急也①。"孔子曰:"夫礼,先王所以承天之道以治人之情。列其鬼神②,达于丧、祭、乡射、冠、婚、朝聘。故圣人以礼示之,则天下国家可得以礼正矣。"

言偃曰:"今之在位,莫知由礼,何也?"

孔子曰:"呜呼哀哉! 我观周道,幽厉伤也③。吾舍鲁何适? 夫鲁之郊及禘皆非礼④,周公其已衰矣⑤。杞之郊也禹⑥,宋之郊也契⑦,是天子之事守也⑧,天子以杞、宋二王之后。周公摄政致太平,而与天子同是礼也。诸侯祭社稷宗庙,上下皆奉其典,而祝嘏莫敢易其常法⑨,是谓大嘉⑩。

【注释】

①急:急需,紧要。

②列其鬼神:参验于鬼神。

③幽厉:指周幽王、周厉王,二人均是昏庸残暴之君。伤:败坏,损坏。王注:"幽厉二王者,皆伤周道也。"

④郊:在郊外祭天。禘:天子诸侯的宗庙五年祭祀一次称禘。非礼:不合乎周礼。

⑤周公其已衰矣:指周公定的礼已经衰微。因周公封于鲁,故云。王注:"子孙不能行其礼义。"

⑥杞之郊也禹:杞国的郊祭是祭祀禹。王注:"杞,夏后,本郊鲧。周公以鲧非令德,故令杞郊禹。"

⑦契:传说中宋的始祖,帝喾之子,母为简狄。

⑧事守:职守。

⑨祝嘏:祭祀时致祝祷之辞和传达神言的执事人。易:更改。常法:原有的方法规则。

⑩嘉:善。

【释义】

言偃又问："这样的话,礼就是很紧迫的了?"

孔子说："礼是先代圣王用以顺承自然之道来治理人情的。它参验于鬼神,贯彻在丧、祭、乡射、冠、婚、朝聘等礼仪上。因此圣人就用礼来昭示天道人情,这样国家才能按照礼治理好。"

言偃又问："现在在位当权的人没有知道遵循礼制的,为什么呢?"

孔子说："唉,可悲呀! 我考察周代的制度,自从幽王、厉王起就败坏了。我除了鲁国又能到哪里去考察呢? 可是鲁国的禘祭已不合乎周礼,周公定的礼看来已经衰微了。杞人郊祭是祭禹,宋人郊祭是祭契,这是天子的职守,因为杞、宋二王是夏、商的后裔。周公摄政而使天下太平,所以用与天子同样的礼仪。至于诸侯只能祭祀社稷和祖先,上下的人都奉守同样的典章制度,而人对神的祝辞和神对人的嘏辞,都不敢更改原有的常规古法,这叫作大嘉。

【原文】

"今使祝嘏辞说徒藏于宗祝巫史①,非礼也,是谓幽国②。醆斝及尸君③,非礼也,是谓僭君④。冕弁兵革藏于私家⑤,非礼也,是谓胁君。大夫具官⑥,祭器不假⑦,声乐皆具,非礼也,是为乱国。故仕于公曰臣,仕于家曰仆。三年之丧,与新有婚者,期不使也。以衰裳入朝⑧,与家仆杂居齐齿,非礼也,是谓臣与君共国⑨。天子有田,以处其子孙;诸侯有国,以处其子孙;大夫有采,以处其子孙,是谓制度。天子适诸侯,必舍其宗庙,而不以礼籍入⑩,是谓天子坏法乱纪。诸侯非问疾吊丧,而人诸臣之家,是谓君臣为谑。

【注释】

①祝嘏辞说徒藏于宗祝巫史:祝,人对神的祝辞。嘏辞,神对人的祝辞。徒,只。

宗,宗伯,掌宗庙祭祀等礼仪的官。祝,太祝,掌管祭祀祈祷。巫,专事装神弄鬼,替人驱邪求福。史,掌管祭祀的记事等。王注:"言君臣皆当知辞说之意义也。"

②幽:指礼仪制度幽暗不明。王注:"幽,散于礼。"

③醆斝及尸君:醆,浅底小酒杯。斝,盛酒的器具。王注:"夏曰醆,殷曰斝,非王者之后,则尸与君不得用。"

④僭:僭越,超越本分。

⑤冕弁兵革藏于私家:冕弁,礼帽礼服。兵革,各种兵器。私家,指大夫家。王注:"大夫称家。冕弁,大夫之服。孔子曰:'天子、诸侯、大夫冕弁复归设奠服。此谓不得赐而藏之也。"

⑥大夫具官:大夫手下设立各种官职。

⑦不假:不借用。

⑧衰裳:丧服。

⑨与:原误作"典",据《四部丛刊》本《家语》及《礼记·礼运》改。

⑩不以礼籍入:王注:"所谓临诸侯,将舍宗庙,先告其鬼神以将入止也。"礼籍,指典章礼制。

【释义】

"当今祝词、嘏辞都收藏在宗祝巫史私人手里,这是不合乎礼的,这叫作昏暗之国。醆和斝是先王的酒杯,诸侯在祭祀时用这种酒杯酌酒献尸,这是不合乎礼制的,这叫作僭越国君。冕服、弁服、兵器、甲胄藏于大夫家中,这不合乎礼,这叫作威胁国君。大夫家中设立各种官职,祭器自备,声乐俱全,这是不合乎礼制的,这叫作国家纲纪悖乱。侍奉国君的叫臣,侍奉大夫的叫仆。在三年服丧期间和新结婚的,一年之内不差派公务。在此期间穿着丧服入朝,或是和家仆杂居共处,没有尊卑上下,这都不合乎礼,这叫作君臣共国。天子有田来安置自己的子孙,诸侯有国来安置自己的子孙,大夫有采地来安置自己的子孙,这叫作制度。天子到诸侯国去,一定要住在诸侯的祖庙里,如果不按照礼籍的规定而进住,这叫作天子坏乱法纪。诸侯不是为了探病或吊丧,而随便进入大臣家中,这叫作君臣戏弄。

【原文】

"故夫礼者,君之柄①,所以别嫌明微,傧鬼神,考制度,别仁义,立政教,安君臣上下也。故政不正则君位危,君位危则大臣倍小臣窃。刑肃而俗弊,则法无常;法无常,则礼无别;礼无别,则士不事,民不归,是谓疵国。

【注释】

①柄:执持,依据。王注:"柄,亦秉持。"

【释义】

"礼是国君手里的权柄,是用来辨别嫌疑,洞察隐微,敬事鬼神,考正制度,辨别仁义,建立政教制度,安定君臣上下的。所以国政不正则君位不稳,君位不稳则大臣背叛小臣窃权。严刑峻法而风气败坏,法令就会变更无常;法令变更无常,礼法会更加紊乱;礼法紊乱,士人就无法按礼行事,民众就不会归顺,这就叫作病国。

【原文】

"是故夫政者,君之所以藏身①。必本之天,郊以降命②。命教于社之谓效地③,降于祖庙之谓仁义,降于山川之谓兴作④,降于五祀之谓制度⑤,此圣人所以藏身固也。圣人参于天地,并于鬼神,以治政也。处其所存,礼之序也。玩其所乐,民之治也⑥。天生时,地生财,人其父生而师教之。四者君以政用之,所以立于无过之地。

【注释】

①藏身:托身。王注:"言所藏于身,不可以假人也。"

②郊以降命:郊,郊祭,祭祀天地。一本作"效"。降命,发布政令。王注:"郊天以下教令,所谓则天之明。"

③效地:效法地。王注:"所谓因地之利。"

④兴作:兴起,兴造。王注:"下命所谓祭山川者,谓其兴造云雨,作生万物也。"

⑤制度:各种规章制度。王注:"下命使事五祀者,以其能为人事之制度。"

⑥"处其所存"四句:王注:"言圣人所常存处者,礼之次序。常玩乐者,民之治安。"

【释义】

"所以政治,是国君用来托身的。政令的制定必须依照天道,效法天理来颁布。政令颁布到神社,叫作效法大地。政令颁布到祖庙,叫作仁义。实施于山川,叫作兴作。实施于五祀,叫作制度。这就是圣人托身稳固的原因。圣人是参照效法天地之礼,比照依从鬼神之灵,来处理政事的。圣人处理考察的事物,就能使礼秩然有序。体验到民众的欢乐,就知道民众如何治理。天有四时,地能生财,人是父母所生,而知识是老师所教。把四者加以正确利用,就能够立于无过之地。

【原文】

"君者,人所则,非则人者也;人所养,非养人者也;人所事,非事人者。夫君者明人则有过①,养人则不足②,事人则失位。故百姓则君以自治,养君以自安,事君以自显。是以礼达而分定,人皆爱其死而患其生③。是故用人之智去其诈,用人之勇去其怒,用人之仁去其贪。国有患,君死社稷谓之义,大夫死宗庙谓之变④。凡圣人能以天下为一家,以中国为一人,非意之⑤。必知其情,从于其义,明于其利,达于其患,然后能为之。

【注释】

①明人则有过:明人,尊崇效法别人。王注:"故为君徒欲明人而已,则过谬也。"

②养人则不足:养人,养民,让民众衣食无忧。不足,不充足。王注:"以时君失政,不能为人所养。"可参看。

③人皆爱其死而患其生:爱其死,指乐于为国君献出生命。患其生,耻于苟且偷生。王注:"人皆爱惜其死,而患其生之无礼也。"

④大夫死宗庙为之变:死宗庙,为宗庙而死。变,权变。王注:"大夫有去就之义,未必常死宗庙。其死宗庙者,以权变为也。"

⑤非意之:不是臆想出来的。王注:"非以意贪之,必有数之也。"

【释义】

"国君是民众所尊崇效法的,而不是尊崇效法民众的;国君是民众所供养的,而不是供养民众的;国君是民众所侍奉的,而不是事奉民众的。如果国君效法民众就会发生偏差,国君供养民众就会财力不足,国君事奉民众就会失掉君位。所以百姓要效法国君来修养自己的品行,供养国君来安定自己的生活,事奉国君来显示自己的职分。由于礼制得到贯彻,上下名分就会确定,只要合理应分,人们就乐于为国君献出生命而不愿苟且偷生。因此国君要利用人们的智慧而去掉他们巧诈的毛病,利用人们的勇敢而去掉他们冲动的毛病,利用人们的仁爱而去掉他们贪图便宜的毛病。国家有危难,国君为国家的利益而死,叫作义,大夫为宗庙而死叫作变。圣人能够把天下当作一个家庭,把整个中国团结的像一个人一样,这不是主观臆想出来的。必定是由于圣人了解人情,通晓人义,明白人利,懂得人患,然后才能做到。

【原文】

"何谓人情？喜、怒、哀、惧、爱、恶、欲，七者弗学而能。何谓人义？父慈.子孝,兄良①,弟悌②,夫义,妇听,长惠,幼顺,君仁,臣忠,十者谓之人义。讲信修睦,谓之人利。争夺相杀,谓之人患。圣人之所以治人七情,修十义,讲信修睦,尚辞让,去争夺,舍礼何以治之？饮食男女,人之大欲存焉；死亡贫苦,人之大恶存焉。欲、恶者,人之大端③。人藏其心,不可测度。美恶皆在其心,不见其色,欲一以穷之④,舍礼何以哉？

【注释】

①兄良：兄长和悦。

②弟悌：弟弟友发。

③大端：大的端缝。

④穷：穷尽。

【释义】

"什么是人情？喜、怒、哀、惧、爱、恶、欲,这七种感情是不学就会的。什么是人义？父亲慈爱,儿子孝顺,兄长和悦,弟弟友爱,丈夫守义,妻子顺从,长者仁惠,幼者听话,君主仁慈,臣子忠诚,这十种就叫做人义。讲究信义,重视和睦,这就叫作人利。彼此争夺,相互厮杀,这就叫作人患。圣人所以能治理人的七情,倡导十义,讲究信用,重视亲睦,崇尚辞让,摈弃争夺,舍弃礼还能用什么来治理呢？饮食男女,是人们心中最大的欲望；死亡贫苦,是人们心中最憎恶的处境。欲望和憎恶是人们心中的两大端绪。人们把它藏在心中,别人无法揣度。喜爱什么,憎恶什么都藏在内心,不表现在神色上,想要真正了解人们内心的想法,除了礼还能用什么呢？"

【原文】

"故人者,天地之德,阴阳之交,鬼神之会,五行之秀。天秉阳,垂日星;地秉阴,载山川。播五行于四时,和四气而后月生①。是以三五而盈,三五而缺②。五行之动,共相竭也③。五行四气十二月还相为本④,五声五六律十二管还相为宫⑤,五味六和十二食还相为质⑥,五色六章十二衣还相为主⑦。故人者,天地之心⑧,而五行之端⑨,食味别声被色而生者也。

【注释】

①播五行于四时,和四气而后月生:王注:"月生而后四时行焉。布五行,和四时,而后月生焉。"

②三五而盈,三五而缺:王注:"月,阴道,不常满,故十五日满,十五日缺。"

③共相竭:互为终结。王注:"竭,尽也。水用事尽,则木用事,五行用事,更相尽也。"

④还相为本:互相交替为主体。王注:"用事者,为本也。"

⑤五声五六律十二管还相为宫:王注:"王色者,青赤白黑黄。五声者,宫商角徵羽也。管,十二月也。一月一管,阳律阴吕,其用事为宫也。"

⑥五味六和十二食还相为质:王注:"五味,酸苦咸辛甘。六和者,和之各有宜者,春多酸、秋多辛之属是也。十二食者,十二月之食。质,本也。"

⑦五色六章十二衣还相为主:王注:"五色者,青赤白黑黄。《学记》曰:'水无当于五色,五色不得不章。'五色待水而章也。"主,原作"质",据《四部丛刊》本《家语》改。

⑧人者,天地之心:王注:"人于天地之间,如五脏之有心矣。人,有生最灵。心,五脏最圣也。"

⑨五行之端：王注："端，始也，能用五行也。"

【释义】

"所以说人，是天地造化的功德，是阴阳交感的结果，是鬼神精灵的荟萃，是五行中的精华。天秉阳性，悬垂日星，照临大地；地秉阴性，负载着山川河流。播散五行到春夏秋冬四季，与四气调和而后出现各种月形。因此前十五日月亮逐渐圆满，后十五日逐渐残缺。五行的运转，彼此互为终结。五行四时十二月周转运行轮流做主，五声六律十二管依次交替为宫声，五味六和十二食依次交替为主味，五色六章十二衣依次交替为主色。所以，人是天地之心，五行之首，是能够品尝美味，辨别声音，穿着各色衣服而生活在世上的万物之灵。

【原文】

"圣人作则①，必以天地为本，以阴阳为端，以四时为柄。日星为纪，以月为量，鬼神以为徒，五行以为质，礼义以为器，人情以为田，四灵以为畜。以天地为本，故物可举②；以阴阳为端③，故人情可睹；以四时为柄，故事可劝④；以日星为纪，故业可别⑤；以月为量，故功有艺⑥；鬼神以为徒，故事有守⑦；五行以为质，故事可复也⑧；礼义以为器，故事行有考⑨；人情以为田，故人以为奥。四灵以为畜，故饮食有由⑩。

【注释】

①作则：王注："作为则法。"

②"以天地为本"至"故物可举"：王注："天地为本，则万物包在于其中。"

③以阴阳为端：王注："阴阳为情之始。"

④以四时为柄，故事可劝：王注："四时各有事，故事可得而劝也。"

⑤以日星为纪，故业可别：王注："日以纪昼，星以纪夜，故事可得而分别也。"

⑥以月为量,故功有艺:王注:"有度量以成四时,犹功业各有分理也。艺犹理。"

⑦鬼神以为徒,故事有守:王注:"鬼神不相干,各有守。"

⑧五行以为质,故事可复也:王注:"五行终则复始,故事可修复也。"

⑨考:王注:"考,成。"

⑩四灵以为畜,故饮食有由:王注:"四灵鸟兽之长,四灵为畜,则饮食可用。"

【释义】

"所以圣人制定法令,必定以天地为根本,以阴阳为大端,以四时为把柄。日星为纲纪,月份为限量,以鬼神为徒类,以五行为材质,以礼义为器具,以人情为田地,以四灵为家畜。以天地为根本,万物就可以兴举;以阴阳为大端,人情就可以看清;以四时为把柄,事情就可以劝勉;以日星为纲纪,事业就可以分别;以月份为限量,事功就可以分理;以鬼神为徒类,事情就各有职守;以五行为材质,事物就可周而复始;以礼义为器具,事情就能推行成功;以人情为田地,人就能自为主宰。以四灵为家畜,饮食就有了来源。

【原文】

"何谓四灵?麟凤龟龙谓之四灵。故龙以为畜,而鱼鲔不谂①;凤以为畜,而鸟不狨②;麟以为畜,而兽不狈③;龟以为畜,而人情不失④。先王秉蓍龟,列祭祀,瘗缯,宣祝嘏辞说⑤,设制度。故国有礼,官有御⑥,事有职,礼有序。

【注释】

①谂:王注:"谂,潜藏也。"

②狨:飞的样子。王注:"狨,飞走之貌也。"

③狈:兽惊走的样子。

④龟以为畜,而人情不失:王注:"《易》曰:'定天下之吉凶,成天下之亹亹者,莫善于蓍龟。'故曰人情不失也。"

⑤瘗缯,宣祝嘏词说:王注:"瘗谓祭祀之瘗,缯谓若增封太山,宣谓播宣扬之。"

⑥御:王注:"治也。"

【释义】

"什么叫作四灵?麟、凤、龟、龙叫作四灵。以龙作为家畜,鱼类就不会潜藏水底;以凤为家畜,鸟类就不会飞走;以麟为家畜,兽类就不会逃走;以龟为家畜,人情就不会不知道。先王秉持卜筮用的蓍草和龟甲,安排祭祀,瘗埋币帛,宣读祝辞嘏辞,设立制度。所以国有礼制,官有管理,事有职守,礼有秩序。

【原文】

"先王患礼之不达于下,故缩帝于郊,所以定天位也;祀社于国,所以列地利也;禘祖庙,所以本仁也;旅山川,所以傧鬼神也;祭五祀,所以本事也。故宗祝在庙,三公在朝,三老在学①,王前巫而后史,卜蓍瞽侑,皆在左右。王中心无违也,以守至正。是以礼行于郊,而百神受职;礼行于社,而百货可极;礼行于祖庙,而孝慈服焉②。礼行于五祀,而正法则焉。故郊社宗庙山川五祀,义之修而礼之藏③。

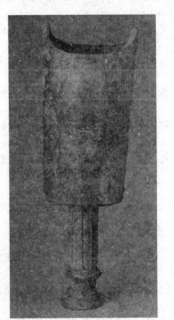

铜钲

【注释】

①三老在学:王注:"王养三老在学。"三老,指年老致仕者。

②孝慈服焉：王注："孝慈之道为远近所服焉。"

③礼之藏：王注："言礼之宝藏。"

【释义】

"先王忧虑礼不能贯彻到下面，所以祭上帝于南郊，用来确定天的至尊地位；祭土神于国内，用来显示大地物产之利；祭祀祖庙，用来表达家族中的仁爱；祭祀山川，用以表达对鬼神的尊敬；祭祀中雷、门、户、灶、行五神，用以表达对创造这些生活事物的先人的尊敬。所以宗人和祝在宗庙，三公在朝廷，三老在学堂，君王前面有巫后面有史官，掌管卜筮、礼乐、劝谏的官员都在左右。君王居中，心无杂念，保持纯正的心态。所以礼举行在南郊，天上百神都得到享祭而各受其职；礼举行在神社，而大地所产的各种物资都极尽其用；礼举行在祖庙，而子孝父慈的教化得以实施。礼举行于宫中五祀，而整饬了生活中的各种规则。所以举行祭郊、祭社、祭宗庙、祭山川、祭五祀的祭祀活动，义得到修治而礼也蕴藏其中了。

【原文】

"夫礼必本于太一①，分而为天地，转而为阴阳，变而为四时，列而为鬼神。其降曰命②，其官于天也③，协于分艺④。其居于人也曰养⑤。所以讲信修睦，而固人之肌肤之会，筋骸之束也；所以养生送死，事鬼神之大端；所以达天道，顺人情之大窦。唯圣人为知礼之不可以已也。故破国丧家亡人，必先去其礼。礼之于人，犹酒之有糵也。君子以厚，小人以薄。圣王修义之柄，礼之序，以治人情。

【注释】

①太一：王注："太一者，元气也。"

②其降曰命：王注："即上所为命，降于天地祖庙也。"

③其官于天也:王注:"官为职分也,言礼之职分皆从天下来也。"

④艺:王注:"艺,理。"

⑤其居于人也曰养:王注:"言礼之于人身,所以养成人也。"

【释义】

"礼的产生必定本于天地未分的太一。太一又分而为天地,天地又运行而有了阴阳,阴阳变化而有了四时,四时运转而又有了鬼神。降下来就称为命,这种命是效法天理的,协调各个方面有一定限度。礼体现在人身叫作修养。这是用以讲求诚信、搞好和睦,坚固人肌肤的组合,筋骨的约束;是用以侍奉生者、葬送死者,敬事鬼神的大事项;是用以传达天道,顺适人情的大渠道。只有圣人知道礼是不可以废止的。所以要使一个国家出现破国丧家人亡的情况,必须先破坏它的礼制。礼对于人来说,就好像酿酒要有酒曲一样。君子因为遵循礼制品德会更加淳厚,小人因为违背礼制品德会更加浅薄。圣王修治义的根本、礼的秩序,用来治理人情。

【原文】

"人情者,圣王之田也。修礼以耕之,陈义以种之,讲学以耨之①,本仁以聚之,播乐以安之。故礼者,义之实也。协诸义而协,则礼虽先王未之有,可以义起焉。义者艺之分,仁之节。协诸艺,讲于仁,得之者强,失之者丧。仁者义之本,顺之体,得之者尊。故治国不以礼,犹无耜而耕;为礼而不本于义,犹耕而不种。为义而不讲于学,犹种而不耨;讲之以学而不合以仁,犹耨而不获;合之以仁而不安之以乐,犹获而弗食;安之以乐而不达于顺,犹食而不肥。

【注释】

①耨:王注:"耨,除秽也。"

【释义】

"人情,就像是圣王的田地。圣王修治礼来耕它,陈说义来种它,讲学探讨来锄它,本着仁心来收获它,播放音乐来安适它。所以说礼,是义结出来的果实。只要配合义而能谐和,这种礼即使古代先王所未曾有过,也可以根据义理来创制。义,是对事理进行分辨,对爱心进行制约。用义来协调事理,用义来明辨仁爱,做到这些就会强大,失去这些就会丧亡。仁是义的根本,顺的主体,做到的人就会受到尊重。所以治国不用礼,就好比没有耒耜而要耕田;制礼而不以义为根本,就好比耕地而不播种。以义为本而不宣讲学习,就好比播了种而不锄草;宣讲学习而不合于仁,就好比锄草而不收获;符合仁而不用乐来调适,就好比收获而不食用;用乐进行调适而不能达到顺,就好比食用了而不能使身体康健。

【原文】

"四体既正,肤革充盈,人之肥也;父子笃,兄弟睦,夫妇和,家之肥也;大臣法而小臣廉,官职相序,君臣相正,国之肥也;天子以德为车,以乐为御,诸侯以礼相与,大夫以法相序,士以信相考,百姓以睦相守,天下之肥也。是谓大顺。大顺者,所以养生送死事鬼神之常也。故事大积焉而不苑①,并行而不谬,细行而不失。深而通,茂而不间②,连而不相及③,动而不相害,此顺之至也。明于顺,然后乃能守危④。

【注释】

①苑:王注:"苑,滞积也。"

②深而通,茂而不间:王注:"言有理也。"

③连而不相及:王注:"言有叙也。"

④守危:王注:"高而不危,以长守危。"

【释义】

　　四肢正常,肌肤丰满,说明人是健康的;父子相亲,兄弟和睦,夫妇和顺,说明家庭是和美的;大臣守法,小臣清廉,官职上下有序,君臣相互匡正,说明国家是健康的;天子以德为车.以乐为御,诸侯以礼相交,大夫以法度为序,士人以信相考较,百姓以和睦相守,说明天下是健康正常的。这就叫作大顺。大顺,就是人们能正常地养生送死、侍奉鬼神的社会。因此国事大量积聚而不积压停滞,各项事务并行而不纠缠乖谬,细微小事也能施行而不遗漏。事虽深奥而能通达,虽然密集而不间隔,连续而不相抵触,行动起来而不相妨害,这就是顺的极点了。明白了什么是顺,然后才能安守高位。

【原文】

　　"夫礼之不同,不丰不杀①,所以持情而合危②也。山者不使居川,渚③者不使居原;用水、火、金、木,饮食必时④;冬合男女,春颁爵位,必当年德⑤,皆所⑥顺也,用民必顺⑦。故无水旱昆虫之灾,民无凶饥妖孽之疾⑧。天不爱其道,地不爱其宝,人不爱其情,是以天降甘露,地出醴泉⑨,山出器车⑩,河出马图⑪,凤凰麒麟,皆在郊掫⑫,龟龙在宫沼,其余鸟兽及卵胎,皆可俯而窥也。则是无故,先王能循礼以达义,体信以达顺。此顺之实也。"

【注释】

　　①不杀:杀,减少,降等。不,原脱,据四库本、同文本补。

　　②合危:王肃注:"合礼,安也。"其实即上文"守危"之义,指居安思危、自我警惕。

　　③渚:水中可居住的小块陆地。《尔雅·释水》:"水中可居者曰洲,小洲曰渚。"

　　④用水、火、金、木,饮食必时:王肃注:"用水,渔人以时入泽梁,乃溉灌。用火,季

春出火,季秋纳火也(四库本、同文本此句作"季春焚莱草,孟冬以火田也")。用金,以时采铜铁。用木,斧斤以时入山林。饮食各随四时之宜者也。"

⑤必当年德:合男女一定要年龄相当,颁爵位一定要德行相称。

⑥所:四库本、同文本作"所谓"。

⑦用民必顺:王肃注:"悦以使民。"

⑧民无凶饥妖孽之疾:凶,谷物不收,年成坏。妖孽,古代称物类反常的现象。疾,痛苦,疾苦。全句意思:百姓免除了忍受饥饿和反常物候的痛苦。

⑨醴泉:甘美的泉水。醴,甜酒。

⑩山出器车:王肃注:"出银瓮、丹灶之器及象车也。"车,即象车或山车,古人认为太平盛世,山林中会自然产生一种圆曲之木,可以制车,这是福瑞的象征。《礼记·礼运》孔颖达疏曰:"按《礼纬·斗威仪》云:'其政太平,山车垂。'注云:'山车,自然之车;垂,不揉治而自圆曲。'"

⑪河出马图:王肃注:"龙似马,负图出。"马图,也称龙图或河图,古代传说中龙马从河水中背出的图。

⑫郊掫:郊外的草泽地带。掫,字误,应为"椒",草泽。《礼记·礼运》郑玄注:"椒,聚草也。"四库本、同文本作"近郊"。

【释义】

"礼制讲究贵贱等级的不同,不能使它丰厚,也不能给它降等,借以维系感情,进而做到居安思危、保持警惕。居住山区的不会让他们迁居到河边,居住在小岛上的不让他们迁移到平原;使用金、木、水、火等生活资源,以及调节饮食,都要顺应时节;冬天使男女婚配,春天颁设爵位,都必须使当事人的年龄或德行相称,都是要顺应天时和民心,治理百姓更应如此。因此天下没有水、旱、昆虫等自然灾害,百姓不必忍受灾荒、饥饿和物候反常的痛苦。天不吝惜自己的育民之道,地不吝惜自己的养民之宝,人不吝惜自己的感情，因此天上降下甘露，地上涌出醴泉，山里发现器具和象车，黄河中有龙马负图而跃出，凤凰、麒麟都生活在郊外的草泽中，龟和龙都畜养在宫苑的池沼中，其他的鸟兽及其蛋卵和胎儿，也都随处可见。出现这样的景象，没有别的原因，只是因为先王能够做到遵循礼制以达到义，体现诚信以达到顺。这就是顺的实际内容。"

卷八

冠颂第三十三

【题解】

本篇是孟懿子和孔子之间关于冠礼的对话。孔子对冠礼的起源、冠礼的仪节、冠礼的意义、天子和诸侯冠礼的异同、三代之冠的异同等问题进行了阐述。本篇不仅可以帮助我们了解古代冠礼，而且反映了孔子的礼制思想。《论语·为政》记孔子说："殷因于夏礼，所损益可知也；周因于殷礼，所损益可知也。"孔子认为礼的变化是一种因革损益的关系。固然，孔子重礼，认为人们的视、听、言、动都要遵循礼，但孔子绝非复古保守的"拉历史倒车的人"。从此篇所记孔子论礼的话来看，孔子虽然尊礼，但又不拘泥于礼，而是很富于权变思想，这与《中庸》中孔子"愚而好自用，贱（浅）而好自专，生乎今之世，反古之道，如此者，灾及其身者也"的思想若合符节，历来人们对孔了的偏见和误解应该得到纠正。

【原文】

邾隐公既即位，将冠①，使大夫因②孟懿子问礼于孔子。子曰："其礼如世子③之冠,冠于阼④者,以著⑤代也。醮⑥于客位,加其有成。三加弥尊,导喻其志。冠而字之.敬其名也。虽天子之元子⑦,犹士⑧也,其礼无变⑨。天下无生而贵者,故也行冠事必于祖庙。以祼享⑩之礼以将之,以金石之乐节⑪之,所以自卑而尊先祖,示不敢擅。"

【注释】

①冠:即冠礼,男子二十二岁举行冠礼,加帽于头上,表示成年。

②因:通过。

③世子:太子。

④阼:大堂前东面的台阶。是主人迎接客人所走的位置。

⑤著:表明。

⑥醮:冠礼中一种礼节,位尊的人对位卑的人敬酒。

⑦元子:长子。

⑧士:代指平民。

⑨无变:相同。

⑩祼享:祭祀中的一种礼节。

⑪节:节制。

【释义】

邾隐公即位后,将要举行冠礼,派大夫通过孟懿子向孔子询问举行冠礼的有关礼仪。

孔子说:"这个礼仪应该和世子的冠礼相同。世子加冠时要站在大堂前东面的台阶上,以表示他要代父成为家长。然后站在客位向位卑者敬酒。每戴一次冠敬一次酒,表示加礼于有成的人。三次加冠,一次比一次尊贵,教导他要有志向。加冠以后,人们用字来称呼他,这是尊重他的名。即使是天子的长子,与一般平民百姓也没有什么两样,他们的冠礼仪式是相同的。天下没有生下来就高贵的,故而冠礼一定要在祖庙里举行。用祼享的礼节来进行,用钟磬之乐加以节制,这样可以使加冠者感到自己的卑微而更加尊敬自己的祖先,以表示自己不敢擅越祖先的礼制。"

【原文】

懿子曰:"天子未冠即位,长亦冠也?"

孔子曰:"古者王世子虽幼,其即位,则尊为人君。人君治成人之事者,何冠之有?"

懿子曰:"然则诸侯之冠异天子与^①?"

孔子曰:"君薨而世子主丧,是亦冠也已。人君无所殊也^②。"

懿子曰:"今邾君之冠,非礼也^③?"

孔子曰:"诸侯之有冠礼也,夏之末造也^④。有自来矣,今无讥焉^⑤。天子冠者,武王崩,成王年十有三而嗣立,周公居冢宰,摄政以治天下。明年夏六月,既葬^⑥。冠成王而朝于祖,以见诸侯,亦有君也。周公命祝雍作颂,曰:'祝王达而未幼。'祝雍辞曰:'使王近于民^⑦,远于年^⑧,啬于时^⑨,惠于财,亲贤而任能。'其颂曰:'令月吉日,王始加元服。去王幼志,服衮职^⑩。钦若昊天^⑪,六合是式^⑫。率尔祖考,永永无极。'此周公之制也。"

懿子曰:"诸侯之冠,其所以为宾主,何也?"

孔子曰:"公冠则以卿为宾,无介。公自为主,迎宾,揖升自阼,立于席北。其醴也则如士,飨之以三献之礼。既醴,降自阼阶。诸侯非公而自为主者,其所以异,皆降自西阶。玄端与皮弁^⑬,异朝服素毕^⑭,公冠四^⑮,加玄冕祭^⑯,其酬币于宾,则束帛乘马^⑰。王太子、庶子之冠拟焉^⑱,皆天子自为主,其礼与士无变。飨食宾也,皆同。"

懿子曰:"始冠必加缁布之冠,何也?"

孔子曰:"示不忘古,太古冠布^⑲,斋则缁之^⑳,其緌也,吾未之闻^㉑。今则冠而敝之^㉒，可也。"

懿子曰："三王之冠，其异何也？"

孔子曰："周弁、殷冔、夏收^㉓，一也。三王共皮弁素绩^㉔。委貌^㉕，周道也；章甫^㉖，殷道也；毋追^㉗，夏后氏之道也。"

【注释】

①诸侯之冠异天子与：王注："怪天子无冠礼，如诸侯之冠、世子之冠，故问之。"

②人君无所殊：王注："诸侯亦人君，与天子无异。"

③今邾君之冠，非礼也：王注："懿子以诸侯无冠，则邾君之冠非也。"

④夏之末造：王注："夏之末世，乃造诸侯冠礼。"造，作。

⑤有自来矣，今无讥焉：王注："言有所从来，故今无所讥。"

⑥"成王年十有三而嗣立"五句：王注："《周书》亦曰岁十有三，武王崩，元年六月葬，与此若合符。而说者横为年纪戆促成年少，又命周公，武王崩后五月乃摄政，良可为冠与，痛哉！"

⑦使王近于民：王注："常得民之心也。"

⑧远于年：指寿命长久。王注："寿长。"

⑨啬于时：王注："啬，爱也。于时，不夺民时也。"

⑩服衮职：王注："衮职，盛服，有礼文也。"服，原作"心"，据《四部丛刊》本《家语》改。

⑪钦若昊天：王注："钦，敬。若，顺。"

⑫六合是式：王注："天地四方谓之六合，言为之法式。"

⑬玄端与皮弁：玄端，即玄衣，上朝时所穿的黑色礼服。端，正。言端，取其正义。皮弁，冠名，用白鹿皮制成。此指皮弁服，是君臣上朝时同穿的礼服。王注："玄端，缁布冠之服。皮弁，自服其服也。"

⑭异朝服素毕:素毕,白色皮革制成的蔽膝。素,白色。毕,蔽膝。王注:"服朝而毕,示不忘古。"

⑮公冠四:公四次加冠。王注:"公四加冠。"

⑯加玄冕祭:王注:"加玄冕,着祭服。"

⑰其酬币于宾,则束帛乘马:酬币,主人献给宾的礼物。束帛,帛五四为束。乘马,古代一乘车套四匹马,也称驷马。《仪礼·士冠礼》作"俪皮",指两张鹿皮。王注:"已冠而飨,既飨与宾币,谓之酬币。乘马,驷马也。"

⑱王太子、庶子之冠拟焉:王太子,君王的嫡长子。庶子,妾所生之子。拟,仿照。王注:"王之太子庶子,皆拟诸侯冠礼也。"

⑲太古:指尧舜以前年代。冠布:戴白布冠。

⑳斋则缁之:斋戒时则染成黑色。

㉑其緌也,吾未之闻:绥,冠的缨饰。王注:"言今有矮,未闻之于古,古无绥也。绥,冠之饰也。"

㉒今则冠而敝之:敝:弃。缁布冠只在加冠时用一次,平时不用,故弃去。王注:"今不复冠白布。敝之不复著也。"

㉓周弁:周代的冠名,指爵弁。殷冔:殷代称冕为冔。夏收:夏朝称冠作收。

㉔共:共同用。素绩:《四部丛刊》本《家语》作"素緌",指素色缨饰。

㉕委貌:周代冠名。用黑色丝织品制成,或谓即玄冠。

㉖章甫:殷代冠名,或谓即缁布冠。

㉗毋追:夏代冠名。毋,发语词。追,堆,形容冠的形状。

【释义】

孟懿子说:"天子因年幼未举行冠礼便登上王位,长大以后还要举行冠礼吗?"

孔子说:"古带君王的世子年纪虽幼,一旦即位,则被尊为人君。人君做的是成人所做的事,哪里还要举行冠礼呢!"

孟懿子说:"那么诸侯的冠礼和天子有什么不同呢?"

孔子说:"天子去世,世子为他主持丧事,这说明他已经是成人了。诸侯也是国君,与天子没什么不同。"

孟懿子说:"现今邾隐公举行冠礼,不符合礼制吧?"

孔子说:"诸侯有冠礼,是从夏朝末年开始的。这是有来源的,现在没有必要讥讽它。天子举行冠礼,始于周成王。武王驾崩,成王十三岁便继承了王位,周公担任冢宰,辅佐成王治理天下。第二年夏六月,安葬了武王。为成王举行冠礼并朝拜先祖,接见诸侯,也表示有了国君。周公命令祝雍作颂辞,说:'祝贺我王一切顺利并快快长大。'祝雍祝辞说:'祝愿我王深得民心,长命百岁,使民有时,国富民丰,亲贤而任能。'颂辞说:'良辰吉日,王举行冠礼。去掉稚气,穿上龙袍。敬顺天命,效法天地四方。祖宗先人,保佑国运永昌。'这是周公制定的礼制。"

孟懿子问:"诸侯的冠礼,必须在宾位举行,这是为什么呢?"

孔子回答说:"公举行冠礼则以卿为宾,不需要中间人。公亲自作为主人,迎接宾客,拱手行礼将宾客迎至宾位,自己站在席北。礼仪也和在学的士子相同,三次向祖先献酒。礼仪完毕,则回到东边的台阶上。没有公这个爵位的诸侯要自己做主持来举行冠礼,所不同的是,都回到宾位的西阶。穿着黑色礼服,戴着白鹿皮的冠,和平时所穿的素色朝服和蔽膝不同。公要四次加冠(为玄端、皮弁、朝服、玄冕),头戴玄冕,身穿祭服,在宾位上酬赠宾客,宾客则送来帛和乘马。王太子、庶子的冠礼也仿效诸侯的冠礼,都是天子亲自主持,礼仪与士冠礼一样。用酒食款待宾客,都是相同的。"

孟懿子又问:"第一次加冠必须戴缁布冠,这是为什么呢?"

孔子说:"这是表示不忘古代的礼制,最早时是麻布做的冠,行斋戒礼时才戴缁布冠,至于帽子有下垂的带子,我没有听说过。现今举行冠礼连缁布冠也不用了。"

孟懿子又问:"古代三王的帽子,有什么不同呢?"

孔子说："周代叫弁，殷代叫冔，夏代叫收，作为冠都是一样的。三王的帽子都是皮弁和素色缨饰。委貌，是周代的帽子；章甫，是殷代的帽子；毋追，是夏后氏的帽子。"

庙制第三十四

【题解】

卫国将军文子要将公庙设在私家，派子羔咨询孔子，孔子否定了这一做法，并论述了设立祭庙的制度。因此，本篇名为"庙制"。

本篇子羔发问中，"祭典"所云虞、夏、商、周四祖四宗的记载又见于《礼记·祭法》和《国语·鲁语上》。本篇与《礼记》的记载一致，而与《国语》略有不同。

在我国的上古文化中，祭祀文化占有极其重要的地位，本篇是上古尤其是夏、商、周三代祭祀制度研究的重要资料。在漫长的流变过程中，祭祀的礼仪法规逐渐形成，并出现了所谓的"祭典""祀典"，这从记载中不难看出来。例如，本篇提到的"祭典云……"，还有《礼记·祭法》"非此族也，不在祀典"，《国语·鲁语上》"凡禘、郊、祖、宗、报，此五者国之典祀也"，"非是，不在祀典"，"守祀不替其典"等。三代时期应当存在着祭祀礼仪法度一类的典籍，而且被尊称为"国典"。

在孔子看来，天子立七庙，诸侯立五庙，大夫立三庙，士立一庙，庶人无庙，是自有虞氏到周一直不变的制度，其数目是不可逾越的。其实，周代的庙数制是由周代的等级制度决定的，它又服务于政治上的等级制。这种庙制并不是自古不变的，可能也不是自西周建国初就有的，七庙应该是后来扩大的说法。关于孔子所论述的庙数制，《礼记·王制》《礼记·礼器》都有一致的记载，《礼记·祭法》中对士的庙数则有差异，说"适士二庙一坛，曰考庙，曰王考庙"，这应该是春秋时期士阶层分化的结果。

本篇所论及的庙数制还是郑玄与王肃经学之争的焦点之一？郑玄认为天子七

庙,太祖庙一,文王、武王庙各一,亦即二祧,亲庙四,合而为七庙。王肃在其著作《圣证论》中,以为二祧者为高祖之父,高祖之祖。加上太祖及四亲庙为七庙。文王、武王之庙在七庙之外。按王肃说,则天子应有九庙。王肃观点与《家语》的不同,雄辩地证明了《家语》王肃伪造说难以成立。

【原文】

卫将军文子将立先君之庙于其家①,使子羔访于孔子②。

子曰:"公庙设于私家,非古礼之所及,吾弗知。"

子羔曰:"敢问尊卑上下立庙之制,可得而闻乎?"

孔子曰:"天下有王,分地建国,设祖宗③,乃为亲疏贵贱多少之数。是故天子立七庙,三昭三穆,与太祖之庙而七。太祖近庙④,皆月祭之。远庙为祧⑤,有二祧焉⑥,享尝乃止⑦。诸侯立五庙,二昭二穆,与太祖之庙而五,曰祖考庙⑧,享尝乃止。大夫立三庙,一昭一穆,与太祖之庙而三,曰皇考庙⑨,享尝乃止。士立一庙,曰考庙⑩,王考无庙⑪,合而享尝乃止⑫。庶人无庙,四时祭于寝。此自有虞以至于周之所不变也⑬。凡四代帝王之所谓郊者⑭,皆以配天。其所谓禘者⑮,皆五年大祭之所及也。应为太祖者,则其庙不毁。不及太祖,虽在禘郊,其庙则毁矣。古者祖有功而宗有德,谓之祖宗者⑯,其庙皆不毁。"

【注释】

①文子:卫国将军,名弥牟。先君:先代的君王。家:大夫统治的地方叫家。

②子羔:姓高,名柴,字子羔,孔子弟子。

③祖宗:祖指创国开业的太祖。宗指太祖之后德高功大的君主。王注:"祖有功,宗有德。"

④近庙:太祖的庙。王注:"近为高祖,下亲为近。"

⑤祧：远祖庙。指高祖的父、祖。王注："祧，远意，亲尽为祧。"

⑥二祧：王注："二祧者，高祖及父母祖是也。"

⑦享尝乃止：指每季度祭祀一次。春祭称为享，夏祭称为禘，秋祭称为尝，冬祭称为蒸。王注："四时祭也。"

⑧曰祖考庙：祖考庙即始祖庙。"曰"字原无，据《四部丛刊》本《家语》补。

⑨曰皇考庙：此四字原无，据《四部丛刊》本《家语》补。皇考庙即曾祖庙。

⑩考庙：即父庙。

⑪王考：对祖父的尊称。

⑫合而：指祭父时也同时祭祖父。王注："祖合于父庙中。"

⑬有虞：古部落名，首领为舜。

⑭郊：古代帝王冬至日在南郊举行的祭祀上帝活动。

⑮禘：在国都南郊举行的祭天上帝活动。

⑯谓之：原作"诸见"，据《四部丛刊》本《家语》改。

【释义】

卫国将军文子将要在他的封地上建立先代君王的庙宇，派子羔向孔子询问有关礼仪。

孔子说："将公家的庙宇建立在私人的封地上，这是古代礼仪所没有的，我不知道。"

子羔说："请问建立宗庙的尊卑上下的有关礼制，我能够听一听吗？"

孔子说："自从有了君王，划分土地，建立诸侯国，设立祖宗的宗庙，就确定了亲与疏、贵与贱、多与少的区别。天子建七庙，左边是三座昭庙，右边是三座穆庙，连同太祖庙一共是七庙。太祖庙为近亲的庙，每月都要祭祀。远祖的庙叫'祧'，有二祧，每季祭祀一次。诸侯建五庙，两座昭庙，两座穆庙，连同太祖的庙一共是五庙，叫作祖考庙,每季祭祀一次。大夫建三庙,一座昭庙,一座穆庙,连同太祖的庙一共是三庙,叫作皇考庙,每季祭祀一次。士建立一庙,叫作考庙,没有祖庙,父祖合祭,每季祭祀一次。平民百姓则不立庙,四季就在家中寝室祭祀。这种制度从有虞到周代都没有改变。凡是四代帝王称作郊祭的,都和祭天一起祭祀。称作禘的,是五年一次的盛大祭祀,都配天祭祀。地位为太祖的,他的庙不毁;不到太祖辈分的,即使受到禘、郊的祭祀,他的庙也可以毁。古代把祖有功而宗有德的叫作祖宗,他们的庙都不能毁。

【原文】

子羔问曰:"祭典云①:'昔有虞氏祖颛顼而宗尧,夏后氏亦祖颛顼而宗禹,殷人祖契而宗汤,周人祖文王而宗武王。'此四祖四宗,或乃异代,或其考祖之有功德,其庙可也。若有虞宗尧,夏祖颛顼,皆异代之有功德者也,亦可以存其庙乎?"

孔子曰:"善,如汝所问也。如殷周之祖宗,其庙可以不毁,其他祖宗者,功德不殊,虽在殊代,亦可以无疑矣。《诗》云②:'蔽芾甘棠③,勿翦勿伐④,召伯所憩⑤。'周人之于召公也,爱其人,犹敬其所舍之树,况祖宗其功德而可以不尊奉其庙焉!"

【注释】

①祭典:有关祭祀礼仪的法典。

②《诗》:指《诗经·召南·甘棠》。

③蔽芾:幼小貌。甘棠:树名,又叫杜梨。

④勿翦勿伐:不要剪去枝叶,不要砍去树干。

⑤召伯:姓姬,名奭,周的支族,周武王之臣,因封地在召,故称召公或召伯。他巡行南国,传播文王的教化,老百姓都想念他的德政。憩:休息。

【释义】

子羔问道:"据祭典说:'从前有虞氏的庙以颛顼为祖而以尧为宗,夏后氏的庙也以颛顼为祖而以禹为宗,殷人以契为祖而以汤为宗,周人以文王为祖而以武王为宗。'这四祖四宗,或者是时代不同,或者其祖先有功德,他们的庙可以永远供奉不毁。像有虞氏以尧为宗,夏代以颛顼为祖,都是不同时代有功德的,他们的庙也可以永存不毁吗?"

孔子回答说:"是的,正如你所问的那样。如殷人、周人的祖宗,其庙可以不毁,其他的祖宗,功德和他们祖先相同,虽在不同的时代,无疑也是不可毁的。《诗经》说:'那幼小的甘棠树啊,不要剪它的枝和干啊! 那是召伯曾经休息过的地方。'周人对于召公,他们爱他这个人进而爱护他曾经在其下休息过的树,何况祖宗有功德,怎可以不尊奉他的庙呢!"

辩乐解第三十五

【题解】

本篇记载孔子跟师襄子学琴的情况,纠正子路学习音乐中的重大错误,与宾牟贾讨论《武》乐,并且从中发表他对音乐的见解,阐述音乐的教化功能以及《武》乐所体现的深层含义,故以"辩乐"名篇。

在古代社会,乐是政治治理和社会教化的重要内容和手段,以孔子为代表的早期儒家都非常重视音乐,对音乐有特殊的认识。《礼记·乐记》说:"凡音者,生于人心者也。乐者,通伦理者也。"又说:"是故先王制礼作乐,人为之节。"孔子和儒家重礼,而广义的礼就包含有与之相配合的乐,礼、乐常常并称,用以教化节制人民。孔子非常喜欢音乐,从本篇孔子学琴的记载可知,孔子学习音乐,不只是掌握音乐弹奏的技艺,更注意深入探索音乐的内在含义,体会音乐作者的情志。

音乐也是孔子教学的重要内容。《史记·孔子世家》说"孔子以《诗》《书》、礼、乐教"。在本篇中,孔子通过对比"君子之音"和"小人之音""先王之制"和"北鄙之声"，教导弟子要"温柔居中"，要学习"君子之音"。《庄子·天下》篇称"乐以道和"，《史记·太史公自序》说"乐以发和"，《礼记·经解》云"广博易良，乐教也"。音乐主和，具有陶冶情操、教化人心的功能，孔子所注重的也正是音乐的这种教化功能。

本篇详细记载孔子与宾牟贾讨论《武》乐的声调、舞姿、章节以及其所表现的意义，并且叙述周武王伐纣后施仁行礼的善举，表明《武》乐重在彰显周武王的治功。《礼记·乐记》中说："王者功成作乐，治定制礼。"礼、乐之间关系密切，相辅相成。周武王解散军队，治礼作乐，教化民众，因此，"周道四达，礼乐交通"。

本篇记载有助于我们了解孔子的音乐教化思想。特别是《武》乐，其中叙述周武王的文治武功，在体现礼乐之教方面具有重要的史料价值。本篇记载可以与《礼记·乐记》和《史记·乐书》相互参照。

【原文】

孔子学琴于师襄子。襄子曰："吾虽以击磬①为官，然能于琴，今子于琴已习，可以益②矣。"孔子曰："丘未得其数③也。"有间④，曰："已习其数，可以益矣。"孔子曰："丘未得其志也。"有间，曰："已习其志，可以益。矣。"孔子曰："丘未得其为人也。"

【注释】

①磬：古代的一种乐器。

②益：增加，加上。

③数：节奏度数。

④有间：过了一会儿。

【释义】

孔子向师襄子学琴。襄子说："我虽然是因为磬击打得好才做官的，但是我还会弹琴。现在你的琴艺已经很娴熟了，可以增加一些有新的内容了。"孔子说："我还没有学习到弹琴的节奏。"过了一段时间，襄子说："你已经熟练地掌握了弹琴的节奏了，现在可以增加一些新的内容了。"孔子说："我还没有领会曲子的思想呢。"过了一段时间，襄子说："你已经领会曲子的思想了，可以增加一点新的内容了。"孔子说："我还没有了解到作曲人的为人呢。"

【原文】

有间，孔子有所谬然思焉，有所睪然高望而远眺。曰："丘迨①得其为人矣，近黯而黑，顾然长②，旷③如望羊，奄有四方，非文王其孰能为此。"师襄子避席叶拱④而对曰："君子圣人也，其传曰《文王操》。"

【注释】

①迨：等到。

②顾然长：这里特指身体修长。

③旷：高远。

④叶拱：以两手抚于胸前为礼。

【释义】

过了一段时间，孔子陷入思考之中，登高远眺，说："我现在才了解到作曲人的为人了。他皮肤很黑，身体修长，眼光明亮，高瞻远瞩，看上去拥有了四方的土地，不是周文王还能是谁呢。"师襄子从席子上起来向孔子拜了两拜说："你真是圣人，这个曲子据传说就是《文王操》。"

【原文】

子路鼓琴，孔子闻之，谓冉有曰："甚矣！由之不才也。夫先王之制音也，奏中声①以为节②,流入于南,不归于北。夫南者,生育之乡③;北者,杀伐之域④。故君子之音温柔居中,以养生育之气。忧愁之感,不加于心也;暴厉之动,不在于体也。夫然者⑤,乃所谓治安之风⑥也。小人之音则不然,亢丽微末⑦,以象杀伐之气。中和之感,不载于心;温和之动,不存于体。夫然者,乃所以为乱之风。昔者舜弹五弦之琴,造《南风》之诗,其诗曰:'南风之熏⑧兮,可以解吾民之愠兮;南风之时⑨兮,可以阜⑩吾民之财兮。'唯修此化,故其兴也勃⑪焉,德如泉流,至于今,王公大人述⑫而弗忘。殷纣好为北鄙之声⑬,其废也忽⑭焉,至于今,王公大人举以为诫。夫舜起布衣,积德含和,而终以帝。纣为天子,荒淫暴乱,而终以亡,非各所修之致乎?由,今也匹夫之徒,曾无意于先王之制,而习亡国之声,岂能保其六七尺之体哉?"

冉有以告子路,子路惧而自悔,静思不食,以至骨立⑮。夫子曰:"过而能改,其进矣乎。"

【注释】

①中声:中和之声,和谐,中和的音乐。

②节:节度,节制。

③生育之乡:适合生育的地方。

④杀伐之域:充满杀伐征战的地方。

⑤夫然者:这样的情况。

⑥治安之风:和平安乐的风气。

⑦亢丽微末:指声音尖细。亢,高亢激烈。

⑧熏:温暖,温和。

⑨时:及时,按时,适时。

⑩阜:增长,增多。

⑪勃:突然,迅速。

⑫述：称述。

⑬北鄙之声：流行于商代北部边境的音乐，粗俗不雅。

⑭忽：迅速。

⑮骨立：极言人的消瘦。

【释义】

子路弹琴，孔子听到了，对冉有说："唉，仲由真是太不成材了啊！先王创制的音乐，所奏的都是中和之音以节制人的性情，这种音乐传入南方，就没有再传回北方。南方，是适合生育的地方；北方是充斥着杀伐征战的地方。因此君子弹奏出的音乐温柔适中，这样可以调养生存繁育之气。忧愁的感情，不会在心中产生；粗暴的举动，也不会出现在身体上。这样的情况，就是所谓的和平安乐的风气。小人所弹奏的音乐就不是这样了，声音高亢尖细，象征着杀伐争斗的气息。中和的感情，不存在内心里；温和的行为，也不存在于身体上。这样的情况，就是引起动荡不安的风气。从前，舜弹奏五弦琴，创作出《南风》这样的诗歌。诗中这样说：'多么温柔和暖的南风啊，可以解除百姓胸中的怨气；多么及时的南风啊，可以增加百姓的财富。'正是由于施行了这样的教化，所以他才能兴起得如此之快，他的德行就像泉水一样涌流不息，直到现在，王公大人还在称述他的功德，丝毫没有忘记。商纣王喜欢弹奏北方边境地区的粗俗的音乐，因此他的灭亡是很迅速的，直到现在，王公大人还都要引以为戒。舜起于平民布衣，积累德行，胸怀中和之道，最终成为帝王。商纣本来为天子，但是他荒淫暴乱，最终灭亡，这难道不是由于他们各自不同的修养所导致的吗？仲由现在只是一个平民百姓，丝毫不留意于先王之制，却喜欢弹奏亡国之音，这怎么能保全他的性命呢？"

冉有把孔子说的话告诉了子路，子路很害怕而且后悔，整日静下心来思考，不吃一点东西，以至于骨瘦如柴。

孔子说："有了过错就能及时地改正，这就是进步啊！"

【原文】

周宾牟贾①侍坐于孔子。孔子与之言，及乐，曰："夫《武》之备诫之以久②，何也？"对曰："病疾③不得其众。"

"咏叹之④，淫液之⑤，何也？"对曰："恐不逮事⑥。"

"发扬蹈厉之已蚤⑦，何也？"对曰："及时事⑧。"

"《武》坐致右而轩左⑨，何也？"对曰："非《武》坐。"

"声淫及商⑩，何也？"对曰："非《武》音也。"

孔子曰："若非《武》音，则何音也？"对曰："有司失其传也。"

孔子曰："唯，丘闻诸苌弘⑪，亦若吾子之言是也。若非有司失其传，则武王之志荒⑫矣。"

【注释】

①宾牟贾：孔子弟子，精通音乐。宾牟，姓。贾，名。

②夫《武》之备诫之以久：《武》舞开始之前长时间地击鼓儆诫。《武》，即《大舞》，周代六舞之一，模仿武王伐纣故事而作。

③疾病：担心。

④咏叹之：拉长声音歌唱。

⑤淫液之：形容声音连绵不绝，拖得很长。淫，过度，过分。

⑥不逮事：不能完成任务。逮，及，达到，完成。

⑦发扬蹈厉之已蚤：乐舞一开始就猛烈地手舞足蹈。发扬蹈厉，猛烈地挥舞双手。顿脚踏地。厉，疾。蚤，通"早"。

⑧及时事：寻找时机出击迎敌。

⑨《武》坐致右而轩左：《武》舞中右膝跪地，左膝抬起。《武》坐，《武》舞跪地的姿势。致右，以右脚跪地。轩，起。

⑩声淫及商：声音的浮靡赶上了商朝的音乐。及，逮，赶上。

⑪苌弘：春秋周敬王时的大夫，擅长音乐，相传孔子曾向他学习雅乐。

⑫志荒：心志迷乱。

【释义】

周宾牟贾在孔子一旁陪侍而坐，孔子和他谈论到了音乐，说："《武》舞刚开始时击鼓警示众人的时间很长，这是什么原因啊？"周宾牟贾回答说："那是在模仿武王，武王因为担心众人不肯拥护他。"孔子问道："为什么歌声拖得那么长，乐声又那么连绵不绝呢？"周宾牟贾回答说："恐怕是为了模仿当时武王还不能集合诸侯共同起事吧。"孔子问："很早就开始剧烈地手舞足蹈，是什么缘故呢？"周宾牟贾回答说："那是在模仿当时的时机很适合，要趁机发动征伐。"孔子问道："《武》舞时右膝跪着地，左膝提起，是什么缘故呢？"周宾牟贾回答说："那并不是《武》舞的跪。"孔子问道："歌声中充满了杀气，是什么缘故呢？"周宾牟贾回答说："那并不是《武》舞的歌声。"孔子问道："如果不是《武》舞的歌声，那又是什么歌声呢？"周宾牟贾回答说："那是由于乐官们的错误传授致使失去了原来的面目。"孔子说："我在苌弘先生那里所听到的和你所说的相似。如果不是乐官传授错了的话，那就是武王意志迷乱了。"

【原文】

宾牟贾起，免席①而请②曰："夫《武》之备诫之以久，则既闻命矣。敢问迟矣而又久立于缀③，何也？"

子曰："居，吾语尔。夫乐者，象成者也④。总干而山立⑤，武王之事也。发扬蹈厉，太公⑥之志也。《武》乱⑦皆坐，周、邵⑧之治也。且夫《武》，始成⑨而北出⑩，再成而

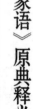

灭商,三成而南反,四成而南国是疆⑪,五成而分陕,周公左邵公右⑫,六成而复缀⑬,以崇其天子焉。众夹振焉而四伐⑭,所以盛威于中国。分陕而进,所以事蚤济⑮。久立于缀,所以待诸侯之至也。"

【注释】

①免席:避席,离席,离开座位。

②请:请教。

⑤迟矣而又久立于缀:表演者站在舞位上久久不动。迟,等待。缀,指表演者所处的位置。

④夫乐者,象成者也:音乐就是取象于以往的事实。

⑤总干而山立:将盾牌聚拢在一起,如山岭般站立。总,聚合,聚拢。干,盾牌。山立,像山一样站立。

⑥太公:即姜太公,又名姜尚、吕尚。西周初年任太师,辅佐周武王灭商,后封于齐。

⑦乱:乐曲的最后一章。

⑧周、邵:指周公旦和邵公奭。

⑨始成:乐曲的第一章节。成,乐曲一终为一成,指乐曲的一个段落。

⑩北出:北上出征殷商。

⑪南国是疆:使南方成为自己的疆土。

⑫"五成而分陕"句:第五章表示以陕为界,将国家分而治之,周公治理东方,邵公治理西方。

⑬复缀:各自返回原来站立的地方。

⑭众夹振焉而四伐:有表演者在舞者的两边摇动金铎,舞者则挥动矛戈随着铎声有节奏地向四方刺击。夹振,指舞队两边有人夹着舞者摇动金铎(古代用来传布命令

的大铃），表示周武王伐纣时鼓动士气的情节。

四伐，指舞者按铎声的节奏向四方击刺，以表示周武王东讨西伐，南征北战，威震四方。伐，一刺一击叫一伐。

⑮蚤济：蚤，通"早"。济，成，成功。

虎钮錞于

【释义】

宾牟贾站了起来，离开座位向孔子请教说："《武》舞刚开始长时间击鼓儆诚众人的象征意义，已经知道是怎么回事了。那么请问乐舞开始后表演者站在自己的位置上，长时间地等待，这又是什么意思呢？"

孔子说："坐下来，我告诉你。乐舞都是取象于已经发生过的事实的。将盾牌聚拢在一起，就像山岭一样站立着，这是武王时候的故事。猛烈地手舞足蹈，这是太公击败殷商的志向。《武》的结尾全体表演者都整齐地跪坐，象征着周公旦、邵公奭辅佐成王治理国家。再说《武》的那些章节，第一章表示武王北上出征殷商，第二章表示翦灭殷商，第三章代表事成南下，第四章表示占领南方诸国，第五章代表以陕为界限，分成两部分，周公治理陕以东的地方，邵公治理陕以西的地方。第六章的时候表演者都回到自己的位置上，表示天下诸侯都要尊崇天子。有表演者在舞者的两边摇动金铎，舞者则挥动矛戈随着铎声有节奏地向四方刺击，表示讨伐四方不愿服从的不义国家，显示了周的威严充斥于中国。舞者随后又分成两列前进，象征着分陕而治，表示战事早已成功。刚开始的时候表演者之所以久久地站在原地，就是为了等待四方诸侯前来共同灭商。"

【原文】

"今汝独未闻牧野之语①乎？武王克殷而反商之政②，未及下车，则封黄帝之后于蓟③,封帝尧之后于祝④,封帝舜之后于陈⑤;下车又封夏后氏之后于杞⑥,封殷之后于宋⑦,封王子比干之墓⑧,释箕子⑨之囚,使人行商容之旧⑩,以复其位,庶民弛⑪政,庶士倍禄⑫。既济河西⑬,马散之华山之阳⑭而弗复乘,牛散之桃林之野而弗复服⑮,车甲则衅⑯之而藏之诸府库,以示弗复用。倒载⑰干戈而包之以虎皮,将率⑱之士使为诸侯,命之曰鞬橐⑲,然后天下知武王之不复用兵也。散军⑳而修郊射㉑,左射以《狸首》,右射以《驺虞》㉒,而贯革㉓之射息㉔也;裨冕搢笏㉕,而虎贲之士脱剑㉖;郊祀后稷㉗,而民知尊父焉;配明堂㉘,而民知孝焉;朝觐,然后诸侯知所以臣;耕籍㉙,然后民知所以敬亲。六者天下之大教也。食三老五更于太学㉚,天子袒而割牲㉛,执酱而馈㉜,执爵而酳㉝,冕而总干㉞,所以教诸侯之弟㉟也。如此,则周道四达,礼乐交通㊱。夫《武》之迟久,不亦宜乎?"

【注释】

①牧野之语:即周武王牧野之战的传说。周武王召集四方各国军队,大败殷师于牧野。

②武王克殷而反商之政:周武王攻克了殷都,就宣布要把当地的统治权交还给殷商的后裔。此当是指武王封纣子武庚承殷之祀,统帅殷遗民。

③蓟:地名,在今北京市西南。

④祝:国名,在今山东长清县东北。

⑤陈:国名.在今河南濮阳与安徽亳县交接一带,相传武王封舜的后代妫满于此。

⑥杞:国名,在今河南省杞县.武王封夏禹后代东楼公于此。

⑦宋:国名,在今河南商丘,封商纣王庶兄微子启于此。

⑧封王子比干之墓:封,堆土成坟。比干,商纣王的叔伯父,屡次向纣王进谏,被剖心而死。与微子启,箕子合称撑殷商"三任"。

⑨箕子:纣王的叔伯父,封地在箕(今山西太谷),他曾因规劝纣三而遭囚禁,后被

武王释放,居留镐京。

⑩行商容之旧:查访商容的下落。行,巡查,查访。商容,商代的礼官,当时的贤人,传说他曾被纣贬斥,周武王灭商后,曾到他的家乡对其予以表彰。

⑪弛:解除,废弛。

⑫倍禄:俸禄翻倍。

⑬既济河西:周武王灭商之舌,率军渡过黄河,还师镐京。济,渡过。

⑭华山之阳:华山的南面。华山,在今陕西省华阴县南。阳,指山的南面、水的北面。

⑮服:用,使用。

⑯衅:血祭。杀牲后,以牲血涂于所祭器物之上。

⑰载:置,放置。

⑱率:通"帅"。

⑲鞬櫜:盛弓箭的器具,此处当为动词,意思是收藏。

⑳散军:解散军队。

㉑修郊射:在郊区的学宫中修习射箭。

㉒《狸首》《驺虞》:皆为射礼中用来表示节奏的音乐。

㉓贯革:穿透皮革。贯,穿透,贯穿。

㉔息:止,停息。

㉕裨冕搢笏:臣子们身穿礼服,头戴官帽,腰插笏板。裨,古代祭祀时穿的次等礼服。搢,插。笏,古代朝见时大臣所执的手板。

㉖虎贲之士脱剑:战士们都解下自已的佩剑。虎贲之士,指勇猛的战士。脱,解,解下。

㉗后稷:周的始祖,名弃。

㉘明堂:古代帝王宣明政教的地方,凡朝会、祭祀、庆赏、选士、养老、教学等大典,

均在此举行。

㉙耕籍：即"籍礼"。每逢春耕前，由天子诸侯执耒耜在籍

田上来回推几次，作为象征性礼仪，以示重农。

㉚食三老五更于太学：在太学中宴请三老五更。古代朝廷设三老五更之位，天子

需以父兄之礼养之，以示敬老。

㉛袒而割牲：袒露左臂，亲自切割牲肉。

㉜执酱而馈：拿着肉酱向他们进献。酱，肉酱。馈，进献食物。

㉝执爵而酳：天子亲自端着酒爵请三老五更们饮酒漱口。爵，酒爵。酳，古代的

一种礼节，在宴会或祭祀时，食毕以酒漱口。

㉞冕而总干：戴上帽子，手持盾牌跳舞。

㉟弟：同"悌"。尊敬兄长。

㊱交通：通行于各处。

【释义】

"到现在你还没有听说过武王牧野之战的传说吧？武王在灭掉殷商之后，就把治理殷商遗民的权力交给了殷商后裔。还没有进入商都，就决定把黄帝的后裔封在陈，把尧的后裔封在祝，把帝舜的后裔封在陈；进入商都之后，又把夏后氏的后裔封在杞，把殷商的后裔封在宋，整修王子比干的坟墓，释放了被囚禁的箕子，派人去查访商容的下落，而且恢复了他的官位。解除了压在庶民身上的苛政，官吏的俸禄也得到了成倍地增加。渡过黄河，回到镐京之后，将战马都散放于华山的南面而不再去乘用，把牛都散放于桃林之野不再使用，在战车和铠甲上都涂上牲口的血并且藏在府库中，以表示永不使用。将盾牌，长矛等都倒置并且包上虎皮，把将帅都分封各地去做诸侯，这些行动总称为'韣橐'，即封存战争物资。之后全天下都知道武王不会再用兵征战了。将军队解散而到郊外的学宫中去修习射箭，在东边的学宫修习射箭的时候，奏

《狸首》之乐,在西边的学宫中修习射箭的时候,奏《驺虞》之乐,如此则能穿透皮革的射箭行为就会停止了;臣子们身穿礼服,头戴官帽,腰插笏板,将士们也要把解下来;在郊外举行祭祀后稷的礼仪,那么百姓都知道尊敬父辈长者了;在明堂里祭祀天地而以祖先配享,那么百姓就都会知道孝顺父母了;施行朝觐之礼,然后诸侯就会知道该怎样臣服于天子了;亲自参加耕籍之礼,然后百姓就会知道尊敬双亲。这六项,是天下最重要的教化。在太学中宴请三老五更,天子袒露左臂,亲自切割牲肉,拿着肉酱向他们进食,食罢,又亲自端着酒杯请他们漱口,然后,天子戴着帽子,拿着盾牌跳起舞来,这就是为了教导诸侯们懂得尊敬兄长。这样的话,周朝的教化就会达于四方,礼乐也会通行于各处。如此看来,《武》舞开始的时候表演者站在原地久久地等待,不也是很应当的吗?"

问玉第三十六

【题解】

本篇可以分为三个部分,因第一部分记子贡向孔子问玉的事情,故以"问玉"名篇。

第一部分记子贡问玉的事情。子贡对君子贵玉而贱珉的现象疑惑不解,因而求教于孔子。孔子认为这是由于玉可象征美德。在这里,孔子向我们展现了时人对于美德的理解。按照孔子的解释,美德具有仁、智、义、礼、乐、忠、信、天、地、德、道十一个范畴,对这十一个范畴,孔子的理解可谓层层深入,由仁、智、义、礼、乐、忠、信推及天、地,进而归结为德、道。孔子将形象比喻与抽象思辨完美地结合起来,令人叹为观止。

第二部分是孔子专论经书教化的内容。孔子首先通论六经之教,分别指出六经之教的益处与不足,认为只要趋益除弊,就能充分理解六经。这段材料对于研究孔子与六经的关系,研究孔子的经书教化思想有重要价值。既而孔子阐述了天地之教的含义,认为风霜雨露、繁育万物实为天地之教化。孔子还认为天地之教与圣人相参,圣人秉清明之德,犹如神助,施惠万民,福泽四方。

第三部分主要论述礼治问题。本章以子张问圣人之所以教发端,引发了孔子的论述。孔子认为礼重在实行,即"言可履",这无疑是非常可贵的。孔子还认为"礼之所以兴,众之所以治也",孔子以室有隩阼、席有上下、立有列序等事例形象地说明了礼治的重要性。从中可以看出礼在本质上是一种秩序,而人类对于秩序的追求则是永恒的,这无疑具有重要的现实意义。

【原文】

子贡问于孔子曰:"敢问君子贵玉而贱珉①,何也? 为玉之寡而珉多欤?"孔子曰:"非为玉之寡故贵之,珉之多故贱之。夫昔者君子比德于玉:温润而泽,仁也;缜密以栗②,智也;廉而不刿③,义也;垂之如坠,礼也;叩之,其声清越而长,其终则诎然④,乐矣;瑕⑤不掩瑜⑥,瑜不掩瑕,忠也;孚尹旁达⑦,信也;气如白虹,天也;精神见于山川,地也;圭璋特达⑧,德也;天下莫不贵者,道也。《诗》云:'言念君子,温其如玉。⑨'故君子贵之也。"

【注释】

①珉:似玉的美石。

②缜密而栗:细密而坚实。栗,坚实,坚硬。

③廉而不刿:有棱角而不伤人。廉,有棱角。刿,割伤,划伤。

④诎然:戛然而止的样子。

⑤瑕:玉上面的斑点。

⑥瑜:玉的光彩。

⑦孚尹旁达:晶莹剔透,闪耀四方。孚,通"浮"。尹,通"筠"。指玉的色彩。

⑧达:通达.尊贵。

⑨"言念君子"句:出自(《诗经·秦风·小戒》)。

想念远方的君子啊,温厚如同碧玉般。言,发语词,无实意。

【释义】

子贡问孔子说:"我想冒昧地问老师,君子都把玉看得很贵重,而把珉看得很轻,这是为什么呢? 是因为玉的数量很少而珉的数量很多吗?"孔子说:"并不是因为玉少就把它看得贵重,也不是因为珉很多就把它看得轻贱。从前君子都把德行比作玉:温润而有光泽,这就好比是仁;细密而坚实,这就好比是智慧;有棱角但是却不会划伤人,这就好比是义;悬吊着就会往下坠,这就好比是礼;敲打它,就会发出清脆而悠扬的声音,结束的时候戛然而止,这就好比是乐;瑕不掩瑜,瑜不掩瑕,这就好比是忠;玉的光泽晶莹剔透,闪耀四方,这就好比是信;玉身上的光气如同白色的长虹,这就好比是天;玉的精神同于山川,这就好比是地;玉做的圭璋特别的尊贵,这就好比是道。《诗经》上说:'想念远方的君子啊,温厚如同碧玉般。'因此君子都会以玉为贵。"

【原文】

孔子曰:"入其国,其教可知也。其为人也,温柔敦厚①,《诗》教也;疏通知远,《书》教也;广博易良②,《乐》教也;洁静精微③,《易》教也;恭俭庄敬④,《礼》教也;属辞比事⑤,《春秋》教也。故《诗》之失愚⑥,《书》之失诬⑦,《乐》之失奢,《易》之失贼⑧,《礼》之失烦⑨,《春秋》之失乱。其为人也,温柔敦厚而不愚,则深于《诗》者矣;疏通知远而不诬,则深于《书》者矣;广博易良而不奢,则深于《乐》者矣;洁静精微而不贼,则深于《易》者矣;恭俭庄敬而不烦.则深于《礼》者矣;属辞比事而不乱,则深于《春秋》者矣。

天有四时者，春夏秋冬，风雨霜露，无非教也。地载神气，吐纳雷霆，流形庶物⑩，无非教也。清明在躬⑪，气志如神，有物将至，其兆必先。是故，天地之教与圣人相参⑫。其在《诗》曰：'嵩高惟岳，峻极于天。惟岳降神，生甫及申。惟申及甫，惟周之翰。四国于蕃，四方于宣。⑬'此文武之德。'矢其文德，协此四国⑭'，此文王之德也。凡三代之王，必先其令问⑮。《诗》云：'明明天子，令问不已。⑯'三代之德也。"

【注释】

①温柔敦厚：温和宽厚。

②广博易良：宽广博大，平易善良。

③洁净精微：内心纯净，明于微毫。

④恭俭庄敬：恭敬节俭，仪态端庄

⑤属辞比事：连缀文辞。排比史事。

⑦诬：失实，不真实。

⑧贼：悖谬，不正。

⑨烦：繁琐。

⑩流形庶物：万物在自然的滋润下生长繁育。

⑪躬：身，自身。

⑫参：比，并，参互。

⑬"嵩高惟岳……四方于宣四"句：山岳巍巍，直入云端。神灵降临，甫侯、申伯生于人间。正是申伯和甫侯，成为周的中流砥柱。使四方各国来屏卫，天子的德行传于四方。语出《诗经·大雅·崧高》。嵩，山大而高。岳，高大的山。甫，即甫侯。申，即申伯。翰，干。

⑭"矢其文德"句：语出《诗经·大雅·江汉》。宣扬文德，协和万方。王肃注："《毛诗》：'矢其文德。'矢，陈。协，和。"协，今本《毛诗》作"洽"。

⑮令问:美誉。令,美好的。问,通"闻"。声闻,声誉。

⑯明明天子,令问不已:见《诗经·大雅·江汉》。勤勉的天子,美好的声闻从不间断。明明,即"勉勉"。勤勉的样子。

【释义】

孔子说:"进入到一个国家,就可以看到它的教化。那里的百姓温和宽厚,这就是以《诗经》教化的结果;博古通今而且有远见,这就是以《书》教化的结果;宽广博大平易善良,这就是以《乐》教化的结果;内心洁净明于微毫,这就是以《易》教化的结果;恭敬节俭仪态端庄,这就是以《礼》教化的结果;连缀文辞排比史事,这就是以《春秋》教化的结果。因此以《诗经》教化的不足就是容易愚钝不知变通;以《书》教化的不足就是容易失去事物的真实性;以《乐》教化的不足就在于容易导致奢侈;以《易》教化的不足就是容易产生怪诞而伤害正道;以《礼》教化的不足就是容易导致礼仪的繁琐;以《春秋》教化的不足就是容易导致社会的纷乱。如果为人温和宽厚而且不愚钝,那么他必是深谙于《诗经》的;如果为人博古通今有远见而且所记之事都不失实,那必是深谙于《书》的;如果为人宽广博大平易善良而且不奢侈的,那必是深谙于《乐》的;如果为人内心洁净明于秋毫而且合于正道的,那必是深谙于《易》的;如果为人恭敬节俭仪态端庄而且不繁琐的,那必是深谙于《礼》的;连缀文辞排比史事而不混乱,那必是深谙于《春秋》的。

"天地有春夏秋冬四个季节,以及风霜雨露等现象,这些无不和教化有关。大地负载着万物之精气,变化出风雨雷霆,万物都在自然的滋养下生长发育,这些也无不和教化有关。清明之德在于己身,气志如有神助,将要有新事物出现的时候,必然会有预先的征兆出现。因此,天地的教化与圣人的教化是相互参成的。在《诗经》上有这样一句话:'山岳巍巍,直入云端。神灵降临,甫侯、申伯生于人间。正是申伯和甫侯,成为周的中流砥柱。使四方各国来屏卫,天子的德行传于四方。'这就是文王、武王的德行。宣扬文德,协和万方,这是文王的德行。凡是三代时候的圣明君王,在其称王之前必是已经有了美好的声誉。《诗经》上说:'勤勉的天子,美好的声誉从不间断。'这就是三代圣王的德行。"

【原文】

子张问圣人之所以教。孔子曰:"师乎,吾语汝。圣人明于礼乐,举而措①之而已。"子张又问。孔子曰:"师,尔以为必布几筵②,揖让升降,酌献酬酢③,然后谓之礼乎?尔以必行缀兆④,执羽龠⑤,作钟鼓,然后谓之乐乎?言而可履⑥,礼也;行而可乐,乐也。圣人力⑦此二者,以躬己南面⑧。是故天下太平,万民顺伏,百官承事,上下有礼也。夫礼之所以兴,众之所以治也;礼之所以废,众之所以乱也。目巧之室则有隩阼⑨,席则有上下,车则有左右,行则并随⑩,立则有列序,古之义也。室而无隩阼,则乱于堂室矣;席而无上下,则乱于席次矣;车而无左右,则乱于车上矣;行而无并随,则乱于阶涂⑪矣;列而无次序,则乱于着⑫矣。昔者明王圣人,辩贵贱长幼,正男女内外,序亲疏远近,而莫敢相逾越者,皆由此涂⑬出也。"

【注释】

①措:施行。

②几筵:几,几案。筵.竹制的垫席。

③酌献酬酢:酌,斟酒。献,献酒。酬,主人向客人敬酒。酢,客人向主人敬酒。

④缀兆:跳舞时的行列位置。

⑤羽龠:舞者所持的舞具和乐器。

⑥履:施行,践行。

⑦力:勉励施行,力行。

⑧南面:古代以坐北朝南为尊位。天子诸侯接见群臣皆南面而坐。

⑨目巧之室则有隩阼:目测巧思建造之房屋,则有内室与台阶之分。目巧之室,指用目测巧思建造的房子。隩,室中的西南角.是尊贵的位置。阼,东面的台阶,主人迎接宾客的地方。

⑩行则并随:并行和随行。

⑪涂:路途,道路。

⑫着:站立的位置。

⑬涂:同"途"。引申为道,道理。

【释义】

子张向孔子请教圣人是怎样施行教化的。

孔子说:"子张啊,我告诉你。圣人明于礼乐教化,只不过是把他们施行于天下而已。"

子张没有听明白,又问了一遍。

孔子说:"子张,你以为必须摆下案几筵席,彼此揖让周旋,斟酒献客,相互敬酒,才能叫作礼仪吗?你以为必须排列好舞者的位置,拿着舞具和乐器,敲钟击鼓,才能叫作乐吗?说过的话能够去施行,这就是礼;做起来能够感受到快乐,这就是乐。圣人力行这几个方面,南面而坐,治理天下。因此天下太平,百姓顺服,百官尽职,上下之间恭顺有礼。礼制能够兴盛,百姓就会得到治理;礼制废弛,社会就会混乱。通过目测巧思所建造的房屋必然会有隩阼之分;座席也会有上下之分,坐在车上就会有左右尊卑之分,走路的时候就会有并行和随行的区别,站着的时候也有队列的顺序,这都是自古已然的道理。房屋如果没有隩阼的区分,那么堂室的制度就混乱了;座席没有上下之分,筵席的秩序也就混乱了;坐车没有左右尊卑之分,那么车上的秩序也混乱了;走路的时候没有前后顺序,那么走路的秩序也混乱了;队列没有顺序,人们的位置就混乱了。昔日明王圣人区分贵贱长幼,端正男女内外的区别,排列亲疏远近的等级关系,没有敢逾越的,这都是根据这个道理而来的。"

屈节解第三十七

【题解】

　　屈节,指降低身份、屈抑志节。本篇共分四节,所记载的都是孔子本人亲历或他对有关屈节问题的看法,故以"屈节"名篇。

　　孔子有卓越的治世才能,也因此名声远播。可是,尽管孔子有一整套的平治主张,他的系统的政治学说却没有得到施展,最终仍然落得"无所遇"的结局。他思考自己的人生,希望挽救世道人心,对现实的政治有深深的忧虑。《论语》等书留下了孔子的许多言论,能够隐隐透出孔子政治上的郁闷。

　　孔子一方面要施展抱负,另一方面却难觅时机;他一方面要"屈节以求伸",另一方面还必须"受屈而不毁其节"。在"无道"的乱世,他的学说自然无人"能宗"。孔子政治命运的悲剧是"无道"的现实造成的,他要矢志不渝地推行思想学说,就不得不权变,主张"屈节"。虽然意识到无力回天,但信念仍然支撑着他,甚至"知其不可而为之"。很多人研究孔子,都指出孔子政治品格中有相互矛盾的一面,虽然他反对以下叛上,但有时个别叛乱者召孔子前去,孔子也曾意欲前往。如公山不狃以区区费邑叛乱,孔子竟然希望借机施展自己的宏大志向,以效法"周文武起丰镐而王"。佛肸叛,使人召孔子,孔子同样打算前往。可见,孔子不仅对自己的治世能力充满信心,也体现了行道于世的迫切愿望。

　　本篇记载了几个关于孔子主张"屈节"的故事,如屈节以救父母之国、宓子贱屈节治单父、屈节而不失其故旧。但孔子屈小节恰恰是为了扬大节。孔子热爱邦国,热爱父母之国,不愿意看到鲁国遭受齐国的侵凌,所以才欲屈节于田常以救鲁;孔子的弟子宓子贱有大志,遂不以单父为小,治单父以自试其才,这与公山不狃、佛肸召孔子,孔子"欲往"的道理一样；孔子注重朋友之交，为了不失去朋友，遂不顾小节，不计较原壤的错误举动。

孔子的这些举动，可以用他的言语来注解。本篇记孔子说："君子之行己，期于必达于己。可以屈则屈，可以伸则伸。故屈节者所以有待，求伸者所以及时。是以虽受屈而不毁其节，志达而不犯于义。"孔子殷切希望"道"行于世，追求道义的实现，为此，他认为能够屈抑的时候可以屈抑，能够施展的时候就施展，屈抑志节是为了有所期待，谋求施展应当抓住时机。但是，受屈却不能损毁志节，实现理想而不能违反道义。

孔子曾教导子夏说："女为君子儒，无为小人儒。"孔子这样要求弟子，他本人正是这样做的。孔子的处境和遭遇，使他的政治命运表现出了一种悲壮，呈现出了悲剧色彩。按照孔子心目中的"君子"标准，儒者应当有较高的追求，应当有远大的抱负，应当努力推行自己的主张，以自己的学说被世人所重为快乐。当不为世人所知，不被人们理解的时候，应当"不愠"不怒。只是要保持独立的人格，保守高尚的品节，又期望"求伸"，期望"志达"，便不得不在"不毁其节"和"不犯于义"的前提之下"受屈"抑志，不得不"屈节"。

本篇是研究孔子政治思想的重要材料。以前，有人怀疑《家语》，对此篇更有讥评。如清人孙志祖《家语疏证》便认为该篇非"先秦古文"，"其伪无疑"。他说："案《家语》杂采诸书，文义多不联属，其篇题亦无一定，独此以'屈节'名篇，而所载子贡、宓子、原壤三人行事，俱有'屈节'语以联属之，且篇首撰子路问孔子一段，以屈节求伸作冒，竟似后世文体裁。"这样的评论，实在苍白无力。由于本书成书的特殊背景，《家语》中有的篇中章节意义联属并不紧密，但大部分都有一定的主题贯穿其中。

【原文】

子路问于孔子曰："由闻丈夫居世，富贵不能有益于物，处贫贱之地①，而不能屈节以求伸^②，则不足以论乎人之域矣。"孔子曰："君子之行己，期于必达于己。可以屈则屈，可以伸则伸。故屈节者所以有待，求伸者所以及时^③。是以虽受屈而不毁其节^④，志达而不犯于义^⑤。"

【注释】

①地：地位。

②伸：施展才华。

③及时：抓住时机。

④节：名节。

⑤义：义理。

【释义】

子路问孔子："我听说男子汉大丈夫活在世上，富裕尊贵而不能有益于社会，身处贫困低贱的地位而不能屈节以求施展才华，则不是已达到人们所说的大丈夫的境界。"孔子回答道："君子行事都希望达到一定的目的，能够委屈自己就委屈一下，能够施展才华就施展才华，所以委屈自己的人一定有所期待，寻求施展才华的人需要抓住时机。虽然委屈自己但不能毁坏自己的名节，志向实现但不能违犯义理。"

【原文】

孔子在卫，闻齐国田常将欲为乱^①，而惮鲍、晏，因欲移其兵以伐鲁。孔子会诸弟子而告之曰："鲁父母之国，不可不救，不忍视其受敌，今吾欲屈节于田常以救鲁。二三子谁为使？"于是子路曰："请往齐。"孔子弗许。子张请往，又弗许。子石请往，又弗许。三子退，谓子贡曰："今夫子欲屈节以救父母之国，吾三人请使而不获往？此则吾子用辩^②之时也，吾子盍请行焉？"子贡请使，夫子许之。遂如齐，说田常曰："今子欲收功③于鲁实难,不若移兵于吴则易。"田常不悦,子贡曰:"夫忧在内者攻强,忧在外者攻弱。吾闻子三封而三不成,是则大臣不听令。战胜以骄主,破国以尊④臣,而子之功不与焉,则交日疏于主,而与大臣争,如此,则子之位危矣。"田常曰:"善,然兵甲⑤已加鲁矣,不可更,如何?"子贡曰:"缓师,吾请于吴,令救鲁而伐齐,子因以兵迎之。"田常许诺。

【注释】

①乱:叛乱。

②辩:辩才。

③收功:取得功绩。

④尊:尊崇。

⑤兵甲:代指军队。

【释义】

孔子在卫国的时候,听说齐国的田常想要叛乱,而因其忌惮鲍牧、晏圉等人从中作梗,就想将叛乱的军队转移出去,以讨伐鲁国。孔子便集合了各位弟子并告知他们,说:"鲁国是我们父母亲人所居住的地方,不可以不去援救,更不忍心看到他们受到侵犯,因此我想通过委屈于田常的方法以救援鲁国,你们几个人谁愿意出使齐国?"于是子路说:"请允许我前往齐国。"孔子没有允许。子张也请求前往,孔子又没有允许,子石也请求前往,孔子也没有允许。他们三个人退下来对子贡说:"现在先生想委屈于田常以救援我们父母所居住的鲁国,我们三个人都请求出使前往却没有得到允许,现在正是你展示自己出色的辩才的好时机,你怎么不去请行呢?"子贡便前去请求出使,孔子允许了。于是子贡就到了齐国,游说田常说:"现在你想要在鲁国取得功绩实在是很难,不如移兵到吴国会很容易。"田常听了很不高兴。子贡又说道:"忧患在

《孔子家语》原典释义

朝堂之内的人，必定会去攻打强国；忧患在百姓身上的人，方才去攻打弱国。而今你的忧患是在朝堂之内，我听说你三次受封都没有成功，那是因为朝中有大臣反对你。如果你战胜了，你的君主会为之骄傲自豪，如果你攻破了敌国，却只能让别的大臣更为显贵，而你功劳却没有在其中。你和君王的关系会一天天地变得疏远，如果你再去和那些大臣争夺权利的话，你的处境就会变得很危险了。"田常说："你说得很对。然而我的军队已经奔赴鲁国了，不可以更改了，该怎么办呢？"子贡说："您先停止进军，我请求去吴国，让他们去攻打齐国以援助鲁国，这样您再趁机发兵攻打他们就好了。"田常答应了。

【原文】

子贡遂南说吴王曰："王者^①不灭国，霸者无强敌，千钧之重加铢两而移。今以齐国而私^②千乘之鲁，与吴争强，甚为王患之。且夫救鲁以显名，以抚^③泗上诸侯，诛暴齐以服晋，利莫大焉。名存亡鲁，实困强齐，智者不疑。"吴王曰："善，然吴常困越，越王今苦身养士，有报^④吴之心，子待我先越，然后乃可。"子贡曰："越之劲^⑤不过鲁，吴之强不过齐，王置^⑥齐而伐越，则齐必私^⑦鲁矣。王方以存亡继绝之名，弃齐而伐小越，非勇也。勇而不计难，仁者不穷约^⑧，智者不失时，义者不绝世。今存越示天下以仁，救鲁伐齐，威加晋国，诸侯必相率而朝，霸业盛矣。且王必恶越，臣请见越君，令出兵以从，此则实害越而名从诸侯以伐齐。"吴王悦，乃遣子贡之越。

【注释】

①王者：施行王道的人，和"霸者"相对。

②私：占为已有。

③抚：安抚。

④报：报复。

⑤劲：强。

⑥置：搁置。

⑦私：私吞。

⑧约：缠缚。

【释义】

　　子贡于是就向南到了吴国，游说吴王说："施行王道的人不会让自己的诸侯属国被别人灭掉，施行霸道的人也不允许天下有强于自己的敌人出现。这正如千钧相敌的重量，加了一些微小的东西就会改变。如今齐国想要将千乘之国的鲁国占为己有，和我们吴国争强，我很是为大王您担忧。并且如果你去救援鲁国的话，您的好名声也会因此显扬，泗水一代的诸侯也会因此得到安抚。诛杀暴虐的齐国，征服强大的齐国，再也没有比这更大的好处了。名义上是挽救了将要灭亡的鲁国，实际上却是困厄了强大的齐国，明智的人对这种做法是不会怀疑犹豫的。"吴王说："你说得很对。但是吴国经常和越国作战，将越王退逼到了会稽山一代。现在越国苦心经营，养蓄将士，有要报复我的决心，你先等我攻打了越国，再去攻伐齐国吧。"子贡说："越国的势力比不上鲁国，吴国的势力也没有齐国强大，如果大王您放弃攻打齐国而去攻打越国，那么齐国就一定占领并私吞鲁国了。而您正是以保全将要灭亡的国家的名义啊，如果您放弃了齐国而去攻伐越国，那就不是勇者的表现了。勇者是不会计较困难的，仁者是不甘困窘缠缚的，智者是不会错失时机的，义者是不会拒绝和他人来往的，如今保存了越国可以向天下显示您的仁慈，救助鲁国攻伐齐国，就向晋国展现了您的威仪，那样各国诸侯就必定会相继到吴国来朝见您。这样一来，您称霸天下的事业也就得以实现了。如果大王你真的是害怕越国，那我请求去见越王，让他也出兵跟随大王您，而这实际上就是让越国的国力空虚，名义上却是跟随诸侯以攻伐齐国。"吴王听了这些话，十分高兴，就派遣子贡到越国去。

【原文】

越王郊迎，而自为子贡御①。曰："此蛮夷②之国，大夫何足俨然辱而临之？"子贡曰："今者吾说吴王以救鲁伐齐，其志欲之而心畏越，曰：'待我伐越而后可。'则破越必矣。且无报人之志而令人疑之，拙矣，有报人之意而使人知之，殆④乎，事未发而先闻者，危矣。三者，举事之患矣。"勾践顿首④曰："孤尝不料力而兴吴难，受困会稽，痛于骨髓，日夜焦唇干舌，徒欲与吴王接踵⑤而死，孤之愿也。今大夫幸告以利害。"子贡曰："吴王为人猛暴，群臣不堪，国家疲弊，百姓怨上，大臣内变，申胥以谏死，太宰嚭用事⑥。此则报吴之时也。王诚能发卒佐之，以邀射⑦其志，而重宝以悦其心，卑辞以尊其礼，则其伐齐必矣。此圣人所谓屈节求其达者也。彼战不胜，王之福。若胜，则必以兵临晋，臣还北请见晋君共攻之，其弱吴必矣。锐兵尽于齐，重甲困于晋，而王制其弊焉。"越王顿首许诺。子贡返。五日，越使大夫文种顿首言于吴王曰："越悉境内之士三千人以事吴。"吴王告子贡曰："越王欲身从寡人，可乎？"子贡曰："悉人之率众，又从其君，非义也。"吴王乃受越王卒，谢留勾践。遂自发国内之兵以伐齐，败之。子贡遂北见晋君，令承其敝，吴晋遂遇于黄池。越王袭吴之国。吴王归与越战，灭焉。孔子曰："夫其乱齐存鲁，吾之始愿。若能强晋以敝吴，使吴亡而越霸者，赐之说之也。美言伤信，慎言哉。"

【注释】

①御：驾车。

②蛮夷：古代对南方各族的含有贬义的称呼，这里是越王的自谦。

③殆：危险。

④顿首：叩头。

⑤接踵：脚后跟连着脚后跟，即一起、一道的意思。

⑥用事:掌握政权。

⑦邀射:投合、求得。

【释义】

　　越王到了郊外迎接子贡,并亲自为子贡驾车,说道:"我们是未开化的蛮夷之国,大夫你为何屈尊降贵来到这里呢?"子贡说:"如今我游说吴王去讨伐齐国以救援鲁国,他心里已经同意了,只是畏惧越国,说:"等我征伐越国以后才可以这么做",那样的话越国必定是被攻破了。况且没有报复人的打算却被人怀疑,这是很拙笨的,有了报复的打算却被人知晓,这是很危险的。事情还没有施行就已经被人探到了风声,这就更加危险了。这三种状况,是举事的最大危害。"勾践听了以后叩头说:"我曾经不自量力地和吴国作战,结果被围困到了会稽,所造成的痛苦真的是痛入骨髓,我日日夜夜都在反思,以至于嘴唇干裂,口舌焦渴,一心想要和吴王决一死战,这是我最大的心愿。感谢您现在告诉了我其中的利害,希望大夫您能告诉我该怎么办。"子贡说:"吴王为人凶残,大臣们都不堪忍受了。如今国力凋敝,百姓怨声载道,大臣也私下想要发动政变,伍子胥因为进谏而被杀死,大宰嚭因谄媚而专权,这正是报复吴国的最佳时机。如果大王您能够发兵帮助,以投合他的心意,并用重金珍宝去取得他的欢心,用谦卑的言辞和尊贵的礼仪去推崇他。那么他一定会兴兵伐齐的,这就是圣人所说的委屈自己以求得实现自己的心愿。如果他打败了,那就是大王您的福分;如果他打胜了,必定会趁机带兵逼近晋国,到时候我就会向北去见晋王,让他和您一同攻伐吴国,那样吴国一定会被削弱。等他的精锐部队在齐国折损殆尽的时候,他的重兵又会被晋国所牵制,在他疲惫不堪的时候,您再趁机出兵攻打他,那样的话就一定会消灭吴国的。"越王又一次点头,非常高兴地同意了。于是子贡回到了吴国。五天以后,越王派遣大夫文仲跪着觐见吴王,上报道:"我们的国君愿意亲自率领越国境内的三千士兵一起前来听命于您。"吴王将文仲的话告诉子贡,问道:"越王要亲自率领士兵以跟随我讨伐齐国,这样可以吗?"子贡说:"这样不行。已经调动了他人国家内的兵马,又要让他们的国君跟随出战,这是不符合道义的。"于是吴王接受了越王派送来的军队,辞谢了越王,亲自率领国内全部的军队去讨伐齐国,大败了齐国军队。接着子贡就离开了吴国,北上赶到晋国境内,游说晋国国君趁机攻打吴国。吴国、晋国在黄池大战。越王便趁机去袭击吴国的国都,吴王只好匆忙从晋国撤回军队和越王作战,最后吴国被灭,吴王自己也死去。孔子说:"让齐国发生战乱而让鲁国得以保存,这是我原本的愿望。但是让晋国强大而让吴国凋敝,以及让吴国灭亡、越国称霸,这些都是子贡游说的成果啊。可是,巧言辞令却会损害话语的真实性,说话不可以不慎重啊。"

【原文】

孔子弟子有宓子贱者,仕于鲁,为单父宰。恐鲁君听谗言,使己不得行其政。于是辞行,故请君之近史①二人与之俱至官。宓子戒其邑吏,令二史书,方书,辄掣其肘。书不善,则从而怒之。二史患②之,辞请归鲁。宓子曰:"子之书甚不善,子勉而归矣。"二史归报于君曰:"宓子使臣书而掣肘,书恶而又怒臣,邑吏皆笑之,此臣所以去之而来也。"鲁君以问孔子。子曰:"宓不齐,君子也。其才任霸王之佐,屈节治单父,将以自试③也。意者以此为谏乎?"公寤④,太息而叹曰:"此寡人之不肖⑤。寡人乱宓子之政而责其善者,非矣。微二史,寡人无以知其过,微夫子,寡人无以自寤。"遽发所爱之使告宓子曰:"自今已往,单父非吾有也,从子之制,有便于民者,子决为⑥之。五年一言其要⑦。"宓子敬奉诏,遂得行其政,于是单父治焉。躬敦厚,明亲亲,尚笃敬,施至仁,加恳诚,致忠信,百姓化之。齐人攻鲁,道由⑧单父,单父之老请曰:"麦已熟矣,今齐寇至,不及人人自收其麦。请放民出,皆傅传郭之麦,可以益粮,且不资于寇。"三请而宓子不听。俄而齐寇逮于麦。季孙闻之怒,使人以让宓子曰:"民寒耕热耘,曾不得食,岂不哀哉? 不知犹可,以告者而子不听,非所以为民也。"宓子蹵然⑨

曰："今兹无麦,明年可树,若使不耕者获,是使民乐有寇,且得单父一岁之麦,于鲁不加强,丧之不加弱。若使民有自取之心,其创必数世不息。"季孙闻之,赧然^⑩而愧曰:"地若可人,吾岂忍见宓子哉?"

【注释】

①近史:君王身边亲近的人。

②患:害怕。

③自试:自己检验一下自己的才能。

④寤:醒悟。

⑤不肖:不贤明。

⑥为:治理。

⑦要:大概。

⑧由:经过。

⑨憼然:不高兴的样子。

⑩赧然:因羞愧而脸红的样子。

【释义】

　　孔子有一个弟子名叫宓子贱的,在鲁国担任单父宰。宓子贱担心鲁君会听信小人的谗言,让自己的执政方案不能施行,于是就在辞别鲁君准备出发的时候,故意要求鲁君身旁的两个亲近的官吏一同赴任。到了上任处所以后,宓子贱暗地里告诫单父地方的官吏,让他们在那两位史官起草文书时,抓住他们的胳膊肘。这样一来,他们写出的字就很难看,于是宓子贱就很生气,两位史官为此感到很害怕,便辞职请求回去,宓子贱对他们说:"你们写的字体太差,回去以后好好努力吧。"两位史官回来以后上报鲁君说:"宓子让我们起草文书却又派人抓住我们的胳膊肘,导致字写不好,又

因此怪罪于我们，导致单父当地的官吏都嘲笑我们，这就是我们从那里回来的原因。"鲁君就将这件事告诉了孔子。孔子说：宓不齐是一个君子，他的才能是可以辅佐君王的，现在他降低自己的身份到单父那个地方去，只是要自己检验一下自己的才能罢了。就以这件事情来说，他不过是以此来向您进谏罢了。"鲁君恍然大悟，叹息良久，说道："这是我的不贤明所致，我扰乱了宓子贱的政事并且错责了有才能的人，我做得不对啊。如果没有这两个史官，我就无从知道自己所犯下的过错，没有您的话，我就无从醒悟。"于是就派遣自己所信任的使者前往单父，告诉宓子贱说："从此以后，单父就不再受我的管辖了，而是听从你的治理，只要能够方便人民的，你就自己决定施行吧，只需每五年向我做一个大概的汇报就行了。"宓子贱恭敬地接受了鲁君的诏令，于是就得以施行他为政的方案和策略，于是单父这个地方就被治理得很好了。宓子贱亲自教导百姓待人要敦厚，让老百姓知晓要关爱应当关爱的人，崇尚诚信、笃行，待人要施以仁爱，做人要忠厚淳朴，对君王要尽力尽忠，当地的老百姓都很好地得到了教化。齐国的军队要攻打鲁国，途中要经过单父，单父当地的一些有声望的老人向宓子贱请求道："麦子已经成熟了，现在齐国的军队就要来到这个地方，不如让百姓自己收割自己的麦子。请您下达命令，让百姓们自己出去收割郊外的麦子。这样一来，既能够增加百姓的粮食，又不会让齐国的军队得以资助。"这些老人多次向宓子贱提出了这样的请求，宓子贱都没有允许。很快齐国的军队就开过来收割了单父的麦子。鲁国的大夫季孙知道了这件事以后十分生气，派人前去谴责宓子贱说："百姓们经过酷暑以及寒冬的辛劳，却不曾得到粮食，这岂不是十分悲哀吗？如果你事先不知道这种情况的话也就算了，但已经有人告诉了你，你却不听从，这么做可不是为民着想。"宓子贱很不高兴地说："今年没有了麦子，明年还可以重新耕种。但是如果让一些人不经过耕耘就获得粮食的话，他们就会乐于有敌寇入侵。何况即便是得到了单父一年的麦子，鲁国也不会因此而更强大，即便是失去了单父一年的麦子，鲁国也不会因此而更弱小。可是如果让百姓有了自取的想法，那所造成的伤害就要好几年不能够愈合。"季孙听了以后，羞愧得脸都红了，说道："如果能够钻到地缝里去的话，我哪里还有脸面去见宓子贱呢？"

【原文】

三年，孔子使巫马期远观政焉。巫马期阴①免衣，衣敝裘②，入单父界，见夜渔者得鱼辄舍之。巫马期问焉，曰："凡渔者为得，何以得鱼即舍之？"渔者曰："鱼之大者名为鳟，吾大夫爱之，其小者名为鲂，吾大夫欲长之，是以得二者辄舍之。"巫马期返，以告孔子曰："宓子之德全，使民闇行。若③有

龙纹湖

严刑于旁，敢问宓子何行而得于是？"孔子曰："吾尝与之言曰：'诚于此者刑乎彼。'宓子行此术于单父也。"

【注释】

①阴：悄悄地，私下里。

②敝裘：破旧的衣服。

③若：像，和……一样。

【释义】

过了三年，孔子派弟子巫马期去察看宓子贱所治理的政事。巫马期悄悄地脱下华丽的衣服，换上破旧的衣服，进入到单父的地界内，看到一个晚上打鱼的人，他将捕到的鱼马上又放回到水中。巫马期向他问道："凡是打鱼的人都是为了得到鱼，为什么你捉到了鱼却又立即舍弃呢？"打鱼的人回答说："这种大的鱼名字叫作鳟，是我们

大夫所喜好的品种,这种小的鱼名字叫作鲲,是我们大夫想要让它们长大的品种,因此,我捕捉到这两种鱼就马上放回去了。"巫马期回来以后就将这件事告诉了孔子,说道:"宓子贱的德行真是高超啊,已经达到了让民众在夜间劳作,也能像有严厉的刑罚在一旁监督一样。请问宓子贱是怎样做的呢,竟然达到了这样的境界?"孔子说:"我曾经对他说过,如果在一件事情上宽厚,那么就要在另一件事上严酷。宓子贱就是将这种方法用到了治理单父上了啊。"

【原文】

孔子之旧①曰原壤,其母死,夫子将助之以沐②椁。子路曰:"由也昔者闻诸夫子曰:'无友不如己者,过③则勿惮④改。'夫子惮矣,姑已若何?"孔子曰:"凡民有丧,匍匐⑤救之,况故旧乎?非友也,吾其往。"及为椁,原壤登木曰:"久矣。予之不托⑥于音也。"遂歌曰:"狸首之斑然,执女手之卷然。"夫子为之隐⑦,佯⑧不闻以过之。子路曰:"夫子屈节而极于此,失其与矣,岂未可以已⑨乎?"孔子曰:"吾闻之亲者不失其为亲也,故⑩者不失其为故也。"

【注释】

①旧:老朋友。

②沐:修理。

③过:过错。

④惮:害怕。

⑤匍匐:努力的样子。

⑥托:寄托。

⑦隐:隐隐作痛。

⑧佯:假装。

⑨已：停止。

⑩故：老朋友。

【释义】

孔子的老朋友原壤的母亲死了，孔子帮助他整修棺材。子路说："我也曾经听您说过，'交朋友不交不如自己的人，有过错不要害怕改正。'先生您害怕了，暂且停止帮助他，好吗？"孔子说："凡是百姓有丧事，我们都应努力去帮助他们，何况是老朋友呢？即使不是朋友，我也会去帮忙。"棺材准备好后，原壤敲着木头说："我很久没有寄托心意在歌声中了。"于是歌唱道："棺材的纹理像狸首，执你的手我心中真高兴。"孔子心里隐隐作痛，佯装没有听到他的话。子路说："先生委屈自己到这种地步，这样的没有礼法，难道您还不停止吗？"孔子说："我听说，亲人总归是亲人，朋友总归是朋友。"

卷九

七十二弟子解第三十八

【题解】

本篇以"七十二弟子解"名篇，但实际记述了76位有影响的孔门弟子。

作为儒家学派的重要成员，孔门弟子在社会思想上大体一致，只是由于性格、经历的不同，他们又各有自己的特点，在思想上也表现了一定的差异。本篇对孔门弟子进行了或详或略的介绍，是研究孔门弟子的基本资料。

本篇是关于孔子弟子的最早记载，远远早于《史记·仲尼弟子列传》。在孔门教学中，孔子向弟子们传道、授业，传习《诗》《书》《礼》《乐》《易》《春秋》，教授礼、乐、

射、御、书、数六艺。孔子弟子可以分为德行、言语、政事、文学四科,他们各有专长。《论语·先进》对此有专门的记载:"德行:颜渊、闵子骞、冉伯牛、仲弓。政事:冉有、季路。言语:宰我、子贡。文学:子游、子夏。"这十位优秀弟子被孔子格外看重,《家语.七十二弟子解》和《史记·仲尼弟子列传》都首载这十位弟子,只是顺序稍异。

本篇所载孔门前35位弟子中,与《史记·仲尼弟子列传》所载前35位中相同的有31位。本篇中公良儒、秦商、颜刻、琴牢都不在《史记·仲尼弟子列传》前35位之列。而《史记·仲尼弟子列传》前35位弟子中,公伯缭、曹恤、伯虔、公孙龙都不在本篇所载前35位之列。本篇所载76位弟子中,琴牢、陈亢、悬亶三人《史记·仲尼弟子列传》不见记载,而《史记·仲尼弟子列传》所载的公伯缭、秦冉、颜何、鄡单,本篇也没有记载,这样,这两篇关于孔门弟子的资料所涉及的孔门弟子已经达到80位。综合这些记载,可以发现孔子门徒众多绝非虚言。《史记》与《家语》相互参照研究,对认识《家语》的成书问题有重要价值。

【原文】

颜回,鲁人,字子渊,少孔子三十岁[1]。年二十九而发白,三十一早死[2]。孔子曰:"自吾有回,门人日益亲[3]。"回以[4]德行著名,孔子称[5]其仁焉。

【注释】

[1]少孔子三十岁:此句原无,据四库本、同文本补。

[2]三十一早死:据四库本王肃注:"此书久远,年数错误,未可详校。其年则颜回死时,孔子年六十一岁,然伯鱼五十先孔子卒。卒时孔子且七十。此谓颜回先伯鱼死。而《论语》云:'颜回死,颜路请子之车以为之椁。子曰:"鲤也死有棺而无椁。"'或为设事之辞。"按,"三十一"当为"四十一"之讹。

[3]亲:亲近,亲密。四库本无。四库本王肃注:"颜回为孔子疏附之友,能使门人

益亲夫子。"

④以：原作"之"，据四库本、同文本改。

⑤称：赞许，表扬。

【释义】

颜回，鲁国人，字子渊，比孔子小三十岁。年仅二十九岁时头发就全白了，三十一岁就早早地去世了。孔子说："自从我有了颜回，我的弟子们之间一天比一天亲密。"颜回以德行著称，孔子也称赞他具有仁德。

【原文】

闵损，鲁人，字子骞，少孔子五十岁①。以德行著名，孔子称其孝焉。

【注释】

①少孔子五十岁：此句原无，据四库本、同文本补。

【释义】

闵损，鲁国人，字子骞，比孔子小五十岁。以品德操行闻名，孔子称赞他的孝行。

【原文】

冉耕①，鲁人，字伯牛。以德行②著名。有恶疾③，孔子曰："命也夫！"

【注释】

①冉耕：同文本、万有本作"冉有"，误。

②德行：四库本、同文本作"德"。

③恶疾:指痛苦难治的疾病。《公羊传》昭公二十年:"何疾尔? 恶疾也。"注:"恶疾谓瘖、聋、盲、疠、秃、跛、伛,不逮人伦之属也。"

【释义】

冉耕,鲁国人,字斤伯牛。以品德操行闻名。患有比较棘手的病,孔子说:"这真是命啊!"

【原文】

冉雍,字仲弓,伯牛之宗族。生于不肖①之父。以德行著名。

【注释】

①不肖:指没出息。

【释义】

冉雍,字仲弓,与伯牛生于同一个宗族。生养他的父亲没有出息。但冉耕的品德操行却很著名。

【原文】

宰予,字子我,鲁人。有口才著名①。

【注释】

①有口才著名:四库本、同文本作:"有口才,以言语著名。仕齐为临淄大夫,与田常为乱,夷其三族。孔子耻之,曰:'不在利病,其在宰予。'"四库本王肃注:"言宰予为病利。"

【释义】

宰予,字子我,鲁国人。因其口才而闻名。

【原文】

端木赐,学子贡,卫人。少孔子三十一岁。有口才,著名。孔子每诎其辩①。家富累钱千金,常结驷连骑,以造原宪。

宪居蒿庐蓬户之中,与之言先王之义。原宪衣敝衣冠,并日蔬食②,衎然有自得之志③。

子贡曰:"甚矣,子如何之病也?"

原宪曰:"吾闻无财者谓之贫,学道不能行者谓之病。吾贫也,非病也。"

子贡惭,终身耻其言之过。子贡行贩,与时转货④。历相鲁卫而终齐。

【注释】

①诎:贬退。

②并日蔬食:两日吃一日粮。王注:"既蔬食,并日而后食。"

③衎然:快乐的样子。

④与时转货:买贱卖贵,随时转货。王注:"贩发举,买贱卖贵,随时转作,以有其货也。"

【释义】

端木赐,字子贡,卫国人。比孔子小三十一岁,有口才,很著名。孔子经常阻止他的能言善辩。他的家庭非常富有,积累很多金钱,常驾着马车或骑着马,去看望原宪。

原宪居住在茅草屋中,与子贡谈论古代先王治国的道理。原宪穿着破旧的衣服,两天才能吃一顿饭,但仍然很快乐,有自己的志向。

子贡说:"太过分了,你怎么会病成这样?"

原宪说:"我听说没有钱财叫作贫,学道而不能推行叫作病。我是贫,不是病。"

子贡听了原宪的话感到很惭愧,终身都为说过这样错误的话而羞愧。子贡喜好贩卖货物,能及时转手获利。曾担任鲁国、卫国的宰相,后来死在齐国。

【原文】

冉求,字子有,仲弓之宗族①。少孔子二十九岁。有才艺,以政事著名。仕为季氏宰②。进则理其官职,退则受教圣师。为性多谦退。故子曰:"求也退,故进之。"

【注释】

①仲弓:即冉雍,字仲弓。孔子弟子。

②为季氏宰:为季孙氏的家臣。

【释义】

冉求,字子有,和冉雍是同族。比孔子小二十九岁。有才艺,以善于处理政事著名。曾为季孙氏的家臣。做官时就处理政务,不做官时就在孔子门下学习。为人性情多谦逊退让。所以孔子说:"冉求做事退缩,所以我要鼓励他。"

【原文】

仲由,卞人,字子路,一字季路。少孔子九岁。有勇力才艺,以政事著名。为人果烈而刚直,性鄙而不达于变通。仕卫为大夫①,蒯聩与其子辄争国②,子路遂死辄难。孔子痛之,曰:"自吾有由,而恶言不入于耳③。"

【注释】

①仕卫为大夫:子路为卫国大夫孔悝的邑宰。

②蒯聩:春秋时卫灵公子。他为太子时,欲杀灵公夫人南子,灵公怒,他逃到晋国。辄:即卫出公,蒯聩子,灵公孙。灵公死后,立辄为君。蒯聩从晋国回来与他的儿子蒯辄争夺君位。子路为保护蒯辄而死。

③恶言不入于耳:王注:"子路,夫子御侮之友,恶言不入夫子之耳。"

【释义】

仲由,卞地人,字子路,一字季路。比孔子小九岁。有勇力才艺,以政事著名。为人果烈而刚直,性格粗放而不善于变通。在卫国担任大夫的官职,蒯聩与他的儿子蒯辄争夺国君之位,子路为保护蒯辄而死。孔子非常悲痛,说:"自从我有了子路,那些恶意中伤的话再也传不到我耳朵里了。"

【原文】

言偃,鲁人,字子游,少孔子三十五岁。时习于礼①,以文学著名②。

【注释】

①少孔子三十五岁。时习于礼:此段文字原无,据四库本、同文本补。

②以文学著名:文学,主要指古代文献。四库本、同文本此句后有:"仕为武城宰。尝从孔子适卫。与将军之子兰相善,使之受学于夫子。"

【释义】

言偃,鲁国人,字子游,比孔子小三十五岁。经常演习礼仪,以精通文献著称:

【原文】

卜商,卫人,字子夏,少孔子四十四岁。习于《诗》,能通其义,以文学著名。为人性不弘,好论精微,时人①无以尚②之。尝③返卫,见读史志者云:"晋师伐秦,三豕渡河。"子夏曰:"非也!'己亥'耳。"读史志者问诸晋史④,果曰"己亥"。于是卫以子夏为圣。孔子卒⑤后,教于西河⑥之上。魏文侯⑦师事之⑧,而谘⑨国政焉。

【注释】

①字子夏,……时人:此段文字原无,据四库本、同文本补。王肃注:"子夏所叙诗义,今之《毛诗序》是:"

②尚:超过。

③尝:曾经。

④读史志者问诸晋史:者,原作"曰",据陈本改。诸,之于。

⑤卒:死。

⑥西河:战国魏地。在今河南安阳,其时黄河流经安阳之东,西河意即河西。一说在今晋、陕间黄河左右,又分为陕西大荔、合阳、韩城和山西汾阳等说。

⑦魏文侯:名斯,战国时期魏国的建立者,在位50年(前445—前396年)。

⑧师事之:以对待老师的礼节对待他。

⑨谘:询问,商量。

【释义】

卜商,卫国人,字子夏,比孔子小四十四岁。娴习于《诗》,能够精通诗义,以擅长文献著称。为人性格不够宏大,喜好谈论精微的问题,当时的人没有能超过他的学问的。他曾经回到卫国,发现读史志的人读道:"晋师伐秦,三豕渡河。"子夏说:"这是不对的,'三豕'应该是'己亥'。"读史志的人请教晋国史官,回答果然是"己亥"。于是卫国人都把子夏当圣人。孔子去世后,子夏教于西河一带,魏文侯拜他为师,向他咨询治理国家的办法。

【原文】

颛孙师,陈人,字子张,少孔子四十八岁。为人有容貌资质①,宽冲②博③接④,从容⑤自务⑥,居不务立于仁义之行⑦,孔子门人友之而弗敬。

【注释】

①资质:谓人的天资、禀赋。

②冲:谦和,淡泊。谓人的胸怀冲和淡泊。

③博:广博,广泛。

④接:接交朋友。

⑤从容:舒缓,不急迫。

⑥自务:从事于自己的事业与理想。

⑦居不务立于仁义之行:王肃注;"子张不侮鳏寡,性凯悌宽冲,故子贡以为未仁。然不务立仁义之行,故子贡激之以为未仁(仁,四库本作"有")也。"居,平常,平时。

【释义】

颛孙师,陈国人,字子张,比孔子小四十八岁。为人有容貌资质,为人谦和,结交广泛,十分从容地追求自己的事业,但却并不致力于仁义之行,孔子的弟子和他交友,但并不尊敬他。

【原文】

曾参,南武城①人,字子舆,少孔子四十六岁。志存②孝道,故孔子因之以作《孝经》。齐尝聘③，欲与④为卿而不就，曰："吾父母老，食人之禄，则忧人之事，故吾不忍远亲⑤而为人役。"

参后母遇之无恩，而供养不衰⑥。及其妻以藜烝⑦不熟，因出⑧之。人曰："非七出⑨也。"参⑩曰："藜烝，小物耳。吾欲使熟，而不用吾命，况大事乎？"遂出之，终身不取⑪妻。其子元请焉，告其子曰："高宗以后妻杀孝己⑫，尹吉甫以后妻放伯奇⑬。吾上不及高宗，中不比吉甫，庸知其得免于非乎？"

【注释】

①南武城：春秋鲁地，在今山东嘉祥。

②存：指心中怀有或拥有。

③聘：聘请，招请。

④与：四库本、备要本、同文本作"以"。

⑤远亲：远离亲人。

⑥衰：衰落，衰弱，衰退。

⑦藜烝采藜的嫩叶蒸熟为食。藜是植物名，亦称"灰菜"，藜科。一年生草木，嫩叶可食，种子可榨油。全草入药。烝，通"蒸"。

⑧出：离弃。

⑨七出：指古代休弃妻子的七种理由。

⑩参：四库本、同文本作"答"。

⑪取：同"娶"：四库本、同文本作。娶"。

⑫高宗以后妻杀孝己：孝己为殷高宗武丁太子，有至孝之行。其母早死，高宗惑于后妻之言，将他放逐，结果孝己死于野外。

⑬尹吉甫以后妻放伯奇：伯奇为西周大臣尹吉甫之子。母早死，因为吉甫后妻设计陷害，伯奇被放逐于野外。后由于宣王干预而得救，吉甫感悟，射杀其后妻。

【释义】

曾参,南武城人,字子舆,比孔子小四十六岁。一心遵行孝道,所以孔子因他而作《孝经》。齐国曾经聘请他,想让他为卿,他没有接受,说:"我父母年事已高,享用别人的俸禄,就得替别人操心事情,因而我不忍心远离亲人而去被人差使。"

曾参的后母对他没有恩德,但曾参却仍然供养她,丝毫没有懈怠。后来曾参的妻子没有将藜叶蒸熟,曾参就休掉了她。别人说:"你的妻子不该被离弃,不在七出的范围之内。"曾参说:"蒸藜为食,这是一件小事情。我让她蒸熟,但她却没有听从我的话,何况大的事情呢!"终于还是离弃了他的妻子,而且终身不再娶妻。曾参的儿子曾元要他娶妻,他对儿子说:"高宗因为后妻而杀掉孝己,尹吉甫因为后妻而放逐伯奇。我上不及高宗贤能,中不及吉甫能干,哪能知道娶了后妻就能避免做错事呢?"

【原文】

澹台灭明,武城①人,字子羽,少孔子四十九②岁。有君子之姿③,孔子尝④以容貌望其才。其才不充⑤孔子之望,然其为人公正无私,以取与去就以诺⑥为名,仕鲁为大夫也⑦。

【注释】

①武城:春秋鲁地,在今山东平邑。

②四十九:《史记》作"三十九"。

③姿:四库本、同文本作"资"。

④尝:曾经。

⑤充:充足,满足。

⑥诺:答应,允许。

【释义】

澹台灭明，武城人，字子羽，比孔子小四十九岁。有君子的姿容，孔子曾依据他的容貌来期望他的才能。他的才能并不能达到孔子所期望的那样，但澹台灭明为人公正无私，获取与给予，离去或归从，都能遵守诺言，并因此而闻名。在鲁国做了大夫。

【原文】

高柴，齐人，高氏之别族，字子羔，少孔子四十①岁。长不过六尺，状貌甚恶②。为人笃③孝而有法正④。少居鲁，知⑤名于孔子之门。仕为武城宰。

【注释】

①四十：《史记》作"三十"。

②恶：丑陋。

③笃：忠厚。

④至法正：标准，规范。

⑤知：四库本、同文本此前有"见"字。

【释义】

高柴，齐国人，高氏之别族，字子羔，比孔子小四十岁。身高不过六尺，容貌极为丑陋。他为人十分孝顺并且讲究礼法。年轻的时候居住在鲁国，在孔子门人中非常有名。他从政后做了武城宰。

【原文】

宓不齐，鲁人，字子贱，少孔子四十九①岁。仕为单父宰。有才智，仁爱百姓，不忍欺。孔子大^②之。

【注释】

①四十九：四库本、同文本作"四十"，《史记索隐》引《家语》亦云"四十九"。《史记》作"三十"。

②大：尊敬，注重。四库本、同文本作"美"。

【释义】

宓不齐，鲁国人，字子贱，比孔子小四十九岁。官为单父宰。有才智，爱护百姓，不忍心欺凌他们。孔子对他很器重。

【原文】

樊须，鲁人，字子迟，少孔子四十六^①岁。弱^②仕于季氏。

【注释】

①四十六：《史记》作"三十六"。

②弱：弱冠。《礼记·曲礼上》："二十曰弱，冠。"弱，年少。古代男子二十岁行冠礼，故用以指男子二十岁左右的年龄。

【释义】

樊须，鲁国人，字子迟，比孔子小四十六岁。二十岁时到季氏那里做了家臣。

【原文】

有若，鲁人，字子有，少孔子三十六岁。为人强识^①，好古道^②也。

【注释】

①强识：强记，博闻强识。指记忆力好。

②古道：指古代所崇尚的节操风义。四库本、同文本此后无"也"字。

【释义】

有若，鲁国人，字子有，比孔子小三十六岁。为人博闻强识，崇尚古代的节操风义。

【原文】

公西赤，鲁人，字子华，少孔子四十二岁。束带立朝①，闲②宾主之仪。

【注释】

①立朝：四库本、同文本作"立于朝"。

②闲：通"娴"，娴熟。

【释义】

公西赤，鲁国人，字子华，比孔子小四十二岁。他腰束大带立于朝廷，对宾主之间的礼仪非常娴熟。

【原文】

原宪，宋人，字子思，少孔子三十六岁。清净①守节，贫而乐道②。孔子为鲁司寇，原宪尝为孔子宰③。孔子卒后，原宪退隐，居于卫。

【注释】

①清净：指不烦扰。

②道：指一定的人生观、世界观、政治主张或思想体系。此指孔子的学说。

③宰：家臣，管家。

【释义】

原宪，宋国人，字子思，比孔子小三十六岁。内心清净，遵守节操，安贫乐道。孔子担任鲁国的司寇时，他曾经做过孔子的管家。孔子死后，原宪辞职隐居，居住在卫国。

【原义】

公冶长，鲁人，字子长。为人能忍耻。孔子以女妻①之。

【注释】

①妻：动词，以女嫁人。

【释义】

公冶长，鲁国人，字子长。为人能忍受耻辱。孔子把自己的女儿许配给他做妻子。

【原文】

南宫韬①，鲁人，字子容。以智自将②，世清不废，世浊不湾③。孔子以兄子④妻之。

【注释】

①韬:四库本作"縚",《史记》作"括"。

②将:持,控制,约束。

③洿:同"污",污染。四库本、同文本作"污"。

④子:这里指女儿。

【释义】

南宫韬,鲁国人,字子容。依靠智慧能够自我约束,世道清平时能够不遭废弃,世道昏暗时却不被污浊。孔子把哥哥的女儿嫁给他做妻子。

【原文】

公析①哀,齐人,字季沉②。鄙③天下多仕于大夫家者,是故未尝屈节人臣。孔子特叹贵之。

【注释】

①公析:《史记》作"公皙"。

②季沉:四库本作"季沈",《史记》作"季次"。

③鄙:鄙视,轻视,看不起。

【释义】

公析哀,齐国人,字季沉。鄙视天下的士人大都到大夫家做官,因而未曾屈节去做别人的家臣。孔子特别赞叹和看重他。

【原文】

曾点①,曾参父,字子晳②。疾③时礼教不行,欲修之。孔子善④焉。《论语》所谓"浴乎沂,风乎舞雩之下⑤"。

【注释】

①曾点:《史记》作"曾蒧"。

②子晳:《史记》无"子"字。

③疾:痛心,痛恨。

④善:赞扬,称道。

⑤浴乎沂,风乎舞雩之下:见《论语·先进》,曾点语。之下。今本《论语》无。沂,沂水,河名。源出山东邹城东北,西流经曲阜与洙水合,入干泗水。舞雩,即舞雩台,祈雨时举行歌舞仪式之处。今曲阜城南一公里处有其旧址。

【释义】

曾点,是曾参的父亲,字子晳。痛心于当时的礼教不能施行,想整顿这种现象。孔子赞同他。《论语》中记载他说"在沂河里沐浴,在舞雩台下吹风"。

【原文】

颜由①,颜回父,字季路②。孔子始教学于阙里③,而受学。少孔子六岁。

【注释】

①颜由:《史记》作"颜无繇"。

②季路:《史记》作"路"。

【释义】

颜由，是颜回的父亲，字季路。孔子开始在阙里讲学时，他便跟从孔子学习。比孔子小六岁。

【原文】

商瞿，鲁人，字子木，少孔子二十九岁。特好《易》，孔子传之，志①焉。

【注释】

①志：通"记"。

【释义】

商瞿，鲁国人，字子木，比孔子小二十九岁。特别爱好《易》，孔子便把有关学问传授给他，他都记了下来。

【原文】

漆雕开，蔡人，字子若①，少孔子十一岁。习《尚书》，不乐②仕。孔子曰："子之齿③可以仕矣，时将过。"子若报④其书曰："吾斯之未能信⑤。"孔子悦焉。

【注释】

①子若：《史记》作"子开"。

②乐：愿意，喜欢。

③齿：指年龄。

④报：回答，回复。

⑤吾斯之未能信：王肃注："言未能明信此书意（意，四库本作"义"）。"斯，此指《尚书》。信，指明了、清楚。此语又见《论语·公冶长》。孔安国曰："仕进之道。未能信者，未能究习。"应以孔安国注为胜。

【释义】

漆雕开，蔡国人，字子若，比孔子小十一岁。研习《尚书》，不喜欢从政。孔子对他说："你这个年龄应该从政了，否则将错过时机。"子若回信答复孔子说："我对出仕之道尚未研习明了。"孔子十分赞赏他的这种专心。

【原文】

公良儒①，陈人，字子正。贤而有勇，孔子周行②，常③以家车五乘从。

【注释】

①儒：四库本、同文本、陈本及《史记》作"孺"。

②周行：指周游列国。

③常：通"尝"，曾经。

【释义】

公良儒，陈国人，字子正。贤能而又勇敢，孔子周游列国时，他曾经带家车五乘跟从。

【原文】

秦商，鲁人，字不慈①，少孔子四岁。其父堇父②，与孔子父叔梁纥③俱④力闻。

【注释】

①不慈：四库本作"丕兹"，《史记》作"子丕"。

②董父：即秦董父，春秋时鲁国孟献子家臣。

③叔梁纥：鲁国大夫。孔子的父亲。名纥，字叔梁，治陬邑（在今山东曲阜东南），故又称陬大夫。

④俱：都，全；四库本、同文本此后有"以"字。

【释义】

秦商，鲁国人，字不慈，比孔子小四岁。他的父亲董父与孔子的父亲叔梁纥都以勇力闻名。

【原文】

颜刻①，鲁人，字子骄，少孔子五十岁。孔子适②卫，子骄为仆③。卫灵公与夫人南子同车出，而令宦者雍梁④参乘⑤，使孔子为次乘⑥，游过市。孔子耻之。颜刻曰："夫子何耻之？"孔子曰："《诗》云：'觏尔新婚，以慰我心⑦。'"乃叹曰："吾未见好德如好色者也。"

【注释】

①刻：四库本作"亥"，《史记》作"高"。司马贞《史记索隐》云："《家语》名产。"其所见《家语》与今本不尽相同。

②适：到，去。

③仆：驾车的人。

④梁：四库本、同文本作"渠"。

⑤参乘:亦作"骖乘",即陪乘。古时乘车,尊者在左,御者在中,一人在右陪乘,称为参乘或车右。

⑥次乘:从车。

⑦觏尔新婚,以慰我心:语出《诗·小雅·车舝》。婚,今本《毛诗》用古字"昏"。觏,遇见,此指合婚,合亲。慰,王肃注:"慰,安。"

【释义】

颜刻,鲁国人,字子骄,比孔子小五十岁。孔子到卫国去,子骄为仆从。卫灵公和夫人南子同车出宫,让宦官雍梁陪乘,而让孔子的车子跟从,游玩着经过闹市。孔子感到羞耻。颜刻问:"先生您为什么为这件事感到羞耻呢?"孔子说:"《诗》说:'与你合亲喜新婚,从而安慰我的心。'"又叹息道:"我怎么没见到喜好仁德像喜欢美色那样的人呢!"

蟠螭纹镜

【原文】

司马黎耕①,宋人,字子牛。牛为人②性躁,好言语。见兄桓魋③行恶,牛常忧之。

【注释】

①黎耕:四库本、同文本及《史记》无"黎"字。观其名中之"耕"及"子牛"之字,"黎"似应作"犁"。《史记索隐》引孔安国语则谓司马耕之弟安子曰司马犁。未知孰是。

②人:原脱,据陈本补。

③桓魋:春秋时宋国大夫。曾任司马,为人凶恶。孔子周游列国路经宋国时。欲

加害孔子。后来作乱，败而奔齐。

【释义】

司马黎耕，宋国人，字子牛。子牛为人性情急躁，好说话。见他哥哥桓魋做坏事，子牛常常为他感到忧愤。

【原文】

巫马施①，陈人，字子期②，少孔子三十岁。孔子将近行，命从者皆持盖③。已而，果雨。巫马期问曰："旦④无云，既日出，而夫子命持雨具。敢问何以知之？"孔子曰："昨暮月宿⑤毕，《诗》不云乎：'月离于毕，俾滂沱矣⑥。'以此知之。"

【注释】

①施：原作"期"，据四库本、同文本及《史记》改。

②子期：《史记》作"子旗"。

③盖：古时用于遮阳障雨的用具。

④旦：早晨，早上。

⑤宿：四库本、同文本此后有"于"字。

⑥月离于毕，俾滂沱矣：见《诗·小雅·渐渐之石》。离，通"丽"，附着，靠近。毕，星名。二十八星宿之一。古人以为此星主兵、主雨。俾，犹"则"，于是，就。滂沱，大雨倾泻的样子。

【释义】

巫马期，陈国人，字子期，比孔子小三十岁。孔子将要外出到附近一个地方去，让跟从的人都带上雨具。不久，果然下起雨来。巫马期问孔子说："早上天空无云，太阳已经出来,但先生您却让我们带上雨具。请问您怎么知道天要下雨了呢?"孔子说:"昨晚月亮处在毕宿星座,《诗》中不是说'月亮靠近那毕宿,滂沱大雨跟着来'吗?所以我知道天要下雨了。"

【原文】

梁鳣①,齐人,字叔鱼,少孔子三十九②岁。年三十,未有子,欲出③其妻。商瞿谓曰:"子未也。昔吾年三十八无子,吾母为吾更取④室。夫子使吾之⑤齐,母欲请留吾。夫子曰:'无忧也。瞿过四十,当有五丈夫⑥。'今果然。吾恐子自晚生耳,未必妻之过。"从之,二年而有子。

【注释】

①梁鳣:《史记》裴骃集解:"一作鲤。"

②三十九:《史记》作"二十九"。

③出:离弃,休掉。

④取:通"娶"。

⑤之:前往,去到。

⑥丈夫:此指男孩。

【释义】

梁鳣,齐国人,字叔鱼,比孔子小三十九岁。三十岁了还没有子女,他就想把妻子休掉。商瞿对他说:"你先别这样做。当年我三十八岁了还没有子女,我母亲为我另娶一房妻室。先生(指孔子)派我到齐国去,我母亲乞求先生让我留下来。先生说:'不必忧虑。商瞿过了四十岁,会有五个男孩。'现在果真如此。我估计你自当晚生,未必是你妻子的过错。"梁鳣听从商瞿的话,过了两年就有了子女。

【原文】

琴牢,卫人,字子开,一字张。与宗鲁友。闻宗鲁死,欲往吊①焉。孔子弗许,曰:"非义也。',

【注释】

①吊:悼念死者。

【释义】

琴牢,卫人,字子开,又字张。他和宗鲁是朋友。听说宗鲁死了,他想前往吊唁。但孔子不允许,说:"这不合乎义。"

【原文】

冉儒①,鲁人,字子鱼②,少孔子五十岁。

【注释】

①冉儒:四库本、同文本、陈本及《史记》作"冉孺"。《史记索隐》谓《家语》作"冉儒"。

②子鱼:四库本、同文本、陈本及《史记》作"子鲁"。《史记索隐》谓《家语》作"字子鲁,鲁人"。

【释义】

冉儒,鲁国人,字子鱼,比孔子小五十岁。

【原文】

颜辛①,鲁人,字子柳,少孔子四十六②岁。

【注释】

①颜辛:四库本、《史记》作"颜幸"。《史记索隐》引《家语》云:"颜幸,字柳。"

②四十六:《史记》同。而《史记索隐》引《家语》作"三十六",与郑玄同。

【释义】

颜辛,鲁国人,字子柳,比孔子小四十六岁。

【原文】

伯虔,字楷①,少孔子五十岁。

【注释】

①楷:四库本、同文本作"揩",陈本作"子皙"。《史记》作"子析"。《史记索隐》
云:"《家语》作'伯处字子皙',皆转写字误,未知适从。"《史记正义》曰:"《家语》云
'子皙'。"

【释义】

伯虔,字楷,比孔子小五十岁。

【原文】

公孙宠①,卫人,字子石,少孔子五十三岁。

【注释】

①宠：四库本、同文本、陈本及《史记》作"龙"。

【释义】

公孙宠，卫国人，字子石，比孔子小五十三岁。

【原文】

曹卹，少孔子五十岁。

【释义】

曹卹，比孔子小五十岁。

【原文】

陈亢，陈人，字子亢①，一字子禽，少孔子四十岁。

【注释】

①亢：四库本、同文本作"元"。

【释义】

陈亢，陈国人，字子亢，一字子禽，比孔子小四十岁。

【原文】

叔仲会，鲁人，字子期，少孔子五十①岁。与孔璇②年相比③。每孺子④之执笔记事于夫子，二人迭⑤侍左右。孟武伯⑥见孔子而问曰："此二孺子之幼也于学，岂能识于壮哉?"孔子曰:"然! 少成则若性也,习惯若自然也。"

中华传世藏书

【注释】

①五十:四库本作"五十四"。《史记索隐》云:"《家语》:'鲁人。少孔子五十四岁。与孔璇年相比,二孺子俱执笔迭待于夫子,孟武伯见而放之。'是也。"

②孔埈:孔子弟子。琁,同"璇"。四库本、同文本作"璇"。

③比:相近。

④孺子:儿童,后生。此指书童。

⑤迭:轮流。

⑥孟武伯:春秋时鲁国大夫。即孟孺子。

【释义】

叔仲会,鲁国人,字子期,比孔子小五十岁。与孔琁年龄相近。每当有学童在孔子身边执笔记事,两人总是轮流在孔子左右服侍。孟武伯见到孔子就问道:"这两个小孩年龄这么小就来学习,怎么能知道他们长大以后的情况呢?"孔子说:"能知道。年少时养成的就好像天性,习惯了就好像十分自然。"

【原文】

秦祖,字子南。

奚蒇①,字子偕②。

公祖兹③,字子之。

【注释】

①奚蒇:四库本、同文本作"奚箴"。《史记》作"奚容箴"。《史记索隐》云:"《家语》同也。"

②子偕：四库本、同文本作"子楷"，陈本及《史记》作"子皙"。

③公祖兹：《史记》作"公祖句兹"。

【释义】

秦祖，字子南。

奚蒧，字子偕。

公祖兹，字子之。

【原文】

廉洁，字子曹①。

公西与②，字子上。

宰③父黑，字子黑④。

【注释】

①子曹：《史记》作"庸"。《史记索隐》云："《家语》同也。"

②公西与：四库本、陈本及《史记》作"公西舆"。

③宰：四库本、《史记》作。罕"。

④黑：四库本、同文本作。索"。《史记集解》《史记索隐》引《家语》云："罕父黑，字索。"

【释义】

廉洁，字子曹。

公西与，字子上。

宰父黑，字子黑。

【原文】

公西减①,字子尚②。

穰驷赤③,字子从④。

冉季,字子产。

【注释】

①公西减:四库本作"葳",陈本及《史记》作"公西葳"。《史记索隐》作"箴"。

②子尚:《史记》作。子上"。《史记索隐》谓《家语》作"子尚"。

③穰驷赤:陈本及《史记》作。壤驷赤"。

④子从:《史记》作"子徒"。

【释义】

公西减,字子尚。

穰驷赤,字子从。

冉季,字子产。

【原文】

薛邦①,字子从②。

石处③,字里之④。

悬亶,字子象。

【注释】

①薛邦:《史记》作"郑国"。《史记索隐》《史记正义》皆以为"国"乃讳刘邦而改,郑、薛乃字误。

②子从：陈本及《史记》作"子徒"。

③石处：陈本及《史记》作"后处"，万有本以为疑作"后"。

④里之：四库本、同文本、《史记》作"子里"。《史记索隐》云："《家语》同也。"

【释义】

薛邦，字子从。

石处，字里之。

悬亶，字子象。

【原文】

左郢①，字子行②。

狄黑，字哲之③。

商泽，字子秀④。

【注释】

①左郢：《史记》作"左人郢"。《史记索隐》云："《家语》同也。"

②子行：《史记》无"子"字。

③哲之：陈本作"皙之"，《史记》作"皙"。《史记索隐》云："《家语》同。"

④子秀：《史记集解》曰："《家语》曰子秀。"《史记索隐》曰："《家语》字秀。"

【释义】

左郢，字子行。

狄黑，字哲之。

商泽，字子秀。

【原文】

任不齐,字子选①。

荣祈②,字子祺③。

颜哙,字子声。

【注释】

①子选:《史记》无"子"字。《史记索隐》曰:"《家语》作'子选'。"

②荣祈:《史记》作"荣旂"。

③子祺:《史记》作"子祈"。《史记索隐》谓:"《家语》荣祈字子颜也。"

【释义】

任不齐,字子选。

荣祈,字子祺。

颜哙,字子声。

【原文】

原忼①,字子籍。

公肩定②,字子仲③。

秦非,字子之。

【注释】

①忼:原作"桃",据四库本、陈本改。同文本作"抗"。《史记》作"亢籍",经前人考证,乃"籍"前脱一"字"字。《史记索隐》引《家语》曰:"名亢,字籍。"

②公肩定:原作"公肩",四库本、同文本作"公宾",今据陈本、《史记》补"定"字。

③子仲：《史记》作"子中"。《史记索隐》曰："《家语》同也："

【释义】

原亢，字子籍。

公肩定，字子仲。

秦非，字子之。

【原文】

漆雕从，字子文①。

燕伋②，字子思③。

公夏守④，字子乘⑤。

【注释】

①漆雕从，字子文：从，《史记》作"徒父"。字子文，《史记索隐》谓《家语》作"字固"。

②伋：原作"级"，据备要本、四库本、同文本、陈本及《史记》改。

③子思：《史记·无"子"字。《史记索隐》曰："《家语》同也。"

④守：《史记》作"首"。

⑤子乘：《史记》无"子"字。《史记索隐》曰："《家语》同也。"

【释义】

漆雕从，字子文。

燕伋，字子思。

公夏守，字子乘。

【原文】

勾井疆,字子疆^①。

步叔乘,字子车。

石子蜀^②,字子明。

邽选^③,字子饮^④。

【注释】

①字子疆:四库本、同文本、《史记》无。

②;石子蜀:《史记》作"石作蜀",《史记索隐》云:"《家语》同。"四库本、同文本作"右作蜀"。

③邽选:《史记》作"邦巽",而《史记索隐》引《家语》"巽"作"选"。四库本、同文本作"邦巽"。

④子饮:四库本、同文本、陈本及《史记》作"子敛"。

【释义】

勾井疆,字子疆。

步叔乘,字子车。

石子蜀,字子明。

邽选,字子饮。

【原文】

施之常,字子常^①。

申绩^②,字子周^③。

乐欣^④,字子声。

【注释】

①子常:四库本、同文本、《史记》作"子恒。"

②申绩:四库本作"申缋",《史记》作"申党",《史记索隐》引《家语》作"申缭"。

③子周:《史记》无"子"字。

④乐欣:四库本、同文本、《史记》作"乐欬"。《史记·索隐》云:"《家语》同也。"

【释义】

施之常,字子常。

申绩,字子周。

乐欣,字子声。

【原文】

颜之仆,字子叔①。

孔弗②,字子蔑。

漆雕侈③,字子敛。

【注释】

①子叔:《史记》无"子"字。《史记索隐》云:"《家语》并同。"

②孔弗:王肃注:"孔子兄之子。"王注原误作"孔子兄弟"。据四库本改。弗,四库本、同文本、《史记》作"忠"。《史记集解》《史记索隐》引《家语》云:"忠字子蔑,孔子兄之子。"

③侈:四库本、同文本、《史记》作"哆"。

【释义】

颜之仆,字子叔。

孔弗,字子蔑。

漆雕侈,字子敛。

【原文】

悬成①,字子横②。

颜相③,字子襄④。

【注释】

①悬成:《史记》作"县成"。

②子横:《史记》作"子祺"。《史记索隐》云:"《家语》作'子谋'也。"

③颜相:《史记》作"颜祖"。《史记索隐》谓《家语》无此人,误。

④子襄:《史记》无"子"字。

【释义】

悬成,字子横。

颜相,字子襄。

【原文】

右夫子弟子七十二人①,弟子皆升堂入室者②。

【注释】

①右夫子弟子七十二人:原作"右件夫子七十二人弟子",据四库本同文本改。

②升堂入室:比喻学习所达到的境地有程度深浅的差别。后用以赞扬人在学问或技能方面有高度的造诣。

《孔子家语》原典释义

【释义】

以上分别罗列了孔子的七十二个弟子，他们都是在道艺上、学问上能够升堂入室的人。

本姓解第三十九

【题解】

本篇可分为两部分，前两节为第一部分，叙述了孔子的家世，最后一节为第二部分，记齐国太史对孔子的评价。两部分都涉及孔子的身世，故以"本姓"名篇。

第一部分所述孔子家世原原本本，可与《史记》的记载相互补充。其实，早在唐代，司马贞就已采《家语》以补《史记》所记之不足。不过，他所引《家语》与今本略有不同。如《史记·孔子世家》索隐引《家语》云："孔子，宋微子之后。宋襄公生弗父何，以让弟厉公。弗父何生宋父周，周生世子胜，胜生正考父，考父生孔父嘉，五世亲尽，别为公族，姓孔氏。孔父生子木金父，金父生睾夷，睾夷生防叔。畏华氏之逼而奔鲁，故孔氏为鲁人也。"《宋微子世家》索隐引曰："微子弟仲思名衍，一名泄，嗣微子为宋公。虽迁爵易位，而班级不过其故，故以旧官为称。故二微虽为宋公，犹称微，至于稽乃称宋公也。"《孔子世家》索隐又引："叔梁纥娶鲁之施氏，生九女。其妾生孟皮，孟皮病足，乃求婚于颜氏，徵在从父命为婚。"又引《家语》云："生三岁而梁纥死。"

将《史记》索隐引《家语》与本篇比较，可以发现今本《家语》与唐代司马贞所见有所不同。但是，绝不能由此得出今本系伪书的结论，因为在历代传抄的过程中，或衍或缺，或以注文窜入正文，比如，本篇"微，国名；子，爵"显系注文形式。通过比较司马氏所引，可以推测自"微子启"至"故封之贤"，恐怕也有原本是注文的可能。另外，像"甫"与"父""避"与"畏""祸"与"逼"等的不同，也极有可能是传抄所致，此乃古籍流传中的常见现象。司马贞在引用《家语》时可能有所去取，未必全盘照录。比如，在

《宋微子世家》索隐中引"微子弟"至"乃称宋公"，以补《史记》之阙；在《孔子世家》索隐中引"宋襄公"至"故孔氏为鲁人也"，来补《史记》语焉不详的孔氏谱系。所以，其所引用的《家语》与今本似有大异，实未必然。

第二部分，孔子和齐国太史子与论道，子与感叹不已，极赞孔子之圣迹，并以"素王"誉之。可能因其中有涉及孔子身世之语，故编入本篇。其中所谓孔子整理"六经""弟子三千"云云，在疑古学者看来，所论孔子事迹如此整齐，显系汉以后的造伪，至于"素王"之说，更为汉人所乐道者。加之本章内容又不见于他书，其真实性颇值得怀疑。然而，"六经"之说见于《庄子》，又为司马迁《史记》所采信，不可轻易否定。弟子三千，登堂入室者七十余人，见于《史记》，又见于《家语》，如谓《家语》袭自《史记》，恐未必。"素王"之说，见于《庄子·天运》，不始于汉。看来，《家语》所记是否伪作或后人增补，尚需进一步研究。另外，孔子自谓："乱而治之，滞而起之，自吾志也。天何与焉？"与《论语》中孔子思想一致，其匡扶天下的志向，其不待天助的自信，溢于言表。总之，本篇资料价值不容忽视。

【原文】

孔子之先^①，宋之后^②也。微子启，帝乙之元子，纣之庶兄，以圻^③内诸侯，人为王卿士。微，国名，子爵。初，武王克殷，封纣之子武庚于朝歌，使奉汤祀。武王崩，而与管、蔡、霍三叔作难^⑥，周公相^⑤成王东征之。二年，罪人斯得，乃命微子代殷后，作《微子之命》申^⑥之，与国^⑦于宋，徙殷之子孙，唯微子先往仕周，故封之贤。其弟曰仲思，名衍，或名泄。嗣微之后，故号微仲。生宋公稽，胄子^⑧虽迁爵易位，而班级^⑨不及其故者，得以故官为称。故二微虽为宋公，而犹以微之号自终。至于稽，乃称公焉。

【注释】

①先：祖先。

②后：后代，后裔。

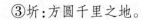

③圻：方圆千里之地。

④作难：叛乱。

⑤相：辅助。

⑥申：申明。

⑦与国：建立国家。

⑧胄子：古帝王与贵族的长子。

⑨班级：爵位等级。

【释义】

孔子的祖先是宋国的后裔。微子启是帝乙的长子，商纣的同父异母的哥哥，是方圆千里之地的诸侯，在朝廷之内则是君王的卿士。微，是一个诸侯国的名字，属于子爵的级别。当初武王征服了殷商，将商纣的儿子武庚封为朝歌的诸侯，让他奉行对商汤的祭祀。武王死了以后，武庚和管叔、蔡叔、霍叔一同作乱谋反。周公辅助成王对他们展开了东征，第二年，这三个犯罪的人都被抓获。于是就任命微子接替武庚做朝歌的诸侯，并做了《微子之命》以申明法令，在宋地建立了国家，将殷人的后代都迁移到了那里。唯有微子先到周朝去做官，因此被周天子封号为"贤"。微子的弟弟仲思，名字叫作衍或者泄的，继承了微子的爵位，以此号为微仲。仲思生了宋公稽，他们的后世子孙虽然爵位几度变动，但都没有祖辈的等级高，因此仍用先人的爵位相称。因此微子和他的弟弟虽然都是宋公，却始终用微这个封号，一直到了稽，才开始称作公。

【原文】

宋公生丁公申，申公生缗公共及襄公熙，熙生弗父何及厉公方祀。方祀以下，世为宋卿。弗父何生宋父周，周生世子胜，胜生正考甫，考甫生孔父嘉。五世亲尽，别①为公族，故后以孔为氏焉。一曰孔父者，生时所赐号也，是以子孙遂以氏族。孔父生子木金父，金父生睪夷，睪夷生防叔，避华氏之祸而奔②鲁。防叔生伯夏，伯夏生叔梁纥。纥虽有九女而无子。其妾生孟皮，孟皮一字伯尼，有足病。于是乃求婚于颜氏。颜氏有三女，其小曰徵在，颜父问三女曰："陬大夫虽父祖为士，然其先圣王之裔。今其人身长十尺，武力绝伦，吾甚贪③之。虽年长性严，不足为疑④。三子孰能为之妻?"二女莫对，徵在进曰："从父所制，将何问焉。"父曰："即尔能矣。"遂以妻之。徵在既往，庙见。以夫之年大，惧不时⑤有男，而私祷尼丘之山以祈焉。生孔子，故名丘而字仲尼。

【注释】

①别：分出。

②奔：逃往。

③贪：喜爱。

④疑：担心，忧虑。

⑤不时：不及时。

【释义】

宋公稽生了丁公申，申公生了缗公共和襄公熙，熙生了弗父何和厉公方祀。从方祀以下的后代，都世袭为宋国卿。弗父何生了宋父周，周生了世子胜，胜生了正考甫，甫生了孔父嘉。至此为五世，嫡亲关系也到此结束，便分出了同族，所以后来其中的一个分支就是以孔为氏。而孔父这个名号的来由，一种说法是，是生下来帝王就赐给的封号，于是后来的子孙就以这个名号作为宗族的命名。孔父生了儿子木金父，金父生了睪夷，睪夷生了防叔，防叔为了躲避华氏之祸就逃到了鲁国。防叔生了伯夏，伯夏生了叔梁纥。叔梁纥有九个女儿却没有儿子，他的小妾生了儿子孟皮，孟皮字伯尼，他的脚有毛病。于是叔梁纥向颜氏求婚。颜氏有三个女儿，最小的女儿名为徵在。颜父问他的三个女儿道："陬邑的这个大夫虽然祖辈和父辈都只是士，他们的祖先却是圣王的后裔。现在求婚的这个叔梁纥身高十尺，武力绝伦，我十分喜欢他。虽然他年龄很大,性格暴躁,但这并不值得担心。你们三个人谁愿意做他的妻子?"另外两个女儿都没有说话,只有小女儿徵在上前说道:"一切听从父亲的安排,又有什么可问的呢?"颜父便说:"那就是你能做他的妻子了。"于是就将小女儿嫁给他。徵在去叔梁纥家时,是在宗庙中和叔梁纥相见的。徵在因为丈夫年纪大,害怕不能及时生出儿子,就私下里在丘尼之山祈祷,后来便生下了孔子,因此起名为丘,字为仲尼。

【原文】

孔子三岁而叔梁纥卒,葬于防。至十九,娶于宋之亓官氏,一岁而生伯鱼。鱼之生也,鲁昭公以鲤鱼赐孔子,荣君之贶①,故因以名曰鲤,而字伯鱼。鱼年五十,先孔子卒。

齐太史子与适鲁,见孔子,孔子与之言道。子与悦,曰:"吾鄙人也,闻子之名,不睹子之形久矣,而求知之宝贵也,乃今而后知泰山之为高,渊海之为大。惜乎夫子之不逢明王,道德不加②于民,而将垂宝以贻后世。"遂退而谓南宫敬叔曰:"今孔子先圣之嗣,自弗父何以来,世有德让③,天所祚④也。成汤以武德王天下,其配在文⑤。殷宗以下,未始有也。孔子生于衰周,先王典籍,错乱无纪,而乃论百家之遗记,考正其义,祖述⑥尧舜,宪章⑦文武,删《诗》述《书》,定礼理乐,制作《春秋》,赞明《易》道,垂训后嗣,以为法式,其文德著矣。然凡所教海,束修已上三千余人,或者天将欲与素王⑧之乎?夫何其盛也。"敬叔曰:"殆如吾子之言,夫物莫能两大⑨。吾闻圣人之后,而非继世之统,其必有兴者焉。今夫子之道至矣,乃将施之无穷。虽欲辞天之祚,故未得耳。"子贡闻之,以二子之言告孔子。子曰:"岂若是哉?乱而治之,滞而起之,自吾志,天何与焉?"

【注释】

①贶:赠送。

②加:施加。

③让：礼让、谦让。

④祚：赐福。

⑤文：礼乐制度。

⑥祖述：效法遵循前人的行为和学说。

⑦宪章：效法。

⑧素王：有帝王的德行而没有居王位的人，后来儒家专以素王称孔子。

⑨两大：两全其美。

【释义】

孔子三岁的时候叔梁纥去世，埋葬在防。孔子十九岁的时候，娶宋国的亓官氏的女儿为妻，过了一年生了儿子伯鱼。伯鱼出生的时候，鲁昭公派人将鲤鱼赠送给孔子以示庆贺。孔子为君王的赠送感到荣幸，就给儿子取名为鲤，字伯鱼，伯鱼活到了五十岁，比孔子早去世。

齐国的太史子与到了鲁国，拜见了孔子，孔子和他谈论道。子与高兴地说："我是一个鄙陋之人，早就听说了您的大名，却一直没有机会见到您本人。而求知的机会是非常宝贵的，从今以后我才算是知道泰山的高峻、大海的宽广了。可惜您没有遇到圣明的君主，道德不能在百姓中施行，而只能流传下去留给后世的人了。"于是回去以后就对南宫敬叔说："现在的孔子是古代圣人的后嗣，自从弗父何以来，一直都是德行谦让，这是上天赐予的福分啊。成汤是以武功德行称王于天下的，他将礼乐制度和武功德行相配合。自从殷商以后，就再也没有这样的情况了。孔子出生在已经衰败了的周朝，先王的典籍都错乱而没有秩序了。孔子就考察整理了百家所遗留下来的记录，考证其中的义理，仿效尧帝和舜帝，效法于文王和武王，删定了《诗经》，论述了《尚书》，制定整理了《礼》《乐》，制作了《春秋》，阐明了《周易》的道理，给后世留下了训言，作为效法的准则。他的礼乐制度和德行都是那样的显著啊。而他所教诲的学生，奉上束脩的，就达三千多人，也许是上天想要让他做一个素王吧。为什么如此兴盛呢?"敬叔说:"这大概就像您说的那样,事情往往不能两全其美,我听说在圣人之后,如果不是继承王位的统系,也必然会有兴盛的人。现在孔子的道已经很完备了,就要被长久地施用于世了,即便是他想推辞掉上天的恩赐,又哪里会行得通呢?"子贡听了这些以后,就将这两个人的议论告诉了孔子,孔子说:"哪里是这个样子的呢?世道乱了就要得到整治,事物停滞了就要被兴起,这是我一向的志向,和上天有什么关系呢?"

终记解第四十

【题解】

本篇记载孔子临终前的事迹、孔子去世后弟子们埋葬孔子以及为孔子服丧等有关情况,故以"终记"名篇。

孔子崇尚王道,向往先王之治,主张恢复礼治,他为此到处奔走,但还是栖栖遑遑,"干七十余君莫能用"。为了自己的政治理想,孔子奋斗了一生,却始终没能找到推行个人主张的处所。孔子坚信自己的学说,他也认识到"不时",认识到自己所处的时代难以推行这样的主张,这便是本篇所记孔子之言:"夫明王不兴,则天下其孰能宗余。"最终,孔子只能慨叹:"泰山其颓乎!梁木其坏乎!哲人其萎乎!"作为孔子晚年最为亲近的弟子,子贡十分了解孔子,所以,他对鲁哀公"生不能用,死而诔之"的做法提出批评。

孔子弟子对孔子怀有深深的敬意。老师离去,他们失去了恩师,再也无法向孔子请教有关的礼仪制度,于是,他们从孔子为颜回、子路治丧的礼仪中得到

父戊舟爵

启示,以丧父之礼为孔子治丧。在殡葬事宜中,他们遵循"尊师""备古""行夫子之志"的原则。孔子的人格、孔子的思想学说感召着孔门弟子,他们为其服三年之丧,子贡甚至服丧六年。孔子影响很大,当时就有人从燕国来观看孔子的葬礼,后来,"群弟子及鲁人处于墓如家者"竟然百有余家,形成村落。

本记载的有关内容又见于《礼记·檀弓上》《史记·孔子世家》。将这些材料比较,不难看出本篇所记更为详尽。

【原文】

孔子蚤^①晨作^②,负手曳^③杖,逍遥^④于门,而歌曰:"泰山其颓^⑤乎!梁木^⑥其坏乎!哲人其萎^⑦乎!"既歌而入,当户而坐。

【注释】

①蚤:通"早"。

②作:起来。

③曳:拖。

④逍遥:悠闲自得的样子。

⑤颓:坍塌。

⑥梁木:栋梁。

⑦萎:植物的枯萎,引申为人的死亡。

【释义】

孔子早上起来.背着手,拄着拐杖,在门口悠闲自得地散步,吟唱道:"泰山就要坍塌了,栋梁就要折坏了,圣人的生命就要终结了!"唱完歌就走进屋子,对着门口坐着。

【原文】

子贡闻之,曰:"泰山其颓,则吾将安仰①?梁木其坏,吾将安杖②?哲人其萎,吾将安放③?夫子殆将病也。"遂趋而入。夫子叹而言曰:"赐④,汝来何迟?予畴昔⑤梦坐奠于两楹之间⑥。夏后氏殡⑦于东阶之上则犹在阼⑧,殷人殡于两楹之间即与宾主夹之,周人殡于西阶之上则犹宾之,而丘也即殷人。夫明王不兴⑨,则天下其孰能宗⑩余,余逮将死。"

遂寝病,七日而终,时年七十二矣。

【注释】

①仰:仰望。

②杖:通"仗"。依托,依靠。

③放:通"仿"。效仿、效法。

④赐:子贡,名赐,孔子高徒。

⑤畴昔:往昔,过去,从前。

⑥两楹之间:堂屋正中的位置。

⑦殡:停枢,安放棺材。

⑧阼:堂前东阶,主人迎接客人的位置。

⑨兴:出现。

⑩宗:尊奉,尊崇。

【释义】

子贡听见了,说:"泰山如果坍塌了,将来我们仰望什么?栋梁如果毁坏了,将来我们依靠什么?圣人的生命如果终结了,将来我们效仿谁?老师大概是病重了。"于是赶快走进去拜见孔子。孔子感慨地说:"赐啊,你怎么才来啊?前些日子我曾经梦见自己坐在两楹之间接受祭奠。夏朝的人把灵柩停放在东阶之上，那是主人迎接客人的位置；殷人把灵柩停放在两楹之间，那是介于主客之间的位置，周人把灵柩停放在西阶之上，那是宾客所在的位置，而我孔丘是殷人的子孙啊。倘若没有贤明的君王出现，那么天下有谁能够尊奉我的思想学说呢？我大概快要死了。"不久，孔子卧病在床，七天后去世了，享年七十二岁。

【原文】

哀公诔①曰："昊天不吊②！不憗③遗一老，俾屏④余一人以在位，茕茕⑤余在疚⑥，於乎哀哉，尼父⑦！无自律。"子贡曰："公其不没⑧于鲁乎！夫子有言曰：'礼失则昏，名失则愆。失志为昏，失所为愆⑨。'生不能用，死而诔之，非礼也；称一人，非名⑩。君两失之矣。"

【注释】

①诔：在丧礼中叙述死者德行，表示哀悼。

②吊：吊唁，祭奠死者。

⑤憗：愿意，宁愿。

④俾屏：俾，使。屏，除去，放弃，放逐。

⑤茕茕：孤独的样子。

⑥疚：感到痛苦、悔恨或惭愧。

⑦尼父：指孔子。父，古时对男子的尊称。

⑧没：同"殁"。死亡。

⑨失斩为愆：不讲身份名位就会有差失。失所，指不在其应处之所。愆，过错，差错。

⑩一人：王肃注："一人，天子之称也。"

【释义】

哀公哀悼孔子说:"苍天不怜悯我啊,不愿意留下这位仁慈的老人,让我一个人居于王位,孤单难过,忧伤成疾!唉,尼父啊,失去你我再也没有可以学习效仿的人了!"子贡说:"国君您大概不想在鲁国善终了吧!夫子曾经说过:'丧失礼仪就会昏暗不清,丧失名分就会出现差错。失去理智就会迷茫,不讲身份名位就会出错。'老师生前没有得到您的重用,他去世了您却又哀悼他,这不合礼仪;自称为'一人',和您国君的身份不相符。您把礼仪和名分都失去了啊。"

【原文】

既卒①,门人所以疑服②夫子者,子贡曰:"昔夫子之丧③颜回也,若丧其子而无服,丧子路亦然。今请丧夫子如丧父而无服。"于是弟子皆吊服而加麻。出有所之,则由经④。子夏曰:"人宜经可居,出则不经。"子游曰:"吾闻诸夫子:丧朋友,居则经,出则否;丧所尊,虽经而出,可也。"

【注释】

①举:死。

②服:丧服。古代丧礼按照死者与服丧者关系的亲疏远近有斩衰、齐衰、大功、小功、缌麻五种不同的丧服,表示不同的丧期。

③丧:守丧礼,办丧事。

④经:古代丧服中的麻带,系在腰间或者头上。

【释义】

孔子去世后,弟子们不知道该穿什么样的丧服来哀悼老师。子贡说:"以前先生为颜回服丧的时候,就像为自己的儿子服丧一样,但是没有穿丧服,为子路服丧的时候也是这样。那么现在大家就应该像为自己的父母服丧一样来为老师服丧,也不必穿戴相应的丧服。"于是,孔门弟子就都穿上丧服并且系上麻带。出门的时候就只束上麻带。子夏说:"在家里的时候可以束着麻带,出门的时候就没有必要再束了。"子游说:"我记得先生曾经说过:为朋友服丧在家里束着麻带,出门的时候就不必了;为自己尊敬的人服丧,即使外出,束着麻带也是允许的。"

【原文】

孔子之丧,公西①掌殡葬焉。啥以疏米三贝②,袭衣十有一称③,加朝服一,冠章甫④之冠,珮⑤象环,径五寸而綦组绶⑥,桐棺四寸,柏棺五寸。饬庙置翣⑦。设披⑧。周也;设崇⑨,殷也;绸⑩练、设旐⑪,夏也。兼用三王⑫礼,所以尊师,且备⑬古也。

【注释】

①公西:姓氏,指公西赤.字子华,孔子的弟子。

②啥以疏米三贝:口里含着粳米和三贝。啥,古代的一种葬仪,殡殓时把珠、玉、贝、米之类放在死人嘴里。疏米,粳米。

③袭衣十有一称:穿着十一套衣服。袭衣,整套的衣服。称,指配合齐全的一套(衣服)。

④章甫:古代成年男子戴的一种礼帽。

⑤珮:佩带。

⑥径五寸而綦组绶:直径为五寸用苍艾色的丝带系好。綦,苍艾色。组,一种有花纹的用丝织成的阔带子。绶,指佩玉上系玉的丝带。

⑦饬庙置翣:灵柩停放的地方也做了装饰,棺椁外也装置了翣扇。庙,灵柩停放的地方。翣,古时出殡时棺材上的装饰,扇形。

⑧披:古代的一种丧具,用布帛做成,供送葬的人使用。

⑨崇:旌旗四周的齿状装饰物。

⑩绸:缠缚。

⑪旐:指出丧时在前面引路的旗子,俗称引魂幡。

⑫三王:指夏禹,商汤,周文王和武王。

⑬备:使具备,齐备,完备。

【释义】

在为孔子办理丧事期间,殡葬事宜是由公西赤负责的。把粳米和三贝放入孔子口中含着,置备了十一套衣服,外加上朝的官服一套,头戴着章甫帽子,佩戴着象牙环佩,它直径五寸大小并用苍艾色的丝带系好,四寸厚的内棺是由桐木做成的,五寸厚的外棺是由柏木做成的。就连灵柩停放的地方也稍做了装饰,棺柩外还装置了翣扇。按照周朝的礼仪设置了披具;按照殷人的礼仪设置了崇牙,按照夏人的礼仪用白帛制成了引魂幡。兼用三代君王的礼仪,不但是为了尊敬老师,同时也是为了使古代的礼制能够保存下来。

【原文】

葬于鲁城北泗水上,藏入地,不及泉。而封为偃斧之形,高四尺,树松柏为志①焉。弟子皆家于墓,行心丧之礼。既葬,有自燕来观者,舍于子夏氏②。子贡谓之曰:"吾亦人之葬圣人,非圣人之葬人。子奚观焉?昔夫子言曰:'见吾封若夏屋③者,见若斧矣。'从若斧者也,马鬣④封之谓也。今徒一日三斩板而以封,尚⑤行夫子之志而已。何观乎哉!"

【注释】

①志:标记,记号。

②子夏氏:子夏,孔子的学生。

③夏屋:在夏朝流行的中间高四周低的房屋。

④马鬣:长在马颈上的长毛。

⑤尚:几乎,差不多。

【释义】

孔子去世以后,弟子们把他安葬在鲁国都城北部的泗水边上,棺木下葬没有触碰到地下的泉水,坟墓垒封成仰斧状,高四尺,旁边种上松柏作为标志。弟子们都为他守丧三年,内心充满了悲痛之情。安葬完毕以后,有人从燕国赶过来观丧,住在子夏家里。子贡对他说:"我们这是普通人安葬圣人,又不是圣人安葬普通人,有什么可观看的呢? 以前老师就说过:'我见过把坟墓筑成像夏朝的房屋状的,也见过像斧子状的。'我赞成这种斧状的坟墓,民间把它称为马鬣封。作为老师的弟子,我们为他筑坟,也就是在一天中换了三次板来封土,基本上表达了老师牛前的愿望罢了。有什么可参观的呢?"

【原文】

二三子①三年丧毕,或②留或去,惟子贡庐③于墓六年。自后群弟子及鲁人处于墓如家者,百有余家,因名其居曰孔里焉

【注释】

①二三子:孔子本人及别人对其弟子的称呼。

②或:有的。

③庐:临时搭盖小屋居住。

【释义】

孔子的弟子们服完三年之丧以后,有的在当地留了下来,有的离开了,唯有子贡一待就是六年。自此以后,众多弟子及鲁国人在孔子墓边安家落户的,有一百多家,

于是就把这个地方命名为孔里。

正论解第四十一

【题解】

本篇名曰"正论"，可包含有两层意思：一、正者，政也，指社会政治。所以本篇是关于天下国家治理的大道理；二、正者，正名也，即合乎礼制。这里的"正名"不是名实之间的逻辑关系，而是指规范了社会等级与秩序的社会关系。

本篇是孔子政治思想研究的重要资料。孔子认为"惟器与名，不可以假人"，而器与名是礼的最直接的表现形式。"礼"就成为治理国家的具体战略和正名的标准和凭借。要保持和维护社会的稳定，实现天下大治，就必须"为国以礼"，只有这样才可以"王天下"。这也是本篇论述的中心。

孔子的论述紧紧围绕"礼"展开，把"礼"作为上自国君、下到平民言行的标准，而合乎礼便是仁，以仁治国就是德政，劳民伤财只会葬送国家。围绕着德政问题，孔子论述了实行德政的方法、途径以及目的。这包括君臣纲常、选贤举能、礼乐教化、爱民敬老、天下统一等。作为政治思想家，孔子向往三代"先王之道"，他认为要实行王道就要实行德政，政策上以德为主，同时又要"宽猛相济"，这样才能"政是以和"。实行德政要求国君从自身做起，"孝悌发诸朝廷，行于道路，至于州巷，放于搜狩，循于军旅，则众感以义，死之而弗敢犯"，这同时也是对民众进行的礼乐教化。

在本篇中，孔子对"礼"和"仁"都有论述。孔子说"克己复礼为仁"，涉及了孔子的思想核心问题。孔子的思想有一个变化的过程。起初，孔子以恢复周礼为己任，把恢复周礼作为实现王道的必然要求，在四处碰壁，学说得不到实行的时候，孔子开始考虑礼不能实行的深层原因，于是又提出了"仁"的思想，希望统治者从自身做起，实行仁治。仁是内在的自觉，礼是外在的形式，二者互为里表。

在形式上，本篇与《家语》其他各篇有所不同，其他一般是通过直接描写孔子与诸侯国君、孔门弟子的对话或者行为表现孔子思想,而本篇大多数章节是先叙述历史事件或人物言行,然后再叙述孔子对这些历史事件或人物的评价,以此来表现孔子思想。本篇各章节内容是以社会政治问题为主,因而本篇所体现的主要是孔子的政治思想。

本篇各章节几乎都与《左传》等有关记载相通,有些段落还与《论语》《礼记》《国语》《韩诗外传》《史记·孔子世家》《孔丛子》《列女传·母仪传》《说苑》、《新序·杂事》互为佐证。本篇是《孔子家语》中篇幅最长的篇章之一,聚集了大量孔子政治思想的研究素材。

【原文】

孔子在齐,齐侯出田①,招虞人以弓②,不进,公使执之。

对曰:"昔先君之田也,旃以招大夫③,弓以招士,皮冠以招虞人。臣不见皮冠,故不敢进。"乃舍之④。

孔子闻之,曰:"善哉!守道不如守官⑤。"君子韪之⑥。

【注释】

①田:田猎。

②虞人:王注:"虞入,掌山泽之官也。"

③旃:赤色曲柄的旗。

④舍:放。

⑤守道不如守官:遵守恭敬之道,见君主召唤即出,不如遵守为官之道。王注:"道为恭敬之道,见君召便往;守官,非守召不往也。"

⑥韪:是。

【释义】

孔子在齐国时,齐侯出去打猎,挥动弓来招呼管理山泽的官吏虞人,虞人没来觐见，齐侯派人把他抓了起来。

虞人说："从前先君打猎时，用旗来招呼大夫，用弓来招呼士，用皮帽来招呼虞人。我没看见皮帽，所以不敢觐见。"齐侯听后就放了他。

孔子听到这件事，说："好啊！遵守道不如遵守职责。"君子认为说得对。

【原文】

齐国书伐，鱼①，季康子使冉求率左师御之②，樊迟为右③。师不逾沟，樊迟曰④："非不能也，不信子⑤，请三刻而逾之⑥。"如之。众从之，师入齐军，齐军遁。冉有用戈，故能入焉。

孔子闻之曰："义也。"

既战，季孙谓冉有曰："子之于战，学之乎？性达之乎？"

对曰："学之。"

季孙曰："从事孔子，恶乎学？"

冉有曰："即学之孔子也。夫孔子者，大圣，无不该⑦，文武并用兼通。求也适闻其战法，犹未之详也。"

季孙悦。

樊迟以告孔子，孔子曰："季孙于是乎可谓悦人之有能矣。"

【注释】

①国书：人名。王注："国书，齐卿。"

②季康子：鲁国执政贵族。

③右：右师。

④师不逾沟，樊迟曰：此七字原本无，据《春秋左传·哀公十一年》补。

⑤不信子：不相信季康子。子，原作"乎"，据《四部丛刊》本《家语》改。王注："言季孙德不素著，为民所信也。"

⑥三刻：三次申明号令。王注："与众要信，三刻而逾沟也。"

⑦该：包。

【释义】

齐国的国书率领军队攻打鲁国，季康子派冉求率领左军去抵御，樊迟率领右军。鲁军不敢跨过壕沟去迎敌，樊迟说："不是不能，是不相信季康子，请您三次申明号令带头越过壕沟。"冉求听从了他的话。大家就跟着过了壕沟，冲入齐军，齐军逃跑了。冉求用的是戈，所以能冲入敌阵。

孔子听说了这件事，说："这是合乎义的。"

仗打完后，季孙问冉求说："你对于打仗，是学会的呢？还是天生就会的呢？"

冉求回答说："是学会的。"

季孙说："你跟着孔子，怎能学会打仗呢？"

冉求说："就是从孔子那里学的。孔子是位大圣人，他的知识无所不包，文武并用兼通。我也是刚从他那里学了一点战法，学得还不够详细透彻。"

季孙听了很高兴。

樊迟把这事告诉了孔子，孔子说："季孙在这件事上，可以说还是喜欢别人有才能。"

【原文】

南宫说、仲孙何忌既除丧①，而昭公在外②，未之命也③。定公即位，乃命之。辞曰："先臣有遗命焉④，曰：'夫礼，人之干也，非礼则无以立。'嘱家老，使命二臣，必事孔子而学礼，以定其位。"公许之。

二子学于孔子，孔子曰："能补过者，君子也。《诗》云⑤：'君子是则是效⑥。'孟僖子可则效矣。惩己所病，以诲其嗣，《大雅》所谓'贻厥孙谋，以燕翼子'⑦，是类也夫！"

【注释】

①南宫说、仲孙何忌既除丧：南宫说即南宫悦，又称南宫敬叔。仲孙何忌即孟懿子。他们都是孟僖子的儿子。除丧，王注："除父僖子之丧。"

②昭公在外：王注："时为季孙所逐。"

③未之命也：王注："未命二人为卿大夫。"

④先臣有遗命焉：王注："僖子病不知礼，及其将死，而属其二子使事孔子。"

⑤诗：此指《诗经·雅·鹿鸣》。

⑥君子是则是效：是君子学习、仿效的榜样。

⑦(贻)诒厥孙谋，以燕翼子：此为《诗经·大雅·文王有声》中的诗句。意为：遗赠后代好谋略，以保子孙平安。王注："诒，遗也。燕，安也。翼，敬也。言遗其子孙嘉谋，学安敬之道。"

【释义】

南宫说和仲孙何忌为父亲服丧完毕，因当时鲁昭公逃亡在外，没来得及任命他们。鲁定公即位后，才任命。他们推辞说："先父留有遗嘱，说：'礼，犹如人的躯干一样，是做人的根本，没有礼则无以自立。'嘱托家里的老人，让他们要求我们二人必须侍奉孔子，到他那里去学礼，以便确定自己的地位。"定公允许了。

他们二人向孔子学礼，孔子说："能够弥补过错的人，就是君子。《诗经》说：'君子是学习的榜样。'孟僖子就是学习的榜样，改正自己过去的缺点，以此来教诲后代。正如同《诗经·大雅》所说的'遗赠后代好谋略，以保子孙永平安'，说的正是孟僖子这样的人啊！"

【原文】

卫孙文子得罪于献公①，居戚②。公卒未葬，文子击钟焉。

延陵季子适晋过戚③，闻之，曰："异哉！夫子之在此，犹燕子巢于幕也④，惧犹未也，又何乐焉？君又在殡，可乎？"

文子于是终身不听琴瑟。

孔子闻之，曰："季子能以义正人，文子能克己服义，可谓善改矣。"

【注释】

①孙文子：即孙林父，春秋时卫国大夫。献公：指卫献公。

②戚：卫国地名，故址在今河南濮阳北。

③延陵季子：即吴公子季札。

④燕子巢于幕：王注："燕巢于幕，言至危也。"幕，帷幕。

【释义】

卫国的大夫孙文子得罪了卫献公，居住在戚地。卫献公去世后还未安葬，孙文子就敲钟娱乐。

延陵季子去晋国时路过戚地，听到这件事，说："奇怪啊！你住在这里，就像燕子把巢筑到帷幕上一样危险，害怕还来不及呢，又有什么可高兴的呢？况且国君的灵柩还没殡葬，可以这样娱乐吗？"

孙文子从此终身不听琴瑟。

孔子听说了这件事，说："季子能根据义来纠正别人，文子能克制自己来服从义，可谓善于改正错误啊！"

【原文】

孔子览晋志①，晋赵穿杀灵公②，赵盾亡，未及山而还③。史书"赵盾弑君"。盾曰："不然。"史曰："子为正卿，亡不出境，返不讨贼，非子而谁？"盾曰："呜呼！'我之怀矣④，自诒伊戚⑤'，其我之谓乎！"

孔子叹曰："董狐，古之良史也，书法不隐。赵宣子，古之良大夫也，为法受恶。惜也，越境乃免⑥。"

【注释】

①晋志：晋国的史书。

②赵穿：赵盾的族弟。

③未及山：没越过晋国边境的山。山指温山。

④我之怀矣：此为《诗经·邶风·雄雉》中的诗句，意为心中怀念我亲人。

⑤自诒伊戚：此为《诗经·小雅·小明》中的诗句，意为祸患是自己招来的。

⑥越境乃免：王注："惜盾不越境以免于讥，而受弑君之责也。"

【释义】

孔子阅读晋国的史书，书上记载：晋国的赵穿杀死了晋灵公，赵盾逃亡在外，还没越过国境的山又返回来了。史书写着"赵盾弑君"。赵盾说："不是这样的。"史官说："你是正卿，逃亡而没走出国境，返回来又不讨伐凶手，弑君的不是你又是谁呢？"赵盾说："唉！《诗经》说'由于我的怀念，自己招来忧患'，这说的就是我了。"

孔子叹息说："董狐，是古代的好史官啊，书写史实不隐讳。赵宣子，是古代的好大夫啊，因为法度而蒙受恶名。可惜啊！如果越过国境就可以免去罪名了。"

【原文】

郑伐陈，入之，使子产献捷于晋①。晋人问陈之罪焉。

子产对曰："陈亡周之大德②，介恃楚众③，冯陵敝邑④，是以有往年之告⑤。未获命⑥，则又有东门之役⑦。当陈隧者⑧，井堙木刊⑨，敝邑大惧。天诱其衷⑩，启敝邑心。陈知其罪，授首于我⑪，用敢献功。"

晋人曰："何故侵小？"

对曰："先王之命,惟罪所在,各致其辟⑫。且昔天子一圻⑬,列国一同⑭,自是以衰⑮,周之制也。今大国多数圻矣,若无侵小,何以至焉?"

晋人曰："其辞顺。"

孔子闻之,谓子贡曰:"《志》有之⑯,'言以足志⑰,文以足言'⑱,不言谁知其志?言之无文,行之不远⑲。晋为伯,郑入陈,非文辞不为功。慎辞哉!"

【注释】

①子产:郑国执政大臣。名侨,字子产。

②陈亡周之大德:陈国忘记了周朝的大德。指武王把女儿大姬许配胡公,封于陈这件事。亡,忘记。王注:"武王以元女大姬以配胡公,而封诸陈。"

③介恃:凭借,依仗。介,原作"豕",据《四部丛刊》本《家语》改。

④冯陵:欺凌。

⑤往年之告:以前郑国向晋国报告被陈国侵犯的事。王注:"告晋为陈所侵。"

⑥未获命:未得到晋国平定陈国的命令。

⑦东门之役:指陈国与楚国共同攻打郑国至其东门之事。

⑧当陈隧:在陈军前进的道路上。隧,道路。

⑨堙:堵塞。刊:砍。

⑩天诱其衷:上天开导其心意。

⑪授首:指投降或被杀。

⑫辟:诛。

⑬圻:地方千里曰圻。

⑭同:方百里曰同。

⑮自是以衰:依此递减。王注:"大国方百里,从是以为差,伯方七十里,子男五十里,周之制也。而说学者以周大国方七百里,失之远矣。"

⑯志:王注:"志,古之书也。"

⑰言以足志:王注:"言以足成其志。"

⑱文以足言:王注:"加以文章,以足成其言。"

⑲言之无文,行之不远:王注:"有言而无文章,虽行而不远也。"

【释义】

郑国攻打陈国,进入了陈国,派子产向晋国奉献战利品。晋人质问陈国的罪状。

子产回答说:"陈国忘记了周朝对他的大恩大德,依仗楚国人多,欺凌敝邑,我国因此而有去年请求攻打陈国的报告。没有得到贵国允许,反倒有了陈国进攻我国东门的战役。陈军经过的路上,水井被填,树木被砍,我们很害怕。幸亏上天开导我们的心,启发了我们攻打陈国的念头。陈国知道自己的罪过,因而向我们投降,因此敢于奉献战利品。"

晋国人又问:"为什么攻打小国?"

子产回答说:"根据先王的律令,只要是罪过所在,就要分别给予惩罚。况且从前天子的土地方圆千里,诸侯的土地方圆百里,依次递减,这是周朝的制度。现在大国的土地多到方圆数千里,如果没有侵占小国,怎么能达到这地步呢?"

晋国人说:"他的话顺理成章。"

孔子知道后,对子贡说:"古书上有这样的话:'言语用来表达志向,文采用来增加言语的力量。'不说话,谁知道你的志向是什么呢? 语言没有文采,就不能流传久远。晋国成为霸主,郑国进入陈国,不是善于辞令就不能成功。你们要谨慎地使用辞令啊!"

【原文】

楚灵王汰侈①,右尹子革侍坐②,左史倚相趋而过。王曰:"是良史也,子善视之,是能读《三坟》《五典》《八索》《九丘》③。"

对曰:"夫良史者,记君之过,扬君之善。而此子以润辞为官,不可为良史。臣又尝问焉:昔周穆王欲肆其心^④,将过行天下,使皆有车辙马迹焉。祭公谋父作《祈招》^⑤,以止王心,王是以获殁于文宫^⑥。臣问其诗焉而弗知;若问远焉,其焉能知?"

王曰:"子能乎?"

对曰:"能,其诗曰:'祈招之愔愔乎,式昭德音^⑦。思我王度,式如玉,式如金^⑧。刑民之力,而无有醉饱之心^⑨。'"

灵王揖而入,馈不食,寝不寐。数日则固不能胜其情,以及于难。

孔子读其《志》,曰:"古者有志^⑩,克己复礼为仁^⑪,信善哉! 楚灵王若能如是,岂其辱于乾谿^⑫? 子革之非左史,所以风也^⑬,称诗以谏,顺哉!"

【注释】

①汏侈:骄奢。

②右尹:官名。子革:即然丹,郑穆公孙。

③《三坟》《五典》《八索》《九丘》:相传是远古时代的文化典籍。王注:"三坟,三皇之书。五典,五帝之典。八索,索法。九丘,国聚也。"

④肆其心:随心所欲。

⑤祭公谋父:周朝卿士。《祈招》:诗名。

⑥殁:死。文宫:周穆王的宫殿。

⑦祈招之愔愔乎,式昭德音:王注:"言祈招乐之安和,其法足以昭其德音者也。"愔愔.和谐,安详。

⑧式如玉,式如金:王注:"思王之法度,如金玉纯美。"

⑨刑民之力,而无有醉饱之心:王注:"刑伤民力,用之不胖不节。无有醉饱之心,言无厌足。"刑,伤害。

⑩古者有志:此四字原本无,据《四部丛刊》本《家语》补。

⑪克己复礼:王注:"克,胜。言能胜己私情,复之于礼,则为仁也。"

⑫辱于乾谿:王注:"灵王起章华之台于乾谿,国人溃畔,遂死焉。"

⑬风：通"讽"，用含蓄的方式劝谏。

【释义】

楚灵王骄奢无度，右尹子革在旁边陪坐，左史倚相从他们前面快步走过。灵王说："这人是好史官，你要好好待他。他能读《三坟》《五典》《八索》《九丘》等古书。"

子革回答说："好的史官，要能够记录君王的过错，宣扬君王的善政。而此人凭着华丽的文辞做官，不能算做好史官。我又曾经问过他一件事：从前周穆王想放纵他的私心，想要周游天下，让天下都留下他的车辙马迹。祭公谋父就作了《祈昭》这首诗来劝阻他，穆王因此善终于文宫。我问过倚相有关这首诗的事，他不知道。如果问更远的事，他哪能知道呢？"

楚王说："您能知道吗？"

子革回答说："能。这首诗说：'祈求安详和悦，宣扬有德者的声音。想起我们君王的风范，样子好像玉，好像金。怜惜百姓的力量，自己没有醉饱之心。'"

灵王听了，向子革作揖，便走进房中，送上饭菜不吃，觉睡不着。但过了几天还是控制不住自己骄奢的作风，所以遇上了祸难。

孔子读到这段记载，说："古时候有这样的话：'克制自己的私欲回到礼上，就是仁。'说得真好啊！楚灵王如果能始终这样，难道还会在乾谿受到羞辱吗？子革不是左史官，所以只能讽谏灵王，引用诗来劝谏就能顺利啊！"

【原文】

叔孙穆子避难奔齐①，宿于庚宗之邑②。庚宗寡妇通焉而生牛。穆子返鲁，以牛为内竖③，相家④。牛谗叔孙二子，杀之。叔孙有病，牛不通其馈，不食而死。牛遂辅叔孙庶子昭而立之⑤。

昭子既立，朝其家众曰："竖牛祸叔孙氏，使乱大从⑥，杀嫡立庶，又披其邑，以求舍罪⑦，罪莫大焉，必速杀之。"遂杀竖牛。

孔子曰："叔孙昭子之不劳⑧，不可能也。周任有言曰⑨：'为政者不赏私劳，不罚私怨。'《诗》云⑩：'有觉德行，四国顺之⑪。'昭子有焉。"

【注释】

①叔孙穆子避难奔齐：叔孙穆子，即叔孙豹，鲁国大夫。穆子为谥号。王注："穆子，叔孙豹，其兄侨如淫乱，故避之而出奔齐。"

②庚宗：邑名。

③内竖：传达内外命令的官吏。王注："竖通内外之命。"

④相家：帮助执政。王注："长遂命为相家。"

⑤庶子：妾所生子。昭：即叔孙诺，谥昭子。王注："子叔孙诺。"

⑥从：王注："从，顺。"

⑦又披其邑，以求舍罪：王注："牛取叔氏鄙三十邑，以行赂也。"鄙，边邑，也指郊外。

⑧不劳：不认为有功劳。王注："劳，功。不以立己为功。"

⑨周任：王注："周任，古之贤人。"

⑩诗：指《诗经·大雅·抑》。

⑪有觉德行，四国顺之：君子德行正直，四方诸侯顺从。王注："觉，直。"

【释义】

鲁国大夫叔孙穆子逃到齐国避难，住在庚宗这个地方。庚宗有个寡妇，叔孙穆子和她私通，生了一个儿子叫牛。叔孙穆子后来返回鲁国，先让牛当了传令的小官，长大后让他当了家臣。牛给叔孙穆子的两个嫡子进谗言，致使二人被杀。叔孙穆子生了病，牛不让给他吃饭，最后也被饿死。牛于是拥立叔孙穆子庶出的儿子昭子并辅助他。

昭子当政后，召集他的臣仆说："竖牛祸害叔孙氏，使祸乱一个接着一个，杀害嫡子拥立庶子。又把边邑地方用来行贿,以求免去罪行,没有比他的罪行再大的了,必须迅速把他杀掉。"于是杀了竖牛。

孔子说:"叔孙昭子不认为竖牛拥立自己是功劳,是因为不可以这样做。周任有这样的话:'执政者不奖赏对自己私人有功劳的人,不惩罚对自己有私怨的人。'《诗经》说:'君子德行正直,四方诸侯顺从。'昭子就是这样的人。"

【原文】

晋邢侯与雍子争田①,叔鱼摄理②,罪在雍子。雍子纳其女于叔鱼,叔鱼弊其邢狱③。邢侯怒,杀叔鱼与雍子于朝。韩宣子问罪于叔向④,叔向曰:"三奸同罪,施生戮死可也⑤。雍子自知其罪,而赂以置直,鲋也鬻狱,邢侯专杀,其罪一也。己恶而掠美为昏⑥,贪以败官为默⑦,杀人不忌为贼⑧。《夏书》曰:'昏、默、贼,杀,咎陶之刑也⑨。'请从之。"乃施邢侯,而尸雍子、叔鱼于市。

孔子曰:"叔向,古之遗直也。治国制刑,不隐于亲。三数叔鱼之罪,不为末⑩,或曰义⑪,可谓直矣。平丘之会,数其贿也,以宽卫国,晋不为暴⑫。归鲁季孙,称其诈也,以宽鲁国,晋不为虐⑬。邢侯之狱,言其贪也,以正刑书,晋不为颇⑭。三言而除三恶,加三利⑮。杀亲益荣,由义也夫。"

【注释】

①邢侯、雍子:二人均为晋国大夫。

②叔鱼摄理:叔鱼,即羊舌鲋,春秋时晋国大夫。摄理,代理狱官。王注:"叔鱼,叔向弟。理,狱官之名。"

③弊:作弊。王注:"弊断,断罪归邢侯也。"

④韩宣子:王注:"宣子,晋正卿韩起也。"叔向:即羊舌肸,叔鱼之兄。博学多闻,以礼让为国。

⑤施生:对活着的人施以刑罚。王注:"施,宜为与,与犹行。行生者之罪也。"

⑥己恶而掠美为昏：王注："掠美善，昏乱也。己恶，即以赂求善为乱也。"

⑦败官：败坏官吏的规则。败，原作"赂"，据《四部丛刊》本《家语》改。默：贪污，不廉洁。王注："默犹冒，苟贪不畏罪。"

⑧忌：王注："忌，惮。"

⑨《夏书》曰："昏默贼"：王注："《夏书》，夏家之书。三者宜皆杀者也。"

⑩末：王注："末，薄。"

⑪或曰义：王注："或，《左传》作'咸，也。"

⑫"平丘之会"四句：平丘，春秋时卫地。王注："诸侯会于平丘，晋人淫荔莞者于卫，卫人患之，赂叔向。叔向使与叔鱼，客末追而禁之。"此事见于《春秋左传·昭公十三年》，叔向和诸侯在平丘会盟，晋国放纵砍柴草的人在卫国胡作非为，卫国人很担心，就贿赂叔向。叔向让他们把这些礼品送给叔鱼，送礼的客人还没有退出去，叔鱼就下令禁止了砍柴草人的非法行为。

⑬晋不为虐：王注："鲁季孙见执，诉于晋，晋人归之。季孙贵礼不肯归，叔向言叔鱼能归之，叔鱼说季孙，季孙惧，乃归也。"此事也见于《春秋左传·昭公十三年》。

⑭颇：王注："颇，偏。"

⑮除三恶，加三利：王注："暴卫虐鲁，杀三罪，去三恶，加三利也。"

【释义】

晋国的大夫邢侯和雍子争夺田地，叔鱼代理审案。本来雍子有罪，雍子把她的女儿嫁给了叔鱼，叔鱼就作弊判定邢侯有罪。邢侯很愤怒，在朝廷上杀死了叔鱼和雍子。韩宣子问叔鱼的哥哥叔向如何处理此案，叔向说："三个人罪状相同，对活着的施以刑法，对死了的暴尸示众就可以了。雍子自知自己有罪，而用女儿作为贿赂以取得胜诉，鲋出卖法律，邢侯擅自杀人，他们所犯的罪是一样的。自己有罪恶而掠取别人的美名就是昏，贪图贿赂败坏为官职责就是默，杀人毫无顾忌就是贼。《夏书》说：'昏、默、贼，都可杀。这是咎陶的刑法。'请按此办理。"于是就杀了邢侯，而把雍子、叔鱼暴尸于市。

孔子说:"叔向,他的正直作风是古代的遗风。治理国家判定案件,不包庇亲人。三次指出叔鱼的罪恶,不给他减轻,人们认为这是义,我说这可称作正直。平丘的盟会,指出叔鱼贪财,从而宽免了卫国,晋国不能算作凶暴。让鲁国的季孙意如回去,指出叔鱼欺诈,从而宽免了鲁国,晋国不能算是凌虐。邢侯这个案件,指出了叔鱼的贪婪,因此把他判了刑,晋国不能算是偏颇。三次说话而除掉三次罪恶,得到三种利益。叔向杀了他的亲人而名声更加显著,这是因为做事合乎道义啊!"

【原文】

郑有乡校①,乡校之士,非论执政②。鬷明欲毁乡校③。子产曰:"何以毁为?夫人朝夕退而游焉,以议执政之善否。其所善者,吾则行之;其所否者,吾则改之。若之何其毁也?我闻忠善以损怨,不闻立威以防怨。防怨犹防水也,大决所犯,伤人必多,吾弗克救也。不如小决使导之,不如吾所闻而药之④。"

二祀其卣

孔子闻是言也,曰:"吾以是观之,人谓子产不仁,吾不信也。"

【注释】

①乡校:乡的学校,也用作乡人议事之所。

②非论:非议,批评。

③鬷明:春秋时郑大夫,字然明。

④药:治疗。

【释义】

郑国有乡校,乡校里的学生,非议执政者。馤明想要毁掉乡校。子产说:"为什么要毁掉呢?人们早晚闲暇时到这里游玩,议论政事的好坏。他们认为好的,我们就推行;他们认为不好的,我们就改正。为什么要毁掉它呢?我听说,忠言善言可以减少怨恨,没有听说用威胁来防止怨恨的。防止怨恨就如同防水一样,大水决了堤,伤害的人必然会多,我们就无法去救了。不如小规模地放水加以疏导,不如把我们听到的话作为治病的良药。"

孔子听到这些话,说:"从这件事来看,人们要说子产不仁,我是不相信的。"

【原文】

晋平公会诸侯于平丘,齐侯及盟。郑子产争贡赋之所承①,曰:"昔者天子班贡②,轻重以列尊卑,而贡,周之制也。卑而贡重者,甸服③。郑伯,男也④,而使从公侯之贡,惧弗给也,敢以为请。"自日中争之,以至于昏。晋人许之。

孔子曰:"子产于是行也,是以为国也。《诗》云⑤:'乐只君子,邦家之基⑥。'子产,君子之于乐者⑦。"且曰:"合诸侯而艺贡事⑧,礼也。"

【注释】

①所承:指承担贡赋的多少。王注:"所承之轻重也。"

②班贡:进贡的次序。班,次,序。

③甸服:古代都城外百里之内称作邦,百里之外称作甸。王注:"甸服,王圻之内与圻外诸侯异,故贡重也。"

④男:原作南,据《春秋左传·昭公十三年》改。王注:"南,左氏作'男',古字作'南'.亦多有作'此南',连言之,犹言公侯也。"

⑤诗:此指《诗经·小雅·南山有台》。

⑥乐只君子,邦家之基:得到君子真快乐,他是国家的柱石。

⑦乐者:王注:"能为国之本,则人乐艺也。"

⑧艺贡事:王注:"艺.分别贡献之事也。"

【释义】

晋平公和诸侯在平丘会盟,齐侯参加了。郑国的子产争论进贡物品的轻重次序,他说:"从前天子确定进贡物品的次序,轻重是根据地位决定的,而贡赋,是周朝的制度。地位低下而贡赋重的,这是甸服。郑伯,是男服,而让我们按照公侯贡赋的标准,恐怕是不能如数供给的,谨以此作为请求。"从中午开始争论,一直到晚上。晋人同意了。

孔子说:"子严在这次的所作所为,是为了国家。《诗经》说:'得到君子真快乐,他是国家的柱石。'子产,就是君子中追求快乐的人。"又说:"会合诸侯而制定贡赋的限度,就是礼。"

【原文】

郑子产有疾,谓子太叔曰①:"我死,子必为政,唯有德者能以宽服民,其次莫如猛。夫火烈,民望而畏之,故鲜死焉;水濡弱②,民狎而翫之③,则多死焉,故宽难。"

子产卒,子太叔为政,不忍猛而宽,郑国多掠盗。太叔悔之,曰:"吾早从夫子,必不及此。"

孔子闻之曰:"善哉!政宽则民慢④,慢则纠于猛。猛则民残,民残则施之以宽。宽以济猛,猛以济宽,宽猛相济,政是以和。《诗》云⑤:'民亦劳止,汔可小康⑥。惠此中国,以绥四方⑦。'施之以宽也。'毋纵诡随,以谨无良⑧。式遏寇虐,惨不畏明⑨。'纠之以猛也。'柔远能迩,以定我王⑩。平之以和也。又曰:'不竞不絿,不刚不柔。布政优优,百禄是遒⑪。'和之至也。"

子产之卒也,孔子闻之,出涕曰:"古之遗爱。"

【注释】

①子太叔:即游吉,郑国的正卿,继子产为政。

②濡弱:软弱,柔顺。

③狎:习熟。翫:轻忽,戏狎。

④慢:怠慢,轻忽。

⑤诗:指《诗经·大雅·民劳》。

⑥民亦劳止,汔可小康:汔,庶几。一说通"乞",意为求。王注:"汔,危也。劳民人病,汔可小变,故以安也。"可参看。

⑦绥:安抚。

⑧毋纵诡随,以谨无良:见《诗经·大雅·民劳》。纵,放纵。诡随,狡诈欺骗。谨,防止。王注:"诡人、随人,遗人小恶者也。"

⑨式遏寇虐,惨不畏明:武遏寇虐,制止劫掠和暴虐。王注:"惨,曾也。当用遏止为寇虐之人也。曾不畏天之明道者,言威也。"惨,一本作"憯",助词,曾,乃。指在光天化日下为恶。

⑩柔远能迩,以定我王:见《诗经·大雅·民劳》。意为安抚远方就能使近处安定,以安定我王。

⑪"不竞不絿"四句:见《诗经·商颂·长发》。竞,争。絿,急。优优,平和宽裕貌。遒,聚。

【释义】

郑国的子产有病,对子太叔说:"我死以后,您必然执政,只有有德的人能采用宽容的政治来使百姓服从,不然还不如严厉。火猛烈,人们一看就害怕,所以很少有人死于火;水柔弱,人们习熟而轻慢它,死于水的人就很多。所以施行宽容的政治难。"

子产死后,子太叔执政,不忍心严厉而施行宽容,结果郑国出现很多盗贼。太叔很后悔，说："如果我一开始就听从他老人家的话，就不至于到这一步。"

孔子听到此事后，说："是啊，政事宽容百姓就怠慢，百姓怠慢就用严厉来纠正。政令严厉百姓就会受到伤害，受到伤害了就实施宽大。用宽大调剂严厉，月严厉调剂宽大，政事因此调和。《诗经》说：'百姓已经很辛劳，稍稍休息保安康。爱护中原老百姓，可以安定国四方。'这是施行宽容的政治。'骄横欺诈不放纵，不良之辈要严惩。制止暴虐与劫掠，胆大妄为要严惩。'这是用严厉来纠正。'安抚远方，柔服近地，来安定我王。'这是用和来使国家安定。又说：'不争不急，不刚不柔。施政从容不迫，百种福禄临头。'这是和谐的顶点。"

子产死后，孔子听到消息，流着泪说："子产的仁爱，是古人的遗风啊！"

【原文】

孔子适齐，过泰山之侧，有妇人哭于野者而哀。夫子式而听之①，曰："此哀一似重有忧者②。"使子贡往问之。而曰："昔舅死于虎③，吾夫又死焉，今吾子又死焉。"子贡曰："何不去乎？"妇人曰："无苛政。"子贡以告孔子。子曰："小子识之，苛政猛于暴虎。"

【注释】

①式：通"轼"，车前横木。此作动词用，扶轼。

②重：双重，几重。

③昔舅死于虑："昔"字原无，据《四部丛刊》本《家语》补。舅，指公公。

【释义】

孔子到齐国去，路过泰山旁，有个妇人在野外哭得非常悲伤。孔子扶着车前的横木倾听，说："如此的哀伤，好似有几重悲伤啊！'让子贡前去问问看。那妇人说："从前我公公被老虎吃了，我丈夫不久也被老虎吃了，现在我的儿子又被老虎吃了。"子贡问:"为什么不离开此地呢?"妇人说:"这里没有苛政。"子贡把这些话告诉了孔子。孔子说:"你们要记住,苛政猛于凶暴的老虎。"

【原文】

晋魏献子为政[①],分祁氏及羊舌氏之田[②],以赏诸大夫及其子成,皆以贤举也。又谓贾辛曰:"今汝有力于王室,吾是以举汝,行乎?敬之哉,毋堕乃力[③]。"

孔子闻之,曰:"魏子之举也,近不失亲,远不失举,可谓美矣。"又闻其命贾辛,以为忠。《诗》云[④]:'永言配命[⑤],自求多福。'忠也。魏子之举也义,其命也忠。其长有后于晋国乎!"

【注释】

①魏献子:即魏舒。献子为谥号。

②分祁氏及羊舌氏之田:因祁氏和羊舌氏两家作乱,被灭族,于是把祁氏的封地分为七个县,把羊舌氏的封地分为三个县。

③堕:毁坏。力:指功劳。

④诗:指《诗经·大雅·文王》。

⑤永言配命:永远与天命相配。

【释义】

晋国魏献子当政,分割祁氏和羊舌氏的封田,赏赐给各位大夫和自己的儿子成,这些人都是因为贤明而被他提拔起来的。他又对贾辛说:"现在你有功于王室,因此我要提拔你,行吗?你要谨慎啊,不要让功劳丧失。"

孔子听到这件事,说:"魏献子举拔人才,提拔亲近的人不失去亲族,提拔疏远的人也不漏掉应举拔的人才,可谓是美德啊。"又听到他教导贾辛的话,认为他很忠诚。说:"《诗经》讲:'永远合于天命,自己求取福禄。这是忠诚。魏子的举拔合乎义,他

【原文】

赵简子赋晋国一鼓钟①,以铸刑鼎,著范宣子所为刑书②。

孔子曰:"晋其亡乎,失其度矣。夫晋国将守唐叔之所受法度③,以经纬其民者也④。卿大夫以序守之⑤,民是以能遵其道而守其业⑥。贵贱不愆,谓度也。文公是以作执秩之官,为被庐之法⑦,以为盟主。今弃此度也而为刑鼎,民在鼎矣,何以尊贵⑧?何业之守也⑨?贵贱无序,何以为国?且夫宣子之刑,夷之蒐也⑩,晋国乱制,若之何其为法乎?"

【注释】

①赵简子:名赵鞅,晋国正卿。鼓:重量单位名,当时的重量为四百八十斤。王注:"三十斤谓之钧,钧四谓之石,石四谓之鼓。"钟:《春秋左传·昭公二十九年》作"铁"。此指制鼎的金属。

②著范宣子所为刑书:范宣子,晋国大夫。王注:"范宣子,晋卿,范自铭其刑书著鼎也。"

③唐叔:晋国的始祖,周成王之弟。王注:"唐叔,成王母弟,始封于晋者也。"

④经纬:治理。王注:"经纬,犹织以成文也。"

⑤序:王注:"序,次序也。"

⑥民是以能遵其道而守其业:此句《春秋左传·昭公二十九年》作"民是以能尊其贵,贵是以能守其业",联系上下文意,此文较胜。译文据此。

⑦为被庐之法:被庐,地名。王注:"晋文公既霸,蒐于被庐,作执秩之官,以为晋国法也。"蒐,检阅,阅兵。

⑧何以尊贵:王注:"民将弃神而征于书,不复戴奉上也。"

⑨何业之守也:王注:"民不奉上,则上无所守也。"

⑩夷之蒐也，晋国乱制：王注："夷蒐之时，变易军师，阳唐父为贾季所杀，故曰乱制也。"

【释义】

晋国的赵鞅向晋国征收了四百八十斤金属，用来铸造刑鼎，铸上范宣子所制定的刑书。

孔子说："晋国恐怕要灭亡了吧！失掉它的法度了。晋国应该遵守唐叔所传的法度，来治理他们的民众。卿大夫按照序次来守护它，这样民众才能遵守法度，贵人才能守护家业。地位贵贱不错乱，这就叫作度。文公因此设立执掌官职位次的官员，在被庐制定法律，因而成为盟主。现在要抛弃这个法度而铸造刑鼎，民在鼎上就可以看到法律条文了，贵人还用什么来显示尊贵？靠什么来守护家业？贵贱失去次序，还怎么治理国家？而且宣子的刑书，是在夷地检阅时制定的，这是晋国的乱法，怎么能把它当成法律呢？"

【原文】

楚昭王有疾，卜曰："河神为祟①。"王弗祭，大夫请祭诸郊。王曰："三代命祀，祭不越望②。江、汉、沮、漳③，楚之望也。祸福之至，不是过乎？不谷虽不德，河非所获罪也。"遂不祭。

孔子曰："楚昭王知大道矣④，其不失国也宜哉⑤！《夏书》曰：'维彼陶唐，率彼天常⑥，在此冀方⑦。今失厥道（一作其行），乱其纪纲，乃灭而亡。'又曰：'允出兹在兹'，由己率常可矣⑧。"

【注释】

①河神为祟：河，黄河。"神"字原无，据《四部丛刊》本《家语》补。祟鬼神作怪。

②祭不越望：望，古代祭祀山川的专名，望而祭之，故称"望"。王注："天子望祀

天地，诸侯望祀境内，故曰祭不越望也。"

③江、汉、沮、漳：王注："四水名也。"

④知大道：懂得大道理。王注："取之于己，不越祀也。"

⑤不失国也宜哉：王注："楚为吴所灭，昭王出奔，已复国者也。"

⑥维彼陶唐，率彼天常：王注："陶唐，尧。率，循天之常道。"

⑦冀方：原指中原一带，此代指中国。王注："中国为冀。"

⑧允出兹在兹，由己率常可矣：王注："言善恶各有类信，出此则在此，以能循常道可也。"

【释义】

楚昭王有病，占卜的人说："黄河之神在作怪。"楚昭王不去祭祀。大夫们请求在郊外祭祀。楚昭王说："三代时规定的祭祀制度，祭祀不超越本国山川。江水、汉水、沮水、漳水，是楚国的大川。祸福的来临，不是要经过这些川流吗？我虽然没有德行，也不会得罪黄河之神。"于是不去祭祀。

孔子说："楚昭王知道大道理啊，他不失去国家也是理所当然的啊！《夏书》说：'那位古代的君王陶唐，遵循天道纲常，拥有中土这地方。现在失去正道，混乱了法纪纲常，于是走向灭亡。'又曰：'付出什么就收获什么'，让自己遵循常道就可以了。"

【原文】

卫孔文子使太叔疾出其妻，而以其女妻之①。疾诱其初妻之娣②，为之立宫，与文子女如二妻之礼。文子怒，将攻之。孔子舍蘧伯玉之家③，文子就而访焉。

孔子曰："簠簋之事④，则尝闻学之矣。兵甲之事，未之闻也。"退而命驾而行，曰："鸟则择木，木岂能择鸟乎？"文子遽自止之，曰："圉也岂敢度其私哉⑤？亦访卫国之难也。"将止，会季康子问冉求之战，冉求既对，又曰："夫子播之百姓，质诸鬼神，而无憾⑥，用之则有名。"康子言于哀公，以币迎孔子，曰："人之于冉求，信之矣，将大用之。"

【注释】

①卫孔文子使太叔疾出其妻,而以其女妻之:卫孔文子,即卫国的大夫孔圉。孔子曾称赞他"敏而好学,不耻下问"。太叔疾,王注:"初,疾娶于宋子朝,其妇嬖于朝,文子使疾出其妻,而已妻之。"

②初妻之娣:指前妻的妹妹。

③蘧伯玉:孔子的友人。

④簠簋之事:指祭祀。簠簋,装祭品的容器。

⑤度:谋取。王注:"度,谋。"

⑥憾:遗憾。王注:"恨也。"

【释义】

卫国的孔文子让太叔疾休弃了他的妻子,而把自己的女儿嫁给了他。太叔疾又引诱其前妻的妹妹,并为她建立了一座宫室,和孔文子的女儿并列,如同有两个妻子。孔文子发怒,想要攻打太叔疾。孔子住在蘧伯玉的家里,孔文子就去拜访孔子。

孔子说:"祭祀的事,我曾经听说过也学习过。打仗用兵的事,我没有听说过。"孔子退出来就让人驾车要走,说:"鸟可以选择树木,树木难道能选择鸟吗?"文子急忙拦住他,说:"我怎敢考虑自己的私利? 也是怕卫国发生祸患。"孔子准备留下,碰上季康子问冉求用兵的事,冉求回答完之后,又说:"老师的才能传播在百姓中,质正于鬼神也没有遗憾的地方,运用起来则会出名。"季康子把这事告诉了鲁哀公。鲁哀公用礼物迎接孔子,说:"人们对于冉求的话,是很相信的,我将重用您。"

【原文】

齐陈恒弑其君简公,孔子闻之,三日沐浴而适朝①,告于哀公曰:"陈恒弑其君,请伐之。"公弗许。三请,公曰:"鲁为齐弱久矣,子之伐也,将若之何?"

对曰:"陈恒弑其君,民之不与者半,以鲁之众,加齐之半,可克也。"公曰:"子告季氏。"孔子辞②,退而告人曰:"以吾从大夫之后,不敢不告也。"

【注释】

①沐浴:洗发澡身的斋戒形式,以示慎重。

②孔子辞:王注:"不告季氏。"

【释义】

齐国的陈恒杀了他们的国君齐简公,孔子听到此事,斋戒沐浴三天后上朝,对鲁哀公说:"陈恒杀了他们的国君,请您去讨伐他。"鲁哀公没答应。孔子再三请求,鲁哀公说:"鲁国被齐国欺负已经很久了,你主张讨伐他们,结果将会怎样呢?"

孔子回答说:"陈恒杀了他们的国君,民众不亲附他的有一半,以鲁国的民众,再加上齐国的一半,是可以取胜的。"哀公说:"你把这事告诉季氏吧。"孔子告辞,退出告诉别人说:"因为我曾作过大夫,所以不敢不告。"

【原文】

子张问曰:"《书》云①:'高宗三年不言②,言乃雍③。'有诸?"

孔子曰:"胡为其不然也?古者天子崩,则世子委政于冢宰三年。成汤既没,太甲听于伊尹④;武王既丧,成王听于周公。其义一也。"

【注释】

①书:此指《尚书·无逸》篇。

②高宗:即商王武丁。

③雍:王注:"雍,欢声貌。"

④太甲:王注:"太甲,汤孙。"

【释义】

子张问孔子:《尚书》说:'殷高宗为父亲守丧,三年没有说话,服丧期满才说话,大家很高兴。'有这事吗?"

孔子说:"怎么不是这样的呢?古代天子逝世,继位的长子要委托冢宰管理政事三年。成汤去世,太甲听从伊尹管理政事;武王去世,成王听从周公管理政事。这道理是一样的。"

【原文】

卫孙桓子侵齐,遇,败焉①。齐人乘之,执新筑大夫仲叔于奚以其众救桓子,桓子乃免。卫人以邑赏仲叔于奚,丁奚辞,请曲悬之乐②,繁缨以朝③。许之,书在三官④。子路仕卫,见其政,以访孔子。

孔子曰:"惜也!不如多与之邑。惟器与名⑤,不可以假人,君之所司也。名以出信,信以守器,器以藏礼⑥,礼以行义,义以生利,利以平民,政之大节也。若以假人,与人政也,政亡,则国家从之。不可止也⑦。"

【注释】

①卫孙桓子侵齐,遇,败焉:王注:"桓子,孙良夫也,侵齐,与齐师遇,为齐所败也。"

②曲悬之乐:诸侯坐的车三面悬挂的礼乐器。因三面悬挂,缺一面,所以称曲悬。王注:"诸侯轩悬,轩悬阙一面也。故谓之曲悬之乐。"

③繁缨:诸侯所用马的装饰。王注:"马缨当膺,以索群衔,以黄金为饰也。"

④书在三官:书,书写。三官,指司徒、司马、司空。王注:"司徒书名,司马书服,司空书勋也。"

⑤器与名:王注:"器,礼乐之器。名,尊卑之名。"

⑥器以藏礼:王注:"有器然后得行其礼,故曰器以藏礼。"

⑦国家从之,不可止也:"之"字原无,"也"原作"已",据《四部丛刊》本《家语》增改。

【释义】

卫国的孙桓子侵犯齐国,两军相遇,卫国的军队被打败了。齐人乘胜追击,要捉拿孙桓子,新筑大夫仲叔于奚带领众人援救桓子,桓子才免于被抓。卫国人以城邑奖赏仲叔于奚,仲叔于奚辞谢,请求使用诸侯所用的在车上三面悬挂的乐器,并用繁缨装饰马匹来朝见。卫君允许了,三官记录了此事。子路在卫国做官,看见这个记录,就以此事请教孔子。

孔子说:"可惜啊! 不如多给他城邑。唯有礼器和名号,是不可以借给别人的,这是国君所掌握的。名号可以赋予威信,威信可以守护礼器,礼器用来体现礼制,礼制用来推行道义,道义用来产生利益,利益可以安定民众,这是政权的大节。如果把它借给别人,这是把政权给了别人,政权没了,国家也就跟着没了,这种状况就不可阻止了。"

【原文】

公父文伯之母①,纺绩不解,文伯谏焉。其母曰:"古者王后亲织玄紞②,公侯之夫人加之纮綖③,卿之内子为大带④,命妇成祭服⑤,列士之妻加之以朝服,自庶士已下,各衣其夫。社而赋事,烝而献功⑥,男女纺绩,愆则有辟⑦,圣王之制也。今我寡也,尔又在位,朝夕恪勤,犹恐亡先人之业,况有怠惰,其何以避辟?"

孔子闻之,曰:"弟子志之,季氏之妇可谓不过矣。"

【注释】

①公父文伯之母:公父文伯,鲁国大夫,名公父歜。王注:"文伯母,敬姜也。"

②玄紞：古代冠冕上用来系瑱(美玉)的黑色带子。王注："紞,冠垂老。"

③紘綖：系于颔下的帽带。王注："谓之紘綖,冠之上覆也。"

④卿之内子：王注："卿之妻为内子。"

⑤命妇：王注："大夫之妻为命妇。"

⑥烝而献功：蒸,冬祭。功,指五谷、布帛等物。王注："男女春秋而勤岁事,冬烝祭而献其功也。"

⑦男女纺绩,愆则有辟：纺绩,《国语·鲁语下》作"效绩",较胜。愆,过错。辟,刑、法。王注："绩,功也,辟,法也。"

【释义】

公父文伯的母亲坚持不懈地纺绩,文伯劝她休息。他母亲说："古代王后亲织玄紞,公侯的夫人除了织玄紞外还要织紘綖,卿的妻子织大带,大夫的妻子缝成祭服,列士的妻子除缝祭服外,还加缝朝服,庶士以下人的妻子,各为她们的丈夫做衣服。春天祭祀时出劳力,冬天祭祀时献谷物布帛等实物。男女都做出贡献,有过错则依法处置,这是圣王的制度。现在我寡居,你又在官位,朝夕谨慎勤勉地工作,还担心丧失先人的业绩,假若有懈怠懒惰,又怎能逃避法律的处治呢?"

孔子听到这些话,说："弟子们记住,季氏的妇女可以说不会有过错了。"

【原文】

樊迟问于孔子曰："鲍牵事齐君①,执政不挠,可谓忠矣。而君刖之②,其为至暗乎?"

孔子曰："古之士者,国有道则尽忠以辅之,国无道则退身以避之。今鲍庄子食于淫乱之朝,不量主之明暗,以受大刖,是智之不如葵③,葵犹能卫其足。"

①鲍牵：齐国大夫。谥庄子。鲍叔牙曾孙。

②而君刖之：鲍牵因发现齐国大夫庆克与国君夫人私通，庆克怀恨在心，借故让齐君砍掉了鲍牵的双脚。刖，古代把脚砍掉的酷刑。

③葵：即葵菜，其叶随着太阳转动，生命力特别顽强。王注："葵倾叶随日转，故曰卫其足也。"

【释义】

樊迟请教孔子说："鲍牵侍奉齐国君主，处理政事努力不懈，可说是很忠于国君了。而国君却砍掉了他的双脚，国君可以说太昏暗了吧？"

孔子说："古代的士人，国家政治清明就尽忠辅政，国家政治昏暗就退身隐居。现在鲍牵在淫乱的朝中做官，不考虑君主是昏是暗，以致遭受砍去双脚的重刑，他的智慧还不如葵，葵还能保护自己的足呢。"

【原文】

季康子欲以一井田出法赋焉①，使访孔子。

子曰："丘弗识也。"

冉有三发，卒曰："子为国老，待子而行，若之何子之不言？"

孔子不对，而私于冉有曰："求，汝来，汝弗闻乎？先王制土，藉田以力②，而底其远近③；赋里以人，而量其有无④；任力以夫，而议其老幼⑤。于是鳏寡孤疾老者，有军旅之出则征之，无则已。其岁，收田一井，出稯秉缶米，刍藁⑥，不是过，先王以为足。君子之行必度于礼，施取其厚，事举其中，敛从其薄。若是其已，丘亦足矣⑦。不度于礼而贪冒无厌，则虽赋田，将有不足。且季孙若以行之而取法，则有周公之典在；若欲犯法，则苟行之，又何访焉？"

【注释】

①井田：古代社会的一种土地制度。以方九百亩的土地为一里，划为九区，其中为公田，八家为私田，共养公田。因形如井字，故称井田。

②藉田以力：借用劳力来种公田。王注："田有税收，藉力以治公田也。"

③底：王注："底，平。平其远近，则什一而中。"

④赋里以入，而量其有无：王注："里，廛里有税，度其有无，以为多少之入也。"

⑤任力以夫，而议其老幼：王注："力作度之事，丁夫召其长幼，或重或轻。"

⑥出稯秉缶米刍藁：稯、秉、缶米，都是谷物的计量单位。秉，禾盈把曰秉。四秉曰筥，十筥曰稯。缶，一缶等于十六斗。一说等于三十二斗。刍藁，喂牲畜的干草。

⑦丘：王注："丘，十六井。"

【释义】

季康子想按照一井田征收赋税，让冉有去请教孔子。

孔子说："我不懂这个。"

冉有问了三次，最后说："您是国家的元老，大家都等着您的意见办事，您怎么不说话呢？"

孔子不当面回答，私下对冉有说："冉求，你过来，你没听说过吗？先王制定土地制度，按照劳力的多少分配土地，并根据远近来加以平衡调整；市镇征收赋税，要根据居民财产的多少；分派劳役按照劳动力的多少，还要考虑到年龄的老幼。对于鳏寡孤疾老者，有用兵打仗的事就征收，没有就不征。用兵打仗这一年，征收一井田的赋税，如交纳粮草也不超过赋税的数量，先王认为这就够了。君子的行为要合乎礼，施与要力求丰厚，事情要做的适中，赋敛要尽量微薄。如果这样，那按丘征税就足够了。不按照礼来衡量而贪得无厌，即使按田亩征税还是不够。而且季孙要想行事合乎法度，则有周公的典章在那里；如果不按法度，要随便行事，何必又来征求意见呢？"

【原文】

子游问于孔子曰:"夫子之极言子产之惠也^①,可得闻乎?"

孔子曰:"谓在爱民而已矣^②。"

子游曰:"爱民谓之德教,何翅施惠哉^③?"

孔子曰:"夫子产者,犹众人之母也,能食之,而不能教也^④。"

子游曰:"其事可言乎?"

孔子曰:"子产以所乘之车济冬涉者^⑤,是爱而无教也。"

【注释】

①惠:仁爱,恩惠。

②谓:《四部丛刊》本《家语》作"惠"。

③何翅:何止,岂但。

④而不:《四部丛刊》本《家语》作"弗"。

⑤所乘之车济冬涉者:车,《四部丛刊》本《家语》作"舆"。无"者"字,据《四部丛刊》本《家语》补。

【释义】

子游问孔子说:"老师您极力称赞子产对百姓有恩惠,可以说来听听吗?"

孔子说:"他的恩惠在于爱民而已。"

子游说:"爱民就是以德教化他们,何止是施与恩惠呢?"

孔子说:"子产啊,就像是众人的母亲,能给他们食物,而不能教育他们。"

子游说:"这方面的事例可以说说吗?"

孔子说:"子产把自己的车给冬天涉水过河的人坐,这只是爱护而没有教化。"

哀公问于孔子曰①："二三大夫皆劝寡人,使隆敬于高年②,何也?"

孔子对曰："君之及此言也,将天下实赖之,岂唯鲁哉!"

公曰："何也? 其义可得闻乎?"

孔子曰："昔者有虞氏贵德而尚齿③,夏后氏贵爵而尚齿,殷人贵富而尚齿,周人贵亲而尚齿。虞、夏、殷、周,天下之盛王也④,未有遗年者焉。年者,贵于天下久矣,次于事亲⑤。是故朝廷同爵而尚齿,七十杖于朝,君问则席;八十则不仕朝,君问则就之,而悌达乎朝廷矣。其行也肩而不并,不错则随,斑白之老不以其任于路⑥,而悌达乎道路矣。居乡以齿,而老穷不匮,强不犯弱,众不暴寡,而悌达乎州巷矣。古之道,五十不为甸役⑦,颁禽隆之长者,而悌达乎蒐狩矣。军旅伍什⑧,同列则尚齿,而悌达乎军旅矣。夫圣人之教孝悌,发诸朝廷,行于道路,至于州巷,放于蒐狩⑨,循于军旅,则众感以义,死之而弗敢犯。"

公曰："善哉,寡人虽闻之,弗能成。"

【注释】

①哀公:原作"定公",据《四部丛刊》本《家语》改。

②隆敬于高年:特别敬重年纪大的人。

③贵德:尊重有道德的人。尚齿:敬重年长的人。

④盛王:原作"上王",据《四部丛刊》本《家语》改。

⑤次于事亲:仅次于侍奉自己的父母。

⑥斑白:头发花白。指老年人。任:负重。

⑦甸役:田猎和力役的差事。王注:"五十始老,不为力役之事,不为田猎之徒也。"

⑧伍什:古代军队的基层编制,五人为伍,二伍为什。

【释义】

哀公向孔子请教说："几位大夫都劝我，要我很好地敬重老年人，这是为什么呢？"

孔子回答说："您能问这样的问题，那天下将会受益，岂止是鲁国呢！"

哀公问："为什么呢？其中的道理可以说来听听吗？"

孔子说："从前有虞氏重视道德也尊重老年人，夏后氏重视爵位也尊重老年人，殷朝人重视富有也尊重老年人，周朝人重视亲人也尊重老年人。虞夏殷周这四个朝代，是天下兴盛的王朝，没有遗忘老年人。老年人被天下尊重已经很久了，仅次于侍奉自己的双亲。因此在朝廷中爵位相同的更尊重年长者，七十岁可以拄着拐杖上朝，国君要请教先设好座位让他坐下；八十岁可以不上朝，国君要请教就到他家里去，这样敬老之道就达到朝廷了。行路时，不要和老年人并肩，不是错开就是跟随其后，不让头发花白的老人挑担或负重走在路上，这样敬老之道就实行在路上了。居住在乡村中也要根据年龄论尊卑先后，那么老而穷的人生活就不会匮乏，强不凌弱，众不欺寡，那么敬老之道就贯彻到州巷之中了。古代的制度，年到五十就不再担当田猎和力役的差事，分配猎物还要优待老年人，那么敬老之道就通行到狩猎活动中了。在军队中，级别相同的更敬重年长者，这样敬老之道就实行到军队中了。圣王提倡的孝道，发起于朝廷，实行于道路，达到于州巷，推行到田猎，施行到军队，那么民众感受到敬老之道的重要，宁死也不会去违犯。"

哀公说："好啊！我虽然听到了这个道理，但却做不到。"

【原文】

哀公问手孔子曰："寡人闻东益不祥①，信有之乎？

孔子曰："不祥有五，而东益不与焉。夫损人自益，身之不祥；弃老而取幼，家之不祥；释贤而任不肖，国之不祥；老者不教，幼者不学，俗之不祥；圣人伏匿，愚者擅权，天下不祥。不祥有五，东益不与焉。”

【注释】

①东益：东房旁边增盖的房屋。王注："东益之宅。"不祥：不吉利。

【释义】

鲁哀公问孔子："我听说在东边增盖房屋不祥，真有这样的事吗？

孔子说："不祥的事有五种，而东边增盖房屋的事不在其内。损人利己，这是自身不祥；抛弃老人而只爱子女，这是家庭不祥；放弃贤人而任用不肖，这是国家不祥；老者不教育后代，幼者不努力学习，这是风俗不祥；圣人隐居不出，愚蠢的人擅政专权，这是天下不祥。不祥有这五种，东边增盖房屋的事不在其中。"

【原文】

孔子适季孙，季孙之宰谒曰①："君使求假于田②，将与之乎？"季孙未言。

孔子曰："吾闻之：君取于臣，谓之取；与于臣，谓之赐。臣取于君，谓之假；与于君，谓之献。"

季孙色然悟曰："吾诚未达此义。"遂命其宰曰："自今已往，君有取之，一切不得复言假也。"

【注释】

①宰：春秋时为卿大夫总管家务的家臣称"宰"。谒：求见。

②假：借。

【释义】

孔子到季孙那里，季孙的家臣来求见，说："国君派人请求借我们的田地，要给他吗?"季孙没有说话。

孔子说:"我听说:国君从大臣那里拿东西,叫作取;国君送东西给大臣,叫作赐。大臣从国君那里拿东西,叫作借;大臣送给国君东西,叫作献。"

季孙神色醒悟地说:"我实在还不明白这方面的道理。"于是命令他的管家说:"从今以后,凡是国君来要的东西,一概不许再说借这个字了。"

卷十

曲礼子贡问第四十二

【题解】

本篇记载了孔子日常生活中有关礼仪的所见、所闻及所辩、所叹。因古代典礼中的动作规范以及待人接物的礼节称为曲礼(即礼的细节),而本篇首章又记子贡所问,故以"曲礼子贡问"名篇。

本篇通过记述孔子平时按礼行事的情形,表现了他"非礼勿视、非礼勿听、非礼勿言、非礼勿动"的"以礼立身"的人生信条。所记之事虽然零碎,却有着不可低估的价值。例如首章所记"子贡问晋文公召天子"一事,不但与《左传》僖公二十八年的记载相同,还是"夫子作《春秋》"的又一力证。又如,《史记·孔子世家》载"孔子数称……臧文仲",所谓"称",应为称颂、赞许之意,而《论语》《左传》等材料所记均为孔子对臧文仲的批评。《家语》本篇有"冉求曰臧文仲知鲁国之政"一章,从中我们可以看到孔子对臧文仲的总体评价还是很高的。此事在《礼记·礼器》中则记为"臧文仲安知礼",这是由于孔子对心目中的"君子"要求严格,他对臧文仲"安知礼"的批评也有具体环境。较之《礼记》,《家语》所记孔子言论语境更为完整。再如,本章所记"夫灶者,老妇之所祭"在《礼记》中为"夫奥者,老妇之祭也",我们认为,"奥"当为"灶"之误,依据原意,所祭应是灶神,老妇是主祭者而非受祭者。在时人的心目中,灶神应当身穿红衣,状如美女,绝非老妇之神。《礼记》所载容易使人误解,以至有的学者将受祭者释为原先有功于炊事的老妇之神。相比之下,《家语》的记载更为明确,不易产生歧义。

本篇的许多记载又见于《礼记》,由于《礼记》为汉儒汇编而成,其重点在于转述孔子的言论,因此语境往往被当作枝叶而任加删削。相形之下,《家语》所记则首尾完具,直接明了,显得确凿而原始,这也符合《家语》语录体的特色。关于这一点,如将本篇"孔了在宋见桓魋自为石椁""孔子在卫""子游问丧之具""卫公使其大夫求婚于季氏"等章与《礼记》的相应部分予以比较,可以明显地看出来。

亚方罍

【原文】

子贡问于孔子曰:"晋文公实召天子,而使诸侯朝焉①。夫子作《春秋》云②:'天王狩于河阳③。'何也?"

孔子曰:"以臣召君,不可以训④,亦书其率诸侯事天子而已。"

【注释】

①"晋文公实召天子"二句:晋文公,即重耳。实,实际,真正。召,召请。天子,指周襄王。此事见于《春秋左传·僖公二十八年》:"冬,会于温。是会也,晋侯召王,以诸侯见,且使王狩。"王注:"晋文公会诸侯于温,召襄王且使狩于河阳,因使诸侯朝。"

②夫子作《春秋》:相传《春秋》一书为孔子编订。它是我国第一部编年体史书,

③天王:指周天子,即周襄王。狩:打猎。河阳:地名,在今河南孟县西三十五里。

④训:法,法则。

【释义】

子贡问孔子说:"晋文公在温地的会盟,实际是召请周天子,而让诸侯来朝见。老师您编写《春秋》时写道:'天王在河阳打猎。'这是为什么呢?"

孔子说:"以臣下的身份召请君主,这不可以效法。所以我如此写,就是要写成晋文公率诸侯来朝见天子。"

【原文】

孔子在宋,见桓魋自为石椁①,三年而不成,工匠皆病。夫子愀然曰:"若是其靡也②,死不如速朽之愈。"

冉子仆,曰:"礼,凶事不豫,此何谓也乎?"

夫子曰:"既死而议谥③,谥定而卜葬④,既葬而立庙,皆臣子之事,非所豫属也,况自为之哉!"

【注释】

①桓魋:宋国司马。石椁:古代棺木有内外棺,外棺称椁。此为石制的椁。

②靡:奢侈。

③谥:谥号。

④卜葬:选择埋葬地。

【释义】

孔子在宋国,看见桓魋为自己预做石椁,做了三年还没有完工,工匠都为此感到忧虑。孔子面有忧色,说:"像这样奢靡,死了还不如快点腐朽的好。"

舟有跟随侍奉孔子,说:"《礼》书说,凶事不可能预先就料到。这是指的什么呢?"

孔子说:"人死了以后再议定谥号,谥号定了以后再选择下葬地点日期,安葬完毕再建立宗庙,这些事都应该由属下的臣子来办,并非是预先就操办好,更何况是自己为自己操办呢!"

【原文】

南宫敬叔以富得罪于定公①,奔卫。卫侯请复之②。载其宝以朝③。

夫子闻之,曰:"若是其货也④,丧不若速贫之愈⑤。"

子游侍,曰:"敢问何谓如此?"

孔子曰:"富而不好礼,殃也。敬叔以富丧矣,而又弗改,吾惧其将有后患也。"

敬叔闻之,骤如孔氏⑥,而后循礼施散焉。

【注释】

①南宫敬叔:即南宫阅,鲁国大夫。定公:鲁定公。

②复:恢复。

③载其宝以朝:载着宝物上朝。

④货:贿赂。

⑤丧:丧失官位。

⑥骤:很快,迅速。如:到。

【释义】

南公敬叔因富有而得罪了鲁定公,逃到了卫国。卫侯请求鲁定公恢复敬叔的官位。敬叔就载着他的宝物来朝见鲁定公。

孔子听到这件事,说:"像这样使用宝物行贿,丢了官位还不如迅速贫穷的好呢!"

子游正侍奉孔子,说:"请问这话是什么意思呢?"

孔子说:"富而不好礼,必定会招致灾祸。南宫敬叔因富有而丧失官位,却仍不知改悔,我恐怕他将来还会有祸患啊!"

南宫敬叔听到孔子的话,马上去见孔子,从此以后他做事遵循礼节,还把自己的财产施舍给百姓。

【原文】

孔子在齐,齐大旱,春饥。景公问于孔子曰:"如之何?"孔子曰:"凶年则乘驽马①,力役不兴②,驰道不修③,祈以币玉④,祭祀不悬⑤,祀以下牲⑥。此贤君自贬以救民之礼也。"

【注释】

①驽马:劣马。

②力役:劳役。

③驰道:国君行走的道路。

④祈以币玉:祈请用币和玉代替牺畜。

⑤不悬:不悬挂乐器,指不奏乐。

⑥祀以下牲:古代祭祀常用牺畜作为祭品,牛、羊、猪三牲齐全称太牢,只用羊、猪称少牢。下牲指少用牺畜。王注:"当用太牢者用少牢。"

【释义】

孔子在齐国的时候,齐国大旱,春季出现了饥荒。齐景公问孔子说:"怎么办呢?"

孔子说:"遇到灾荒年景,出门乘坐要用劣马,不兴劳役,不修驰道,国君有所祈祷,用币和玉,不用牺畜,祭祀不奏乐,祭祀用的牺畜也用次一等的。这是贤明君主自己降低等级以拯救民众的礼啊！"

【原文】

孔子适季氏，康子昼居内寝①，孔子问其所疾，康子出见之。言终，孔子退。子贡问曰："季孙不疾，而问诸疾，礼与？"

孔子曰："夫礼，君子不有大故②，则不宿于外。非致齐也③，非疾也，则不昼处于内。是故，夜居外，虽吊之，可也。昼居于内，虽问其疾，可也。"

【注释】

①康子：即季康子。昼居内寝：白天在内室睡觉。

②大故：大的变故，此指丧事。

③齐：通"斋"，斋戒。

【释义】

孔子到季康子家去，见康子白天在内室睡觉，孔子探问他的病情，康子出来接见孔子。说完话，孔子就退了出来。子贡问孔子说："季康子没有病，而您却探问他的病，这合乎礼吗？"

孔子说："根据礼，君子没有遇到大的变故，则不睡在外室。如果不是祭祀，不是有病，白天也不在内室睡觉。因此，夜里睡在外室，即使吊问，也是可以的。白天在内室睡觉，即使探问他的病情，也是可以的。"

【原文】

孔子为大司寇，国厩焚①，子退朝而之火所。乡人有自为火来者，则拜之。士一②，大夫再③。子贡曰："敢问何也？"

孔子曰："其来者，亦相吊之道也。吾为有司，故拜之。"

【注释】

①国厩焚:国家的马圈失火。

②士一:对士人拜谢一次。

③大夫再:对大夫拜谢两次。

【释义】

孔子担任大司寇的时候,国家的马厩失火,孔子退朝后来到着火的地方。乡亲有人为火灾来慰问的,孔子都对他们拜谢。对士拜谢一次,对大夫拜两拜。子贡问:"请问为什么这么做呢?"

孔子说:"他们来这里,也是慰问的礼节。我是主管官员,所以要拜谢。"

【原文】

子贡问曰:"管仲失于奢①,晏子失于俭②。与其俱失也,二者孰贤?"

孔子曰:"管仲镂簋而朱纮③,旅树而反坫④,山节藻棁⑤。贤大夫也,而难为上。晏平仲祀其先祖而豚肩不掩豆⑥,一狐裘三十年。贤大夫也,而难为下。君子上不僭下,下不逼上⑦。"

【注释】

①失:过错,失误。

②晏子:即齐国大夫晏婴,字平仲。

③镂簋:在盛食物的器具簋上雕刻花纹。朱纮:朱红色的帽带。王注:"镂,刻而饰之。朱纮,天子冕之纮。"

④旅树:对着门道立屏。旅,设。树,立屏。反坫:设于堂中供祭祀或宴会时放置礼器和酒具的土台。王注:"旅,施也。树,屏也。天子外屏诸侯,内屏反坫,在两楹之

间。人君好会献酢,礼毕反爵于其上也。"

⑤山节:在房屋的斗拱上画上山和云形的图案。节,斗拱,亦称栌。藻棁:在楹柱上画有水草花卉的图案。藻,水草。棁,楹柱。王注:"节,栌也,刻为山云。棁,梁上楹也,画藻文也。"

⑥豚肩:猪腿。不掩豆:遮不住盛食物的器具豆。王注:"言陋小也。"

⑦上不僭下,下不逼上:此句《礼记·杂记下》作"上不僭上,下不逼下"。僭,超越本分。逼,逼迫。

【释义】

子贡问孔子说:"管仲的毛病在于太奢侈,晏子的毛病在于太节俭。这二人都有不足之处,比较一下谁更好呢?"

孔子说:"管仲盛食物的器具雕刻花纹,系帽的带子使用朱红色,大门前树立影壁,堂上两楹间设置放回酒杯的土台,宫室的斗拱上画山和云形的图案,楹柱上画有水草花卉的彩绘。他固然是位贤能的大夫,但要做他的君上是很为难的。晏平仲祭祀他的先祖,只用一个小猪肘子,小得不能掩盖木豆的上口,一件狐皮衣服穿了三十年。他固然是位贤能的大夫,但要做他的下属就很为难了。作为君子,对上不应该僭越君上,对下不应该困逼属下。"

【原文】

冉求曰:"臧文仲知鲁国之政①,立言垂法,于今不亡,可谓知礼者矣?"

孔子曰:"昔臧文仲安知礼?夏父弗忌逆祀而不止②,燔柴于灶以祀焉③。夫灶者,老妇之所祭④,盛于瓮,尊于瓶⑤,非所祭也。故曰礼也者,犹体也,体不备,谓之不成人,设之不当,犹不备也。"

【注释】

①文仲:即臧文仲,鲁国大夫。

②夏父弗忌:《四部丛刊》本《家语》及《礼记·礼器》作"夏父弗綦",鲁国主持礼仪的官。逆祀:不符合礼仪的祭祀。

③燔柴于灶以祀:在炉灶上举行燔柴之祭。燔,焚烧。

④老妇之所祭:王注:"谓祭灶执其功,老妇主祭也。"

⑤尊于瓶:用瓶作酒樽。尊,通"樽"。

【释义】

冉求说:"臧文仲主持鲁国国政的时候,他所制定的礼法制度,至今还在使用,臧文仲可以说是知礼的人吧?"

孔子说:"臧文仲怎能算知礼呢?礼官夏父弗忌把僖公的神主放在闵公之前来祭祀,他不制止。在灶上燔柴祭祀火神,他也不制止。祭灶神,是老年妇女来主祭的,祭祀时把祭品盛在瓮里,酒盛在瓶里,烧柴来祭是不对的。所以说,礼就好比人的身体,肢体不完备,称为不完整的人,礼设置的不妥当,就犹如人的身体不完备一样。"

【原文】

子路问于孔子曰:"臧武仲率师与邾人战于狐鲐①,遇,败焉。师人多丧而无罚,古之道然与?"

孔子曰:"凡谋人之军,师败则死之;谋人之国,邑危则亡之,古之道也。其君在焉者,有诏则无讨②。"

【注释】

①臧武仲:鲁国大夫。邾:国名。即邹国。狐鲐:地名,在今山东滕县东南。

②有诏则无讨:王注:"诏,君之教也。有君教,则臣无讨。"

【释义】

子路问孔子说："臧武仲率领军队与邾国人在狐骀交战,遇到邾国军队就败了。鲁国军队伤亡惨重而臧武仲却没有受到惩罚,这是古代的制度吗?"

孔子说："凡率领军队作战,军队失败,将领就应战死或自杀;管理国家都邑,都邑处于危险不安,管理者就应该遭到放逐的处罚,这是古代的制度。如果国君在,有赦免的诏书就不要讨伐了。"

【原文】

晋将伐宋,使人觇之①。宋阳门之介夫死②,司城子罕哭之哀③。觇者反,言于晋侯曰:"阳门之介夫死,而子罕哭之哀。民咸悦,宋殆未可伐也。"

孔子闻之曰:"善哉!觇国乎!《诗》云④:'凡民有丧,匍匐救之。'子罕有焉。虽非晋国,其天下孰能当之⑤!是以周任有言曰⑥:'民悦其爱者,弗可敌也。'"

【注释】

①觇:偷偷地观看。

②阳门:宋国城门。介夫:手执兵器守门的人。

③司城:官名,即司空。因宋武公名司空,为避讳改为司城。子罕:名乐喜,宋国正卿,为官清廉。

④诗:指《诗经·邶风·谷风》。

⑤虽非晋国,其天下孰能当之:王注:"言虽非晋国,使天下有强者,犹不能当也。"

⑥周任:上古史官。

【释义】

晋国将要攻打宋国,先派人刺探宋国的虚实。宋国守卫城门的一个卫士死了,宋国的执政官司城子罕哭得很伤心。打探情况的人回到晋国，对晋侯说："宋国有个守城门的卫士死了，子罕哭得很伤心。民众很受感动，现在恐怕不能去攻打宋国。"

孔子闻知此事，说："这个打探情况的人真善于观察宋国的国情啊！《诗经》里说：'凡民有丧亡，竭力去救援。'子罕就具有这种品质。如果不是晋国，天下有谁敢和宋国为仇呢？所以周任曾说过：'民众喜爱同情爱护他们的人，这样的人是不可敌挡的。'"

【原文】

楚伐吴，工尹商阳与陈弃疾追吴师①。及之，弃疾曰："王事也，子手弓而可。"商阳手弓。弃疾曰："子射诸。"射之，毙一人，袜其弓②。又及，弃疾谓之，又毙二人。每毙一人，辄掩其目，止其御曰："吾朝不坐，燕不与③，杀三人，亦足以反命矣④。"

孔子闻之曰："杀人之中，又有礼焉。"

子路怫然进曰⑤："人臣之节，当君大事，唯力所及，死而后已。夫子何善此？"

子曰："然，如汝言也。吾取其有不忍杀人之心而已。"

【注释】

①工尹：楚国官名。商阳：人名。陈弃疾：楚国公子。

②袜其弓：把弓装进弓袋。王注："袜，韬。"韬即弓囊。

③朝不坐，燕不与：朝见没有座位，宴席不能参加。燕，通"宴"。王注："士卑故也。"

④反命：复命。

⑤怫然：生气发怒的样子。

【释义】

楚国讨伐吴国，工尹商阳和陈弃疾奉命追击吴军。追赶上了，陈弃疾说："这是国王交给的任务,您可以执弓了。"商阳拿起弓。陈弃疾说:"您该射箭了。"商阳射了一箭,射死了一个敌人,就把弓放入了弓袋。又追上了敌兵,弃疾又让他执弓射箭,他又射死二人。每射死一人,他都遮住双眼不敢观看,让驾车人停止追赶,说:"我朝见国君时没有座位,举行宴会时我也不能参加,杀死三个敌人,也足以复命了。"

孔子听到这事说:"杀人之中也是有礼节的。"

子路生气地走上前说:"做人臣的礼节,担当国君的大事,唯有竭尽全力去做,死而后已。您为什么赞赏工尹商阳呢?"

孔子说:"对,你说得很对。不过,我只取他有不忍杀人之心而已。"

【原文】

孔子在卫,司徒敬子卒①,夫子吊焉。主人不哀,夫子哭不尽声而退。

蘧伯玉请曰:"卫鄙俗不习丧礼,烦吾子辱相焉②。"

孔子许之,掘中溜而浴③,毁灶而缀足④,袭于床⑤。及葬,毁宗而躐行⑥,出于大门。及墓,男子西面,妇人东面,既封而归,殷道也。孔子行之。

子游问曰:"君子行礼,不求变俗,夫子变之矣。"

孔子曰:"非此之谓也,丧事则从其质而已矣⑦。"

【注释】

①司徒敬子:卫国大夫。

②烦吾子辱相焉:烦请您担任礼相。辱,谦辞,指使对方屈尊。相,主持礼节仪式的人。

③掘中溜而浴:在室中挖坑,床架在上面,为死者洗浴,使水流入坑内。中溜,室中央。

④毁灶而缀足:拆毁炉灶,用灶砖支撑并控制脚,以便穿鞋。

⑤袭于床:在床上穿衣。

⑥毁宗而躐行：毁宗，把宗庙墙拆个口子。躐，超越。王注："明不复有事于此也。缀足，不欲解戾矣。毁宗庙而出行，神位在庙门之外也。"

⑦质：质朴无华。

【释义】

孔子在卫国，司徒敬子去世，孔子去吊丧。主人哭得不伤心，孔子没有哭完就退出来了。

蘧伯玉请教说："我们卫国风俗鄙陋，不懂丧礼，烦请您来担任礼相。"

孔子答应了。孔子让人在室中挖一个坑，床架在上面，为死者洗浴，使水流入坑内。拆毁炉灶，用灶砖支起并制约双脚，在床上穿衣。出葬时，将宗庙西墙拆个豁口，越过庙门西边的行神之位，直接把灵车拉出大门。到了墓地，男子面向西，妇女面向东，下葬后堆好坟堆才回来，这是殷朝的制度。孔子按照这种礼仪举行了司徒敬子的葬礼。

子游问孔子说："君子主持礼，不求改变风俗，而老师您却改变了风俗。"

孔子说："我做的不像你说的那样，办丧事只是遵从俭朴罢了。"

【原文】

宣公八年六月辛巳①，有事于太庙，而东门襄仲卒②，壬午犹绎③。子游见其故，以问孔子曰："礼与？"

孔子曰："非礼也，卿卒不绎。"

【注释】

①宣公：即鲁宣公，文公庶子，名倭。

②东门襄仲：鲁国上卿，鲁庄公子。

③壬午：壬午日，辛巳的次日。犹：又，还。绎：王注："绎，祭之明日又祭也。"

【释义】

鲁宣公八年六月辛巳日，鲁宣公在太庙举行禘祭，这时东门襄仲死了，第二天是壬午日，又祭祀一次。子游见到此事，问孔子说："这符合礼制吗？"

孔子说："这不符合礼制，卿死不必举行绎祭。"

【原文】

季桓子丧①，康子练而无衰②。子游问于孔子曰："既服练服，可以除衰乎？"

孔子曰："无衰衣者，不以见宾，何以除焉？"

【注释】

①季桓子：鲁国大夫。

②康子：季桓子的儿子。练：古丧服名。用白色的熟绢制成。父母死后十一个月可穿练服。衰：同"缞"，披于胸前的麻布条。服三年之丧，臣为君、子为父、妻为夫服之。

【释义】

季桓子死后服丧期间，他的儿子季康子穿着轻便的煮熟的白绢缝制的练服而没有披麻布做的缞。子游问孔子说："已经可以穿练服了，可以除去缞吗？"

孔子说："没有披缞，不可以会见宾客，怎么可以除去呢？"

【原文】

邾人以同母异父之昆弟死①，将为之服②，因颜克而问礼于孔子③。

子曰："继父同居者，则异父昆弟从为之服；不同居，继父且犹不服，况其子乎？"

【注释】

①昆弟:兄弟。

②服:服丧服。

③颜克:孔子弟子。

【释义】

邾国有个人因为同母异父的弟弟死了,将要为他服丧服,通过颜克向孔子请教这方面的礼仪。

孔子说:"与继父共同生活的,那么同母异父的兄弟应跟从其亲生子女一样服丧服;没有与继父共同生活,继父死也不服丧,何况是他的儿子呢?"

【原文】

齐师侵鲁①,公叔务人遇人人保,负杖而息②。务人泣曰:"使之虽病③,任之虽重④,君子弗能谋,士弗能死,不可也。我则既言之矣,敢不勉乎!"与其邻婴童汪锜乘⑤,往奔敌,死焉。皆殡⑥,鲁人欲勿殇童汪锜⑦,问于孔子。

子曰:"能执干戈以卫社稷,可无殇乎?"

【注释】

①齐师侵鲁:鲁哀公十一年,齐国率师讨伐鲁国,事见《左传·哀公十一年》。

②公叔务人:王注:"务人,昭公之子。"《四部丛刊》本《家语》作"昭公之子公为"。遇人入保,负杖而息:保,同"堡",小城邑。王注:"遇,见也。见先避齐师将入保,疲倦加杖于颈上,两手掖之休息者也。保,县邑小城也。"

③使之虽病:指徭役使百姓痛苦。王注:"谓时徭役。"

④任之虽重:指赋税加重百姓负担。王注:"谓时赋税。"

⑤嬖：宠幸。童：少年儿童。汪铸：人名。乘：乘车。

⑥殡：出殡，即把灵柩送往墓地。

⑦殇：未成年人的丧礼，比较简单。

【释义】

齐国的军队侵犯鲁，鲁昭公的儿子公叔务人遇到一个进入城内，靠着兵杖休息的人。公叔务人流着泪对他说："虽然徭役让你们受苦，赋税也很沉重，君子大人不能好好谋划，士人不能尽忠效死，这样做可不行啊！我既然说了别人，自己怎敢不努力作战！"公叔务人就和他喜欢的邻居少年汪锜同乘一辆战车，一起奔赴前线，都战死了。他们二人的灵柩出殡时，鲁国人打算不用殇礼而用成人丧礼来殓葬少年汪倚，问孔子可不可以。

孔子说："能够手执干戈来保卫社稷，可以不用殇礼吧！"

【原文】

鲁昭公夫人吴孟子卒①，不赴于诸侯②。孔子既致仕③，而往吊焉。适于季氏④，季氏不经⑤，孔子投经而不拜⑥。

子游问曰："礼与？"

孔子曰："主人未成服，则吊者不经焉，礼也。"

【注释】

①吴孟子：鲁昭公夫人，孟子是其称号。

②不赴于诸侯：不向诸侯发讣告。

③致仕：退休。

④适：到。

⑤经：麻制的丧带，系在头上叫"首经"，系在腰上叫"腰经"。

王注："以季氏无，故已亦不成礼。"不拜，《左传·哀公十二年》作"拜"。

【释义】

鲁昭公的夫人吴孟子死了，没有向诸侯发送讣告。孔子已经退休，还是前往吊唁。到了季氏那里，季氏没有系绖带，孔子也解下绖带而不拜。

子游问孔子说："这样做符合礼吗？"

孔子说："主人不系绖带，前去吊唁的人也可以不系绖带，这是礼。"

【原文】

公父穆伯之丧①，敬姜昼哭②。文伯之丧③，昼夜哭。

孔子曰："季氏之妇，可谓知礼矣。爱而无私，上下有章④。"

【注释】

①公父穆伯：公父文伯之父，姓季氏。

②敬姜：公父穆伯之妻。

③文伯：鲁国大夫。

④上下有章：王注："上谓夫，下谓子也。章，别也。哭夫昼哭，哭子
昼夜哭，哭夫与子各有别。"

【释义】

公父穆伯死了，他的妻子敬姜白天哭。他们的儿子文伯死了，敬姜白天黑夜地哭。

孔子说："季氏家的妇人，可以说是知礼啊。爱是无私的，但对上对下是有区别的。"

南宫绦之妻①,孔子兄之女,丧其姑。夫子诲之髢曰②:"尔毋从从尔,毋扈扈尔③。盖榛以为笄④,长尺,而总八寸⑤。"

【注释】

①南宫绦:即南宫适.孔子弟子。

②诲之髢:教做丧髻的方法。诲,教导。髢,古代妇人的丧髻。以麻发合结。

③毋从从尔,毋扈扈尔:王注:"从从,高也;扈扈,大也。皆言丧者无容饰也。"

④榛以为笄:用榛木制作笄。笄:古代别头发或帽子的簪子。

⑤总八寸:王注:"总束发。束发垂为饰者,齐衰之总八寸也。"

【释义】

南宫绦的妻子,是孔子哥哥的女儿,她的婆婆死了。孔子教她做丧髻的方法。孔子说:"你不要做得高高的,也不要做得大大的。用榛木做簪子,长一尺,而束发的带子下垂八寸。"

【原文】

子张有父之丧①,公明仪相焉②,问稽颡于孔子③。孔子曰:"拜而后稽颡,颓乎其顺也④;稽颡而后拜,颀乎其至也⑤。三年之丧,吾从其至也。'"

【注释】

①子张:名颛孙师,孔子弟子。

②公明仪:人名。相:礼相。主持礼仪。

③稽颡:旧时居父母之丧时跪拜宾客之礼,以额触地,表示极度悲痛。

④颃:恭顺。

⑤顺:恳切。

【释义】

子张的父亲死了，公明仪为礼相，向孔子请教跪拜宾客的礼节。

孔子说："跪拜而后磕头，这样极为恭顺又十分顺便；磕头而后拜，这样感情恳切又极为真挚。为父亲服丧三年，我认为应遵从这种极为恳切真挚的拜法。"

【原文】

孔子在卫，卫之人有送葬者，而夫子观之。曰："善哉！为丧乎，足以为法也。小子识之。"

子贡问曰："夫子何善尔也？"

曰："其往也如慕，其返也如疑。"

子贡曰："岂若速返而虞哉^①？"

子曰："此情之至者也，小子识之，我未之能也。"

【注释】

①虞：古代既葬而祭之称。王注："返葬而祭，谓之虞也。"

【释义】

孔子在卫国，卫国有人送葬，孔子在旁观看。说："好啊！这位送葬的，足以让人效法了。你们要好好记住。"

子贡问道："您为什么称赞他呢？"

孔子说："那孝子往墓地送灵柩时，像小孩子那样对父母依恋不舍；埋葬后返回时，又留恋父母而迟迟疑疑不愿回家。"

子贡说:"那还不如赶快回家举行葬后的祭奠呢?"

孔子说:"这是他内心真情的自然流露,你们记住这一点吧,我恐怕还做不到呢。"

【原文】

卞人有母死①,而孺子之泣者②。孔子曰:"哀则哀矣,而难继也。夫礼,为可传也,为可继也,故哭踊有节③,而变除有期④。"

【注释】

①卞:地名。

②孺子:幼童,小孩子。

③哭踊:跳着脚啼哭。有节:要有节制。

④变除有期:改变礼仪,除去丧服,有一定期限。

【释义】

卞邑有个人死了母亲,他像小孩子一样毫无节制地哭泣。孔子说:"悲哀是够悲哀的了,不过别人难以像他这样做。作为礼,是为了能够流传下去,能够继承下去,所以啼哭和跳脚要有节制,而改变礼仪除去丧服要有一定期限。"

【原文】

孟献子禫①,悬而不乐,可御而不处内。子游问于孔子曰:"若是则过礼也?"

孔子曰:"献子可谓加于人一等矣。"

【注释】

①禫:丧家除服之祭礼。服表二十五月为大祥,大祥后即除去丧服。

【释义】

鲁国大夫孟献子为父亲服丧期满,举行除去丧服的禫祭,只将乐器悬挂起来而不奏乐,可以和妻子同寝而不进入内室。子游问孔子说:"他这样做是不是超过礼仪规定的限度了呢?"

孔子说:"献子可以说比平常人超出一等了!"

【原文】

鲁人有朝祥而暮歌者①。子路笑之。

孔子曰:"由,尔责于人终无已。夫三年之丧,亦以久矣。"子路出,孔子曰:"又多乎哉②,逾月则其善也③。"

【注释】

①祥:祭祀名。父母死后十三个月祭祀叫小祥,二十五个月祭祀叫大祥。大祥表示服丧期已满。

②又多乎哉:王注:"又,复也。言其可以歌,不复久也。"

③逾月:再过一个月。

【释义】

鲁国有个人为父母服丧期满,早上脱掉丧服,晚上就唱起歌来。子路嘲笑他。

孔子说:"由! 你责备别人总没完没了吗? 他已经服丧三年,时间也够长了。"子路出去以后,孔子又说:"其实也等不了多久,过一个月再唱歌就更好了。"

【原文】

子路问于孔子曰:"伤哉! 贫也。生而无以供养,死则无以为礼也①。"

孔子曰："啜菽饮水②，尽其欢心，斯谓之孝。敛手足形③，旋葬而无椁④，称其财⑤，斯谓之礼，贫何伤乎?"

十字洞腹方卣

【注释】

①礼:指丧礼。

②啜菽饮水:吃豆类喝清水。形容生活清苦。

③敛手足形:死后衣被可以遮住身体。敛，殡殓。

④旋:不久。

⑤称其财:和自己的财力相称。

【释义】

子路问孔子:"最让人伤心的是贫穷啊! 父母活着的时候没有钱好好地奉养，死了以后又没钱办丧事。"

孔子说:"父母活着的时候，尽管是吃豆粥喝清水，只要让他们心情愉快，也可以说是孝顺啊! 死后衣被能够遮盖身体，殓毕就安葬，没有外椁，只要是尽了自己的财力，这样就可以称作礼了，贫穷又有什么关系呢!"

【原文】

吴延陵季子聘于上国①，适齐，于其返也，其长子死于嬴、博之间②。

孔子闻之，曰:"延陵季子，吴之习于礼者也。"往而观其葬焉。其敛，以时服而已③，其圹掩坎④，深不至于泉，其葬无明器之赠⑤。既葬，其封广轮掩坎⑥，其高可肘隐也⑦。既封，则季子乃左袒⑧，右还其封⑨，且号者三，曰:"骨肉归于土，命也。若魂气则无所不之，无所不之。"而遂行。

孔子曰:"延陵季子之于礼，其合矣。"

【注释】

①延陵季子:即吴国公子札,居于延陵,故称"延陵季子"。聘:访问别国。上国:指齐国。

②赢博:齐国的两个城邑。王注:"赢、博,齐地名也。"

③时服:当时身上穿的衣服。王注:"随冬夏之服无所加。"

④圹:墓穴。掩:掩埋。坎:坟坑。

⑤明器:随葬的器物。

⑥封:坟头。广轮:长宽,指面积。

⑦其高可肘隐:高度高过胳膊肘。指坟头比胳膊肘处稍高。

⑧左袒:袒露左臂。

⑨右还其封:从右向左绕坟头走。

【释义】

吴国的延陵季子到齐国去访问,在返回的途中,他的长子死在齐国的赢、博二邑之间。

孔子听到此事,说:"延陵季子是吴国精通礼仪的人。"于是前往观看他主持的葬礼。延陵季子给儿子入殓时,只穿着平时的衣服,墓穴的坑不深,不至于见水,没有陪葬的明器。下葬之后,坟头的长宽正好封住坑口,高度比胳膊肘稍高。坟头做好后,延陵季子袒露左臂,从右向左绕着坟头走,并且哭喊了三次,说:"骨肉回归于土,这是命呀!你的魂魄无所不往,无所不往!"说完就走了。

孔子说:"延陵季子主持的葬礼,是很合乎礼制的。"

【原文】

子游问丧之具①。

孔子曰："称家之有亡焉^②。"

子游曰："有亡恶乎齐^③?"

孔子曰："有也,则无过礼。苟亡矣,则敛手足形,还葬悬棺而封^④,人岂有非之者哉?故夫丧礼,与其哀不足而礼有余,不若礼不足而哀有余也。祭礼,与其敬不足而礼有余,不若礼不足而敬有余也。"

【注释】

①丧之具:即丧具,送葬之衣、棺等物。

②称家之有亡:衡量家庭的贫富程度。亡:同"无"。

③有亡恶乎齐:富和贫的界限是什么。恶:何,什么。齐:限度。

④还葬:即旋葬,迅速安葬。悬棺而封:用绳子悬吊着棺木下葬。

【释义】

子游问丧事该怎么操办。

孔子说："根据家庭的贫富裕程度来办就可以了。"

子游说："贫和富的限度又该如何掌握呢?"

孔子说："家庭富裕也要依礼行事,不要超过礼的规定。如果不富裕,只要衣被能遮住身体,殓毕就安葬,用绳子悬吊着棺木下葬,又有谁会责难你失礼呢?所以举办丧事,与其哀痛不足而礼仪完备,不如礼仪不足而哀痛有余。举行祭祀,与其恭敬不足而礼仪完备,不如礼仪欠缺而恭敬有余。"

【原文】

伯高死于卫^①,赴于孔子。子曰："吾恶乎哭诸^②?兄弟,吾哭诸庙;父之友,吾哭诸庙门之外;师,吾哭之寝;朋友,吾哭之寝门之外;所知,吾哭之诸野。今于野则已疏,于寝则已重。夫由赐也而见我^③,吾哭于赐氏。"

遂命子贡为之主,曰:"为尔哭也,来者汝拜之,知伯高而来者,汝勿拜。"既哭,使子张往吊焉。

未至,冉求在卫,摄束帛乘马而以将之④。孔子闻之,曰:"异哉!徒使我不成礼于伯高者⑤,是冉求也。"

【注释】

①伯高:生平不详。

②吾恶乎哭诸:我到哪里去哭呢。恶,哪里。诸,"之钦"的合音。

③赐:即端木赐,子贡的名字。

④摄:代理。束帛:五匹帛为一束。乘马:四匹马。

⑤徒使我不成礼于伯高者:此句《礼记·檀弓上》作"徒使我不诚于伯高",较胜。

【释义】

伯高死在卫国,家人远道向孔子报丧。孔子说:"我到什么地方哭他呢?如果是兄弟,我到祖庙里去哭;如果是父亲的朋友,我到庙门之外去哭;如果是老师,我到寝室里哭他;如果是朋友,我到寝门外面哭他;如果是一般认识的人,我到野外哭他。现在对于伯高,在野外哭他显得疏远,在寝室哭他又显得太重。他是由端木赐的介绍我才认识他的,我到端木赐那里去哭他吧。"

于是让端木赐作为主人,说:"凡是因你而来哭吊的,你就要拜谢;因认识伯高而来的,你就不用拜谢。"哭完之后,让子张到卫国伯高那里去吊唁。

子张还没到,冉求在卫国,就代为准备了一捆帛和四匹马,代表孔子送了去。孔子知道后,说:"这事办得怪呀!这徒然使我对伯高的吊唁失去诚意,这是冉求造成的啊。"

【原文】

子路有姊之丧,可以除之矣①,而弗除。

孔子曰："何不除也？"

子路曰："吾寡兄弟，而弗忍也。"

孔子曰："行道之人皆弗忍。先王制礼，过之者俯而就之^②，不至者企而望之^③。"

子路闻之，遂除之。

【注释】

①除：除去丧服。

②过：过分。

③企而望之：企望努力达到。

【释义】

子路为姐姐服丧，到了可以除去丧服的时候，他还不除。

孔子说："为什么不除服呢？"

子路说："我兄弟姐妹少，不忍心除服啊。"

孔子说："履行仁义的人都不忍心。先王制定礼仪，做得过分的人就要降低要求来俯就礼，做得不够的就要努力企望达到礼的标准。"

子路听了孔子的话，就除去了丧服。

【原文】

伯鱼之丧母也^①，期而犹哭^②。

夫子闻之曰："谁也？"

门人曰："鲤也。"

孔子曰："嘻！其甚也，非礼也^③。"

伯鱼闻之，遂除之。

【注释】

①伯鱼:即孔鲤,孔子的儿子。

②期:一年。

③非礼:不合乎礼。根据礼的规定,母死父在,服丧时间要减少,一年就可以除服。

【释义】

伯鱼的母亲死了,过了一年他还在哭。

孔子听到哭声,问:"是谁在哭啊?"

门人回答说:"是孔鲤。"

孔子说:"嘻,太过分了,这不符合礼呀。"

伯鱼听到此话,于是脱掉孝服不再哭了。

【原文】

卫公使其大夫求婚于季氏①,桓子问礼于孔子。

子曰:"同姓为宗,有合族之义②,故系之以姓而弗别③,缀之以食而弗殊④,虽百世,婚姻不得通,周道然也。"

桓子曰:"鲁卫之先虽寡兄弟,今已绝远矣。可乎?"

孔子曰:"固非礼也。夫上治祖祢⑤,以尊尊之;下治子孙,以亲亲之;旁治昆弟,所以教睦也。此先王不易之教也。"

【注释】

①季氏:即季桓子。

②合族:会和同族。

③系之以姓而弗别：属于同一姓氏没有区别。

④啜之以食而弗殊：王注："君有食族人之礼，虽亲尽，不异之族食多少也。"

⑤祖祢：祖先。祢，父死以神主入庙供奉称祢。

【释义】

卫公派他的大夫向季氏求婚，季桓子向孔子请教有关礼仪。

孔子说："同姓的人为宗族，有会合同族的意思，所以统系在同一个姓氏下而没有区别，在同一个宗庙会餐而没有不同，即使过一百世，也不能通婚，周朝确定的原则就是如此。"

季桓子说："鲁国、卫国的祖先，兄弟就少，现今已经很久远了。可以通婚吗？"

孔子说："这是不合礼制的。在上确立先祖先父的名分地位，这是尊崇正统至尊；在下确定子孙的继承关系，这是亲爱骨肉至亲；从旁理顺兄弟的情谊，这是教导大家要和睦相处。这是先王不可改变的制度。"

【原文】

有若问子孔子曰："国君之于同姓，如之何？"

孔子曰："皆有宗道焉。故虽国君之尊，犹百世不废其亲，所以崇爱也。虽于族人之亲，而不敢戚君①，所以谦也。"

【注释】

①不敢戚君：意为不敢把国君作为亲戚来对待。王注："戚，亲也。尊敬君不敢如其亲也。"

【释义】

有若问孔子说："国君对于同姓的人，该如何对待呢？"

孔子说："这都有宗法制度规定。即使如国君那样尊贵,依然百代也不会废除亲戚关系,这是为了维护爱。虽然国君和族人有亲戚关系,族人也不能凭借亲戚关系来对待国君,这是表示谦让。"

曲礼子夏问第四十三

【题解】

本篇所记多为孔子解答弟子或他人问礼之事,也很琐碎,多属曲礼范畴,又因以子夏问为首章,因以名为"曲礼子夏问"。

本篇绝大部分为有关丧礼的讨论。面对丧礼中出现的林林总总的情况,孔门弟子有疑则问,而孔子的回答或含蓄婉转,或直陈己见。对烦琐的仪节所蕴含的深层的礼义的发掘,对古今礼仪礼制的差异所反映的不同精神的阐释,看似繁琐,实则恰恰反映了孔子——这位深通于礼的文化大师的真精神。其中,在闪现着孔子智慧:仁者爱人、中庸中道、择善而从、明哲保身(趋利避害)、重义轻利等等。比如,劝阻季氏家不用玙璠殡殓,说明孔子认为,不可僭越的原因不仅仅是尊卑等级,更主要的是僭越容易招致祸端。这与《易传》中孔子"慢藏诲盗,冶容诲淫"的思想是一致的。孔子对敬姜的赞赏,对晏婴的嘉许,对阳虎的容忍,对季氏的揶揄,处处体现了孔子对"礼"的体认,对"礼"的践履。另外,如对旧馆舍主人的深情,对无舍之宾的厚意,是孔子仁者风范的写照;丧事中"哀而不伤"的主张,乃孔子智者气象的注脚,也透露出孔子与《孝经》思想的某种关联;对殷周二代礼制的互有臧否,择善而从,不仅体现了孔子的中庸思想,而且也反映了其总结传统、损益礼制的历史文化观。

本篇内容散见于《左传》《国语》《礼记》等,亦有几节不见于他书。不仅可据此和其他文献互相参证,考察孔子及其弟子的思想,尤其是礼的思想,而且,其中有些资料与其他文献记载并不一致,这就使我们可以重新考察一些悬而未决的公案。比如,孔子任中都宰的时间,琴张与琴牢是否一人,孔子丧母时的年龄等等。另如,孔子屡称

"闻诸老聃",参照本书其他篇章所记,对孔子与老子关系研究,也提供了新的思考维度。当然,有的材料的可靠性仍需认真辨别,例如,鲁定公吊颜回就恐为传抄致误。

【原文】

子夏问于孔子曰:"居父母之仇如之何①?"

孔子曰:"寝苫枕干②,不仕,弗与共天下也。遇于朝市,不返兵而斗③。"

曰:"请问居昆弟之仇,如之何?"

孔子曰:"仕,弗与同国,衔君命而使④,虽遇之,不斗。"

曰:"请问从父昆弟之仇,如之何?"

曰:"不为魁⑤,主人能报之,则执兵而陪其后。"

【注释】

①居父母之仇:对待杀害父母的仇人。

②寝苫枕干:睡在草垫子上枕着盾牌。干,楯。

③不返兵而斗:不返回家取兵器。王注:"兵常不离于身。"

④衔君命而使:奉君命出使。"衔"原作"御","君"原作"国",据《四部丛刊》本《家语》改。

⑤魁:魁首,带头人。

【释义】

子夏问孔子说;"对杀害父母的仇人,应该如何对待?"

孔子说:"睡在草垫上,枕着盾牌,不做官,和仇人不共戴天。不论在集市或官府,遇见他就和他决斗,兵器常带在身,不必返家去取。"

子夏又问:"对杀害亲兄弟的仇人,应该如何对待?"

孔子说:"不和他在同一个国家里做官,如奉君命出使,即使相遇也不和他决斗。"

子夏又问："对杀害叔伯兄弟的仇人，应该如何对待？"

孔子说："自己不要带头动手，如果受害人的亲属为他报仇，你可以拿着兵器在后面陪着。"

【原文】

子夏问："三年之丧既卒哭①，金革之事无避②，礼与，初有司为之乎③？"

孔子曰："夏后氏之丧，三年既殡，而致事④，殷人既葬而致事，周人既卒哭而致事。《记》曰：'君子不夺人之亲，亦不夺故也。'"

子夏曰："金革之事无避者，非与？"

孔子曰："吾闻老聃曰：'鲁公伯禽有为为之也⑤。'今以三年之丧从利者，吾弗知也。"

【注释】

①卒哭：停止不时之哭。王注："卒哭，止无时之哭。大夫三月而葬，正月而卒哭。士既虞而卒哭也。"

②金革之事：服兵役参战之事。避：避开，躲避。

③有司：王注："有司，当吏职也。"

④致事：不处理朝政。王注："致事，还政于君也。"

⑤鲁公伯禽：周公的儿子，封于鲁。有为为之也：有原因这样做的。王注："伯禽有母丧，东方有戎为不义，伯禽为方伯，以不得不诛之。"

【释义】

子夏问道："为父母守三年之丧，已不再不时地哭泣，国家有了战事就不能逃避兵役，这是礼制规定的呢？还是当初有关官员制定的规矩呢？"

孔子说："夏后氏时代，服父母三年之丧，是在停枢在堂的时候退职守丧，殷朝是在埋葬之后退职守丧,周朝是在卒哭之后退职守丧。《记》中记载:'君子不能剥夺对亲人的亲情,也不剥夺对逝去亲人的感情。'"

子夏说:"那么卒哭之后,必须参加征战之事,是错误的吗?"

孔子说:"我听老聃说过:'鲁公伯禽因为有不得已的情况才出征的。'现在有人在守父母三年之丧时,从私利出发而去从事战争,那就不是我能知道的了。"

【原文】

子夏问于孔子曰:"《记》云'周公相成王,教之以世子之礼①',有诸?"

孔子曰:"昔者成王嗣立②,幼未能莅阼③,周公摄政而治,抗世子之法于伯禽④,欲王之知父子君臣之道,所以善成王也。夫知为子者,然后可以为父;知为人臣者,然后可以为人君;知事人者,然后可以使人。是故,抗世子法伯禽,使成王知父子、君臣、长幼之义焉。凡君之于世子,亲则父也,尊则君也。有父之亲.有君之尊,然后兼天下而有之,不可不慎也。行一物而三善皆得⑦,唯世子齿于学之谓也⑥。世子齿于学,则国人观之,曰:'此将君我,而与我齿让,何也?'曰:'有父在,则礼然。'然而众知父子之道矣。其二曰:'此将君我,而与我齿让,何也?'曰:'有臣在,则礼然。'然而众知君臣之义矣。其三曰:'此将君我,而与我齿让,何也?'曰:'长长也,则礼然。'然而众知长幼之节矣。故父在,斯为子;君在,则为臣。居子与臣之位,所以尊君而亲亲也。在学,学之为父子焉,学之为君臣焉,学之为长幼焉。父子、君臣、长幼之道得,而后国治。语曰⑦:'乐正司业⑧,父师司成⑨,一有元良⑩,万国以贞⑪。'世子之谓。闻之曰:'为人臣者,曰杀其身有益于君,则为之。'况于其身以善其君乎⑫?周公优为也⑬。"

【注释】

①世子:古代天子、诸侯的嫡长子。

②嗣立:继承王位。

③莅阼:登上帝位治理朝政。

④抗世子之法于伯禽：把教育世子的方法用到伯禽身上。

⑤行一物而三善皆得：原作"行一物而善者"，据《四部丛刊》本《家语》改。

⑥齿：年齿。

⑦语：古语，人们常说的话。

⑧乐正司业：乐正负责学业。乐正，乐官之长。

⑨父师司成：老师负责培养成有德之人。王注："师有父道，成生人者。"

⑩一有元良：为国造就一位最好的国君。元良，大善。王注："一谓天子地。大善，太子也。"

⑪万国以贞：天下因此太平。贞，正。

⑫况于其身：指不必牺牲自身。王注："于，宽也大也。"

⑬优为：做得最好。

【释义】

子夏问孔子："《记》上说：'从前周公辅佐成王的时候，教给他如何做好太子的道理。'有这样的事吗？"

孔子说："从前成王刚继承王位的时候，因为年幼不能临朝处理政事，周公代理成王主持国政，把教育世子的方法施用到伯禽身上，想让成王知道为父为子为君为臣的道理，这是为了成王好。知道了如何做儿子，然后才可以做父亲；知道了如何做臣子，然后才可以做国君；知道了如何侍奉人，然后才会指使人。因此，就把教育世子的办法施用到伯禽身上，让成王知道父子、君臣、长幼的道理。国君对于世子来讲，在家是至亲的父亲，在国是至尊的君主。即有为父之亲，又有为君之尊，而后又有统治天下的权势，培养和教育世子就不能不慎重。做一件事情能得到三项益处，唯有世子在学校里按年龄大小互相礼让这件事。世子在学校里按年龄而行礼让，国人看到了，有人就会说：'他将来要做我们的国君，却和我们按年龄大小谦恭礼让，为什么呢？'知礼者就会这样回答：'他有父亲在，礼应如此。'这样一来民众就懂得父子之道了。其二，有人会问:'他将来要做我们的国君,却和我们按年龄大小谦恭礼让,为什么呢?'知礼者也会这样回答:'他的周围有大臣在,礼应如此。'这样一来民众就清楚君臣之义了。

其三,有人问:'他将来要做我们的国君,却和我们按年龄大小谦恭礼让,为什么呢?'知礼者也会这样回答:'他这是尊敬比他年长的,礼应如此。'这样一来人们就懂得长幼之序了。父亲在,他就是儿子;国君在,他就是臣子。他处于子与臣的地位,所以要尊敬国君热爱父母。在学校就要学习怎样为父为子,为君为臣,为长为幼。掌握了父子、君臣、长幼的道理,国家从而就能够得到治理。古语说:'乐正负责学业,父师成就德行.有位贤良君主,天下公正太平。'这就是针对世子而言的。我听说:'作为臣子,即使牺牲生命而有益于国君,也要去做。'何况不必杀身就有利于国君呢? 周公是做得最好的。"、

【原文】

子夏问于孔子曰:"居君之母与妻之丧,如之何?"

孔子曰:"居处言语饮食衎尔①,于丧所,则称其服而已②。"

"敢问伯母之丧,如之何?"

孔子曰:"伯母、叔母,疏衰期而踊不绝地③,姑、姊、妹之大功踊绝于地④。若知此者,由文矣哉⑤。"

【注释】

①衎尔:安定的样子。

②称其服:服装合适。

③疏衰:即齐衰,丧服名,用粗麻布做成。期:一年。踊不绝地:跳脚痛苦,但脚前掌不离地。

④姑姊妹:王注:"意当言姑姊妹而已,'姊'上长'姑'字也。"大功:丧服名,其服用熟麻布制成,服期九个月。踊绝于地:哭踊时脚要离地。

⑤文：指礼制。

【释义】

子夏问孔子说："遇到国君母亲或国君妻子的丧事,如何对待?"

孔子说："生活起居、言语饮食各个方面保持从容安适,去吊丧,穿着合适的服装而已。"

子夏又问："请问遇到伯母的丧事,如何对待?"

孔子说："为伯母叔母服丧,虽服齐衰周年的重服,但哭踊时脚前掌不离地。为姑、姊、妹服丧,虽服大功九月之服,哭踊时脚要离地。如果懂得其中的道理,就能应用礼文了。"

【原文】

子夏问于夫子曰:"凡丧,小功已上①,虞、祔、练、祥之祭皆沐浴②。于三年之丧,子则尽其情矣。"

孔子曰:"岂徒祭而已哉? 三年之丧,身有疡则浴,首有疮则沐,病则饮酒食肉。毁瘠而病③,君子不为也。毁则死者,君子为之无子④。且祭之沐浴,为齐洁也,非为饰也。"

【注释】

①小功已上:小功为服丧名,小功已上指大功、齐衰、斩衰等丧。

②虞、祔、练、祥:均为祭名。既葬还祭于殡宫曰虞祭。新死者附祭于先祖曰祔祭。父母死后十一个月祭于家庙,穿练布服,称练祭。死后十三个月而祭称祥祭。

③毁瘠而病:因哀伤憔悴而生病。毁瘠,羸瘦,骨露。

④君子为之无子:"无子"二字原无,据《四部丛刊》本《家语》补。

【释义】

子夏问孔子说:"凡服丧,为死者服小功已上的亲属,遇到虞祭、祔祭、练祭、祥祭的日子都要沐浴。为父母服三年之丧,儿子则尽了孝亲之情。"

孔子说:"岂只在祭日可以沐浴呢?服三年之丧的人,身上有疮可以洗澡,头上有疮可以洗头,有病则可以饮酒食肉。因哀伤憔悴而生病,君子是不这样做的。因悲伤过度而致死,君子认为如同父母没有这个儿子。况且在祭日沐浴,是为了整齐洁净,并不是为了修饰。"

【原文】

子夏问于孔子曰:"客至无所舍,而夫子曰:'生于我乎馆。'客死无所殡矣,夫子曰:'于我乎殡。'敢问礼与? 仁者之心与?"

孔子曰:"吾闻诸老聃曰:'馆人,使若有之,恶有有之而不得殡乎?,夫仁者,制礼者也。故礼者,不可不省也。礼不同不异,不丰不杀①,称其义以为之宜,故曰:'我战则克,祭则受福。'盖得其道矣。"

【注释】

①不丰:不奢侈。不杀:不简单、吝啬。

【释义】

子夏问孔子说:"客人来了没有住处,而您说:'住在我家里。'客人死了无处殡殓,您说:'就在我那里殡殓。'请问这是礼制规定的呢? 还是仁者之心要这样做的呢?"

孔子说:"我听老聃说:'招待客人,能使客人住下,如果死了,哪有有地方而不让殡殓呢?'那些仁者,是制定礼制的人。所以对于礼,不能不审查。礼应该不同不异,不奢侈不俭吝,合乎礼仪就是适宜的,所以说:'我战则胜,我祭祀就得福。'大概是因为符合道吧。"

【原文】

孔子食于季氏,食祭①。主人不辞②,不食③,客不饮而餐。子夏问曰:"礼与?"

孔子曰:"非礼也,从主人也。吾食于少施氏而饱④,少施氏食我以礼。吾食祭,作而辞曰:'疏食,不足祭也。'吾餐而作辞曰:'疏食,不敢以伤吾子之性。'主人不以礼,客不敢尽礼;主人尽礼,则客不敢不尽礼也。"

【注释】

①食祭:古时为客之礼,饭前表示感谢上天的一种仪式。

②主人不辞:主人没有致辞,即没说一些谦让的话。

③不食:《礼记·玉藻》作"不食肉",是。

④少施氏:鲁惠公施父的后代。

【释义】

孔子在季氏家吃饭,食前作祭。主人没有致祝辞,不吃肉,不饮酒,而只吃饭。子夏问道:"这是礼吗?"

孔子说:"这不是礼,是随从主人罢了。我在少施氏家里吃饭吃得很饱,少施氏以礼来招待我吃饭。当我吃前食祭时,他站起来致辞说:'粗茶淡饭,不值得祭呀。'当我开始吃的时候,他又致辞说:'这些粗疏的食品,不敢让它伤了您的胃口。'主人不以礼相待,客人也不敢尽礼;

主人尽礼,那么客人也不敢不尽礼。"

【原文】

子夏问曰:"官于大夫①,既升于公②,而反为之服③,礼与?"

孔子曰:"管仲遇盗,取二人焉,上之为臣④。曰:'所以游辟者⑤,可人也⑥。'公许。管仲卒,桓公使为之服。官于大夫者为之服,自管仲始也。有君命焉。"

【注释】

①官于大夫:在大夫家做家臣。

②既:已经。升:提升。公:指公家、朝廷。

③服:服丧。

④上:推荐。

⑤游:交游、交往。辟者:邪僻的人。

⑥可人:可用之才。

【释义】

子夏问孔子说:"曾做过大夫的家臣,后来被提升到朝廷做官,而又为原来的大夫服丧,这是礼的规定吗?"

孔子说:"管仲遇到盗贼,从中选取二人,推荐给朝廷为臣。他说:'因与邪僻之人交往才做了强盗,他们是可用之才。'齐桓公允许了。管仲去世,桓公让这二人为管仲服丧。在大夫家当过家臣而为大夫服丧的成例,是从管仲开始的。这是有国君的命令的。"

【原文】

子贡问居父母丧。

孔子曰:"敬为上,哀次之,瘠为下①。颜色称情,戚容称服。"

曰："请问居兄弟之丧?"

孔子曰："则存乎书筴矣^②。"

【注释】

①瘠:即毁瘠之意,因哀伤憔悴而消瘦。

②书筴:书策,简策。古代用竹简记事。

【释义】

子贡问为父母服丧的礼仪。

孔子说:"以敬为上,其次是哀,再次为憔悴消瘦。容颜和哀情相称,悲戚的容貌和丧服相称。"

子贡又问:"请问为兄弟服丧的礼仪?"

孔子曰:"那些礼仪都记载在书策上。"

【原文】

字贡问于孔子曰:"殷人既窆而吊于圹^①,周人反哭而吊于家^②,如之何?"

孔子曰:"反哭之吊也,丧之至也^③。反而亡矣,失之矣,于斯为甚,故吊之。死,人卒事也。殷以悫^④,吾从周。殷人既练之明日,而祔于祖,周人既卒哭之明日,祔于祖。祔,祭神之始事也。周以戚^⑤,吾从殷。"

【注释】

①窆:埋葬。"窆"原作"定",据《礼记·檀公下》改。

②反:同"返"。

③丧之至也:丧,《礼记·檀公上》作"哀",较胜。

④悫:诚实。

⑤戚：仓促。王注："戚犹促也。"

【释义】

子贡问孔子说："殷人是在死者下葬以后，亲友就在墓地慰问孝子，周人在孝子送葬返家哭泣时慰问孝子，这两种情况怎么样呢？"

孔子说："孝子返回家哭泣时来慰问，这是孝子最哀伤的时候。返家一看亲人没了，从此永远消逝了，这时最为悲痛，所以要慰问。死，是人生最后一件事，殷人的做法太直率质朴，我赞同周人的做法。殷人在练祭的第二天，在祖庙举行祫祭。周人在卒哭后的第二天，在祖庙举行祫祭。祫祭，是祭神的开始。周人的做法太仓促，我赞同殷人的做法。"

【原文】

子贡问曰："闻诸晏子，少连、大连善居丧^①，其有异称乎？"

孔子曰："父母之丧，三日不怠，三月不解，期悲哀，三年忧。东夷之子^②，达于礼者也。"

【注释】

①少连、大连：人名。生平不详。
②东夷：古代对东方少数民族的泛称。

【释义】

子贡问孔子说："我听晏子说，少连和大连守丧做得特别好，他们做得有什么特别的地方吗？"

孔子说："为父母守丧，三天内号哭不止，三个月朝夕祭祀不懈怠，一年都悲哀不已，三年仍然忧愁难过。这两个东方少数民族的孩子，是懂礼的人啊。"

【原文】

子游问曰:"诸侯之世子丧慈母①,如母,礼与?"

孔子曰:"非礼也。古者男子,外有傅父,内有慈母,君命所使教子者也,何服之有? 昔鲁孝公少丧其母,其慈母良,及其死也,公弗忍,欲丧之。有司曰:'礼,国君慈母无服。今也君为之服,是逆古之礼而乱国法也。若终行之,则有司将书之,以示后世,无乃不可乎?'公曰:'古者天子丧慈母,练冠以燕居②。'遂练冠以丧慈母。丧慈母如母,始则鲁孝公之为也。"

【注释】

①世子:诸侯的嫡长子。慈母:古代称抚育自己的保姆或庶母。

②练冠以燕居:练冠,丧服名,用细白练布做成。燕居,平居,闲居。王注:"谓庶子王为其母也。"可参看。

【释义】

子游问道:"诸侯世子的保姆去世了,他像对母亲一样为她服丧,这合乎礼吗?"

孔子说:"这不合乎礼。古代国君的儿子,在家外有师傅,在家内有保姆,是国君派他们管教照顾儿子的,儿子为什么要为他们穿丧服呢? 从前鲁孝公少年丧母,他的保姆很善良,后来她死了,鲁孝公不忍心,打算为她穿孝服。掌管礼仪的官员说:'根据礼,国君的保姆死,国君不穿孝服。现在您要为她穿孝服,是违反古礼而扰乱国法的。如果你一定要这样做,那么有关官员将把此事记载下来,以揭示于后世,这恐怕不可以吧?,鲁孝公说:'古代天子的保姆死了,平居时有戴着细白布冠的。'于是戴着细白布冠为保姆服丧。为保姆戴孝如同生母,是从鲁孝公开始的。"

【原文】

孔子适卫,遇旧馆人之丧①,入而哭之哀。出,使子贡脱骖以赠之②。

子贡曰:"于所识之丧③,不能有所赠。赠于旧馆,不已多乎?"

孔子曰:"吾向人哭之,遇一哀而出涕④。吾恶夫涕而无以将之⑤,小子行焉。"

【注释】

①旧馆人:旧时馆舍的主人。

②脱骖以赠:解开骖马赠给别人。骖,辕马两侧的马。

③所识:所认识的人。

④遇:触动。

⑤恶:讨厌。将:送。

【释义】

孔子到卫国去,遇到曾经住过的馆舍的主人死了,孔子进去吊丧,哭得很伤心。出来以后,让子贡解下驾车的骖马送给丧家。

子贡说:"对于仅仅相识的人的丧事,不用赠送什么礼物。把马赠给旧馆舍的主人,这礼物是不是太重了?"

孔子说:"我刚才进去哭他,正好一悲痛就落下泪来。我不愿光哭而没有表示,你就按我说的做吧。"

三羊尊

【原文】

子路问于孔子曰:"鲁大夫练而床①,礼与?"

孔子曰:"吾不知也。"

子路出,谓子贡曰:"吾以为夫子无所不知,夫子亦徒有所不知也。"

子贡曰:"子所问何哉?"

子路曰:"由问鲁大夫练而床礼邪? 夫子曰:吾不知也。"

子贡曰②:"止,吾将为子问之。"遂趋而进,曰:"练而床,礼与?"

孔子曰:"非礼也。"

子贡出,谓子路曰:"子谓夫子而弗知之乎? 夫子徒无所不知也,子问非也。礼,居是邦则不非其大夫。"

【注释】

①练而床:练,练祭。床,原作"杖",据《荀子·子道》改。《礼记·间传》曰:"父母之丧,期而小祥,居恶室,寝有席;又期而大祥,居复寝;中月而禫,禫而床。"指禫祭后可睡在床上,作"杖"误。

②"由问鲁大夫"至"子贡曰":此二十字原本脱落,据《荀子.子道》补。

【释义】

子路问孔子说:"鲁国大夫举行练祭以后就睡到床上,这符合礼吗?"

孔子说:"我不知道。"

子路出来后,对子贡说:"我以为老师无所不知呢,原来老师也有不知道的。"

子贡说:"你所问的是什么问题呢?"

子路说:"我问鲁大夫练祭以后就睡在床上,是不是符合礼。老师说:我不知道。"

子贡说:"你等等,我去为你问问。"于是快步走了进去,说:"练祭以后就睡在床上,符合礼吗?"

孔子说:"不符合礼。"

子贡出来,对子路说:"你不是说老师也有不知道的事吗?老师真的是无所不知啊,是你问得不对。按照礼,居住在这个国家,就不应该非议这个国家的大夫。"

【原文】

叔孙武叔之母死①,既小敛②,举尸者出户③。武叔从之,出户乃袒④,投其冠而括发⑤。子路叹之。

孔了口:"是礼也。"

子路问曰:"将小敛则变服,今乃出户,而夫子以为知礼,何也?"

孔子曰:"汝问非也。君子不举人以质事⑥。"

【注释】

①叔孙武叔:鲁国贵族。

②小敛:为死者穿上衣服为小敛。入棺为大敛。

③举:抬着。户:寝门。

④袒:袒露左臂。古代一种表示哀痛的礼仪。

⑤括发:用麻缕束发。

⑥不举人:不举出具体人名。质事:质正事情。王注:"质犹正也。"

【释义】

叔孙武叔的母亲死了,用衣衾将尸体包裹好以后,人们扛举着尸体出了寝门。叔孙武叔跟在后面,出了门才袒露左臂,脱掉帽子用麻缕绾住发髻。子路见后,不满地叹了一声。

孔子说:"这是符合礼的。"

子路问道:"按照礼,在将要小敛的时候就应该袒臂束发,现在他出门才这样做,而您却认为他知礼,这是为什么呢?"

孔子说:"你问得不对。君子是不指名道姓来质正事情的。"

【原文】

齐晏桓子卒①,平仲粗衰斩②,苴绖、带、杖③,以菅屦④,食粥,居傍庐⑤,寝苫枕草⑥。其老曰⑦:"非大夫丧父之礼也。"

晏子曰:"唯卿大夫⑧。"

曾子以问孔子。

孔子曰:"晏平仲可谓能远害矣。不以己之是驳人之非,逊辞以避咎⑨,义也夫。"

【注释】

①晏桓子:即晏弱,齐国大夫。晏婴父。

②平仲:即晏婴,字平仲。粗衰斩:粗布做的斩衰丧服。

③苴绖:用麻布做的丧带,此指系在头上的带子。带:此指系在腰上的麻带子。杖:丧棒。

④菅屦:服丧时穿的草鞋。

⑤傍庐:居丧时临时搭的草棚。

⑥苫:草席,草垫子。

⑦老:指主管晏氏家事的家臣。

⑧唯卿大夫:一解为"只有卿大夫才这样做",一解为"只有卿才是大夫",据下文,译文采用后者。

⑨逊辞以避咎:用谦逊的词语来避免责难。王注:"记者乃举人避害之逊以辞,而谓大夫士丧父母有异,亦怪也。"

【释义】

　　齐国的晏桓子死了,晏婴穿着粗布丧服,头上和腰里系着麻带子,拿着丧杖,穿着草鞋,吃粥,住在临时搭的草棚里,睡在草席上,枕着干草。他的家臣说:"这样做不是大夫丧父的礼节。"

　　晏婴说:"只有卿才是大夫。"

　　曾子以此事请教孔子。

　　孔子说:"晏平仲可以说是能远离祸患的人啊。不以自己做的正确就驳斥别人的非难,用谦逊的言辞来避免别人的责问,是合乎义的啊!"

【原文】

　　季平子卒①,将以君之玙璠敛②,赠以珠玉。

　　孔子初为中都宰,闻之,历级而救焉③,曰:"送而以宝玉,是犹曝尸于中原也④。其示民以奸利之端,而有害于死者,安用之? 且孝子不顺情以危亲,忠臣不兆奸以陷君⑤。"

　　乃止。

【注释】

①季平子:即季孙意如,鲁国大夫。

②玙璠:鲁国的宝玉。敛:殡殓。此指将宝玉作为陪葬。

③历级:同"历阶"。王注:"历级,遽登阶不聚足。"即快步登上台阶,不停步。

④曝尸于中原:尸体暴露在野外。

⑤兆奸:奸邪的征兆。王注:"兆奸,为奸之兆成也。"

【释义】

　　季平子去世以后,将要用国君用的美玉玙璠来殉葬,同时还要用很多珠宝玉石。

这时孔子刚刚当上中都宰，听说后，快步登上台阶赶去制止。他说："送葬时用宝玉殉葬，这如同把尸体暴露在野外一样。这样做会引发民众获取奸利的念头，对死者是有害的，怎能用呢？况且孝子不因为顾及自己的感情而危害亲人，忠臣不让邪恶的征兆出现来陷害国君。"

于是停止了用玙璠珠玉陪葬。

【原文】

孔子之弟子琴张与宗鲁友①。卫齐豹见宗鲁于公子孟絷②，孟絷以为参乘焉③。及齐豹将杀孟絷，告宗鲁，使行。宗鲁曰："吾由子而事之，今闻难而逃，是偾子也④。子行事乎，吾将死以事周子⑤，而归死于公孟可也⑥。"

齐氏用戈击公孟，宗鲁以背蔽之，断肱，中公孟，宗鲁皆死。

琴张闻宗鲁死，将往吊之。

孔子曰："齐豹之盗，孟絷之贼也，汝何吊焉？君不食奸，不受乱，不为利病于回⑦，不以回事人，不盖非义⑧，不犯非礼。汝何吊焉？"

琴张乃止。

【注释】

①宗鲁：人名。生平不详。

②齐豹：齐恶之子，为卫国司寇。孟絷：卫灵公之兄。

③参乘：在车右边陪乘的人。

④是偾子也：是使您的话没有信用。王注："偾，不信。使子言不信。"

⑤周：保密。

⑥归死：此指为公孟而死。归，回到。

⑦不为利病于回：不为利益而做邪恶的事。回，邪恶。

⑧盖：掩盖。

【释义】

孔子的弟子琴张和宗鲁是朋友。卫国的齐豹把宗鲁推荐给公子孟絷，孟絷让他做了参乘。齐豹将要杀孟絷时，告诉了宗鲁，让宗鲁先走。宗鲁说："由于您的推荐，我事奉了公孟，现在听到他有难而逃走，这是使您的话没有信用。您办您的事吧，我打算以死来保守您的秘密，回去再为公孟而死，可以吧。"

齐氏用戈敲击公孟，宗鲁用背部来遮蔽他，折断了胳膊，戈击中了公孟，孟絷和宗鲁都死了。

琴张听到宗鲁死了，打算前往吊唁。

孔子说："齐豹所以成为坏人。孟絷所以被杀害（都是由于宗鲁），你为什么还去吊唁呢？君子不食坏人的俸禄，不接受动乱，不为利益而容忍邪恶，不用邪恶的方法待人，不掩盖不义的事，不做出非礼的行为。你为什么还要去吊唁呢？"

琴张就没去。

【原文】

郰人子蒲卒①，哭之呼灭②。子游曰："若哭，其野哉③！孔子恶野哭者。"
哭者闻之，遂改之。

【注释】

①郰：地名，在今山东宁阳东北。子蒲：郰人灭的字。

②哭之呼灭：哭着呼喊着灭。王注："旧说以为灭，子蒲名。人少名灭者，又哭名，其父不近人情。疑以孤穷，自谓亡灭也。"

③野：粗野失礼。

郈人的儿子蒲死了,他的父亲哭着呼喊着"灭"。子游说:"这样哭,太粗野失礼了! 孔子不喜欢这种粗野的哭号。"

哭者听到这话,就改正了。

【原文】

公父文伯卒①,其妻妾皆行哭失声。敬姜戒之曰②:"吾闻好外者③,士死之;好内者④,女死之。今吾子早夭,吾恶其以好内闻也。二三妇人之欲供先祀者⑤,请无瘠色,无挥涕,无拊膺⑥,无哀容,无加服,有降服⑦。从礼而静,是昭吾子也⑧。"

孔子闻之,曰:"女智无若妇⑨,男智莫若夫⑩。公父氏之妇智矣! 剖情损礼⑪,欲以明其子为令德也。"

【注释】

①公父文伯:鲁国大夫。

②敬姜:公父文伯之母。

③好外:指喜欢结交朋友。

④好内:指喜好女色。

⑤供先祀:王注:"言欲留不改嫁,供奉先人之祀。"

⑥无挥涕,无拊膺:王注:"挥涕,不哭,流涕以手挥之。拊,犹抚也。膺,谓胸也。"

⑦无加服,有降服:《国语·鲁语》注:"重于礼为加,轻于礼为降。"

⑧昭:昭明。

⑨女智无若妇:幼女的智慧不如成年妇人。

⑩男智莫若夫:幼男的智慧不如成年男人。

⑪剖情损礼:剖析事物的道理,减损丧事的礼仪。

【释义】

公父文伯去世,他的妻妾都痛哭失声。公父文伯的母亲敬姜告诫她们说:"我听说在外喜欢结交朋友的人,士愿为他而死;在家中喜好女人的人,女人愿为他而死。现在我儿子早死,我不愿他以好女色闻名。你们几个女人想留下来继续供奉先人祭祀的,请不要损毁容颜,不要挥泪,不要捶胸,不要有哀痛的容颜。丧服不要加等,可以降等。按照礼仪,保持安静,这样才是显示我儿子的德行啊!"

孔子听说此事,说:"幼女的智慧不如妇人,幼男的智慧不如丈夫。公父氏的妇人真是有智慧的人啊!给死者的妻妾讲明道理,让她们减损礼仪,是为了彰显其子的好名声啊!"

【原文】

子路与子羔仕于卫①,卫有蒯聩之难②。孔子在鲁闻之,曰:"柴也其来,由也死矣!"

既而卫使至,曰:"子路死焉。"

夫子哭之于中庭。有人吊者,而夫子拜之。已哭,进使者而问故。使者曰:"醢之矣③。"遂令左右皆覆醢,曰:"吾何忍食此!"

【注释】

①子羔:孔子弟子,即卫大夫高柴。

②蒯聩之难:卫国太子蒯聩,因与卫灵公夫人南子有隙,逃到晋国。灵公死后,回国与其子蒯辄争夺王位,发生内乱。子路即死于此难。

③醢:把人杀死后剁成肉酱。

【释义】

子路和子羔同时在卫国做官,卫国的蒯聩为争夺君位发生了动乱。孔子在鲁国听到这件事,说:"高柴会回来,仲由会死于这次动乱啊!"

不久卫国的使者来了,说:"子路死在这次动乱中了。"

孔子在正室厅堂哭起来。有人来慰问,孔子拜谢。哭过之后,让使者进来问子路死的情况。使者说:"已经被砍成肉酱了。"孔子让身边的人把肉酱都倒掉,说:"我怎忍心吃这种东西呢!"

【原文】

季桓子死[1],鲁大夫朝服而吊[2]。子游问于孔子曰:"礼乎?"夫子不答。他日,又问。

夫子曰:"始死则已,羔裘玄冠者[3],易之而已。汝何疑焉?"

【注释】

①季桓子:鲁国正卿,名斯。

②朝服:上朝穿的服装,一种吉服。

③羔裘玄冠:羊羔皮做的衣服,黑色帽子。也是吉服。

【释义】

季桓子死了,鲁国大夫都穿着朝服去吊丧。子游问孔子:"这合乎礼吗?"孔子不回答。过了几天,又问。

孔子说:"刚死时就算了,后来去吊丧,穿戴羔裘玄冠的人,改穿深衣素冠就可以了。你还有什么疑问吗?"

【原文】

子罕问于孔子曰①:"始死之设重也②,何为?"

孔子曰:"重,主道也③。殷主缀重焉④,周人彻重焉⑤。"

"请问丧朝⑥?"

子曰:"丧之朝也,顺死者之孝心,故至于祖考,庙而后行。殷朝而后殡于祖,周朝而后遂葬。"

【注释】

①子罕:原作"子羍",据《四部丛刊》本《家语》改。

②重:古代丧礼,安葬前设置的依神之牌位。

③重,主道也:《礼记·檀弓下》郑玄注:"始死未做主,以重主其神也。"郑注中,前"主"字指葬后设置的神主,后"主"字为代替、代表之义。

④殷主缀重:王注:"缀,连也。殷人作主而连其重,悬诸庙也。"

⑤周人彻重焉:王注:"周人作主彻重,就所倚处而治。"

⑥丧朝:王注:"丧将葬,朝于庙而后行焉。"

【释义】

子罕问孔子:"人刚死的时候,而设重,这是为何啊?"

孔子说:"重,与神主的道理是一样的。殷人做了神主牌位后,还要将之与重连在一起,周人则是做了神主就将重撤掉。"

子罕又问:"请问在即将下葬的时候,还要在祖庙祭拜,是为什么啊?"

孔子说:"在下庫之前祭拜于祖庙,这是顺从死者的孝心,因此要到祖父、父亲的宗庙里告辞,然后才上路。殷人是在祭拜宗庙以后,还要把灵柩停放于庙中一段时间,而周人则是祭拜祖庙后就出葬。"

【原文】

孔子之守狗①死,谓子贡曰:"路马②死,则藏之以帷,狗则藏之以盖③。汝往埋之。吾闻弊帏④不弃,为埋马也;弊盖不弃,为埋狗也。今吾贫,无盖。于其封⑤也,与之席,无使其首陷于土⑥焉。"

【注释】

①守狗:看家的狗。此记载又见于《礼记·檀弓下》。

②路马:为国君驾车的马。《礼记·曲礼上》:"大夫、士下公门,式路马。"王肃注:"路马,常所乘马。"不知何据。常,或为"君"之讹。

③盖:车盖,车篷。

④弊帏:破旧的帷幔。帏,同"帷",四库本作"帷",帷帐,帷幔。

⑤封:埋后封土筑坟,借为埋葬。

⑥陷于土:指直接埋在土里。

【释义】

孔子的看家狗死了,孔子对子贡说:"国君的驾车的马死了,要用帷幔包裹好再埋掉,狗死了,要用车篷盖包裹好再埋掉。你去把狗埋了吧。我听说,破旧的帷幔不丢掉,为的是可以来埋马;破旧的车篷盖不丢掉,为的是可以用来埋狗。现在我很贫穷,连车篷都没有,你在埋它的时候,也得用张席子把它裹起来,不能让它的头直接埋在土里。"

曲礼公西赤问第四十四

【题解】

本篇集中记载了孔子对丧葬、祭祀礼仪的见解和具体处理方式,这些事情都属于曲礼的范围,又因所记第一件事为公西赤所问,故以"曲礼公西赤问"名篇。

本篇共叙述了七件事情:第一,去职的大夫死后以何等礼仪葬祭;第二,嫡子死,立谁为继嗣;第三,孔子如何葬母;第四,陪葬是否应用木偶;第五,孔子如何对待祥祭颜渊的祭肉;第六,孔子为何祭祀时没有做到"济济漆漆";第七,祭祀时间怎么安排。

丧礼和祭礼是周礼的核心,作为礼学宗师,孔子一生都在研磨古礼。从本篇看,孔子维护周制较多,主张丧葬祭祀要与人的身份地位相称,以人当前的身份地位为准。本篇中孔子说:"大夫废其事,终身不仕,死则葬之以士礼。老而致仕者,死则从其列。"《礼记·中庸》:"父为大夫,子为士,葬以大夫,祭以士;父为士,子为大夫,葬以士,祭以大夫。"这种礼制影响可谓深远。孔子认为虽然天子诸侯之祭与平民百姓之祭在礼仪上有隆杀之分,但其背后所蕴含的礼义却是相通的,尤其丧祭之礼,发自内心的哀痛和恭敬才是最重要的。

关于具体的礼制,由于人们理解各异而存在不同看法。《家语》的记载,对于正确理解这些制度十分有益。例如"孔子之母既丧"一节:"及二十五月而大祥,五日而弹琴不成声,十日过禫而成笙歌。"对于此处,学者译注往往有误。《曲礼子贡问第四十二》:"鲁人朝祥而暮歌者,子路笑之……孔子曰:'又多乎哉,逾月则其善也。'"对此,人们多理解为"假若能过一个月再唱歌,就好了",事实上,这里涉及王肃、郑玄之学论争的一个焦点:郑玄认为大祥与禫祭不同月,三年之丧二十七个月,而王肃认为大祥与禫祭同月,三年之丧二十五个月。孔子以为大祥后"逾月则其善也",若是按传统理解,大祥后再过一个月才可唱歌,则孔子大祥后五天而弹琴就违礼。如果大祥后五天举行禫祭,十天后已过本月,则孔子吹笙亦不违礼。所以,大祥与禫祭应为同月,大祥后唱歌只要逾过这一个月就可以,并不是再过一个月。总之,并不是十天后禫祭,而是禫祭后十天已出去了这个月,因此可以吹笙唱歌。

又如,"孔子尝"一节中的"反馈乐成,进则燕俎",有的解释"燕俎"为宴饮、宴席。"进则燕俎"译为进而宴饮,恐误。《礼记·祭义》曰:"仲尼尝……反馈乐成,荐其荐俎,序其礼乐,备其百官,君子致其济济漆漆。"又曰:"孝子将祭……荐其荐俎,序其礼乐,备其百官,奉承而进之。""荐其荐俎",意思是进献笾豆和肉俎。"反馈乐成",是说天子诸侯的宗庙大祭,先在庙堂之上荐血腥,向尸主献酒,再返于庙室中举行馈食礼。既然庙堂之祭已完,这时的血腥牲体要"退而合烹,体其犬豕牛羊,实其簠簋笾豆铏羹"(《问礼第六》),所以"进则燕俎"应为庙堂之祭的血腥牲体,退而合烹,实其簠簋笾豆铏羹,为馈食宾客宴饮做准备。《国语·周语中》记定王享随会以肴烝,说"唯是先王之宴礼,欲以贻女",并进一步解释为"于是乎有折俎加豆",折俎,肴烝,将牲体折骨割肉置于俎案上。因此这里的"燕俎"或即"折俎",俱为"宴礼"所用。由此我们知道"进则燕俎"意思是进献宴飨用的肉俎。

本篇个别记载的可靠性也存在争议。比如孔子丧母,《史记》云在孔子十七岁前,《家语》与《礼记》却说孔子如何令门人修墓起坟。本篇内容皆见于《礼记》,以丛刊本为底本,由于有些内容与前面几章混杂,意义不连贯,故据四库本、同文本、陈本及《礼记》作了个别调整。四库本、同文本等在篇末比丛刊本多出三章,今依丛刊本,未录。

【原文】

公西赤问于孔子曰①:"大夫以罪免,卒,其葬也,如之何?"

孔子曰:"大夫废其事,终身不仕,死则葬之以士礼;老而致事者②,死则从其列。"

【注释】

①公西赤:孔子弟子。

②致事:不再处理政事。《四部丛刊》本《家语》作"致仕",指退休。

【释义】

公西赤问孔子说:"大夫因犯罪而被免官,这样的人死后,他的葬礼应怎样办呢?"

孔子说:"大夫被免官以后,终身再也没有做官的,死后安葬用士人的礼仪;因年老而不能处理政务的,死后则按照其生前官阶之礼来安葬。"

【原文】

公仪仲子嫡子死①,而立其弟②。檀弓谓子服伯子曰③:"何居?我未之前闻也。"

子服伯子曰:"仲子亦犹行古人之道。昔者文王舍伯邑考而立武王④;微子舍其孙脂立其弟衍⑤。"

子游以问诸孔子,子曰:"否,周制立孙。"

【注释】

①公仪仲子:鲁国贵族。

②而立其弟:《礼记·檀弓上》作"仲子舍其孙而立其子"。其子,指仲子的庶子。

③檀弓:鲁国知礼的人。子服伯子:即子服景伯,鲁国大夫。

④舍:舍弃。伯邑考:周文王之长子。

⑤微子:商纣王的庶兄,武王灭商后,周公旦封他于宋,为宋国始祖。脂:微子孙。衍:微子庶子。

【释义】

公仪仲子的长子死了,公仪仲子立他的庶子作继承人。檀弓对子服伯子说:"这是为什么呢?我从前没听说过这样的事啊。"

子服伯子说:"仲子还是依照古人之道而行的。从前周文王舍弃他的长子伯邑考而立武王;微子舍弃他的孙子脂而立了庶子衍。"

子游向孔子询问此事,孔子说:"不是这样,周代的制度是立嫡孙。"

【原文】

孔子之母既丧,将合葬焉。曰:"古者不祔葬①,为不忍先死者之复见也。《诗》云②:'死则同穴。'自周公已来祔葬矣。故卫人之祔也,离之,有以间焉。鲁人之祔也,合之,美夫,吾从鲁。"遂合葬于防。

曰:"吾闻之:古者墓而不坟。今丘也,东西南北之人,不可以弗识也。吾见封之若堂者矣③,又见若坊者矣④,又见若覆夏屋者矣⑤,又见若斧形者矣。吾从斧者焉。"于是封之,崇四尺。

孔子先反虞⑥,门人后。雨甚,至墓崩,修之而归。孔子问焉,曰:"尔来何迟?"对曰:"防墓崩。"孔子不应。三云,孔子泫然而流涕,曰:"吾闻之,古不修墓。"及二十五月而大祥⑦,五日而弹琴不成声,十日过禫而成笙歌⑧。"

【注释】

①祔:合葬。

②诗:指《诗经·王风·大车》。

③封之若堂:坟头筑成四方像堂屋的样子。王注:"堂形四方若高者。"

④若坊者:像堤防的样子。王注:"坊形旁杀平,上而长。"

⑤若覆夏屋者:如夏代屋顶的样子。

⑥虞:祭名。安葬后,回来祭于殡宫叫虞。

⑦大祥:父母死后两周年的祭礼。

⑧十日过禫而成笙歌:禫,由穿丧服到换吉服之间的一个月服制叫禫。笙歌,吹笙吹出了曲调。王注:"孔子大祥二十五月,禫而十日,踰月而歌也。"

【释义】

孔子的母亲死后,准备与他的父亲合葬在一起。孔子说:"古代不合葬,是不忍心再看到先去世的亲人。《诗经》上说:'死则同穴。'自周公以来开始实行合葬。卫国人合葬的方式是夫妇棺椁分两个墓穴下葬,中间是有间隔的。鲁国人是夫妇棺椁葬在同一个墓穴,鲁国人的方式好,我赞成鲁国人的合葬方式。"于是把父母合葬在防。

孔子说:"我听说:古代墓地是不做坟头的。现今我孔丘是个东西南北奔走的人,不可以不在墓地上做个标记。我见过把坟头筑成四方而高像堂屋形的,又见过下宽上窄像堤防的,又见过两边有慢坡像夏代屋顶的,又见过像斧头形的。我赞成像斧头形的。"于是筑成斧头形坟头,高四尺。

孔子先返回去举行虞祭,门人是后回来的。雨很大,以至墓塌了,门人修好墓才回来。孔子问他们:"你们为什么这么迟才回来啊?"门人回答说:"防地的坟墓塌了。"孔子没应声。门人说了三次,孔子难过地流下泪来,说:"我听说,古代不在墓上筑坟头。"到第二十五月举行大祥祭,又过五天,弹琴不成声调。十天禅祭以后,吹笙才吹出曲调。

【原文】

孔子有母之丧,既练,阳虎吊焉①,私于孔子曰:"今季氏将大飨境内之士②,子闻诸?"

孔子答曰:"丘弗闻也。若闻之,虽在衰绖③,亦欲与往。"

阳虎曰:"子谓不然乎?季氏飨士,不及子也。"

阳虎出,曾参问曰:"语之何谓也?"

孔子曰:"己则衰服,犹应其言,示所以不非也④。"

【注释】

①阳虎:季孙氏家臣。

②飨:用酒食款待。

③衰绖:丧服,此指服丧期间。

④示所以不非:王注:"孔子衰服,阳虎之言犯礼,故孔子答之,以示不非其言者也。"不非,不责怪。

【释义】

孔子的母亲去世了,练祭之后,阳虎来吊丧,私下对孔子说:"今天季氏将邀请并孔子回答说:"我没有听说。如果听到了,虽然还在服丧,也想前去参加。"

阳虎说:"您认为我说的不是事实吧?季氏款待士人,没有邀请您。"

阳虎出来后,曾参问道:"您的话是什么意思呢?"

孔子说:"我正在服丧,还应答他的话,表示我没有责怪他的无理之言。"

【原文】

颜回死,鲁定公吊焉,使人访于孔子。

孔子对曰:"凡在封内[①],皆臣子也。礼,君吊其臣,升自东阶,向尸而哭,其恩赐之施,不有筭也[②]。"

【注释】

①封:疆界。

②筭:计算。"筭"字处原为空格,据《四部丛刊》本《家语》补。

【释义】

颜回死了,鲁定公去吊唁,派人向孔子询问这方面的礼仪。

孔子回答说:"凡在国君封地内的,都是国君的臣民。根据礼,国君吊唁臣子,从东面的台阶上去,面向尸体而哭,这样他所施的恩惠,就难以计算了。"

【原文】

原思言于曾子曰[①]:"夏后氏之送葬也,用明器[②],示民无知也;殷人用祭器,示民有知也;周人兼而用之,示民疑也。"

曾子曰:"其不然矣。夫以明器,鬼器也;祭器,人器也。古之人胡为而死其亲也?"

子游问于孔子。

曰:"之死而致死乎,不仁,不可为也;之死而致生乎,不智,不可为也。凡为明器者,知丧道也。备物而不可用也,是故竹不成用^③,而瓦不成滕^④,琴瑟张而不平,笙竽备而不和,有钟磬而无簨虡^⑤。其曰明器,神明之也。哀哉!死者而用生者之器,不殆而用殉也^⑥!"

【注释】

①原思:孔子弟子原宪,字子思。《礼记·檀弓上》作"仲宪"。

②明器:也叫盟器,古代殉葬的器物。

③竹不成用:陪葬的竹器没编成形,不能使用。王注:"谓筥之无缘。"

④瓦不成滕:瓦器没有经过烧制。王注:"滕,镤。"镤指精炼的铁,此处代指烧炼、烧制。

⑤有钟磬而无簨虡:有钟磬而无悬挂的木架。王注:"簨虡可以悬钟磬也。"

⑥殆:近于,几乎。殉:王注:"杀人以从死谓之殉。"

【释义】

原思对曾子说:"夏后氏送葬时,殉葬用的是不能使用的明器,是让人知道死者是无知觉的;殷人殉葬用的是生时用的祭器,是让人知道死者是有知觉的;周人两者兼而用之,是表示他们对有知无知是疑惑的。"

曾子说:"恐怕不是这样。明器,是鬼用的;祭器,是人用的。古人怎么知道死去的亲人没有知觉呢?"

子游向孔子请教这个问题。

孔子说:"送走死去的亲人就认为死者没有知觉了,这是不仁的,不可以这样做;送走死去的亲人就认为死者还是有知觉的,这是不智的,也不可以这样做。凡是准备了各种殉葬的器物,是懂得丧葬的礼仪啊。所以,准备了各种器物而不能实际使用,竹器不编边不能用，瓦器没烧制不能用，琴瑟张着弦不能弹，笙竽具备外形而不能吹，有钟磬而无悬挂的架子不能击打。这些随葬的器物叫作明器，意思是把死者当作神明来供奉。可悲呀！死者如果用生者所用的器皿来殉葬，这不就近于用真人来殉葬了吗！"

【原文】

子游问于孔子曰："葬者涂车刍灵①，自古有之。然今人或有偶②，是无益于丧。"孔子曰："为刍灵者善矣，为偶者不仁，不殆于用人乎？"

【注释】

①涂车刍灵：《礼记·檀弓下》："涂车、刍灵，自古有之，明器之道也。"孙希旦集解："涂车、刍灵，皆送葬之物也。涂车即遣车，以采色涂饰之，以象金玉。"刍灵，郑玄注："刍灵，束茅为人马；谓之灵者，神之类。"此记载又见于《礼记·檀弓下》。

②偶：王肃注："偶亦人也。"即土、木制成的偶像。《国策·齐策三》："今臣来过于淄上，有土偶人与桃梗相与语。"

【释义】

子游向孔子请教说："随葬的泥做的车，草扎的人马，自古就有了。然而如今有人制作土、木偶像来陪葬，这样做对丧事没有什么好处。"孔子说："扎草人、草马的人心地善良，制作土偶、木偶的人居心不仁，用制作得惟妙惟肖的偶像陪葬，这不是接近于用真人来殉葬了吗？"

【原文】

颜渊之丧，既祥①，颜路馈②祥肉③于孔子。孔子自出而受之，入，弹琴以散情，而后乃食之。

【注释】

①祥:此处指大祥之祭,凡礼,对小祥不单言祥。此记载又见于《礼记·檀弓上》。

②馈:泛指赠送。《论语·乡党):"朋友之馈,虽车马。非祭肉,不拜。"《孟子·公孙丑下》:"前日于齐,王馈兼金一百而不受。"

③祥肉:祥祭时所供之肉。

【释义】

颜渊的那次丧事,大祥祭过后,颜路给孔子送来祥祭时所供的肉。孔子亲自到门口接受了,回到屋里,先弹琴以排遣哀痛之情,然后才开始吃肉。

【原文】

孔子尝①,奉荐②而进,其亲也悫③,其行也趋趋以数④。已祭,子贡问曰:"夫子之言祭也,济济漆漆⑤焉。今夫子之祭⑥,无济济漆漆,何也?"

孔子曰:"济济⑦者,容也远也;漆漆者,自反⑧。容以远,若⑨容以自反,夫何神明之及交?必如此,则何济济漆漆之有?反馈⑩乐成⑪,进则燕俎⑫,序其礼乐,备其百官,于是君子致其济济漆漆焉。夫言岂一端而已哉?亦各有所当也⑬。"

【注释】

①尝:王肃注:"尝,秋祭也。"此记载又见于《礼记·祭义》。

②荐:祭品。《周礼·天官·庖人》:"以共王之膳,与其荐羞之物。"郑玄注:"荐,亦进也,备品物曰荐,致滋味乃为羞。"又《天官·笾人》:"凡祭祀,共其笾荐羞之实。"郑玄注:"荐、羞,皆进也,未食未饮曰荐,既食既饮曰羞。"

⑧其亲也悫:王肃注:"悫,亲之奉荐也。悫,质也。"悫,诚笃,忠厚。《史记·孝

④趋趋以数：王肃注：“言少威仪。”即匆忙貌。数，频繁。指举步频繁，步履急速。

⑤济济漆漆：王肃注：“威仪容止。”济济，庄严恭敬貌。《礼记·玉藻》：“朝廷济济翔翔。”漆漆，恭敬貌。《礼记·祭义》：“漆漆者，容也，自反也。”孔颖达疏：“谓容貌自反复而修正也。”按，反复修整容貌，以示祭祀的虔诚。

⑥子之祭：原无“子之祭……亦各有所当也”一段，今据四库本、同文本、陈本、文献集本及《礼记·祭义》补。

⑦济济：四库本、同文本此后有“漆漆”二字。

⑧自反：回过来要求自己，反躬自问。《礼记·学记》：“知不足，然后能自反也。”此为自我修整，做到仪容矜持。四库本、同文本此前有“以”字。

⑨若：而，又。

⑩反馈：天子诸侯的宗庙大祭，先在庙堂之上荐血腥，向尸主献酒，再返于庙室举行馈食礼。

⑪乐成：指乐舞合成，音乐由舞蹈伴随着奏响。

⑫进则燕俎：进献宴飨用的肉俎。燕，通“宴”。俎，古代祭祀、设宴时用以载牲的礼器。

⑬也：四库本、同文本无。

【释义】

孔子为亡亲举行秋祭，手捧祭品上前进献，他亲自做这些事情时显得非常质朴，走起路来也步伐急促。祭祀结束后，子贡问道：“先生您以前谈到祭祀的时候，要求祭祀时做到仪态庄严恭敬，仪容端庄恭谨，可是如今先生您祭祀，却没有做到仪态庄严恭敬，仪容修整恭谨，这是为什么呢？”

孔子说：“所谓仪态庄严恭敬，表情是疏远的；所谓仪容修整恭谨，神情是自我矜持的。疏远的表情，自我矜持的神情，那怎么能与亲人的神灵交互感应呢？假若真是这样，哪里还会有仪态庄严恭敬，仪容修整恭谨呢？这就完全失去了原有的意义。天子诸侯的宗庙大祭，先在庙堂之上荐血腥，向尸主献酒，再返于庙室中举行馈食礼，一时间，乐舞合成，接着进献宴飨用的肉俎，有顺序地安排礼乐，备具助祭的百官，这些助祭的君子身处这种隆重的场面，自然应该仪态庄

作尊彝尊

严恭敬，仪容端庄恭谨。所以我那话怎么能只从一个方面理解呢？也是各有其适当的场合的。"

【原文】

子路为季氏宰。季氏祭，逮①昏而奠②，终日不足，继以烛。虽有强力之容，肃敬之心，皆倦怠矣。有司跛倚③以临事④，其为不敬也大矣。他日⑤，子路与焉。室事交于户⑥，堂事⑦当于阶。质明⑧而始行事，晏朝⑨而彻⑩。

孔子闻之，曰："以此观之⑪，孰谓由也而不知礼⑫？"

【注释】

①逮：及，到。《左传·哀公六年》："逮夜至于齐。"此记载又见于《礼记·礼器》。

②奠：祭，向鬼神献上祭品。《诗·召南·采苹》："于以奠之，宗室牖下。"

③跛倚：靠着它物企斜地站立，一种不庄重的样子。《礼记·礼器》："有司跛倚以临祭，其为不敬也大矣。"郑玄注："偏任为跛。依物为倚。"

④事：原无，据四库本、同文本、陈本补。

⑤他日：四库本、同文本此后有"祭"字。

⑥室事交于户:《礼记·礼器》:"室事交乎户。"孔颖达疏:"谓正祭之事,事尸在室。"室事,在室内举行的正祭,有充当祖先神像的尸。户,本指单扇的门,引申为出入口的通称。交,授受。

⑦堂事:《礼记·礼器》:"堂事当于阶。"孔颖达疏:"正祭后傧尸之事,事尸于堂。"指正祭过后,在厅堂举行的款待尸的祭祀。

⑧质明:犹黎明,天刚亮时。《仪礼·士冠礼》:"宰告曰:'质明行事。'"郑玄注:"质,正也。宰告曰:'旦日正明行冠事。'"程大昌《演繁露》卷十:"质明,则已晓也。"

⑨晏朝:黄昏,日落时。晏,晚。

⑩彻:完,结束。

⑪以此观之:原无,今据四库本、同文本、陈本补。

⑫孰谓由也而不知礼:原作"孰为士也而不知礼",今据陈本及《礼记·礼器》改。谓,四库本、同文本作"为"。

【释义】

子路当了鲁国大夫季氏的家宰。从前季氏举行宗庙祭祀,天还没亮的时候就开始陈列祭品,一整天时间还不够,晚上又点燃蜡烛,继续进行。即使有强壮的体力,严肃恭敬的心意,也都疲倦懈怠了。执事人员都歪斜着身子,依靠着它物,来应付祭祀的各种仪式。那真是对神灵极大的不恭敬。另有一天,举行庙祭,子路参与了有关的司礼工作,室内举行正祭,有充当祖先神像的尸,所需的各种祭品在内室门口交接,正祭完毕,在堂上款待尸,所需的食物在西阶之上交接。从天亮开始进行,到傍晚就结束了。

孔子听说了这件事,说:"就这件事看来,谁说仲由不懂得礼呢?"

【原文】

卫庄公之反国①,改旧制,变宗庙,易朝市②。高子皋问于孔子曰③:"周礼绎祭于祊④，祊在庙门之西⑤，前朝而后市。今卫君欲其事事一更之，如之何？"

孔子曰："绎之于库门内，祊之于东市⑥，朝于西方，失之矣。"

【注释】

①卫庄公：指蒯聩，卫灵公子。为君在位二年，谥庄。反国：蒯聩因得罪灵公出奔晋国，灵公死后他返国抢夺君位。

②易：改换，改变。

③高子皋：人名，生平不详。

④绎祭：正祭之后的次日又祭为绎祭。祊：庙门旁祭祖叫祊。庙门也称祊。

⑤庙门：疑当作"库门"，指王宫最外的门。

⑥东市：《礼记·郊特牲》作"东方"，较胜。

【释义】

卫庄公返回国内，变更以前的制度，改变宗庙，改换朝廷和集市的位置。高子皋以此事问孔子说："周代的礼制，在庙门旁举行绎祭，庙门在王宫庙最外面大门的西边，庙门的前方是朝廷，后面是早市。现在卫国国君要事事变更，怎么样？"

孔子说："在王宫大门内举行绎祭，在庙门外东方祭祀，设早市于城中西方，这是错误的。"

【原文】

季桓子将祭，齐三日，而二日钟鼓之音不绝。冉有问于孔子。

子曰："孝子之祭也，散斋七日①，慎思其事②，三日致斋而一用之③。犹恐其不敬也，而二日伐鼓，何居焉？"

【注释】

①散斋:斋戒共十天,三天致斋,七天散斋。散斋指检束生活,如不娱乐,不与女人同房等。

②慎思其事:时刻思念被祭者的一切事情,如音容笑貌和所做之事。

③三日致斋而一用之:三天致斋要独处一室,一心思念被祭祀的亲人。王注:"情一而用之也。"

【释义】

季桓子将要举行祭祀,斋戒三天,而有两天钟鼓之声不绝。冉有以此事请教孔子。

孔子说:"孝子举行祭祀,散斋七天,这期间要时刻思念被祭者的一切事情,检束自己的行为;三天致斋,独处一室,一心思念被祭祀的亲人。这样还恐怕不够恭敬,而季桓子有两天还要敲鼓作乐,这是干什么呢?"

【原文】

公父文伯之母,季康子之从祖母。康子往焉,侧门而与之言①,内皆不逾阈②。文伯祭其祖悼子③,康子与焉,进俎而不受④,彻俎而不与燕⑤,宗老不具则不绎⑥,绎不尽饫则退⑦。

孔子闻之,曰:"男女之别,礼之大经⑧。公父氏之妇,动中德⑨,趋度于礼矣。"

【注释】

①侧门而与之言:王注:"侧门,于门之侧而与之言。"

②不逾阈:逾,越过。阈,门槛。王注:"言不外身,不逾门限。"

③悼子：王注："悼子，文伯始祖。"

④进俎而不受：王注："进俎康子而不亲授。"进俎，端上祭品。

⑤彻俎而不与燕：王注："彻俎之后而不与欢燕之坐。"彻俎，撤下祭品。

⑥宗老不具则不绎：王注："绎，又祭。宗老，大夫家臣也，典祭祀及宗族之事。不具，不在。"

⑦绎不尽饫：王注："饫，献神。不尽厌饫之礼而去也。"

⑧大经：大法，常规。

⑨动中德，趋度于礼：王注："中意之趋，合礼之度。"

【释义】

公父文伯的母亲，是季康子的从祖母。季康子到她那里去，她在门侧和康子说话，身体在门内不迈出门槛。文伯祭奠他的祖先悼子，康子也参加祭祀，康子呈送祭品，文伯的母亲不亲自接受，撤下祭品大家欢宴时她也不参加，主持祭祀的宗老不在不举行第二天的绎祭，绎祭时不等献神完毕就退下。

孔子听到这事，说："男女之别，是礼的大法则。公父氏的妇人，行动合乎道德，做法合乎礼度。"

【原文】

季康子朝，服以缟①。曾子问于孔子曰："礼乎？"

孔子曰："诸侯皮弁以告朔②，然后服之以视朝③。若此，礼者也。"

【注释】

①缟：白色。此指用白绢做的服装。王注："朝服以缟，宗礼也。孔子恶指斥康子，但言诸侯之礼而已。"

②诸侯皮弁以告朔：皮弁，用白鹿皮制作的帽子。告朔，周代天子每年季冬以明年朔政（天子每年季冬颁发来年十二个月的政事于诸侯称朔政）分赐诸侯，诸侯受而藏之于祖庙，诸侯于月初祭庙受朔政称告朔。

③然后服之以视朝：王注："朝服明不用缟。"

【释义】

季康子上朝时，穿着白色衣服。曾子向孔子请教说："这合乎礼吗？"

孔子说："诸侯戴着皮弁参加告朔，然后穿着朝服临朝听政。这样的穿戴才是合乎礼制的。"

【原文】

《孔子家语》者，皆当时公、卿、士大夫及七十二弟子之所谘访、交相对问言语者，既而诸弟子各自记其所问焉，与《论语》《孝经》并时。弟子取其正实而切事者，别出为《论语》，其余则都集录之，名之曰《孔子家语》。凡所论辨疏判较归①，实自夫子本旨也。属文下辞，往往颇有浮说烦而不要者，亦犹七十二子各共叙述，首尾加之润色，其材或有优劣，故使之然也。

孔子既没，而微言绝；七十二弟子终，而大义乖。六国之世，儒道分散，游说之士各以巧意而为枝叶。唯孟轲、荀卿守其所习。当秦昭王时，荀卿入秦，昭王从之问儒术。荀卿以孔子之语及诸国事、七十二弟子之言凡百余篇与之，由此秦悉有焉。始皇之世，李斯焚书，而《孔子家语》与诸子同列，故不见灭。高祖克秦，悉敛得之，皆载于二尺竹简，多有古文字。及吕氏专汉②，取归藏之，其后被诛亡，而《孔子家语》乃散在人间。好事亦各以意增损其言，故使同是一事而辄异辞。孝景皇帝末年，募求天下礼书，于时士大夫皆送官，得吕氏之所传《孔子家语》，而与诸国事及七十二子辞妄相错杂，不可得知，以付掌书，与《曲礼》众篇乱简，合而藏之秘府③。

元封之时④,吾仕京师⑤,窃惧先人之典辞将遂泯灭,于是因诸公、卿、士大夫,私以人事募求其副,悉得之。乃以事类相次,撰集为四十四篇。又有《曾子问礼》一篇,自别属《曾子问》,故不复录。其诸弟子书所称引孔子之言者,本不存乎《家语》,亦以其已自有所传也,是以皆不取也。将来君子不可不鉴。

【注释】

①论辨:议论分辨。疏判:分疏判断。较归:比较归纳。

②吕氏:指汉高祖刘邦的皇后吕雉,曾主政八年。

③秘府:皇宫中藏书的地方。

④元封:汉武帝年号,公元前110—前105年。

⑤吾仕京师:我在京城做官。此"吾"是孔安国自称。

【释义】

《孔子家语》这部书,都是当时公、卿、士大夫及七十二弟子向孔子咨询请教、相互对问的话语,既而各个弟子分别把自己所问和孔子回答的话记录下来,与《论语》《孝经》是同一时代的。弟子选取那些平实而又合乎事理的,编辑为《论语》,其余的都集录在一起,定名为《孔子家语》。所有探讨论辩、分别归纳,实际内容都是来自孔子的根本思想。而文章的语言和文辞,往往颇有虚浮不实和烦琐而不简要的,也如同孔子的七十二弟子各自或共同叙述一件事,首尾加以润色,取材也有优劣,因此出现了这种情况。

孔子去世以后,这些精微的言论就绝灭了;七十二弟子死后,阐释孔子的言论就与孔子的大义要旨乖离了。到了六国时代,儒家的学说分散,游说之士各以自己的意思添枝加叶。只有孟轲、荀子遵守他们所学习的道理。到秦昭王时,荀子到秦国去,秦昭王向他询问儒家的学术,荀子把孔子的言论以及记载各国政事的典籍、七十二弟子记载的言论共百余篇给了秦昭王,由此秦国就有了这些典籍。到了秦始皇时代,李斯焚书,因为《孔子家语》和诸子的书属于同类,所以没有被焚毁。汉高祖灭秦以后,这些典籍都归了汉朝,这些资料都记载在二尺竹简上,多有古文字。到吕氏篡汉后,把这些都收藏起来,后来吕氏被诛灭,《孔子家语》就散落在人间。喜好这些典籍的人各以自己的想法来增添或删减其中的言论,因此使同是一事而记载不同。汉孝景皇帝末年,征集天下礼书,当时士大夫家把这些资料都送到官府,从而得到了吕氏所传的《孔子家语》,而《孔子家语》与记载各国政事及七十二子的言论相互错杂,不知哪些是《家语》.交付给掌管书籍的人,又与《曲礼》等篇章乱简,一起藏在秘府。

到了元封年间,我在京师做官,恐怕先人典籍泯灭不传,于是我私下向一些公、卿、士大夫送了些礼品募求这些典籍的副本,都收集到了。然后按照事类编次,撰集为四十四篇。还有《曾子问礼》一篇,另外归属《曾子问》,所以不再复录。其他有的弟子所记载的称引孔子言论的资料,原来就没收在《家语》中的,因其已各有所传,也都不收录。将来读《孔子家语》的人不可不了解这些情况。

【原文】

孔安国,字子国,孔子十二世孙也。孔子生伯鱼,鱼生子思,名伋,伋常遭困于宋,作《中庸》之书四十七篇,以述圣祖之业。授弟子孟轲之徒数百人,年六十二而卒。子思生子上,名白,年四十七而卒。自叔梁纥始出妻,及伯鱼亦出妻,至子思又出妻,故称孔氏三世出妻。子上生子家,名傲,后名永,年四十五而卒。子家生子直,名櫋,年四十六而卒。子直生子高,名穿,亦著儒家语十二篇,名曰《□言》,年五十七而卒。子高生武,字子顺,名微,后名斌,为魏文王相,年五十七而卒。子武生子鱼,名鲋;及子襄,名腾;子文,名祔。子鱼后名甲。子襄以好经书,博学,畏秦法峻急,乃壁藏其《家语》《孝经》《尚书》及《论语》于夫子之旧堂壁中。子鱼为陈王涉博士太师,卒陈下。生元路,一字符生,名育,后名随。子文生斞,字子产,子产后从高祖,以左司马将军从韩信破楚于垓下，以功封蓼侯，年五十三而卒，谥曰夷侯。长子灭嗣，官至太常；次子襄，字子士，后名让，为孝惠皇帝博士，迁长沙王太傅，年五十七而卒。生季中，名员，年五十七而卒。生武及子国。子国少学《诗》于申公，受《尚书》于伏生，长则博览经传，问无常师。年四十为谏议大夫，迁侍中博士。天汉后，鲁恭王坏夫子故宅，得壁中诗书，悉以归子国。子国乃考论古今文字，撰众师之义，为《古文论语训》十一篇、《孝经传》二篇、《尚书传》五十八篇，皆所得壁中科斗本也。又集录《孔氏家语》为四十四篇，既成，会值巫蛊事①，寝不施行②。子国由博士为临淮太守，在官六年，以病免，年六十卒于家。其后孝成皇帝诏光禄大夫刘向校定众书③，都记录，名《古今文书论语别录》。

子国孙衍④，为博士，上书辨之曰·"臣闻明王不掩人之功，人圣不遗人小善，所以能其明圣也。陛下发明诏，诏群儒，集天下书籍，无言不悉。命通才大夫校定其义，使遏载之文以大著于今日，立言之士垂于不朽，此则蹈明王之轨，遵大圣之风者也。虽唐帝之焕然，周王之或或⑤，未若斯之极也。故述作之士莫不乐测大伦焉⑥。臣祖故临淮太守安国，逮仕于孝武皇帝之世，以经学为名，以儒雅为官，赞明道义见称。前朝时鲁恭王坏孔子故宅⑦，得古文科斗《尚书》⑧、《孝经》《论语》，世人莫有能言者。安国为之今文读，而训传其义。又撰次《孔子家语》，既毕，值巫蛊事起，遂各废不行于时。然其典雅正实，与世所传者不同日而论也。光禄大夫向，以为其时所未施行，故《尚书》则不记于《别录》，《论语》则不使名家也。臣窃惜之。且百家章句无不毕记，况《孔子家语》古文正实，而疑之哉？又戴圣近世小儒⑨，以《曲礼》不足，而乃取《孔子家语》杂乱者，及子思、孟轲、荀卿之书，以裨益之，总名曰《礼记》。今尚见其已在《礼记》者，则便除《家语》之本篇，是火其原而存其末，不亦难乎？臣之愚以为，宜如此为例，皆记录别见。故敢冒昧以闻。"

奏上，天子许之。未即论定，而遇帝崩，向又病亡，遂不果立。

【注释】

①巫蛊:古代迷信,巫师使用邪术加害于人称巫蛊。此指汉武帝时,江充任直指绣衣使者,诬陷太子刘据用巫术加害武帝。太子起兵捕杀江充,自己也自缢身亡。

②寝:停止。

③刘向:原名更生,字子政。后改名向。任光禄大夫,校阅经传诸子诗赋等书籍,写成《别录》一书。

④子国:孔安国字。孙衍:孔安国的孙子孔衍。

⑤彧彧:茂盛貌。

⑥乐测大伦:愿意以其为准绳。

⑦鲁恭王:汉景帝子,名馀,为鲁王,谥号为恭。曾坏孔子宅,以广其宫,于壁中得古文经传。

⑧科斗:指蝌蚪文字。

⑨戴圣:汉代人,宣帝时博士。曾删定《礼记》四十九篇,即今《礼记》。

【释义】

孔安国,字子国,是孔子的十二世孙。孔子生伯鱼,伯鱼生子思,子思名叫伋,伋曾经被困在宋国,作了《中庸》这部书,共四十七篇,用以记述他的祖先圣人孔子的业绩。他教授弟子孟轲等有数百人,年六十二而死。子恩生子上,名叫白,年四十七而死。从孔子的父亲叔梁纥开始休妻,到孔子的儿子伯鱼也休妻,至孔子的孙子子思又休妻,所以称孔氏三世出妻。子上生子家,名叫傲,后来又叫永,年四十五而死。子家生子直,名叫槚,年四十六而死。子直生子高,名叫穿,也著儒家语十二篇,书名为《口言》,年五十七而死。子高生武,字子顺,名叫微,后名斌,为魏文王相,年五十七而死。子武生子鱼,名叫鲋;以及子襄,名叫腾;子文,名叫祔。子鱼后来改名甲。子襄喜好经书，博学，畏惧秦法峻急，于是把《家语》《孝经》《尚书》及《论语》藏在孔子旧宅堂壁中。子鱼任楚王陈涉的博士太师，死于陈下。子鱼生元路，一字符生，名叫育，后又名随。子文生㝡，字子产，子产后来跟从汉高祖，以左司马将军的官职和韩信一起在垓下打败了项羽，因功封蓼侯，年五十三而死，谥号为夷侯。长子灭嗣，官至太常；次子襄，字子士，后名让，为孝惠皇帝博士，升任长沙王太傅，年五十七而死。子襄生季中，名叫员，年五十七而死。生武及子国。子国年少时学《诗》于申公，学《尚书》于伏生，长大后则博览经传，问无常师。四十岁时为谏议大夫，升任侍中博士。天汉年以后，鲁恭王毁坏孔子故宅，得到壁中所藏诗书，全都给了子国。子国于是考证论述古今文字，聚集众多经师释经之义，编辑为《古文论语训》十一篇、《孝经传》二篇、《尚书传》五十八篇，都是得之孔壁中的蝌蚪文字本。又集录《孔氏家语》为四十四篇，书成，调到巫蛊这件事，停卜来不能施行。子国由博士担任临淮太守，在官六年，后因病免官，年六十死于家中。其后孝成皇帝下诏让光禄大夫刘向校定群书，都记录下来，定名《古今文书论语别录》。

子国的孙子孔衍，为博士，向皇帝上书辩白说："臣听说圣明的君王不掩盖别人的功劳，道德高尚完备的人不会看不到别人的小善，所以能成就明君大圣的称号。陛下发布圣明的诏书，向群儒咨询，征集天下书籍，所有古代先哲遗言都收藏了。命令博学多识的大夫校定其义，以使久远年代的典籍在今天广泛流传，让那些创立学说的人垂于不朽，这正是沿着圣明君王的大道，遵循大圣遗风的做法。即使唐尧时代帝王的兴盛，周代文王武王的兴旺，也没有达到现在的程度。所以那些愿意阐释古代典籍和创作的人都愿意以其为准绳。我的祖先孔安国曾任临淮太守，在孝武皇帝之世为官，以精通经学出名，以博学儒雅为官，以佐助彰明道义见称。汉景帝时，鲁恭王坏孔子故宅，得古文科斗《尚书》《孝经》《论语》，当时人没有会读。安国用今文来读，并解释其义。又编撰《孔子家语》一书，书成后，正遇到巫蛊这件事，于是搁置下来，在当时没有流行。然而其书内容典雅真实，与世上所流传的不可同日而论。光禄大夫刘向，认

为当时未流行,所以《尚书》没有记载在《别录》里,《论语》也没有赋予重要地位:我很为此感到惋惜。况且《别录》对百家章句无不毕记,何况《孔子家语》是用古文记录史实,言论真实,而要怀疑吗?又戴圣是近世的小儒,因为编辑《曲礼》的材料不足,就取《孔子家语》杂乱的部分以及子思、孟轲、荀子的书,来增加篇幅,总名为《礼记》。而现今尚存在于《礼记》的文字,便将《家语》中相关的内容删除,这是灭其原而存其末,这是很难达到目的啊!以臣的愚见,应当以此为例,把这种情况都另外记录下来。故敢冒昧上书。"

奏章上达后,天子准许了。但没等下令,汉成帝驾崩,刘向又病亡,因此《孔子家语》没有列在学官。

【原文】

嗟乎!是书之亡久矣,一亡于胜国王氏①,其病在割裂;一亡于包山陆氏②,其病在倒颠。先辈每庆是书未遭秦熖,至于今日,何异与焦炬同烟销耶?予每展读,即长跪宣尼像前,誓愿遴止。及见郴阳何燕泉叙中云云③,不觉泣涕如雨。夫燕泉生于正德间,又极稽古④,尚未获一见,余又何望哉!余又何望哉!抚卷浩叹,愈久愈痛。

忽丁卯秋,吴兴贾人持一编至,乃北宋板王肃注本子,大书深刻,与今本迥异。惜二卷十六叶已前皆已蠹蚀,因复向先圣焚香叩首,愿窥全豹。幸己卯春从锡山酒家复觏一函,冠冕岿然⑤,亦宋刻王氏注也。所逸者,仅末二卷,余不觉合掌顿足,急倩能书者,一补其首,一补其尾,二册俨然双璧矣。纵未必夫子旧堂壁中故物,已不失王肃本注矣。三百年割裂颠倒之纷纷,一旦而垂绅正笏于夫子庙堂之上矣⑥。是书幸矣?余幸矣?巫公之同好。凡架上王氏、陆氏本,俱可覆诸酱瓿矣。即何氏所注,亦是暗中摸索,疵病甚多,未必贤于王、陆二家也。但其一序亦可参考,因缀旒于跋之下⑦。虞山毛晋识⑧。

【注释】

①胜国:被灭亡的国家,这里指元朝。王氏:即王广谋,字景猷,元人,著《孔子家语句解》四卷。

⑦包山陆氏:名陆治,字叔平。号包山子,明吴县(今江苏吴县)人。国家图书馆今藏:"《孔子家语》十卷,题魏王肃注,明嘉靖四十三年陆治抄本,清惠栋评点,王鸣盛跋。"

③郴阳:地名,今属湖南。何燕泉:即何孟春。详见下注。

④稽古:研习古事。

⑤冠冕:都是戴在头上的帽子,此指书的装帧和开端。屹然:屹立的样子。此指书完整地摆放着。

⑥垂绅正笏:绅为大带,垂绅,是恭敬肃立的意思。笏,朝会时手里拿的记事手板。正笏即严肃端正持笏的意思。这里是指书而言。

⑦缀旒:表率,归依。这里是附录的意思。

⑧虞山毛晋:虞山,山名,在江苏常熟境内,这里是指毛晋故里。毛晋,字子晋,号潜在。原名凤苞,字子久。明末著名藏书家。

【释义】

唉!《孔子家语》亡佚已经很久了,一是亡佚在元代王氏的整理,他的毛病在割裂文字;一是亡佚在包山陆氏手里,他的毛病在倒颠篇章。先辈每每庆幸此书在奉朝未遭到焚烧,但至于今日,与被秦火焚烧飞灰湮灭有什么不同呢?我每展读此书,即长跪于孔子像前,誓愿《家语》的厄运能够停止。等看到郴阳何燕泉的叙,不觉泣涕如雨。何燕泉生于明正德年间,又极爱研究古代的事,他尚未见到《孔子家语》,我又有什么希望呢!我又有什么希望呢!手抚书卷浩叹,愈久愈痛。

忽然，在丁卯秋，吴兴的商人拿一典籍来，竟是北宋板王肃注的《孔子家语》，此书字大深刻.与现今的流行本迥异。只可惜第二卷十六页以前都被虫子蠹蚀，因此我又向先圣焚香叩首，希望能看到全本。幸运的是，己卯春从锡山酒家又购得一函，书的封套装帧齐全，也是宋刻王氏注本。所逸失的，仅最后二卷。我不觉高兴地合掌顿足，急忙请善于书法的人书写，一补其首，一补其尾，二册俨然成为双璧了。纵然未必是夫子旧堂壁中故物，但已不失为王肃注本了。三百年割裂颠倒之纷乱情况，一个早晨就可以端正严肃地摆放在夫子庙堂之上了。这是书的幸运呢？还是我的幸运呢？赶快把这事告诉同样喜好此书的人。凡是书架上王氏本、陆氏本，都可以用来盖酱坛子了。即使何孟春所注的《家语》，也是暗中摸索，疵病甚多，未必比王、陆二家的本子好。但何孟春的序可以参考，因此附录于我的跋文之下。虞山毛晋识。

【原文】

何孟春曰[1]：《孔子家语》，如孔衍言，则壁藏之余，实孔安国为之，而王肃代安国序未始及焉，不知何谓。此书源委流传，肃序详矣。愚考《汉书·艺文志》载《家语》二十七卷，颜师古曰"非今所有《家语》也"[2]。《唐书·艺文志》有王肃注《家语》十卷，然则师古所谓今之《家语》者欤？班史所志大都刘向较录已定之书，肃序称四十四篇，乃先圣二十一世孙猛之所传者。肃辟郑氏学，猛尝学于肃，肃从猛得此书，遂行于世。然则肃之所注《家语》也非安国之所撰次及向之所较者明矣。虞舜《南风》之诗，玄注《乐记》云："其辞未闻。"今《家语》有之。马昭谓王肃增加[3]，非郑玄所见，其言岂无据耶？肃之口异于玄，盖每如此。既于《曾子问》篇不录，又言诸弟子所称引皆不取，而胡为赘此？此自有为云尔。

肃之注愚不获见，而见其序。今世相传《家语》殆非肃本，非师古所谓今之所有者。安国本世远不复可得，今于何取正哉？司马贞与师古同代人也[4]，贞作《史记索隐》，引及《家语》，今本或有或无，有亦不同。愚有以知其非肃之全书矣。今《家语》，胜国王广谋所句解也。注庸陋荒昧，无所发明，何足与语于述作家？而其本使正文漏略，复不满人意，可恨哉！今本而不同于唐，未必非广谋之妄庸有所删除而致然也。《史记》传颜何字冉，《索隐》曰：《家语》字称。仁山金氏考七十二子姓氏[5]，以颜何不载于《家语》，《论语》"仲弓问子桑伯子"朱子注："《家语》记伯子不衣冠而处。"张存中取《说苑》中语为证颜何暨伯子事[6]，广谋本所无者，盖金、张二人所见已是今本。以此类推，此书同事异辞，灭源存末，乱于人手不啻在汉而已。安国及向之旧，至肃凡几变，而今重乱而失真矣，今何所取正？'而愚重为之注，不亦广谋之比乎？

嗟夫！先民有言：见称圣人，圣有遗训，谁其弗循！书莫古于三代，古莫圣于孔子。吾夫子之言，如雷霆之洞人耳，如日月之启人目，六经外，《孝经》、《论语》后幸存此书，奈之何使其汶汶而可也？此书肃谓其烦而不要，大儒者朱子小曰杂而不纯，然实自夫子本旨，固当时书也，而百何可乌而莫之重耶？《论语》出圣门高弟记录，正实而切事者。颜回死，颜路请子之车，子曰："鲤也死有棺而无椁[7]。"校以《家语》所纪岁年，子渊死时[8]，伯鱼盖无恙也[9]。或以《论语》为设事之辞，《论语》且有不可信者矣，吾又何得于此书之不可信者而并疑其余之可信者哉！学者就其所见而求其论于至当之地，斯善学者之益也。春谨即他书有明著《家语》而今本缺略者以补缀之，今本不少概见，则不知旧本为在何篇而不敢以入焉。分四十四篇为八卷，他书所记事同语异者笺其下，而一二愚得附焉。其不敢以入者，仍别录之，并春秋、战国、秦、汉间文字载有孔子语者，录为《家语外集》，存之私塾，以俟博雅君子或得肃旧本而是正焉。是岂独春之幸哉！时大明正德二年，岁次丁卯仲春二月壬寅日识。

【注释】

①何孟春：字子元，郴州（今属湖南）人，明弘治癸丑进士，授兵部主事，累官右副都御史，巡抚云南，入为吏部左侍郎，以争大礼左迁南京工部左侍郎，寻削籍。隆庆初，赠礼部尚书，谥文简。事迹具《明史》本传。

②颜师古：字籀，以字行，祖籍琅邪临沂(今属山东)人。后迁往京兆万年(今陕西西安)，唐初儒家学者，曾为《汉书》作注。

③马昭：魏博士，主郑玄学，与王肃论辩。

④司马贞：字子正，唐河内(今河南沁阳)人。开元中官至朝散大夫，弘文馆学士。唐代著名史学家，著《史记索隐》三十卷。

⑤仁山金氏：即金履祥，字吉甫，号仁山，兰溪(今属浙江)人，从学于王柏，德祐初以史馆编修召，不赴。入元隐居教授以终，事迹具《元史·儒学传》。

⑥张存中：字德庸，元新安人。著有《四书通证》六卷。

⑦"颜回死"四句：事见《论语·先进》。

⑧子渊：颜回字。

⑨伯鱼：孔鲤字。

【释义】

何孟春序说：《孔子家语》一书如孔衍所说，是孔子故宅壁中所藏之物，实际是孔安国编辑的，而在王肃代孔安国所写的序中没讲到这事，不知是为什么。此书的源委流传，王肃的序已叙述得很详细了。我考证《汉书·艺文志》记载《家语》二十七卷，唐颜师古说"不是今天所看到的《家语》"。《唐书·艺文志》有王肃注《家语》十卷，难道这个本子是颜师古所谓的今之《家语》吗？班固《汉书·艺文志》所著录的大都是刘向校定的书，王肃序称《孔子家语》四十四篇，乃是孔子二十一世孙孔猛所传。王肃曾批评郑玄的学说，孔猛曾经就学于王肃，王肃从孔猛那里得到此书，《孔子家语》才流行于世。这样看来，王肃所注《家语》也不是孔安国所撰次及刘向所校定之书，这是很明显的了。虞舜《南风》之诗，郑玄注《乐记》说："没听说过歌辞。"现在流行的《家语》有歌辞。马昭说是王肃增加的，不是郑玄所见的《家语》，这个说法难道没有根据吗？王肃的本子和郑玄不同的，每每如此。既然《曾子问》篇不收录，又说诸弟子所称引的都不取,而为什么还有此多余的东西呢? 这大概是有目的的。

王肃的注我没有看到,只看到他的序。现今世上流传的《家语》大概不是王肃本,也不是颜师古所说的"今之所有者"。孔安国本世代久远不复可得,现今用什么来取正呢? 司马贞与颜师古是同时代的人,司马贞作《史记索隐》,引用了《家语》,今本《家语》或有或无,即使有文字也有不同。我因此推知今本《家语》不是王肃的全本。现今流行的《家语》,是元朝的王广谋做的句解。他的注庸陋荒昧,无所发明,怎么同著作家相比呢? 而他这个本子正文遗漏简略,更让人不满意,真让人遗憾啊! 现今流行的版本和唐代的不同,未必不是由王广谋的狂妄无知有所删除而造成的。《史记·七十二弟子列传》记载,颜何,字冉。《索隐》说:《家语》以字称。仁山金氏考证七十二子的姓氏,说颜何在《家语》中没有记载。《论语》"仲弓问子桑伯子"句下。朱子注:"《家语》记伯子不衣冠而处。"张存中采用《说苑》中的话证明颜何和伯子的事,这是王广谋本没有的,看来金、张二人所见的已是今本。以此而推,此书同事异辞,灭源存末,乱于人手,不只是在汉代开始。孔安国以及刘向的本子,至王肃已经过多次变动,现今更加混乱而失真,现在用什么来取正呢? 而我再为之作注,不也和王广谋一样吗?

唉! 先民有言,被称为圣人的人.圣人留有遗训,哪个不遵循呢! 书没有古于三代的,古人没有比孔子更圣明的。我们先师孔子的言论,如雷霆之贯耳,如日月之耀眼,六经以外,在》《论语》之后幸存此书,为何要使其蒙垢呢? 此书王肃说它烦而不要,大儒者朱熹也说它杂而不纯,然而实际都来自孔子的本来要旨,确实是当时的书,而我们怎么可以不重视呢?《论语》出自圣门高弟的记录,是平实而又合乎事理的。颜回死,他的父亲颜路请求孔子卖掉车来替颜回办外椁,孔子说:"我的儿子鲤死了,也只有内棺而无外椁。"校以《家语》所纪岁年,颜回死时,孔子的儿子鲤还健在呢。有人认为《论语》是假设之辞,《论语》都有不可信的事,我又何能以此书不可信的事而怀疑其余可信的事呢! 学者应当根据他所看见的资料把自己的立论做到最为恰当，这对善学者才是有益的。我谨就他书有明确著明为《家语》的文字而今本又缺略的，加以补缀，今本有不少概略的记载，但不知在旧本的何篇的，则不敢加进去。分四十四篇为八卷。他书所记，事同语异的，作为笺注置于正文之下，我的一些心得也附在下面。有些篇章不敢编入集中的，仍加以别录，与春秋、战国、秦、汉时期载有有关孔子文字的，录为《家语外集》，存在私塾，等待那些博雅君子中有得到王肃旧本的人来校正。这难道只是我何孟春的幸运吗！大明正德二年，岁次丁卯仲春二月壬寅目识。